Verlag für Systemische Forschung
im Carl-Auer Verlag

Ralf Wetzel, Jens Aderhold,
Jana Rückert-John (Hrsg.)

Die Organisation in unruhigen Zeiten

Über die Folgen von Strukturwandel, Veränderungsdruck und Funktionsverschiebung

2009

Der Verlag für Systemische Forschung im Internet:
www.systemische-forschung.de

Carl-Auer im Internet: www.carl-auer.de
Bitte fordern Sie unser Gesamtverzeichnis an:

Carl-Auer Verlag
Häusserstr. 14
69115 Heidelberg

Über alle Rechte der deutschen Ausgabe verfügt
der Verlag für Systemische Forschung
im Carl-Auer-Systeme Verlag, Heidelberg
Fotomechanische Wiedergabe nur mit Genehmigung des Verlages
Lektorat: Carsten Möller
Reihengestaltung nach Entwürfen von Uwe Göbel & Jan Riemer
Printed in Germany 2009

Erste Auflage, 2009
ISBN 978-3-89670-910-3
© 2009 Carl-Auer-Systeme, Heidelberg

Bibliografische Information Der Deutschen Nationalbibliothek
Die Deutsche Nationalbibliothek verzeichnet diese Publikation
in der Deutschen Nationalbibliografie; detaillierte bibliografische
Daten sind im Internet über http://dnb.ddb.de abrufbar.

Dieses Forschungs- und Entwicklungsprojekt wurde mit Mitteln des Bundesministeriums für Bildung und Forschung (BMBF) innerhalb des Rahmenkonzeptes „Forschung für die Produktion von morgen" gefördert und vom Projektträger Forschungszentrum Karlsruhe (PTKA) betreut.

Die Verantwortung für Inhalt und Orthografie liegt bei den Herausgebern.
Alle Rechte, insbesondere das Recht zur Vervielfältigung und Verbreitung sowie der Übersetzung vorbehalten. Kein Teil des Werkes darf in irgendeiner Form (durch Fotokopie, Mikrofilme oder ein anderes Verfahren) ohne schriftliche Genehmigung des Verlags reproduziert oder unter Verwendung elektronischer Systeme verarbeitet werden.

Inhaltsverzeichnis

Ralf Wetzel, Jens Aderhold & Jana Rückert-John
Sleepless in Stuttgart.
Vorbemerkungen zum vermeintlichen ADS der Organisation 3

THEMENBLOCK I: THEORETISCHE VIGNETTEN

Jens Aderhold, Ralf Wetzel & Jana Rückert-John
Das Unbehagen der Organisation – Paranoia, Sozialpathologie
oder Umstellung relevanter Funktionen? 13

Peter Fuchs
Hierarchien unter Druck – ein Blick auf ihre Funktion
und ihren Wandel 53

Olaf Kranz
Organisationen als historisch kontingente Vermittlungsinstanz
von System und Lebenswelt – Skizze eines interaktionstheoretischen
Ergänzungsvorschlags der Organisationssoziologie 73

THEMENBLOCK II: ORGANISATION UND GESELLSCHAFT

Sebastian Bukow
Parteien auf dem Weg zur mitgliederbasierten Leitorganisation:
Organisationsreformen zwischen Wettbewerbsdruck und
widersprüchlichen institutionellen Erwartungen 105

Antonia Langhof
Reformdynamiken in humanitären Hilfsorganisationen:
»Wer zahlt denn jetzt 'nen Jumbo-Jet, um die sechs Turnhallen voll
Teddys nach Südafrika zu fliegen?« 125

Birgit Blättel-Mink
Und sie verändert sich doch!
Universitäten jenseits von Organisation und Vertrag 149

Michael Haufs & Pamela Wehling
›Love it, leave it or negotiate it!‹
(Universitäts-)Kliniken im Spannungsfeld veränderungshemmender
und -fördernder Kräfte am Beispiel der Chirurgie 167

THEMENBLOCK III: ORGANISATION DER ORGANISATION

Sigrid Duschek
Persistenz und Wandel organisationaler Muster:
Fallstudien von Biotechnologie-Spin-Offs in der Schweiz 191

André Reichel & Lukas Scheiber
What's next? Die Organisation der nächsten Organisation 209

Werner Vogd
Der Druck auf das Krankenhaus und die Flüchtigkeit
von Behandlungsnetzwerken – Studien zur Wirkung
einer eher erfolglosen Krankenhausmodernisierung 231

Doris Blutner & Rolf von Lüde
Akteurskompetenz und Entscheidungslogiken
in Prozessen von Open Source Innovationen 253

René John
Erfolg mit Weltbrause. Wandel und Stabilität im
Familienunternehmen zwischen regionalem Stillstand
und globaler Dynamik... 279

Heiko Kleve
Die Organisation von Veränderung in der Sozialen Arbeit.
Implementierung neuer Konzepte im Kontext nicht-trivialer Systeme.....299

Roger Häußling
Organisationaler Wandlungsdruck und Beharrungstendenzen
gewachsener Interaktionskulturen in Unternehmen 317

Erik Nagel & Werner R. Müller
Organisationsberatung: »Ohne Macht ist nichts zu machen.« 341

Autorenverzeichnis 357

Ralf Wetzel, Jens Aderhold & Jana Rückert-John

Sleepless in Stuttgart. Vorbemerkungen zum vermeintlichen ADS der Organisation

Gelegentlich wird man das Gefühl nicht los, als lebe man in hyperventilativen Zeiten. Die subjektive Wahrnehmung von Zeitgenossen ist mit Ambivalenz- und Ambiguitätserfahrungen vollgestopft, Stressempfinden ist dabei eines der gängigsten Resultate. Man muss lediglich einen Blick in die einschlägigen Krankheitsstatistiken werfen und ist rasch orientiert: Psychosomatische Beschwerden, Verhaltensstörungen und psychische Probleme wachsen und werden in Kürze eines der maßgeblichsten Probleme auch des Personalmanagements sein. Skelett-, Muskel-, Atemwegs- und sonstige physische Beschwerden sind nicht unwichtig, aber belegen nicht mehr die vordersten Plätze.

Die Moderne ist offenbar mehr und mehr unbequem geworden. Dies muss nicht nur zwingend für ›ihre‹ Individuen respektive deren Körper gelten. Mit dem gesteigerten Maß an Unsicherheit scheinen auch manche modernen Mechanismen der Unsicherheitsabsorption Schwierigkeiten zu bekommen, dies gilt – gibt man zunächst dem Selbst-Alarmismus der Gegenwart ungeschützt nach – auch für die Organisation. Man kann selbst dort ein gerüttelt Maß an ›Aufmerksamkeitsstörung‹ und Nervosität feststellen, etwa wenn man die wachsende Anzahl rasch wechselnder Managementtools, Reorganisationsprozesse und Beratungseinsätze beobachtet. Man sieht vermehrt eine substanzielle Hilflosigkeit angesichts intransparenter Krisenerscheinungen (Terror, Finanzkrise, bewaffnete Konflikte, Epidemien etc.). Es scheint, als benötige *der* klassische Unsicherheitsabsorptionsmechanismus der Gesellschaft selbst plötzlich über die Maßen Hilfe bei der eigenen Unsicherheitsabsorption und Aufmerksamkeitsfokussierung. Und gäbe es therapeutische Kliniken für Entscheidungssysteme, sie wären vermutlich voll mit Patienten. Rechnet man nun noch die generell verkürzte Lebenserwartung von Organisationen, zusätzlich das vermehrte Auftauchen von Parasiten wie Netzwerke und Projekte und den weitläufigen Mitgliederschwund (bei Parteien, Gewerkschaften, Kirchen) hinzu, kommen langsam Zweifel darüber auf, wie lange der ›Patient Organisation‹ denn eigentlich noch durchhält und ob man langsam über Hospize nachdenken sollte.

Dabei geriert sich die Organisation keineswegs wehleidig. Im Gegenteil, sie scheint selbst auch an der *Zerstörung ihrer ›ökologischen Lebensgrundlagen‹* zu arbeiten. Parteien etwa betreiben die Zerstörung ihrer öffentlichen Legitimation durch Skandalisierung und Verkörperlichung ihrer Rhetorik, Unternehmen ruinieren über radikale Kostensenkungs- und Renditestrategien ihre eigenen Märkte. Krankenhäuser leiden an den Finanzierungsproblemen übertechnisierter Arbeitsteiligkeit und Parallelhierarchisierung. Schulen benötigen neuerdings Schulsozialarbeit, um überhaupt noch pädagogisch arbeiten zu können. Polizei- und Armeeapparate scheinen hoffnungslos abgehängt angesichts wachsam-schläfriger Terrorzellen. Diese Liste problematischer Vollzugsbedingungen in Organisationen könnte man beliebig fortsetzen und es fällt zunehmend schwer, dies anders als über pathologisches Verhalten zu rubrizieren.

Erstaunlich ist nun nicht allein diese Situation, sondern auch, wie die Organisation angesichts ihrer ›Krise‹ ihren Außenauftritt bestimmt, d.h. radikalisiert und polemisiert hat: Unternehmen versprechen mindestens zweistellige Renditen, Parteien proklamieren die drastische Senkung der Arbeitslosigkeit, Regierungen forcieren den Bau der Atombombe, Krankenhäuser üben sich in gesellschaftlichem Gesundheitsmanagement und Pflegeheime trainieren sich in ›humaner Sterbebegleitung‹.

Es scheint, als stimme etwas nicht mit der modernen Organisation, als würde sie sich zusehends schwerer tun, ihre Funktionen zu suchen und zu erfüllen. Früher konnte man darin *arbeiten* (Vollzug von Inklusion) und *Karriere* machen (Vollzug von Adressarbeit und Leistungsabwicklung) und es wurde allenthalben *entschieden* (Koordination kollektiven Handelns). Scheinbar ziehen sich nun Organisationen genau von diesen Feldern zurück: Man arbeitet zusehends in Projekten und Netzwerken, man macht Karriere auf Märkten und in Kooperationen und entschieden wird in hochkomplexen Verhandlungssystemen, also: Die entscheidenden Sachverhalte ereignen sich anscheinend außerhalb und nicht mehr durch Organisation. Die Organisation scheint dies zu registrieren, und reagiert eigentümlich und unerwartet; in dem sie ›lärmt‹ und kräftiger auf den Busch klopft. Offenbar hat man es hier mit ›error-correction‹ (Luhmann) zu tun, das regelmäßig blind ist für die zwingend langfristig zu betreibende Form ihrer Funktionalität.

Hat die Organisation ihre Zukunft schon hinter sich und sie weiß es bereits? Kann es sein, dass sie hier nur noch ›Pappkameraden‹ aufbaut, Kulissen, in deren Schatten sie sich unterdessen klammheimlich aus dem Staub macht? Oder steckt sie mitten im Problem der Aufmerksamkeitsfokussierung und reagiert überreizt und ›gestresst‹ als Ausdruck einer beklemmenden Hilflosigkeit?

All diesen Fragen müsste man kühler und bedächtiger nachgehen – und auch die andere Seite mitbedenken, also die Orte, an denen sich Organisationen hemmungslos ausbreiten und es zu einer Renaissance ihrer klassischen Features kommt. Schließlich ist diese Überlegung voll von Abkürzungen, Ausblendungen und betroffenheitssteigernder Polemik, die intensiver abgeprüft werden müssten. Das kann der vorliegende Band nicht einmal ansatzweise leisten. Stattdessen soll er eine Witterung für die Bedingungen und Verwerfungen aufnehmen, unter denen Organisieren gegenwärtig stattfindet und perspektivisch noch erfolgen kann, für die ›Pathologien‹ der Organisation und ihres Managements sowie für die Alarmierungs- und Betroffenheitsstrukturen, unter denen diese Phänomene momentan beobachtet werden. Unser Ziel in diesem Buch ist bereits erreicht, wenn dieser Band Indizien an die Oberfläche fördern kann, mit denen man weiter und dann schärfer erkunden kann, wohin die Funktion und/oder die Struktur der Organisation driften.

Wir wollen diese Erkundung leicht strukturieren und tun dies im Versuch einer rudimentären Dreiteilung. Durch das Buch hindurch nehmen wir Bezug auf drei unterschiedliche Ebenen eines sozialen Wandels, die die Organisation in ihrer Evolution betreffen. Dies sind die klassischen Luhmannschen Systemreferenzebenen der Gesellschaft, der Interaktion und der Organisation. In der diesem Band zugrundeliegenden Tagung »The pressure of change« vom 30./31. März 2008 in Stuttgart waren dabei Beiträge versammelt, die entweder alle drei Referenzebenen in den Blick nahmen oder sich auf einzelne davon konzentrierten. Entsprechend findet sich zu Beginn ein erster Teil des Buches mit Beiträgen, die ebenenübergreifend argumentieren. Dem folgen im zweiten Teil Argumentationen, die maßgeblich auf Veränderungen auf gesellschaftlicher Ebene reagieren und den jeweiligen organisationalen Umgang damit behandeln. Im dritten Teil schließlich sind Texte notiert, die auf die Veränderung im Binnenbereich der Organisation selbst fokussiert sind. Die Interaktionsebene schließlich war kaum zu greifen, sie ›wuselte‹ mikrodivers, wie sie selbst veranlagt ist, in vielen Beiträgen mit herum, so dass wir auf eine eigene Ausflaggung verzichtet haben – vorerst.

Werfen wir einen kurzen Blick auf die einzelnen hier verzeichneten Beiträge. Zunächst starten die Herausgeber im ersten Teil mit einem Stage-Setting, einem Versuch, eine Bühne für die folgenden Texte zu bauen. Anhand der bereits genannten Dreiteilung kommen Veränderungen auf und zwischen diesen Ebenen an die Oberfläche, werden Funktionen und Funktionsverschiebungen der Organisation angerissen und die Situation der Organisation zwischen Unruhe und Unbehagen anskizziert.

Peter Fuchs unternimmt daran anschließend einen Versuch der Abkühlung und führt die Beobachtung weder in das aktuelle Umfeld der Organisation noch ›in‹ sie hinein, sondern ›hinter‹ die Organisation. Er kehrt die Fragerichtung um: Nicht die Organisation verändert sich und schleicht sich aus ihren Funktionsbezügen, sondern das Grundproblem, für das die Organisation die moderne Lösung war – die Umstellung stratifikatorischer auf funktionale Differenzierung – gerät unter den Einfluss von Folgeerscheinungen dieser Funktionalisierung. Und das bekommt die Organisation zu spüren, vor allem indem ihre Adressabilität, ihre soziale Zurechenbarkeit so polykontextural, so vielschichtig wird, dass es für sie zum Problem gerinnt. Sie wird unsicher in sich selbst, in ihrem eigenen ›sozialen Selbstbewusstsein‹ und muss nach Modi suchen, ihre Adressabilität nach innen und außen aufrecht zu erhalten, ihr Image zu stabilisieren. An dieser neuerlichen Eigen-Unruhe können viele Nervositätssymptome festgemacht werden, die noch weit weg von Funktionsverschiebungen liegen können.

Demgegenüber schlägt *Olaf Kranz* auf Grundlage einer systemtheoretisch informierten Interaktionstheorie durchaus eine neuartige Funktionsangabe für Organisationen vor. Er orientiert sich in seiner Analyse an den Vorarbeiten von Jürgen Markowitz, die mit gängigen Vorstellungen auf radikale Weise brechen, vor allem was die Prozeduralität, Komplexität sowie die sich hierbei ergebenden Problembezüge anbelangt. Die Funktion von Organisationen wird in der Vermittlung von System und Lebenswelt gesehen, wobei das generelle Bezugsproblem darin besteht, dass sich soziale Systeme mit einer lebensweltlichen Seite versehen müssen. Das bedeutet, dass die dem Alltag fremd und unzugänglich bleibenden funktionalen Erfordernisse aller sozialen Systeme in einer vereinfachten, d. h. passenden und akzeptablen Art und Weise Berücksichtigung finden müssen. Organisationen sind es nun, die unter Vorzeichen dynamischen Wandels verstärkt angehalten sind, nach neuen Antworten zu suchen, wobei eine entsprechend instruierte Reflexion von Beratung behilflich sein könnte.

Im zweiten Teil wird der Blick auch empirisch geweitet und versucht, die Bedingungen einzufangen, unter denen Organisationen an ganz unterschiedlichen gesellschaftlichen Stellen der Moderne, vorwiegend im Non-Profit-Bereich, aktuell operieren. Zu diesen Bedingungen gehören multicodierte Kommunikation, Beschleunigung, Computervermittlung und riskante Umfelder.

Im Beitrag von *Sebastian Bukow* wird deutlich, unter welchem Handlungsdruck politische Parteien stehen. Mitgliederschwund etwa und sinkende Wahlbeteiligung lassen die Legitimationsbasis erodieren und zwingen die Parteiorganisationen zu anderen Handlungsmustern. Verblüffenderweise setzen sie auf Professionalisierung und Funktionalisierung. Es geht also in Richtung eines ›Mehr an Organisation‹, in Richtung einer mitgliederbasierten Leitorganisation. Es bleibt dabei offen, ob man damit dem Bedeutungswandel sowie dem veränderten, risiko- und computerbeeinflussten Verhalten von Sympathisanten, Mitgliedern und Wählern auf Seiten der Parteiorganisationen gerecht wird.

Die Bedingungen einer anderen Form von Non-Profit-Organisationen, von humanitären Hilfsorganisationen beleuchtet *Antonia Langhof*. Sie zeigt auf, wie diese ›Organisationsspezies‹ mit einem semantischen Anpassungsdruck umgeht, der mittlerweile gesellschaftsweit zu herrschen scheint: der Übernahme von im Wirtschaftsbereich gängigen Managementkonzepten. Zunächst wird dabei klar, wie selektiv Organisationen beim Umgang und bei der Akzeptanz von ›fremden‹ Managementkonzepten operieren und welchen Handlungsspielraum sie folglich dabei haben. Ebenso wird deutlich, dass diese Zumutungen jedoch nicht nur auf rein semantischer, rhetorischer Ebene verhaftet bleiben. Die Auseinandersetzung mit diesen ökonomisch gesetzten Ansprüchen und Rationalitäten führt zu strukturellen Effekten, die vorab kaum kalkulierbar sind.

Die Veränderungsresistenz von Hochschulen ist nicht nur im Hochschulbereich mittlerweile sprichwörtlich. Dass aber auch diese lange Zeit noch als klassische Bürokratie funktionierenden Organisationen in Bewegung sind, und sich von den gesellschaftlichen Bewegungen nicht freisetzen können, zeigt *Birgit Blättel-Mink*. Anhand des systemtheoretischen Netzwerkansatzes von Gunter Teubner wird die Polyvalenz der Ansprüche sichtbar, die sich nicht nur auf Ökonomie beschränken. Zudem gewinnt man einen Eindruck, wie die Hochschulorganisation mit einer erstaunlichen Vielköpfigkeit und Eigenrationalität darauf reagiert, und wie sie dies über unterschiedliche, teils ineinander gesetzte Vertragsbeziehungen ausgestaltet. Die Hochschulorganisation entzieht sich damit einer allzu einfachen Steuerung und auch externen Beurteilung, sie wird fast chamäleonhaft und dürfte dadurch sowohl für das Management als auch für das Publikum einige Probleme hervorrufen.

Das Krankenhaus, insbesondere das Universitätskrankenhaus kann geradezu als Ikone für Organisationen gelten, die im Schnittpunkt unterschiedlicher gesellschaftlicher Rationalitäten stehen. Die Codes und Medien von Medizin, Wissenschaft, Politik und Wirtschaft schlagen durch, akzeleriert, bis hinein auf den Operationstisch, hinein in die organisationsbasierte Interaktion. *Michael Haufs und Pamela Wehling* deklinieren diese Bedingungen für den Fall einer chirurgischen Abteilung durch und zeigen, welche Verhältnisse zwischen veränderungshemmenden und -fördernden Kräften im OP-Bereich gelten und wie pragmatische Ordnungsformen dort ausgehandelt werden.

Es scheint in all diesen Beiträgen, als käme die Organisation mit den Sozialanforderungen klar, als wäre sie ›intelligent‹ genug, mit den Komplexitäten und neuen Anforderungen umzugehen, nötigenfalls strukturell auszuweichen. Sie schafft dies – zumindest teilweise – aber nur, indem sie Umbauarbeiten an ihren konstitutiven Momenten zulässt; und diese Umbauten vermitteln nicht selten den Eindruck einer gewissen Hektik. Eben: temoralisierte Mitgliedschaft, Vertrag statt formelle, dauerhafte Hierarchie, Verhandlung anstelle (oder: noch im Rahmen) von Anweisung. Die Frage bleibt, ob unter diesen Umständen nicht auch die Grundlagen für gesellschaftliche Funktionserfüllung aufweichen.

Der dritte Teil stellt den Umgang der Organisation mit sich selbst in den Mittelpunkt und thematisiert, in welchen unterschiedlichen Formen systematischer Organisationswandel die Organisation im Kern berührt. Hier stehen nun Wirtschaftsunternehmen im Vordergrund.

Der Beitrag von *Sigrid Duschek* verfolgt das Ziel, strukturelle Veränderungen in universitären Spin-Offs der pharmazeutischen Biotechnologiebranche in der Schweiz nachzuzeichnen. Sie untersucht hierbei unterschiedliche organisationale Muster und Strukturveränderungen in Abhängigkeit vom Ausgründungshintergrund. Duschek greift hierzu nicht auf Phasenmodelle zurück, sondern zieht ein evolutionäres Beschreibungsmodell heran, was es ihr erlaubt, vor allem Erhalt und Ablösung von prekären Mustern zu analysieren. Dabei wird auch deutlich, wie diskontinuierlich derartige Prozesse sind, wie personenabhängig, gerade in frühen Momenten der Organisationsgenese. Die Schwierigkeiten in der Formung und Stabilisierung von Arbeitsplätzen liegen daran anschließend nicht mehr weit.

Der Beitrag von *André Reichel und Lukas Scheiber* begibt sich auf die Suche nach der nächsten Organisation. Unzufrieden mit der weit verbreiteten Metaphorik, die offene, fluide Prozesse oder wechselnde Grenzziehungen thematisiert, wird in Anlehnung an Dirk Baecker ein konzeptioneller Entwurf vorgeschlagen, der anhand neuerer systemtheoretischer Überlegungen analysiert und über die exemplarische Darstellung von zwei Wirtschaftsorganisationen – Google und Mozilla – entwickelt und ausgearbeitet wird. Gestartet wird mit einer Plausibilisierung von Gründen, die es ermöglichen, die nächste Organisationsgeneration in den Zusammenhang einer

Next Society stellen zu können. Die nächste Gesellschaft wird auf vielfältige Weise durch Computer und Internet beeinflusst werden. Mit Hilfe des Indikationenkalküls lässt sich nun das neue Strukturierungsprinzip identifizieren. Neue Unsicherheiten und Intransparenzen sind die Folge, wobei die Antworten von Organisation und Management erst noch sondiert und ausprobiert werden müssen.

Werner Vogd wendet sich den tiefgreifenden organisationalen Wandlungsprozessen in bundesdeutschen Krankenhäusern zu, die vor allem auf eine höhere ökonomische Effizienz und damit eine Senkung der globalen Gesundheitsausgaben gerichtet sind. Diese Prozesse – so Vogds These – verändern nicht nur die Kontexte ärztlichen Handelns, sondern beeinflussen auch die ärztlichen Handlungs- und Entscheidungsprozesse. Vogd zeigt anhand eigener empirischer Untersuchungen, dass Medizin auf der einen Seite autonom bleibt und sich dem politischen und in gewisser Weise auch dem ökonomischen Durchgriff auf ihre Praxis erwehren kann. Er macht aber auch deutlich, dass diese Beständigkeit nur durch einen Wandel der organisationalen Prozesse hin zu einer netzwerkförmigen Struktur zu erreichen ist.

Doris Blutner und Rolf von Lüde diskutieren neuere Entwicklungen von Organisationen anhand des Phänomens Open Source Innovation. Als Besonderheit stellen sie hierbei heraus, dass Kollektivakteure – im Unterschied zu Unternehmen als Erwerbsorganisationen – Innovationsprozesse von softwarebezogenen wie industriellen Gütern anstoßen beziehungsweise mitgestalten. In der Kombination der Organisationsweisen von Erwerbs- und Interessenorganisationen sehen *Blutner* und *von Lüde* kein prekäres Element von Organisierung, sondern ein neues Flexibilitätsmoment, das sich jenseits herkömmlicher Konzepte bewegt. Diese These belegen sie mittels eigener empirischer Befunde.

Am Beispiel einer familiengeführten regionalen Bierbrauerei beobachtet *René John*, wie diese Organisation kurz vor ihrem Verschwinden wieder Fahrt aufnahm und sich entgegen aller Erwartung zuerst überregional und sogar global positionieren konnte. Dabei kam diesem Betrieb vor allem seine besondere, scheinbar antiquierte Verfasstheit als Familienbetrieb zupass. Die Konzentration der Entscheidungsfindung auf wenige Familienmitglieder und das Festhalten daran entgegen allen widrigen Umständen konnte sich als organisatorische Stärke erweisen. Damit gelang schließlich ein erneuter Anschluss an die Ökonomie der Weltgesellschaft.

Heiko Kleve beobachtet ebenfalls Change-Prozesse, allerdings als einziger in diesem Teil nicht in Unternehmen, sondern in Einrichtungen der Sozialen Arbeit. Er entdeckt dabei, dass hinter vielen gescheiterten Implementierungsprozessen von sogar auf sozialarbeiterische Kontexte adaptierten Managementkonzepten eine Logik des Scheiterns steckt, die vor allem in einer unangemessenen Logik der Implementierung selbst begründet ist. Klassische Top-Down-Ansätze, die frei sind von Kontextsensibilität und Situationsspezifik funktionieren systematisch nicht, und dies unabhängig von spezifischen gesellschaftlichen Milieus. Um auf die veränderten Bedingungen des Organisierens angemessen antworten zu können, schlägt *Kleve* vier Grundannahmen und drei Metaprinzipien vor, die neben die Kraft der Hierarchie treten und einen Eindruck davon vermitteln, in welchem Spannungsverhältnis moderne Organisationsgestaltung eigentlich agiert.

Ausgehend von einer phänomenologischen Netzwerktheorie diskutiert *Roger Häußling* das merkwürdige Verhalten von Organisationen, die sich in dynamischen Umfeldern behaupten müssen. Hierzu wird in einem ersten Schritt aufgezeigt, vor welchen zentralen Herausforderungen Organisationen stehen. Entgegen den Postulaten und Maximen einer normativen Management- und Beratungsmetaphorik oder den Einredungen des Neoinstitutionalismus wird aufgezeigt, in welcher Weise und aus welchen Gründen externe Drücke nicht ohne Weiteres sich eins zu eins auch in der Organisation niederschlagen müssen. Die von der Organisation durchaus gewollten Veränderungen werden mit gewachsenen Interaktionsstrukturen und -kulturen konfrontiert, die sich nicht auf so einfache Weise ausmanövrieren lassen. Wie wichtig gewachsene Interaktionsroutinen, Teamkulturen und Gruppierungen für Veränderungsprozesse sein können, wird auf der Basis empirischen Materials sehr anschaulich herausgearbeitet.

In die fast nicht mehr wegzudenkende Praxis der Beratung führt der Beitrag von *Erik Nagel und Werner R. Müller* ein. Sie formulieren ihre Überlegungen aber nicht auf eine undistanzierte Weise, sondern indem ›Beratung‹ als soziale Konstruktion bzw. als Co-Produktion von Berater und Klient konzipiert wird. Auf Grundlage eigener umfangreicher empirischer Studien wurden drei idealtypische Beratungsspiele – Transaktionsspiel, Emanzipationsspiel und Legitimationsspiel – rekonstuiert, die höchst folgenreich die Beratungsrealität prägen. Diese drei Spiele bilden ihrerseits den inhaltlichen Kern für das abgeleitete und im Text vorgestellte Beratungsdreieck, das sich wiederum sehr gut als Heuristik zum Ausbau und zur Reflexion von Beratungsverständnissen und -praktiken eignet.

Dieser Teil enthält ein facettenreiches Bild über organisationsinterne Abwehrstrategien gegen externe Zumutungen. Diese reichen offenkundig vom Rückzug auf Tradition und Funktionsgliederung *(John)* über den Einsatz bestimmter Change-Management-Prinzipien *(Duschek, Kleve)* und

Beratung *(Nagel und Müller)* bis hin zum fast subkutan strategischen Einsatz der organisationinternen Interaktion *(Häußling)*. Aber auch hier tauchen wieder die Schlagworte des Netzwerks und des Vertrages auf *(Vogd, Blutner und von Lüde)*, die gemeinsam mit dem medienvermittelten Generalumbruch im Computerzeitalter *(Reichel und Scheiber)* die Organisation neu in Frage stellen. Nervosität und Unbehagen scheinen hier graduell aufzutreten, es sind jedoch durchaus auch Muster regelrechter Gelassenheit bis hin zur Autarkie zu finden.

Der Befund ist also, wie konnte es anders sein, uneindeutig. Das mag nicht überraschen, scheint doch das Bild der Organisation, das sich uns zeigt, kein ruhiges, stabiles zu sein. Dies mag an der Situation liegen, in der wir uns befinden. Die subkutanen Bewegungen der Organisation scheinen gerade erst ›heraufzudämmern‹, sie kommen nur langsam an die beobachtbare Oberfläche, zeitverzögert, vermittelt, so dass es uns also schwer fällt, sofort und scharf klare Trends und Folgen zu identifizieren. Zudem dürfte auch die Organisations- und Gesellschaftsforschung selbst noch einigen Entwicklungsbedarf hinsichtlich ihrer beobachtungstechnischen Mittel besitzen. Bislang arbeitete sie mit den Werkzeugen ähnlich einer Super-8-Handkamera. Die Unruhe im Bild der Organisation ist nicht zuletzt auch Folge eines unruhigen Suchers, in dem sich die Veränderungen mit vollziehen, die er selbst beobachten will. Was bleibt also? Die Organisation in ihrer ›Statur‹ scheint sich umzubauen und dies an durchaus entscheidenden Punkten. Die Veränderungen an der Oberfläche der Organisation deuten auf Veränderungen in ihren Tiefenstrukturen hin, auf gewandelte Funktionsbedingungen, aber eben auch auf buchstäbliche Oberflächenphänomene, auf gewandelte Adressabilitäten, auf schwindende Sicherheiten im sozialen Vollzug, an Exklusionsrisiken für Organisationen. Beide – die Diffusität von Selbstrepräsentation und der Verdacht anderer Funktionsmomente erschweren die Diagnose. Noch. Uns bleibt für den Moment nichts als die Neugier, wohin die Gesellschaft mit ihrer Organisation den nächsten Schritt setzt und das Bedauern, dass die Beobachtungsreichweite eines einzelnen Autors oder Herausgebers auch nicht annähernd ausreichen dürfte, um diesen Schritt einigermaßen angemessen einfangen zu können. Aber wenn die Organisation als Alternative einer dauerhaften und dennoch kleinzeitigen Beobachtung der Evolution ausfiele, was käme an ihre Stelle?

Die hier aufgeführten Veränderungen gehen wie gesehen am wissenschaftlichen Betrieb selbst nicht vorüber. Sammelbände sind inzwischen mehr Netzwerk- als Organisationsprodukte, selbst wenn dies auch maßgeblich organisationsvermittelt abläuft. An dieser Stelle möchten wir dem hinter dieser Veröffentlichung stehenden Netzwerk herzlich danken, und wir richten diesen Dank wie es sich gehört – an Personen. Unser Dank gilt zuallererst allen Projektpartnern des BMBF-Verbundprojektes »Nachhaltige Modernisierung und reflexive Intervention« (www.namo-kmu.de). Dieses Projekt lieferte den anwendungsorientierten Rahmen für die hier versammelten, eher distanzierteren Analysen. Für das uns entgegengebrachte Maß an Aufgeschlossenheit, Irritierbarkeit und Feedbackbereitschaft danken wir herzlich. Dass eine Kopplung von Anwendungsfokus und theoretischer Abstraktion in diesem Projekt so funktionieren und fruchtbar werden konnte, verdanken wir dabei vor allem dem instruktiven Projekt-Coaching von Barbara Mesow vom Projektträger Forschungszentrum Karlsruhe, Bereich Produktion und Fertigungstechnologien (PTKA-PFT). Herzlichen Dank für eine seltene, aber immer wichtiger werdende Form der Projektbegleitung. Beim Management der Tagung konnten wir uns auf die professionelle Unterstützung von Stephanie Bihlmayer und Anna Vögele verlassen, herzlichen Dank. Die redaktionelle, editorische und gestalterische Arbeit unterstützten Svenja Hänni, Markus Hämmerli und Stephan Stücker von der Berner Fachhochschule, Fachbereich Wirtschaft und Verwaltung. Das Lektorat übernahm, wie immer mit großer Behutsamkeit und theoretischem Einfühlungsvermögen, Carsten Möller von scargo.de, Dresden. Nicht zu unterschätzen ist schließlich die mit Nachdrücklichkeit kombinierte Geduld unserer Ansprechpartnerin beim Carl-Auer-Systeme Verlag, Rita Niemann-Geiger. Herzlichen Dank für diese produktive Form der Publikationsbegleitung.

THEMENBLOCK I:
THEORETISCHE VIGNETTEN

Jens Aderhold, Ralf Wetzel & Jana Rückert-John

Das Unbehagen der Organisation – Paranoia, Sozialpathologie oder Umstellung relevanter Funktionen?

1. Witterung aufnehmen

Dass wir in turbulenten Zeiten leben, ist ein alter Hut, das regt niemanden mehr auf. Man hat sich an allerhand gewöhnt. Das konnte man in vielerlei Hinsichten auch tun, wusste man doch um die generalstabilisierende Wirkung moderner gesellschaftlicher Sozialeinrichtungen. Sei es die Spannkraft der Demokratie, die Universalität des Geldes (oder anderer Medien) oder die mühsam erkaufte Entschleunigungsleistung der Bürokratie – so unangenehm diese zuweilen sein konnten, man konnte sich wenigstens darauf verlassen, wenigstens noch darauf. Nun tauchen allerdings Indizien auf, die in Richtung einer Labilisierung mancher dieser Punkte weisen. Um eine Verunsicherung geht es in diesem Band und auch in diesem einleitenden Beitrag: um das Nachzeichnen der Verunsicherung der Organisation respektive der Bürokratie. Kühlen wir uns dabei zunächst etwas ab. Polemische Alarmierung wurde schon in der Einleitung betrieben. Mit vorsichtigen Blicken wollen wir auf drei Ebenen die weitere Vorab-Erkundung hier organisieren: Die Gesellschaft der Organisation scheint in Bewegung, die Interaktion der Organisation nicht minder und die Organisation der Organisation selbst auch noch. Auf und zusätzlich zwischen allen drei Ebenen zeichnen sich Entwicklungen ab, die den Modus des uns bisher bekannten modernen Organisierens tangieren. Es geht dabei gerade nicht mehr nur um Veränderungen im klassischen Verhältnis Gesellschaft – Individuum respektive Organisationswandel versus Individuum, die Verhältnisse sind vielschichtiger. Wir wollen dem hier indizienhaft und eher auf Sammlung hin angelegt nachgehen und weniger mit einer tiefgründigen

Auswertung starten. Eher geht es um die Aufnahme und Schärfung einer Witterung, auch um den Rahmen des Bandes konkreter bestimmen und vermitteln zu können.

2. Symptome und Vignetten. Die Alltäglichkeit des Unbehagens

Wir leben in einer Zeit, in der Nervosität, Stress, Burnout, ständige Unruhe und gesteigerter Antrieb zum Alltag gehören. Dieser am Erleben abgelesene Befund liefert Symptome, ohne den Weg weisen zu können. Zunächst geht es folglich um einige Skizzen, um Versuche, ein vielgestaltiges Phänomen inhaltlich einzufangen. Zudem wird in einem zweiten Schritt von einem Wechsel der Perspektive die Rede sein, das heißt, wir konstatieren – ohne psychologisieren zu wollen – auch eine Unruhe, eine Nervosität, die nicht mehr Personen als Neurastheniker zu fassen sucht, sondern Organisationen. Zunächst zum Einzelnen.

DIE UNRUHE DES EINZELNEN
Ein Blick in Auszüge der Akte eines 51-jährigen Textilunternehmers aus dem Aachener Raum zeigt folgende Details[1]: »Patient stets überanstrengt seit dem 14. Jahre [...] Überall empfindet Patient Unruhe, es hält ihn nirgends lange, wechselt Ärzte und Kuren [...] Ein Schwager versichert, die Existenzsorgen [...] seien im Grund unnötig; nur habe ihm der Wandel der Zeiten das Gefühl der Sicherheit geraubt: Die Konkurrenz [...] sei eben ungemütlicher geworden und drücke auf die Gewinnspanne. [...] Über dieses Faktum kann [er] nicht hinweg, und es ärgert und wurmt ihn fortwährend. [...] Auch wenn das Geschäft lief, wirkten die neue Unübersichtlichkeit der Wirtschaft und das Gefühl, stets auf der Hut sein zu müssen, auf zartere Gemüter als beständige Qual.« Diese Unruhe zeigt sich in Launenhaftigkeiten, in einer Stimmungs- oder Affektlabilität. Im Verhalten drückt sich die Unruhe in einer Wechselhaftigkeit der Stimmungen, der Orientierungen, als Sprunghaftigkeit und Unstetigkeit aus. *Unruhe* als krankhafte Erscheinung äußert sich als psychopathologisches Symptom, vor allem bekannt als Aufmerksamkeits- und Hyperaktivitätsstörung. Dass die Nervositätsleiden keineswegs neu sind, das lässt sich an diesen Auszü-

---

[1] Alle diesbezüglichen Zitate stammen, teilweise leicht abweichend zitiert, aus Radkau (1998, S. 22).

gen, die aus dem Jahr 1907 stammen, recht gut ablesen. Und dass diese Leiden keine Einzelfälle sind, weiß man aus dem Alltagsempfinden genauso wie aus den jeweiligen Statistiken (beispielhaft ASER 2008). Es scheint zur Alltäglichkeit geworden zu sein. Nicht umsonst hat Sigmund Freud dieses Verhalten nicht nur als Folge einer inneren Unruhe oder Stimmungsschwankung, sondern als Ausdruck eines generellen *Unbehagens* mit der Kultur der Moderne in Verbindung gebracht.

Während Freud (1999) das Unbehagen mit der Kultur auf gesellschaftlich verordnete Disziplinierung des Sexual- und Aggressionstriebes[2] zurückführt, sieht viele Jahrzehnte später Zygmunt Bauman im unaufhörlichen Streben nach grenzenloser Freiheit und lustvoller Erfüllung die Ursachen dieser modernen kulturellen Entwicklung (1999). Der Preis für die postmoderne Option auf kurzfristige Konsumorientierung, individuelles Freiheitsstreben und zwanghaftes Anderssein wird erkauft mit einem Verlust an Sicherheit.[3] Das postmoderne Unbehagen, welches das Moderne abzulösen scheint, wird mit der Pluralisierung der sozialen Lebenswelten in Verbindung gebracht. Denn die pluralistischen Strukturen der modernen Gesellschaft, die zu einer neuen Art von ›Heimatlosigkeit‹ führen, machen das Leben von immer mehr Menschen nicht sicherer, sondern es wird zunehmend nomadisch, es ist von ständigen Wechseln und Mobilitätserfordernissen geprägt (vgl. Schelkshorn 2004 mit Bezug auf Berger 1987, S. 159).

Bislang war man der Meinung, dass diese Unruhe vor allem durch die Organisation abgepuffert wurde und darin eine ihrer Hauptleistungen bestand (Fuchs in diesem Band). Aber die Organisation scheint selbst unruhiger zu werden, wie die folgenden Indizien zeigen.

DIE UNRUHE DER ORGANISATION

Was man nun auf individueller Ebene beobachtet, ist durchaus auch in anderen Hinsichten und in anderen Bedeutungskategorien in Kollektivphä-

---

[2] Nach dem sich hier aufdrängenden Bezug zum Körper zu suchen hätte durchaus seinen Reiz, siehe für Beratung experimentell gedacht Fuchs u. Wörz (2004).

[3] Im Zeitalter der Deregulierung »nimmt – so Bauman – die individuelle Freiheit den höchsten Rang ein, sie ist heutzutage der Wert, anhand dessen alle anderen Werte beurteilt werden« (Schelskhorn 2004). Die Erfahrung des Unbehagens hat mit einem Tausch zu tun. Der Mensch der Moderne tauscht »für ein Stück Glücksmöglichkeit ein Stück Sicherheit« ein (Freud 1999, S. 474). Dem stellt Bauman (1999, S. 11) die These entgegen: »Postmoderne Männer und Frauen haben ein Stück ihrer Sicherheitsmöglichkeit gegen ein Stück Glück eingetauscht.«

nomenen wie jenem der Organisation zu finden. Eine Verminderung von Sicherheit und Selbstgewissheit ist auch hier spürbar, ›launenhaftes, nervöses‹[4] Verhaltern nicht minder. Spüren wir hier zunächst den verminderten Selbstgewissheiten und Sicherheiten nach. Wir beleuchten dafür knapp drei konstitutive Momente der Organisation, (a.) die sich wandelnde Relevanz von Mitgliedschaft, (b.) den Wandel von Organisationsstrukturen und -grenzen sowie (c.) die Veränderung von Inklusionsmustern (Arbeitsplätzen respektive Arbeitsmarktfiguren).

Wenn man – wie wir hier – noch assoziativ denkt, wäre eine der folgenden Fragen jene, wogegen die Organisation dies zu tauschen vermag, d. h. in welchem Unbehagen sie selbst eigentlich steckt.

a.) Umbau an der Differenz Mitglied/Nicht-Mitglied
Zur Erinnerung: Organisationen zeichneten sich vor allem durch formalisierte Mitgliedschaft ebenso wie durch formalisierte Kommunikationswege aus. Organisationen bilden sich, sobald der Unterschied von *Mitgliedschaft und Nichtmitgliedschaft* in einem sozialen System verhaltensrelevant wird (Luhmann 2000). Das Verhalten wird durch ein Regelwerk mit *Formalisierungsvorschriften* kanalisiert. Die Organisation zeichnet für sich und andere aus, wer Mitglied ist und wer als solches angesprochen werden kann. Die Mitglieder werden instruiert, welche Regeln im Sinne einer *»Pauschalunterwerfung«* zu beachten sind.

Zumindest das Kriterium der Mitgliedschaft scheint unter Druck zu geraten. Wir skizzieren dies hier exemplarisch für Parteien kurz an (siehe intensiver Bukow in diesem Band), auch wenn man es etwa bei Kirchen, Gewerkschaften, ja selbst bei Unternehmen in je spezifischer Konturierung finden kann. Parteien haben offenkundig die Hochzeit ihrer Mitgliederrekrutierung hinter sich, in den zivilisierten Industrieländern sinken die Mitgliederzahlen teilweise drastisch (Wiesendahl 2006). Die Veränderung fällt aber nicht nur quantitativ ins Gewicht, auch die sozialstrukturelle Zusammensetzung der Parteien verändert sich grundlegend. Geschuldet wird dies zunächst der Auflösung traditioneller Milieus (Niedermayer 2001, S. 186 ff.), womit auch eine Veränderung der Parteibindungsmotive einhergeht. Dabei setzt sich die instrumentalistische Sicht der Partei als Zweckorganisation durch, die eine gesinnungs-, gefühls- und gemeinschaftsvermit-

---

[4] Uns ist klar, dass derartige Begrifflichkeiten hier psychologistisch geprägt sind und für eine scharfe Beschreibung sozialer Phänomene nur bedingt taugen. Wir halten dennoch an ihnen fest, vor allem aufgrund der Metaphorik, die uns für die Witterung momentan noch behilflich ist.

telte Bindung mehr und mehr ersetzt. Zudem ist ein Auseinanderdriften der allgemeinen gesellschaftlichen Partizipationsnormen einerseits und der jeweiligen Organisationskulturen der Parteien andererseits zu beobachten. Offenkundig ist politische Beteiligung nicht mehr wie bisher auf Parteien angewiesen. Zudem wirken die Binnenverhältnisse der Parteien nur wenig ansprechend (Florack et al. 2006). Schließlich wäre hier auch die allgemeine Glaubwürdigkeit politischer Akteure als Problem zu nennen. Die Formen, in denen man sich medientaktisch inszeniert, wie Affären parteiorganisatorisch behandelt werden und welche Körperorientierung in Wahlkämpfen abläuft, haben Einfluss auf die Mitgliederbindung. Und diese ist problematisch geworden. Als Folge verlieren Parteien mehr und mehr die *Fähigkeit der Mitgliederrekrutierung und -bindung*. Dabei wird unklar, inwieweit sie noch in bisheriger Weise auf die klassisch breite Mitgliederbasis angewiesen sind und ob es Substitute dafür gibt (Ehrenamtliche, temporär aktivierbare und zerfallsanfällige Netzwerke etc.). Wenn aber die Grenze von Mitglied und Nicht-Mitglied diffuser wird, es zu Nebencodierungen oder gar zu graduellen Mitgliedschaften kommt, wird (unter anderem) die Selbstbeschreibungsfähigkeit der Organisation (für die Organisation selbst und für ihre Umwelt) schwieriger. Die Identitätsgenese wird erschwert, die Abdeckungsstrategien der Paradoxie der Einheitlichkeit des Pluralen (oder eher: Polykontexturalen) geraten unter Druck. In der Folge wird auch ihre Adressabilität schwieriger (siehe auch Fuchs in diesem Band).

Es wird deutlicher, dass es Organisationen immer schwerer fällt, eine eigene, singuläre Identität vorzuzeigen. Effekte für die insbesondere bei politischen Organisationen erforderliche *Legitimationsbasis* sind unausweichlich. Achtet man etwas auf die öffentlichen Verhaltensweisen von Parteien, kann ein Unbehagen mit dieser Diffusität registriert werden. Die unmittelbare politische Verortbarkeit von einzelnen Parteien wird schwieriger, die Dauerhaftigkeit und Unterscheidbarkeit von Parteiprogrammen nimmt ab, die Relevanz von kurzfristigen Sympathiewerten, geknüpft an maßgeblich körperliche Merkmale wächst. Außerhalb der taktischen Rhetorik wird die Partei als Organisation in den (medialen) Hintergrund geschoben. Die Umstellungen gehen aber noch weiter.

b.) Umbau von Organisationsstrukturen und -grenzen: Das Beispiel Lean
Hier soll indiziehaft auf einen Bedeutungswandel verwiesen werden, der vor allem mit dem Titel »*schlanke Produktion*« respektive LEAN Management bezeichnet wurde. Womack, Jones und Roos sagten im Jahr 1990 (S. 18) voraus, dass die »schlanke Produktion« sich unvermeidlich ausbrei-

ten werde. Angefangen bei der Automobilindustrie werde sie in nur wenigen Jahren in fast jeder Industrie anzutreffen sein. Orientiert am japanischen Vorbild starteten europäische und amerikanische Unternehmen mit massiven Strukturanpassungen, um vor allem die neuen Computertechnologien optimal nutzen zu können. Man verabschiedete sich sehr schnell von den bisher bekannten und als angemessen betrachteten Organisationsstrukturen, man ebnete Organisationshierarchien ein, Entscheidungsbefugnisse wurden auf Teams oder gar auf organisationsübergreifende Netzwerke verlagert. Abteilungen wurden reorganisiert, neu geschnitten oder gar aufgelöst, Kontroll- und Koordinationsaufgaben wurden zusammen mit den Arbeitsabläufen reformuliert, Prozessoptimierung war angesagt. Mittlerweile sind mehrere LEAN-Wellen durchs Land gerollt, eine weitere ist im Nachgang der aktuellen Finanzkrise zu erwarten. Damit wurde am Modus der Hierarchie und der generellen Arbeitsteilung gearbeitet. Nicht, dass die Hierarchie selbst obsolet wurde, aber ihre Prägnanzform wandelte sich, ihr ›Arbeitsprinzip‹ verschob sich in informelle Prozesse (exemplarisch Kühl 1998). Einerseits verweist dieser Wandel auf eine generelle Veränderung, in der Organisationen mit externer Dynamik umgehen. Um dies zu gewährleisten, mussten interne Entscheidungsprozesse verkürzt und beschleunigt werden. Damit wurde jedoch auch der generelle Unsicherheitsabsorbtionsmechanismus der Organisation, der ›Ignoranzpuffer‹ der Organisation verringert (Aderhold/Wetzel 2007).[5] Mit der Reagibilitätssteigerung wuchs auch die Grundlage für ›nervöses‹ Organisationsverhalten, d. h. es findet eine Vergrößerung der extern gerichteten Beobachtungsbreite (Baitsch/Wetzel 2008) sowie der Bereitschaft zur Initiierung internen Wandels aufgrund extern wahrgenommenen Wandels statt.[6] Nicht, dass dadurch die generelle Systemautonomie in Frage stünde, eher handelt es sich um eine Frage der Resonanzreizung. Inwieweit man es mit ›Überreizung‹ zu tun hat, ist selten klar erkennbar.

Obwohl die Organisation sich schlanker, effizienter, d. h. an den marktbasierten Wertschöpfungserfordernissen auszurichten hatte, schien diese doch in ihren Grundfesten nicht erschüttert. Vielleicht hat sie bislang schlicht interne Gegenmaßnahmen treffen können, um die Bedrohlichkeit dieser Entwicklungen abfedern zu können? In jedem Falle hat sich aber der Umgang mit organisationskonstitutiven Faktoren gewandelt. Hierarchie ist

---

[5] Wir kommen darauf zurück.
[6] Die Literatur zu Implementierungsproblemen und -zyklen sowie ein Großteil der Beratungsliteratur verweist auf dieses Problem.

dabei (noch) nicht ersetzt, aber sie tritt anders in Erscheinung. Das beutet, man muss sie neu suchen. Und auf diese Suche muss sich die Organisation, aber auch jedes ihrer Mitglieder sowie das mannigfaltige Publikum begeben. Das ist zuweilen anstrengend, setzt jeden Beobachter unter Stress und konfrontiert ihn mit Uneindeutigkeiten. Das kann unbehaglich werden.

c.) Wandel von Inklusionsverhältnissen: Erosion interner Arbeitsmärkte
Die Beobachtung und die breit geführte Diskussion über das Veränderungstempo des unternehmerischen Umfeldes führen zu der neuen Erfahrung, dass das »Veränderungstempo im Inneren der Organisationen« nicht mehr mit der Dynamik ihres Umfeldes mithalten kann (Wimmer 1999, S. 31). Unternehmen begeben sich auf die Suche nach brauchbaren Innovations-, Organisations-, Produktions- und Vermarktungskonzepten und bedienen sich vielfältigster Instrumente und Konzepte, die Erfolg wahrscheinlich machen sollen. Zentral ist dabei auch ein gewandelter Umgang mit dem Personal: Personalbestände werden generell abgebaut beziehungsweise in ihrer Abrufbarkeit flexibilisiert. Die organisatorischen Umstellungen zielen vor allem auf den veränderten Zuschnitt von Stellen und den hiervon abhängigen Arbeitsplätzen. Vier Effekte lassen sich hier lokalisieren (Köhler et al. 2007, S. 51 f.): Im Moment der Externalisierung zeigt sich eine Zunahme des Anteils innerbetrieblicher Arbeitsplatzbereiche mit zeitlich begrenzten Beschäftigungsverhältnissen. Hinzu treten Veränderungen im sekundären Segment der Niedrigqualifizierten. Die Betriebsbindung wird in vielen direkt produktiven, aber auch in Serviceabteilungen aufgelöst mit der Folge von reduzierten mittel- und kurzfristigen Beschäftigungsperspektiven. Weiterhin ist eine Re-Kommodifizierung interner Märkte zu beobachten, die auf eine Umstellung klassischer aufwärtsgerichteter und senoritätsbasierter Mobilitäts- und Qualifikationsketten in Richtung horizontal strukturierter leistungsbasierter Systeme geht. Eine Folge ist, dass die interne Konkurrenz zunimmt und die langfristige Beschäftigung unter Bedingungen gestellt wird. In der Folge treten individuelle Leistungsstandards an die Stelle genereller Betriebszugehörigkeitsdauer. Schließlich führen diese Umstellungen zu einer Re-Kommodifizierung externer Arbeitsmärkte. Tätigkeits- und anlernbasierte Qualifikationen und Kompetenzen werden stärker nachgefragt. Tendenzen von Entberuflichung bilden sich heraus. Organisationen verzichten teilweise auf Binnenmobilität und Qualifizierung. Die Beschäftigten reagieren in der Folge mit der Suche nach Alternativen auf überbetrieblichen Arbeitsmärkten. Auf der einen Seite dürften stabile Orientierungen und verlässliche bzw. langfristig angelegte Karrierestrategien der Vergangenheit angehören und auf der

anderen Seite dürften die für Organisationen wichtigen Merkmale wie Loyalität und Verbindlichkeit künftig in Mitleidenschaft gezogen werden (Kels 2008). Das bedeutet auch, dass die Einfachheit des Personalumgangs dahin ist. Man muss sich ausdifferenzieren, man muss mit neuen Instrumenten verfahren, man muss Bindung und den Bedarf daran neu definieren. Aber wie?

Vielleicht können diese Indizien fürs Erste ausreichen, um etwas ernsthafter nach sozialen Umstellungen bei der Platzierung der Organisation zu suchen. Bevor wir uns auf die drei bereits benannten Ebenen begeben, soll quasi als Rückblende der Genese der Organisation und einigen ihrer Funktionen nachgegangen werden, auch um ihre heutige Relevanz und die möglichen Folgen ihrer Re-Konturierung einordnen zu können.

3. Der Pfad der Organisation und ein Blick auf zentrale Funktionen

Organisation gibt es seit der Zeit, in der die Menschen sesshaft wurden und die Arbeitsteilung eingeführt wurde. Dass die moderne Form gesellschaftlicher Differenzierung derart erfolgreich sein konnte, lag dabei nicht unwesentlich an der kompetenten Nutzung des Prinzips der Organisation mit dem ihr eigenen spezifischen Rationalitätskalkül. Bevor wir uns auf die Suche nach weiteren Indizien einer Evolution der Organisation und nach Alternativen für die Erfüllung ihrer klassischen Funktionen umschauen, starten wir mit einem Rückblick auf Bedingungen ihrer ›Karriere‹.

DIE STRATIFIKATION, DIE FOLGEN IHRES VERSCHWINDENS UND EINE ERSTE FUNKTION

In stratifizierten Gesellschaften ermöglichte die Schichtenbildung insbesondere eine Steigerung von Sondererwartungen und interaktiv vermittelte Kommunikationsleistungen (wie etwa Ordnung, Stabilität und Komplexitätsbewältigung; vgl. Luhmann 1993, S. 74). Schichtung wurde damit zum Differenzierungskriterium für gesellschaftliche Systembildungsprozesse. Die Funktion des Ordnungstypus der stratifikatorischen Differenzierung kann in der Zugangserleichterung Gleicher zueinander in derselben Schicht gesehen werden. Stratifikation meint folglich nicht vordergründig Muster der Verteilung von Rang und Wohlstand, von Einfluss sowie von Prestige auf Personen. Vielmehr ist damit die »Ordnung von Kommunikation durch Systemdifferenzierung« (Luhmann 1993, S. 73) gemeint, wobei durch die rangmäßig gebildeten Teilsysteme die Kommunikation vor allem in der

Oberschicht merklich erleichtert wurde. Die Schichten bildeten füreinander gesellschaftliche Umwelten. Die gesellschaftlich regulierten Inklusionsverhältnisse wiesen die Menschen über das Kriterium der Zugehörigkeit einem Stand, einer Kaste, einer Gilde oder einer bestimmten Schicht zu. Innerhalb der Schichten interagierte man unter Gleichen und zwischen den Schichten unter Ungleichen. Die hierdurch ermöglichte Systemdifferenzierung durch Schichtbildung prägt die Evolutionsbedingungen der Gesellschaft, die ihre Leistungsfähigkeit aus den interaktiv zu koordinierenden Kontakten und Entscheidungen ziehen konnte. Die Stabilität der Gesamtordnung wird von der obersten Schicht der Gesellschaft getragen, wobei es vor allem darauf ankam, dass die Kontaktnetze der Oberschichten »die grundlegenden Strukturprobleme ihres Gesellschaftssystems« lösen konnten (Luhmann 1993, S. 74). In der Oberschicht ging es unter funktionalen Gesichtspunkten weniger um Tüchtigkeit, Ehre oder Leistung. Die netzwerkförmigen und interaktiv angebundenen Kontaktstrukturen mussten dafür sorgen, dass die permanent zu produzierenden Entscheidungen die Möglichkeiten des erreichten Entwicklungsstandes nicht aufs Spiel setzten.

Im Zuge der sich durchsetzenden funktionalen Differenzierung verlieren die Oberschichten nun ihre gesellschaftliche Funktion der Entscheidungsfindung. Hier entwickeln sich »zentral liegende Einzelfunktionen, vor allem Politik, Religion und Wirtschaft, [...] zu stärkerer Eigenständigkeit [...] und zwingen die Akteure, der Funktion [...] gegenüber den Regeln ihrer Gesellschaftsschicht den Vorzug zu geben« (Luhmann 1993, S. 81). Die Primärform der Gesellschaft wird von Rang auf Funktion bzw. von Herkunftsbestimmtheit auf Entscheidungsbestimmtheit umgestellt (Luhmann 1985, S. 130). Das musste Unruhe auslösen, aufgrund mehrerer Effekte: Ein soziales Zentrum fehlt seitdem, der Orientierungsanker der gesellschaftlichen Hierarchie fällt weg. Die Teilsysteme gewinnen eine Eigendynamik, mit teils drastischen Effekten für die je anderen; vor allem jedoch mit einer generellen Optionssteigerung (siehe Nassehi 2003).

Im Zuge der Modernisierung verliert die stratifizierende Differenzierung zwar an gesellschaftlicher Prominenz, verschwindet jedoch nicht. Sie wechselt lediglich den sozialen ›Ort‹, sie verwelkt auf gesellschaftlicher und blüht auf organisationaler Ebene auf (vgl. Fuchs in diesem Band). Hier entsteht eine neue Ebene der Festlegung, wobei es nicht mehr nur um ein Zentrum geht. Stattdessen kommt es zu unüberschaubar vielen Festlegungen der Organisationen und in den Organisationen, die eine Berechnung und eine Orientierung fast unmöglich machen. Eine erste, und recht neue Funktion der Organisation wäre folglich in der lokal äußerst begrenzten Kompensation dieses Orientierungsverlusts zu sehen. Bei den aktuellen

Umstellungen kommt es jedoch zu teils schwierigen Momenten (vgl. Bauman 2000, S. 253 ff.): Es bilden sich kleine Organisationsinseln heraus, auf denen man sicher steht, man weiß woran man ist, die Welt ist überschaubar und kalkulierbar und auf dieser Grundlage konnten sich auch besondere Verhaltensweisen herausbilden und tradieren. Fremdartige Zumutungen können als unzulässig abgelehnt oder diese im Sinne der gelernten Organisationspraxis entsprechend um- und ausgedeutet werden. Problematisch wird heute, dass weder die Organisationsgewissheiten hinsichtlich Rationalität und Erfolg noch tragen, noch die hieran geknüpften individuellen Strategien von Arbeit und Karriere.

FUNKTIONALE DIFFERENZIERUNG, DIE UNRUHE DER INKLUSION UND EINE ZWEITE FUNKTION

Luhmann (1997, S. 616) bringt die These eines Wandels von Differenzierungsformen ins Spiel, der bei geeigneten Gelegenheiten zu komplexeren Formen führt, die mit stärkerer Differenzierung kompatibel sind. Damit ist ein zweistufiger Prozess verbunden, der auf Weltgesellschaft verweist. Zunächst grenzen sich

a.) die funktional orientierten Subsysteme von deren Umwelten ab, d. h. die gesellschaftlichen Strukturen orientieren sich primär an den Funktionen der Teilsysteme. Zudem dehnen sich

b.) diese grenzziehenden Systeme mit weltweiten Auswirkungen aus, d. h. die soziale Welt besteht aus global ausdifferenzierten Teilsystemen: u. a. Wirtschaft, Politik, Recht, Erziehung, Wissenschaft, Sport, Medizin, soziale Hilfe, Kunst. All diese Systeme sind global ausgreifende Systeme (unter anderem Weltwirtschaft, Weltpolitik, Weltrecht, Weltwissenschaft, Weltkunst etc.), an jedem Ort der Welt koppelt sich folglich Kommunikation an eine Leitstruktur der Funktionssysteme.

Um die Inklusion/Exklusion des Individuums präziser zu regeln, haben sich spezielle strukturell bedeutsame Einrichtungen in Form einer eigenen Systemebene etabliert: die Organisation inklusive der jeweils dazugehörigen Komplementärrolle (Differenz von Leistungs- und Laienrolle) etwa. Wichtige Effekte dieser Entwicklung sind dabei zwei Asymmetrien. Organisationen (z.B. Unternehmen) registrieren

a.) generell nur eine begrenzte Zahl von Menschen. Fast alle anderen erscheinen nur nach Maßgabe der Organisation auf ihrem Monitor oder gar nicht. Dabei findet im Binnenbereich

b.) eine Ausdifferenzierung der Inklusion/Exklusionsverhältnisse in Leistungs- und Laien- sowie Publikumsrollen statt, wobei die Leistungsrollenübernahme voraussetzungsreich und somit nur für recht wenige Menschen möglich ist (Arzt, Manager, Politiker, Wissenschaftler, Erzieher, Künstler usw.).

Eine Teilhabe an Organisation oder an der Rollenkomplementarität ist nur nach den von der Leistungsrolle bzw. der Organisation fixierten Bedingungen möglich. Eine Mitgliedschaft setzt Anerkennung bestimmter formaler Anforderungen und den Bedarf der Organisation voraus und um als Laie in den Genuss der Beiträge eines Leistungsrollenträgers zu gelangen, sind bestimmte Voraussetzungen notwendig.

Es geht aber nicht nur um schlichte Asymmetrien. Damit verbunden ist zudem eine spezifische Form der Unruhe, auf beiden Seiten der Asymmetrie. Für die Organisation wird heute zunehmend unschärfer, welches Klientel inklusionsfähig ist, für das Klientel wird unschärfer, über welche Organisationen tatsächlich substanzieller Inklusions-/Exklusionserfolg erreicht werden kann.

4. Bewegungen auf gesellschaftlicher Ebene

Bereits diese Andeutungen zeigen, dass sich Kontexte, unter denen die Organisation zu ihren Funktionen und zu ihrer erfolgreichen ›Erfüllung‹ gekommen ist, ändern. An welchen Punkten nun finden Veränderungen statt? Hinsichtlich der gesellschaftlichen Ebene scheint vor allem die Zeitdimension in Bewegung zu sein, was sich in den Begriffen des Risikos, der Beschleunigung und der Virtualisierung ausdrückt. Wir wollen diesen Begriffen und den aus unserer Sicht dahinter liegenden Veränderungen etwas nachgehen.

RISIKOGESELLSCHAFT UND SELBSTALARMIERUNGSBEREITSCHAFT

Spätestens mit der Katastrophe von Tschernobyl im Jahr 1986 erlangte die Zeitdiagnose, dass wir in einer Risikogesellschaft leben, unwiderrufliche Evidenz. Ulrich Beck geht mit seiner Grundthese zur Risikogesellschaft (1986) davon aus, dass sich ein Bruch innerhalb der Moderne vollzieht und sich eine »andere gesellschaftliche Gestalt«, eine zweite Moderne, herausbildet. Beck zufolge wird die moderne Industriegesellschaft von einer neuen Gesellschaftsform abgelöst, der Risikogesellschaft. Was aber charakterisiert diese Risikogesellschaft und was grenzt sie von der ersten Moderne ab? »In der fortgeschrittenen Moderne geht die gesellschaftliche Produktion von Reichtum systematisch einher mit der gesellschaftlichen Produktion von Risiken« (Beck 1986, S. 25). Das lineare Fortschrittsdenken büßt seinen Rationalitätsanspruch ein und der Glaube, den Fortschritt kontrollieren zu können, kann nicht mehr als gerechtfertigt angesehen werden. »Die Verteilungsprobleme und -konflikte der Mangelgesellschaft [werden] überlagert durch die Probleme und Konflikte, die aus der [...] Verteilung wissenschaftlich-technisch produzierter Risiken entstehen«. Es kommt zu einem »Wechsel von der Logik der Reichtumsverteilung [...] zur Logik der Risikoverteilung« (ebenda). Damit werden Aushandlungsprozesse über die Verteilung von Risiken zwischen Staat, Wirtschaft, Wissenschaft und Individuen in Gang gesetzt.

Unter den Begriff »Risiken« fasst Beck einerseits »naturwissenschaftliche Schadstoffverteilungen«, andererseits »soziale Gefährdungslagen« wie Arbeitslosigkeit (S. 31). Charakteristisch ist dabei, dass die entsprechenden Risiken meist nicht mehr nach Klassengrenzen verteilt sind, sondern tendenziell jeden betreffen können.[7] Risikolagen erstrecken sich damit auch auf Bereiche der individuellen Lebensführung. Hiermit verbunden ist für Beck die Erosion sozialer und kultureller Traditionen und Lebensformen, wie Klasse, Schicht, Beruf, Familie, Ehe und Geschlechterrollen (Beck 1991, S. 39). An die Stelle der industriegesellschaftlich geprägten »Normalbiografien« treten in der entstehenden postindustriellen Gesellschaft zunehmend individuell ausdifferenzierte, perspektivisch oft auch »ungesicherte« Lebensentwürfe.

Die gesellschaftliche Thematisierung selbst produzierter sozialer und ökologischer Risiken führt zu einer Reflexivität der zweiten Moderne. Dies hat weit reichende Folgen für das »Risiko-Regime« (Beck 1999) und den damit verbundenen Bedeutungswandel von Arbeit und Beschäftigung. Charakteristisch für das Risiko-Regime im Unterschied zum Fordismus ist für Beck, dass »die Frage, wie Kapital und Arbeit mit der ökologischen Nachtseite der Wohlstandsproduktion umgehen, zu einer zentralen Frage« wird (Beck 2000, S. 42). Arbeit und die globale Wirtschaft werden nicht durch eine einzige dominante Dynamik transformiert, etwa Digitalisierung oder Flexibilisierung der Produktion. Das Neuartige kann darin gesehen werden, dass Entscheidungen in Unternehmen der Risikogesellschaft vor dem Hintergrund von Unsicherheit, Ungewissheit und Entgrenzung getrof-

---

[7] Beck weist darauf hin, dass Risiken immer auch Ergebnis eines gesellschaftlichen Konstruktionsprozesses sind. Als bedrohlich wahrgenommen werden nicht die abstrakten Risiken selbst, sondern deren konkrete Thematisierung in den Massenmedien. Dies führt dazu, dass »Wirklichkeit [...] nach einem Schematismus von Sicherheit und Gefahr kognitiv strukturiert und wahrgenommen wird« (Beck 1996, S. 48).

fen werden müssen. Hierbei sind sie gleichzeitig mit einer Globalisierung, Ökologisierung, Digitalisierung, Individualisierung und Politisierung von Arbeit konfrontiert (Beck 2000, S. 43 ff.).

Unter den Bedingungen der *Globalisierung* setzt das Risikoregime eine nationalstaatliche und ortsgebundene Produktion zunehmend stärker außer Kraft und eine soziale Enträumlichung von Arbeit und Produktion in Gang, die mit vielfältigen Risiken verbunden ist. Diese neuartige, ortsübergreifende sozialräumliche Organisation wird auch als »Virtualisierung« von Produktion und Arbeit gefasst, die erst *Digitalisierung* möglich macht. Ökologische Risiken *(Ökologisierung)* führen zu Kapitalrisiken sowie Arbeitsmarkt- und Berufsrisiken. Mit ihnen entstehen jedoch auch neue Märkte, neue Berufsbilder, Arbeitsplätze und Produktionszweige.

Die *Individualisierung* der Arbeit ist für Beck die zentrale Folge der Flexibilisierung von Arbeit. In ihr treffen drei Aspekte zusammen: Die Normalbiografie wird zur individuellen Risikobiografie, die Arbeit wird zeitlich und vertraglich individualisiert, und auch bezogen auf den Konsum sind individualisierte Produkte und Märkte zu beobachten. Unsicherheiten aus Ungewissheiten führen ebenso wie die Tatsache, dass in allen Handlungsfeldern alternative Lösungsmodelle und Expertenmeinungen miteinander konkurrieren, zu einer *Subpolitisierung* von Wirtschaft, Organisation und Arbeit.

Organisationen bekommen diese Umstellungen vor allem in Form von gesteigerten Betreffbarkeiten kombiniert mit Rückschlageffekten zu spüren. Betreffbarkeit bedeutet vor allem, dass im Zuge einer wachsenden Risikoaffinität der Gesellschaft Organisationen eigentlich kaum einen Bereich ihrer Umwelt außer Acht lassen können. Alle möglichen Bereiche sind nicht mehr nur gefährlich, sie sind riskant, also sie gelten in ihrer Wirkung auf die Organisation als beeinflussbar. Das gilt für das organisationale Verhalten umso mehr. Auch dieses kann als riskant beobachtet werden, von innen wie von außen. Jeder mögliche ›externe Effekt‹ kann auf die Organisation zurückgeführt werden. Handeln und Nicht-Handeln können als Entscheidung verstanden werden, auf deren Interpretation die Organisation selbst kaum noch Einfluss hat. Diese Interpretation geschieht oftmals medienvermittelt und in Reichweite von moralischen Konnotationen. Die Schlagworte der Ökologiedebatte (Brent Spar), des Gender Mainstreamings (interaktionsnah: Mobbing) oder Partizipation (Gruppenarbeit) (Muhr et al. 2009) deuten auf die Durchschlagkraft hin. Man handelt nicht mehr nur unter Unsicherheit, man handelt unter dem Risiko, von den eigenen Handlungsfolgen dann aber verstärkt wieder erreicht zu werden.

Nur welche Handlung, welche Folge und welche Lesart der Entscheidung ist völlig unklar.

ZEIT & BESCHLEUNIGUNGSGESELLSCHAFT

Ein weiteres Unruhepotenzial der ›Modernisierung‹ von Gesellschaft und Organisation liegt in der ihr eigenen Umstellung der Zeitperspektive. Zunächst operiert man aktuell maßgeblich unter der Schablone des Vorher/Nachher. Diese Differenz hat zunächst die mittelalterliche Parallelität unterschiedlicher Wirklichkeits- und Daseinsebenen abgelöst[8]. Gleichzeitig kam es mit der Funktionalisierung zu einer Multiplikation von Zeitverhältnissen, man könnte von der Explosion von Eigenzeitlichkeiten (Nassehi 1993) sprechen, die sich in den Funktionssystemen, jedoch auch in den ebenso massenhaft entstandenen Organisationen ereignete.

Dabei ist Modernisierung nicht nur als vielschichtiger Prozess in der Zeit zu verstehen, sondern als ein Vorgang, in dem eine Transformation der Temporalstrukturen und -horizonte stattfindet (Rosa 2005, S. 24). Die Veränderungsrichtung dieser Transformation lässt sich dabei mit dem Begriff der Beschleunigung am besten fassen. Es lassen sich drei Grundformen der sozialer Akzeleration[9] unterscheiden (Rosa 2005, S. 113 ff.):

- *Technische Beschleunigung* meint progressive (und dabei intentional, d. h. zielgerichtete) Beschleunigung von Transport, Kommunikation und Produktion. Es kommt zu einem Wachstum der Produktion von Gütern und Dienstleistungen, der Zahl der getätigten Kommunikationen, der zurückgelegten Wegstrecken, der zu absolvierenden Tätigkeiten etc.
- *Beschleunigung sozialen Wandels* steht für die Steigerung der sozialen Veränderungsraten im Hinblick auf Wissensbestände, sowie Handlungsformen der Gesellschaft (Moden, Lebensstile, Beschäftigungsverhältnisse, Familienstrukturen, politische und religiöse Bindungen). Als Folge findet eine *Gegenwartsschrumpfung* (Lübbe) statt, d. h. die Zeiträume verschiedener Wert-, Funktions- und Handlungsbereiche der Gesell-

---

[8] Eindringlich zu sehen an Kunstfiguren, die genau in diesen Übergang gestellt sind. Der literarische Prototyp dafür war vor allem Hamlet und die Zukunft des dazugehörigen mittelalterlichen Hofes (vgl. Schwanitz 2008). Dort probte die Organisation ihre Funktionalität.

[9] Beschleunigung (Rosa 2005, S. 115) lässt sich definieren als »Mengenzunahme pro Zeiteinheit. […] Als Menge können dabei der zurückgelegte Weg, die Anzahl der kommunizierten Zeichen, die produzierten Güter, aber auch die Zahl der Arbeitsstellen pro Erwerbsleben oder die Intimpartnerwechsel pro Jahr und ebenso die Handlungsepisoden pro Zeiteinheit fungieren«.

schaft verkürzen sich progressiv, die Verfallsraten von handlungsorientierenden Erfahrungen nehmen parallel ebenfalls zu (ebenda, S. 462).
- *Die Beschleunigung des Lebenstempos* kommt als Reaktion auf die Verknappung von (ungebundenen) Zeitressourcen zustande. Erfahrung von Stress und Zeitnot manifestiert sich, Beschleunigung zeigt sich aber auch an der Steigerung der Zahl der Handlungs- und Ereignisepisoden pro Zeiteinheit (Fastfood, Speeddating, Multitasking, d. h. simultane Ausführung mehrerer Handlungen). In der Folge verkürzt sich die Zeitspanne, in der man sich auf eine Sache konzentrieren kann.

Hinzu kommt die Verkürzung von ›Lebenszyklen‹. Sowohl epochale Zeitmuster als auch organisationale ›Lebenszyklen‹ werden kleiner, Organisationen haben durchschnittlich mittlerweile die Lebensspanne von Individuen mit wenigen Ausnahmen unterschritten (Fuchs 2004, S. 7, 12, 35).

Technische Beschleunigung *und* die Steigerung des Lebenstempos durch Verknappung der Zeitressourcen verknüpfen sich dabei. Dabei entsteht ein Konglomerat eines Wachstums- mit einem Beschleunigungsphänomen.

Zu einer progressiven sozialen Verknappung von Zeitressourcen kann es grundsätzlich nur dann kommen, wenn entweder mehr Zeit für die Bewältigung eines bestimmten Aufgabenpensums benötigt wird, also bei technischer Entschleunigung, oder wenn die Wachstumsraten die Beschleunigungsraten der korrespondierenden sozialen Prozesse übersteigen (vgl. Rosa 2005, S. 117).[10] Im Kern bedeutet dies, dass die Zeitnot in dem Maße steigt, je stärker die Beschleunigungsraten hinter den Wachstumsraten zurückbleiben. Wenn nun die durchschnittliche Wachstumsrate über der durchschnittlichen Beschleunigungsrate liegt, funktioniert die Moderne als Beschleunigungsgesellschaft (ebenda, S. 120).

Generell sorgen mehrere Mechanismen für ein Puffern dieser sozialen Akzelerationsprozesse. Als Formen dieser Entschleunigung nennt Luhmann vor allem die Demokratie und die Rationalisierung (Luhmann 1991),

---

[10] Zum Beispiel steigt die im Haushalt verbrachte Zeit tendenziell mit der Anzahl der angeschafften bzw. genutzten Haushaltsgeräte. Weiteres Beispiel: Der Zeitaufwand für eine Email ist im Verhältnis zu Brief gesunken; sofern aber die Menge versendeter Emails diejenige Menge der bisher geschriebenen Briefe um ein Vielfaches übersteigt, folgt daraus eine enorme Steigerungsrate, die man für das Lesen und Schreiben der nun entstehenden Korrespondenz benötigt. Die Steigerung und Beschleunigung kommt dabei nicht nur durch Wachstum, sondern auch durch das Mitentstehen einer Schnelligkeitserwartung im Antwortverhalten zu Stande.

die auf unterschiedlicher Ebene durch Hierarchie respektive beteiligungsverzögerte Kollektiventscheidung Akzeleration abfedern. Die Organisation mit ihrer Eigenzeit erlaubt es dabei durchaus auch den Akteuren, eine Form von Entschleunigung und De-Temporalisierung aufzubauen und zu erhalten. Hinsichtlich der Organisation kann man jedoch durchaus fragen, inwieweit sie diese Funktion noch erfüllt. Zweifel können hier vor allem durch zwei Indizien entstehen. Einerseits reduziert der eingangs erwähnte verminderte Ignoranzpuffer eine zeitliche Beruhigungsleistung der Organisation. Indem sie selber ›nervös‹ wird, fällt ihre Verzögerungsleistung aus, sie beschleunigt eher in ihren Eigenverhältnissen zusätzlich. Zudem deutet der wachsende und gesellschaftsweit praktizierte Einsatz von Organisationsberatung auf eigene Entschleunigungsbedarfe der Organisation. Inwieweit man also noch auf Entschleunigung durch Hierarchie und Organisation hoffen darf, bleibt offen.

COMPUTERISIERUNG UND VIRTUALISIERUNG

Die Einführung des Computers und mit diesem die stärkere Bearbeitung von Virtualität hat in diesem Zusammenhang für die Organisation, aber auch für die Gesellschaft ebenso weitreichende Folgen wie die Einführung der Sprache für die Stammesgesellschaft, die Schrift für die antike Hochkultur und der Buchdruck für die moderne Gesellschaft. Jedes neue Verbreitungsmedium konfrontiert die Gesellschaft mit neuen und überschüssigen Möglichkeiten der Kommunikation, für deren selektive Handhabung die bisherige Struktur und Kultur der Gesellschaft nicht ausreichen (siehe Reichel und Scheiber in diesem Band). Zeichnet sich die Moderne durch einen Überschuss an Kritik aus, so wird für die nächste Gesellschaft ein Überschuss an Kontrolle erwartet. Baecker geht von der These aus, dass jede Einführung eines neuen Verbreitungsmediums, so auch des Computers, zu einer Umstellung der Struktur und Kultur der Gesellschaft führt (Baecker 2007, S. 7). Hiermit schließt er an die These Niklas Luhmanns[11] an, dass die Gesellschaft auf die Einführung eines neuen Kommunikationsmediums stets mit der Einführung so genannter Kulturformen des selektiven Umgangs mit dem durch die neuen Medien produzierten Überschusssinn reagiert hat. Nach Luhmann ist die Kulturform, die den Umgang mit der Schrift ermöglicht, die von Aristoteles eingeführte Ordnungsfigur der Teleologie; die Kulturform des Buchdrucks ist die von Descartes eingeführte Ordnungsfigur der unruhigen Selbstreferenz bzw. des Gleich-

---

[11] Luhmann (1997, S. 405 ff.)

gewichts und die Kulturform des Computers ist die von George Spencer-Brown eingeführte Ordnungsfigur der Zweitseitenform (Baecker 2007, S. 35). Interaktion und Gesellschaft, zunehmend auch die Organisation, gewinnen daraus eine Dynamik, die nur noch netzwerktheoretisch und formtheoretisch zu fassen ist. Hieraus leitet sich mit Baecker die Frage ab, in welcher Gestalt diese Kulturform der nächsten Gesellschaft in der Organisation wieder auftaucht.

Die besonders in Netzwerken beobachtbare Virtualisierung bedeutet abstrakt formuliert, dass eine neue, sinnbezogene Kontingenzformel etabliert werden konnte, die sich durch einen Doppelprozess auszeichnet. Dieser besteht darin, dass Prozesse zur »Aktualisierung des Potentiellen« und zur »Potentialisierung des Aktuellen« führen (Jansen 1998, S. 6). Damit rückt der Begriff des Virtuellen in die Nähe des Sinnbegriffs, der durch die Unterscheidung von Aktualität/Potenzialität konstituiert wird (Luhmann 1997, S. 55). Virtualität ist somit ein ständig präsenter Aspekt sinnkonsitutiver Prozesse, was die Frage nach der jeweiligen Spezifik ins Zentrum rücken lässt. Im Kontext der Organisation drückt sie sich darin aus, dass Virtualität nichts anderes ist als die Bezeichnung einer Möglichkeit vor dem Hintergrund vergegenwärtigter Realität (Baecker 1999, S. 132). »Die Organisation ist virtuell in dem Sinne, daß sie sich selbst unter Rückgriff auf anderes aus den Unterscheidungen schafft, die sie beschreiben.« (Baecker 1999, S. 133).

Virtuelle Unternehmen als eine Spezialvariante[12] stellen »netzwerkförmige Kooperationen mit zeitlicher Begrenzung zwischen mehreren rechtlich selbständigen Personen oder Organisationen zur Erfüllung konkreter Kundenaufträge« dar (Gora 1996, S. 5). Die vernetzten Unternehmen verfügen über umfassende virtuelle Bürostrukturen, die im Produktionsbereich die Technologie der Virtual Reality einsetzen, um dort einen »relevanten Teil der Arbeit auf der Basis von Telearbeit von virtuellen Teams« ausführen zu lassen (Bühl 1997, S. 219). Diese Teams bekommen betriebliche Aufgabenstellungen übertragen. Man zieht fallweise externe Telearbeiter beziehungsweise Subunternehmer hinzu. Unternehmen reduzieren den Umfang der Stammbelegschaft. Die Nutzung virtueller Möglichkei-

---

[12] Vielfach wird die Unterscheidung von Organisation und Unternehmen einfach ignoriert. Folglich bleibt auch unbeantwortet, ob Virtualisierung sich auf das Unternehmen oder auf die Organisation bezieht (siehe unter anderem Scholz 1996; Hedberg et al. 1997; Shen 2000).

ten[13] könnte so über kurz oder lang die Strukturen des industriellen Zeitalters[14] in Frage stellen. Die Unterschiede von Arbeit und Freizeit, von Arbeitsort und Wohnort, von Unternehmer beziehungsweise Selbständigem und Arbeitnehmer verschwimmen, sie drohen teilweise in der Bedeutungslosigkeit zu verschwinden. Das Neue an virtuellen Unternehmen wird nun darin gesehen, dass sie keinen Standort, keine Büros, keine Öffnungszeiten, keine Organigramme und kein Standardprodukt besitzen. Virtualität benutzt Koordinationsstrukturen, die Aufgaben oder Projekte von weltweit verteilten Teams oder Einzelpersonen 24 Stunden rund um die Uhr bearbeiten lassen (Bühl 1997, S. 218). Das den Begriff des virtuellen Unternehmens rechtfertigende Kriterium ist zum einen darin zu sehen, dass mehrere Unternehmen mit individuellen Kernkompetenzen aufgrund informationstechnischer Vernetzung kooperieren. Zum anderen kommt es darin zum Ausdruck, dass virtuelle Unternehmen Dritten gegenüber nicht als Kooperation verschiedener Unternehmen in Erscheinung treten (Scholz 1998, S. 105). Dieser temporär gestiftete Aufgabenzusammenhang bildet sich nur dann, wenn es konkrete Projekte zu bearbeiten gilt, wenn ein »Optimum an Know-how im Sinne des Kundennutzens bereitzustellen« ist (Gora 1996, S. 5). Organisatorisch umgesetzt würde dies bedeuten, dass durch eine informationstechnisch bereitgestellte Vernetzung zentrale Konfigurationen (betriebliche oder zwischenbetriebliche Kooperationen) in die Lage versetzt werden, eine »zeitliche und räumliche Entkopplung und Verteilung arbeitsteiliger Prozesse« und den Aufbau multilokaler Kompetenzen und Aktionsraden zu gestatten (Weber 1996, S. 41).

Unternehmen begannen nun vermehrt, sich verstärkt mit den Möglichkeiten virtueller Kommunikation zu beschäftigen. Virtuelle Unternehmen, vor allem in ihrer konzeptionellen und weniger realen Variante, treten als Gegenpol zu den expandierenden, wachsenden und fusionierenden Mega-Unternehmen in Erscheinung. Die bewährten Organisations- und Arbeits-

---

[13] Längst wird die Frage formuliert, wie viel Organisation eine Organisation eigentlich noch braucht (Baecker 1997).

[14] In den global ausgreifenden Unternehmensnetzen »sind Produkte das Ergebnis internationaler Zusammenarbeit. Was zwischen den Staaten gehandelt wird, sind weniger Fertigprodukte als spezielle Dienstleistungen auf den Gebieten der Problemlösung (Forschung, Produktgestaltung, Fabrikation), Problemidentifizierung (Marketing, Werbung, Kundenberatung) und Vermittlung (Finanzierung, Suche nach Vertragspartnern, Vertragsabschlüsse) sowie gewisse Routinekomponenten und –dienstleistungen, die allesamt zwecks Wertschaffung kombiniert werden« (Reich 1993, S. 128).

formen der Industriegesellschaft geraten damit unversehens unter Druck. Die hierbei entstehenden Produkte[15] mögen sich nicht grundlegend von ihren Vorgängermodellen unterscheiden. Es ist die Art ihrer Entstehungsweise, die Unternehmen mit völlig neuen Herausforderungen konfrontiert. Unternehmen sind angehalten, permanent ihre bisherigen Kommunikations- und technischen Infrastrukturen zu hinterfragen. Umstrukturierung der sozialen Prozesse und technischen Verfahren, genaue und schnelle Erfassung der Marktentwicklungen sowie die permanente Suche nach kompetenten und vertrauenswürdigen Partnern dürften die einzigen Konstanten unternehmerischer Entscheidungsvorgänge werden.

Wir wollen an dieser Stelle nicht behaupten, dass alle oder die meisten Unternehmen als virtuelle Unternehmen funktionieren[16], also als Unternehmen in Lauerstellung oder als latente Form der Kooperation. Aber die zersetzende Wirkung der Virtualisierung ist nicht zu übersehen, sie setzte einen Prozess in Gang, der mit einer nicht mehr aufzuhaltenden Modifikation der formalen Struktur der Organisation einherzugehen scheint. Vor allem wird die tragende Differenz der formalen Organisation von Mitglied und Nichtmitgliedschaft stärker als bisher proceduralisiert. Zeitliche, räumliche und sachliche Befristung wird zum Maßstab unternehmerischen Agierens. Nicht nur Unternehmer und Manager müssen eigenverantwortlich nach dem Ausschau halten, was nachgefragt wird. Auch diejenigen, die bisher gewohnt waren, sich an Standardempfehlungen zu halten, werden zukünftig – was Orientierungsarbeit und Sicherheit anbelangt – auf sich selbst beziehungsweise auf ihr eigenes Verhältnis zu den entsprechenden Umweltanforderungen verwiesen. Wir kommen darauf noch einmal zurück.

Wir finden aber nicht nur den Trend vor, bei dem sich die Organisation von ihren Mitgliedern trennt oder die zunehmend ihre Strukturen in der Form umbaut, dass feste Bindungen durch lose Bindungen ersetzt werden können.

---

[15] Ein virtuelles Produkt ist ein Produkt, »das unter Einsatz elektronischer Speicher- und Übertragungsapparaturen erst im Moment des Abrufs seine konkrete Gestalt mit allen spezifisch angeforderten Eigenschaften annimmt« (Brosziewski 1998, S. 88).
[16] Die Unternehmung benötigt »ein hocheffizientes System zur Nutzung von Markt- und Kundendaten, muss dieses mit den neuesten Entwicklungsmethoden und einer rechnergesteuerten Fertigung verbinden und schließlich die daraus resultierenden Betriebsabläufe mit qualifizierten Mitarbeitern so betreiben, dass auch die Zulieferer, die Abnehmer im Groß- und Einzelhandel sowie die Endverbraucher in das Netz eingebunden werden« (Davidov/Malone 1993, S. 16).

5. Bewegungen auf Interaktionsebene

Die Notwendigkeit der Berücksichtigung der Systemebene der Interaktion ist zwei Punkten geschuldet. Zunächst weist der Bezug auf Interaktion sowohl in der Welt der Organisationen als auch in der wissenschaftlichen Beschäftigung einen erheblichen Stellenwert auf, der Begriff der *informellen* Organisation ist dafür ein wichtiges Indiz. Akzentuiert werden insbesondere ihre eigensinnigen, hemmenden und ggf. gegenläufigen Effekte (siehe Häußling sowie Nagel/Müller in diesem Band). Stärker noch wird auf Interaktionsaspekte in verschiedensten aktuellen Moden des Teams, der Gruppe, der zunehmenden Projektförmigkeit Bezug genommen. Häufig wird dabei auf die Sinnform des ›Gemeinsamen Wir‹ und die hiermit verbundenen Probleme reduziert. Man kommt ohne die Referenz auf Interaktion eigentlich nicht aus, übersieht dabei jedoch systematisch die Bedeutung reflexiver Wahrnehmungsprozesse.

Dieses Übersehen hat mit dem zweiten Punkt zu tun. Eine präzise und tiefenscharfe Analytik für eine angemessene Berücksichtigung reflexiver Wahrnehmungsprozesse fehlt. Die Ebene der Interaktion stellt schlicht eine thematische Randerscheinung dar (siehe den Beitrag von Kranz in diesem Band). Der Organisationsforschung fehlt folglich nicht nur die Sensibilität für das Interaktionsthema, sondern auch ein geeignetes Verständnis. Das Phänomen Interaktion taucht entweder gar nicht oder in Form fehlerhaft zugerechneter Resultate auf. Während auf der einen Seite die Hauptinterventionen in Richtung Organisation durch eine Verwechselung der Kategorien (zum Teil unbemerkt) auf der Ebene der Interaktion landen (Team, Partizipation etc.), lässt sich auf der anderen Seite ein höchst folgenreicher blinder Fleck ausmachen, der eine besondere Funktion der Organisation – die Vermittlung von Lebenswelt und System – bis heute verdecken konnte. Übersehen wurde bisher die hiermit in Zusammengang stehende Paradoxie der Vereinfachung, ihre Folgen sowie das hiermit verbundene Problem der Vermittlung (siehe hierzu Aderhold/Kranz 2007; Kranz 2009; Markowitz 2006a; 2006b). Auf den Widerspruch der genannten Ausgangspunkte kommen wir nun zu sprechen.

ÜBERSEHENE INTERAKTIONSMOMENTE IN DER GENESE DER ORGANISATIONSENTWICKLUNG

Organisationen entwickeln sich und Organisationen werden entwickelt, nicht umsonst konnte sich eine eigene Praxis und Semantik der Organisationsentwicklung herausschälen. Es handelt sich hier um eine Ambition, angemessene Wege der Organisationsbeeinflussung herauszufinden. Man könnte auch sagen: Mit ihr konnte eine Version etabliert werden, mit der wir uns glaubwürdig versichern, Prozesse so angehen und Strukturen so einzurichten zu können, dass sich eine Organisation in eine gewünschte, d. h. in die richtige Richtung entwickeln kann. So unterschiedlich die Praxis und Reflexion der Organisationsentwicklung nun auch erscheinen mag – offenkundig fußt sie doch auf einer recht einheitlich ausgerichteten Interventions-, Lern- und Beratungsstrategie. Geteilt wird die Grundannahme eines absichtsvoll herbeizuführenden Veränderungsprozesses der Organisation mit zwei maßgeblichen Zielen: (1) geht es um die Verbesserung der *Leistungsfähigkeit einer Organisation* sowie (2) um die Verbesserung der *Qualität des Arbeitslebens*, die unter Umständen in eigenständiger oder als beeinflussender Faktor und Wert organisationalen Geschehens behandelt wird. Auch wenn die Organisationsentwicklung an der *ganzen* Organisation, an ihrer systemischen Verfasstheit oder an ihrem Kulturmuster intervenierend ansetzen möchte, so ist doch nicht zu übersehen, dass man entweder die Organisation über die Bearbeitung der Mitglieder oder über die Rekonfiguration ihrer ›Bestandteile‹ in Form von Gruppen oder Teams in die gewünschte Richtung hin verändern möchte. Wenn man so will, geht es bei Organisationsentwicklung permanent um die Intervention in Funktionsweise *und* Lebenswelt der Organisation, nur ist die Frage der *Vermittlung* zwischen beiden Referenzebenen eben die bisherig zentrale Leerstelle. Die Beschäftigung mit beiden Ebenen zieht sich durch die Entwicklung der Organisationsgestaltung wie ein (heimlicher?) roter Faden, dem nun knapp und nach Interaktionsgesichtspunkten akzentuiert nachgegangen werden soll (ausführlicher u. a. Wetzel/Aderhold 2009).

a.) Human Relation & Scientific Management
Von Hawthorne über die Gruppendynamik bis zu den teilautonomen Gruppen sowie mit der Survey-Guided-Feedback-Methodik konnte man die Art der sozialen Beziehungen sowie spezifische Eigendynamiken als relevante Faktoren für beobachtete Produktivitätssteigerungen isolieren. Noch heute leitet uns die Einsicht an, dass der Umgang mit den Arbeitsgruppen sowie das Gruppenklima positive wie negative Effekte auf Arbeitsergebnis haben kann. Auch das Scientific Management à la Taylor (1911) nutzt interaktiv hergestellte Effekte, ohne dass dies aufgefallen wäre (beispielhaft Wittke 1995). Die hier zum Einsatz gelangenden Organisationsprinzipien und Managementtechniken (u. a. Fließbandproduktion, Einführung kurzer Pausen sowie arbeitswissenschaftlich angeleitete Verbesserung des Arbeitsplatzes) verfolgten zwar die Frage, wie und auf welche Weise die rationellste Arbeitsteilung gefunden werden kann. Die erhofften Produkti-

onssteigerungen waren jedoch nur unter zwei Bedingungen erreichbar: Es musste einerseits gelingen, den Produktionsprozess für die Betriebsleitung überschaubar, planbar, steuerbar und kontrollierbar zu machen. Andererseits musste man durch passfähige Anreizsysteme die Motivation der Arbeiter zur Leistungssteigerung sicherstellen. Der Taylorismus als Organisationsansatz forciert die Trennung von Planung und Ausführung. Dabei akzentuiert er vordergründig kommunikativ herzustellende Koordinations- und Planungsaufgaben und vernachlässigt die Ebene interaktiv vermittelter Wahrnehmungsprozesse. Eine von neueren Einsichten geleitete Analyse entsprechender Prozesse zeigt etwa, dass zeitsensible bzw. hochstrukturierte Arbeitsabläufe auf Informationen angewiesen sind, die ihrerseits nicht unbedingt als Information selektiert und kommuniziert werden müssen (siehe Kranz 2009, S. 85 f.). Fließbandarbeit etwa setzt eine Geschwindigkeit in der Verhaltensakkordierung voraus, die auf der Basis rein *kommunikativ* gefügter Sequenzen nicht zu erreichen sind.[17] Die Koordination erfolgt vielmehr dadurch, dass »anwesende Menschen durch ›einfache Wahrnehmung‹ allein unter Aspekten ihrer Körperlichkeit beobachtet werden. Das Tempo der Verhaltensakkordierung kann gegenüber Kommunikation aber auch schon dann gesteigert werden, wenn das Referieren auf anwesende Teilnehmer diese auf ihre Intentionen hin beobachtet, die nicht auf die Mitteilung von Informationen zielen« (Kranz 2009, S. 86). Die rasche Aufnahme und Verarbeitung der erforderlichen Gesichtspunkte erfolgt über die Konstitution eines voraussetzungsreichen Interaktionssystems, in dem wechselseitige Wahrnehmungsprozesse die strukturierende Führung übernehmen.

b.) Von der Führung selbstentwicklungsfähiger Systeme zur lernenden Organisation
Die weitere Ausgestaltung der Organisations-, Management- und Interventionsansätze konnte bisher auf derartige Reflexionen nicht zurückgreifen. Sie orientierten sich ähnlich wie die Konstrukteure des Scientific Management an den Resultaten und nicht an den Funktionsimperativen interaktiver Prozesse. Dessen ungeachtet konnte in einer Hinsicht eine Sensibilität für die Dynamiken für mikrosoziale Bestandteile der Organisation ausgebildet werden. Besonders interessierte man sich von nun an für die Auseinander-

---

[17] »Beispielsweise muss in Fabrikhallen bei Routinejobs am Fließband in weitem Ausmaß die Darstellung von Mitteilungsabsichten unterdrückt werden, denn diese würden die Aufmerksamkeit anderer Anwesender viel zu sehr beanspruchen und das gerade ablaufende Geschehen stören.« (Kranz 2009, S. 85)

setzung mit Führungskompetenz und Führungsaufgaben, die sich auf eine Charakterisierung von Organisationen als dynamische, sich selbst entwickelnde Einheiten beziehen. Organisationen wurden als Ganzheiten verstanden, die durch das Zusammenspiel von Teilen zustande kommen und die nur durch eine prozesshaft verstandene Unternehmensführung koordinierbar sind. Wichtiger als Regeln und planerische Vorgaben werden von nun an kommunizierte Visionen und Zielvorgaben, um die vielen aktiven Teileinheiten in eine »emerging unit« transformieren zu können. Die beobachtbaren Einheiten der Organisation sowie die Organisation insgesamt verstehen sich nicht mehr als fertige Produkte oder als festgefügte Objekte, sondern sie sind immer prozessual angelegt (Follett, 1927). Nicht ohne Grund nehmen folglich Beziehungen und Aktivitäten des Vernetzens einen zentralen Stellenwert ein (Walter-Busch 1996, S. 152 f.). Mit dieser Favorisierung des in Beziehung-Setzens bereiten beispielsweise die früh formulierten Anschauungen von Mary P. Follett den Weg für die sich erst allmählich und später immer deutlicher durchsetzenden systemischen Denkweisen der Organisationsgestaltung (Aderhold 2003; Aderhold/Jutzi 2003).

Im Zuge des ausgehenden 20. Jahrhunderts setzt sich zusehends das Leitbild der lernenden Organisation durch. Neu ist nun, dass die heutigen Organisationen ihre Stabilität nicht mehr durch beständige Organisationsstrukturen, sondern durch verlässliche Regeln eines ›guten‹ Organisationswandels herstellen wollen (Kühl 2000, S. 60). Ein neuer Umgang für die immer wieder als neu deklarierten Anforderungen muss gefunden werden. Während man sich bisher bei widersprüchlichen Lagen für eine Seite entscheiden konnte; ist man von nun an gezwungen, zwei, häufig wenig kompatible Seiten gleichzeitig angemessen bearbeiten zu müssen (einige Beispiele: Globalisierung – Lokalisierung, Qualität – Preis Konkurrenz – Kooperation). Auf der semantischen Ebene wurde das Konzept der lernenden Organisation zum vollen Erfolg. Zum Hauptproblem kontinuierlichen Organisationswandels wird, dass insbesondere Unternehmen in turbulenten Märkten sich immer weniger gerüstet sehen, den Widerspruch zwischen Stabilitäts- und Veränderungsanforderungen durch eine saubere organisatorische Separierung von Kern- und Gewährleistungsbereich sowie durch linear strukturierte Phasenmodelle des Wandels abzufedern. Das liegt auch daran, dass die mitkonstituierten Paradoxien und Dilemmata systematisch ausgeblendet werden. Die Suche nach Versäumnissen setzt dabei bis heute maßgeblich auf der Seite des Humankapitals an. In der der Folge wurden Probleme personifiziert und psychologisiert (Kühl 2000, S. 90). Man zielte mit psychologistischen Interventionskonzepten auf die Organisation – und musste sie fast zwangsläufig verfehlen. Stattdessen verhakte man sich auf der Ebene interaktiven Geschehens. Die Entwicklungswut hinsichtlich immer neuer Interventionstechniken scheint auch mit dieser Kernverfehlung zu tun zu haben. Es existieren noch immer keine überzeugenden Antworten der auf Gruppendynamik setzenden Interventionskonzepte auf die Frage, wie eine »in Interaktion unter Anwesenden ausgehandelte Problemsicht die Situation überdauern kann, in der sie ausgehandelt wurde« (Baecker 2003, S. 134).

INTERAKTIVE VERMITTLUNG VON FUNKTION UND LEBENSWELT – SCHÄRFER GESTELLT

Wie bereits angedeutet muss im organisatorischen Vollzug ein weiteres Erfordernis bearbeitet werden – das der Vermittlung von System und Lebenswelt in Form einer Selbstvereinfachung sozialer und psychischer Vorgänge. Diese Selbstvereinfachung ist höchst folgenreich für die Systeme. Dabei muss die Selbstvereinfachung die Funktionserfordernisse der sozialen Systeme in angemessener Weise berücksichtigen. Gelingt dies nicht, stottert das System, Defekte und Dysfunktionen treten auf. Gehen wir dem im Folgenden etwas nach.

Systeme der Interaktion bilden sich auf der Basis von Anwesenheit. Das Verhalten der beteiligten Menschen lässt sich davon beeindrucken, dass andere Menschen zeitgleich wahrnehmen können, was geschieht. Das besondere ist hier, dass das System der Interaktion auf die zwei Operationsmodi von Wahrnehmung und Kommunikation zurückgreift. Prozesse der Wahrnehmung erfolgen hierbei als aktives Referieren und Alternieren der beteiligten Psychen, wobei diese Akte des Referierens unbemerkt im Hintergrund verlaufen und die Beteiligten reflexiv nur auf die hierbei produzierten Resultate zugreifen können. Prozesse des Kommunizierens beziehen sich dagegen auf eigene Materialisierungen und Vereinfachungen in Form ausgewiesener Handlungen und vollzogener Adressierung. Mit dem Vollzug des gleichzeitigen Geschehens von Interaktion und Kommunikation kommt es somit zu reichhaltigen Materialisierungen der sie tragenden Prozesse.

Die Alltäglichkeit in Organisationen und anderen Sozialsystemen wird von komplizierten und komplexen Prozeduren getragen, von denen dieser Alltag nichts weiß. Sie wird interaktiv in einem spezifischen interaktiven Prozedere hergestellt, an dem insbesondere die Komponenten der Intention, Attention und Konstitution beteiligt sind (siehe Markowitz 1986). Diese hieraus hervorgehende als Lebenswelt bezeichnete Alltäglichkeit wird als fraglos gegeben, als problemlos und selbstverständlich ausgezeichnet

(Schütz/Luckmann 1991, S. 26), sie ist ›taken for granted‹. Bezogen auf das Sozialsystem der Organisation kann man unterschiedliche Hemisphären identifizieren. Die Lebenswelt findet sich in der Hemisphäre des »Betriebes«, mit all seinen Materialisierungen, den jedermann vertrauten Grundgewissheiten. Es geht hier um Dinghaftigkeit und Objektivität, um wahrnehmbare Produkte, Anlagen, Maschinen, Gebäude, technische Infrastruktur und um identifizierbare Menschen mit ihren ausgewiesenen Eigenschaften und Gewohnheiten. Dagegen entzieht sich die Hemisphäre des Unternehmens den lebensweltlich verfassten Wissens- und Reflexionsformen, sie ist einer direkten Beobachtung entzogen. Hier geht es um Nichtwahrnehmbares, um Prozessualität, um Differenzen, um Problembezüge hinsichtlich Markt, Wirtschaft und Gesellschaft, die nur durch funktionale Analyse und Expertise über Funktionserfordernisse erschlossen werden können. Das Unternehmen bezeichnet die Hemisphäre des Systems. Die Organisation stand nun bislang als ein Modus für die Vermittlung zwischen System- und Lebensweltbemisphäre. Sie realisierte die dabei notwendige Vereinfachung. Vereinfachung meint nicht das Gegenteil von komplex. Vereinfachungen werden vielmehr von voraussetzungsreichen und hochkomplexen Prozeduren getragen, ohne dass dies auf der Seite vereinfachter Vertrautheit bemerkt wird. Dieses Paradox der Vereinfachung »findet man in den beiden Grundvoraussetzungen sozialen Lebens, das heißt im Bewusstsein und in der Kommunikation. Vereinfachung ist nicht nur als eine Begleiterscheinung, sondern als eine Funktionsnotwendigkeit zu verstehen« (Markowitz 2003b, S. 29). Vereinfachung heißt hier Selbstvereinfachung. Diese entsteht dadurch, dass sich die Prozesse von Bewusstsein (Wahrnehmen) und Kommunikation (Sozialisation) von ihren Effekten oder Resultaten isolieren. Es entsteht jeweils ein Operationsmodus, der es gestattet, mit den Effekten etwas anzufangen, ohne die sie tragenden Prozesse mit im Spiel halten zu müssen.

Soziale Systeme vermitteln sich beispielsweise über Epigramme (vgl. Markowitz 1986). Systeme sind weder für sich selbst, noch für externe Beobachter vollständig transparent. Und doch bilden sie Strukturen aus, die es Beobachtern ermöglichen, sich an ihnen zu orientieren. Ein soziales Epigramm ist eine auf Vereinfachung zugeschnittene Veranschaulichungsweise sozialer Systeme. Epigramme fungieren als Orientierungsmodi, wobei von einer Vielzahl konkurrierender Versionen auszugehen ist. In die jeweilige Darstellung gehen sowohl Bestandteile des Systems, vor allem in Form einer auf Vereinfachung setzenden Selbstbeschreibung, und Aktivitäten individueller Orientierungsprozesse mit ein (vgl. Markowitz 1986). Epigramme greifen vor allem auf Sinnkomplexe zurück, von denen unterstellt werden kann, dass andere diese kennen und die implizit verankerten Grundpositionen teilen. Es ist zu vermuten, dass soziale Systeme durch die Überführung von Intransparenz in Transparenz selbst Anhaltspunkte von Verknüpfungsstrukturen ausbilden, die sich von den Beteiligten, vor allem aber von geschulten Beobachtern interpretieren lassen.[18]

Die sozio-kulturelle Evolution hat vor allen in den zurückliegenden beiden Jahrhunderten vor allem auf das Sozialsystem der Organisation gesetzt, um die Funktionserfordernisse lebensweltlich zur Geltung bringen zu können. Die Zumutungen und Erfordernisse der intransparent bleibenden Systeme konnte sich auf diese Weise lebensweltlich inszenieren und manifestatorisch zu erkennen geben, so dass im Alltag Gesichtspunkte des Funktionierens mit berücksichtigt werden konnten (Markowitz 2006). Dies scheint immer weniger zu gelingen. Die Organisation tritt in ihrer Vermittlungsfunktion zurück und neue Vermittlungsformen und -formate müssen gefunden werden.

6. Bewegungen auf Organisationsebene

Nachdem die organisationsrelevanten Dynamiken auf Gesellschafts- und Interaktionsebene kurz angedeutet wurden, soll abschließend auch die Eigenebene der Organisation angesprochen werden. Wir konzentrieren uns hier auf Unternehmen, die vorwiegend unter der Selbstfirmierung von Wirtschaftsorganisationen laufen.[19]

Unternehmen stehen grundsätzlich vor einem zweifachen Problem. Ein Problem dürfte in der mittlerweile riesigen Optionsvielfalt zu sehen sein. Entscheidungen stehen vor einem Selektionsproblem: Wo investieren, mit welcher Erfolgswahrscheinlichkeit? Wie viel investieren? Wie Risikokapital beschaffen? Unter welchen Bedingungen? Welches Managementkon-

---

[18] Die mit der systemischen Epigrammatik angelegte Vereinfachung ist aber nur die eine Seite. Die hochunwahrscheinliche Vermittlung von funktionalen Erfordernissen wird nur dann gelingen, wenn auf der anderen Seite eine pragmatische Vermittlung zwischen Intention und Funktion mit bearbeitet wird (vgl. Markowitz 2003b und 2006). Es geht um nichts weniger, als zwischen den Beteiligten Gesichtspunkte des Intendierens mit Erfordernissen des Fungierens für beide Seiten anschlussfähig ins Verhältnis setzen zu können.

[19] Wohlwissend, dass diese Veränderungen nicht nur Unternehmen, sondern gesellschaftsweit Organisationen befallen (vgl. die Beiträge von Blättel-Mink, Bukow, Langhof, Haufs/Wehling und Kleve in diesem Band).

zept ist auszuwählen? Wie muss die Unternehmensstruktur aussehen? Zudem treffen diese im Unternehmen zu entscheidenden Fragen auf variable Umweltanforderungen. Die Märkte werden dynamischer und Erfolg wird unsicherer. Zu dem internen Strukturwahlproblem stellt sich die Kontingenz der Umwelt. Vor dem Hintergrund dieses Problems laufen folgende Veränderungen mit Einfluss auf die Operationalität der Organisation ab.

UMSTELLUNGEN IN DER FORM DER ARBEITSTEILUNG

Bis weit hinein in die zweite Hälfte des 20. Jahrhunderts orientierten sich Unternehmen an einem bestimmten Prinzip der Arbeitsteilung, an der funktionalen Spezialisierung von Produktion, Forschung, Vertrieb, Finanz- und Rechnungswesen und Lagerhaltung. Das Ziel der Anstrengungen lag in der Perfektionierung vorhandener Strukturen (vgl. hier und im Folgenden Wimmer 1995, S. 25 f.). Mit der Einführung von Geschäftsfeldgliederung, der anschließenden Bildung von Subeinheiten, von Profit-Centern, die wie eigenständige Unternehmen agieren, wird versucht, die Primärorientierung am ›Unternehmerischen‹ und nicht primär an Fachgesichtspunkten der jeweiligen Teilfunktion auszurichten. Weiter ausgearbeitet wurde die Orientierung am Markt beziehungsweise am Kunden im Konzept des »business reengineering« (Hammer/Champy 1994). Die Grundidee lautet: Jeder Geschäftsprozess wird unabhängig von bestehenden organisationalen Strukturen von seinem zu erwartenden Ergebnis her aufgezogen. Ausgehend von den unternehmensseitig zu erschließenden Leistungserwartungen der Kunden steht die radikale Neuerfindung wichtiger Geschäftsprozesse im Vordergrund unternehmerischer Überlegungen. Die parallel dazu aufkommende Suche nach Kernkompetenzen hat das Ziel der Identifizierung hochkomplexer, unternehmensintern angelagerter Potenziale, die nur schwer von anderen Unternehmen kopiert werden können (Prahalad/Hamel 1990).

Die Umstellung dieser Operationsweise verdankt sich auch den Anforderungen an betrieblichen Wandel. Das lewinsche Gleichgewicht (Lewin 1948) ist keine Daueeinrichtung mehr, es ist im Gegenteil der Ausnahmezustand in einem oszillierenden Prozess (Weick/Quinn 1999). Die Beobachtung und die breit geführte Diskussion über das Veränderungstempo des unternehmerischen Umfeldes führen dabei zu der neuen Erfahrung, dass das »Veränderungstempo im Inneren der Organisationen« nicht mehr mit der Dynamik ihres Umfeldes mithalten kann (Wimmer 1999, S. 31).

Unternehmen[20] müssen sich auf Turbulenzen und gravierende interne und externe Veränderungen durch Steigerung der eigenen Handlungs- und Reflexionsfähigkeit einstellen. Eine Variante, auf komplexe Umweltbedingungen zu reagieren, ist die Erhöhung der Flexibilität. Bürokratische und hierarchische Unternehmensstrukturen sind überfordert, wenn es gilt, »eine kontinuierliche Anpassung an sich schnell verändernde, interne und externe Konstellationen« zu ermöglichen (Jäger 1999, S. 83). Das verstärkt vor allem die Suche nach brauchbaren Innovations-, Produktions- und Vermarktungskonzepten (siehe auch Blutner/von Lüde in diesem Band). Man bedient sich vielfältigster Instrumente und Konzepte, die Erfolg wahrscheinlich machen sollen: Personalbestände werden abgebaut beziehungsweise in ihrer Abrufbarkeit flexibilisiert, die Einführung neuer Techniken und Technologien soll positiv auf die Produktivität der Produktion wirken, die Dezentralisierung der Organisation soll Informationen schneller fließen lassen etc. Kundennähe gilt als unabdingbar, der Bezug auf Kernkompetenzen gilt als Alternative zur Kontingenz der Marktrestriktionen (Krebsbach-Gnath 1996, S. 3). Vom Schwerpunktwechsel auf Innovation verspricht man sich, damit unternehmerische Handlungsfähigkeit erhöhen und eingefahrene Routinen durchbrechen zu können. Zudem wird erwartet, Produkte kostengünstiger und schneller als bisher zu produzieren und zu vertreiben beziehungsweise neue Produkte zu entwickeln (Kühl 1995, S. 41). Innovationsfähigkeit ist Voraussetzung und Ursache des Erfolgs und wird als zentrales Dogma für erfolgreiche Unternehmen propagiert (Drucker 1992, S. 97; Koreimann 1990, S. 287).

WANDEL IN DEN MUSTERN ZIELGERICHTETER VERÄNDERUNG

Die Frage der Innovations- und Veränderungsfähigkeit führt dabei zwangsläufig zur Rezeption organisationalen Wandels. Die Umstellung von Prinzipien der Arbeitsteilung und Differenzierung ging und geht dabei mit einem Wandel dieses Wandelverständnisses einher. Das schließt direkt an die These an, dass die Bearbeitung organisationaler Problemstellungen unbeabsichtigterweise interaktionszentriert verläuft (siehe Vogd, Häußling und Haufs/Wehling in diesem Band). Dies hat natürlich nicht nur eine

---

[20] Es hat den Anschein, als ob »die alten Organisationen mit ihrer Festlegung auf Hierarchie, langfristige Planung, routinisierte Entscheidungen und standardisierte Produkte« (Baecker 1995, S. 211) unter Bedingungen turbulenter und instabiler Märkte, dem Ende der standardisierten Massenproduktion, unter Bedingungen dynamischer Technologieentwicklungen nicht mehr überlebensfähig sind.

interaktionelle, sondern auch eine organisationale Seite. Der Ausgangspunkt liegt hier in der Registratur einer erheblichen Diskrepanz »zwischen den offiziellen Projektdarstellungen und der alltäglichen Realität der Projektbeteiligten« (Kühl 1998, S. 11). Der Großteil der Managementliteratur reagiert darauf, indem die Widersprüche und Konflikte lediglich auf Umsetzungsprobleme, d. h. Interaktionsprobleme zurückführt werden. Zumeist jedoch liegen diese tiefer, in einer spezifischen Vorstellung über den Organisationswandel (siehe auch Kleve in diesem Band). Und genau dieser ist in Veränderung. Stefan Kühl (1998) identifiziert in diesem Zusammenhang die Ablösung relativ statischer Managementkonzepte durch das Managementleitbild der lernenden Organisation mit ihrer Ausrichtung auf eine dynamische Organisation. Neu ist dabei, dass die heutige Organisation ihre Stabilität nicht mehr durch beständige Organisationsstrukturen, sondern durch verlässliche Regeln eines ›guten‹ Organisationswandels herstellen kann (siehe Kleve in diesem Band). Dabei werden Muster über das generelle Funktionieren von Organisationen durch Muster eines ›guten‹ Wandels ersetzt. Rationalität wird dabei durch die Aufstellung rationaler Kriterien für Organisationsveränderung gesucht. Dies wiederum führt zu einem Wechsel des Schwerpunktes von Sicherheit zu Unsicherheit, von Stabilität zu Wandel.

Damit steckt die Organisation aber prinzipiell in einem Dilemma. Sie muss gleichzeitig stabilitäts- und veränderungsorientiert beobachten können. Die einseitige Dynamik der lernenden Organisation funktionierte zunächst nur, weil diese Paradoxien, Zielkonflikte und Dilemmata systematisch ausgeblendet und spezifische Regeln (klare Ziele, frühzeitige Information etc.) als ›gut‹ deklariert wurden (Kühl 2000). Eine dilemmasensible und oszillationsorientierte Beobachtung muss jedoch für die Nützlichkeit auch der entgegengesetzt wirkenden Prinzipien guten Organisationswandels offen sein. In der Folge entstehen gerade jetzt Ansätze, die die ausgeblendete Seite mit einbeziehen, Organisationswandel generell als widersprüchlichen Prozess konzipieren und dabei auftretende Nebenwirkungen, die nun die Wandlungsfähigkeit der Organisation mittel- oder langfristig einzuschränken drohen, durchaus mit einkalkulieren (vgl. Baitsch/Wetzel 2008, Wimmer 2008).

INKLUSIONSPROBLEME UND DIE DE-KONTURIERUNG DES ARBEITSPLATZES

In vielen der angesprochenen Veränderungen wird ein Druck zur Flexibilisierung des Unternehmens und seiner Grenzen spürbar. Lean Management, virtuelle oder entgrenzte Unternehmen reduzieren Organisationen auf ein

Mindestmaß (siehe den Beitrag von Reichel/Scheiber in diesem Band). Das hat nicht nur wie gesehen Folgen für die Kontur von Mitgliedschaft, es hat Folgen für die in Organisationen bislang eingelassenen Komplementärrollen und – in letzter Konsequenz auf die Kontur des Modells des ›Arbeitsplatzes‹. Dieses Modell löst sich in vielen Unternehmen auf (Markowitz 1997, 1998). Befristung, Begrenzung und Dynamisierung wirtschaftlicher Aktivitäten entfalten auch dort ihre organisationale Wirkung. Der neue Typus des Arbeitskraftunternehmers löst klassische Nutzungsformen von Arbeitskraft ab (Voß/Pongratz 1998). Mit dieser Bezeichnung wird zum Ausdruck gebracht, dass der Arbeitende nicht mehr im Kontext einer formalisierten Mitgliedschaftsrolle agiert, sondern statt dessen als Auftragnehmer auftritt, der seine Beiträge[21] selbstorganisiert und selbstkontrolliert erbringt. Bisherige Formen von personaler Inklusion und organisationaler Grenzziehung geraten in Fluss (Luhmann 2000, S. 236; Markowitz 1998). Das bedeutet auch, dass vororganisierte, respektive von Unternehmern bereitgestellte Arbeitsplätze in der Zahl dramatisch zurückgehen. Stattdessen werden zeitlich, sozial und sachlich befristete Aufgaben definiert, deren Beendigung von dem Wegfall der »virtuell« erzeugten Stelle begleitet wird.[22] Dies zeigt sich u. a. darin, dass feste Karrierewege, Beschäftigungsverhältnisse, die ein Berufsleben lang halten, sowie übersichtliche Aufgabenanforderungen ihre Prägekraft verlieren. Für die Organisation kommt es darauf an, mit den eigenen Mitteln die organisatorischen wie fachlichspezifischen Kapazitäten nachfragewilliger Personen oder Teams in angemessener Weise erkennen, inkludieren und deren Aktivitäten wirtschaftlich sinnvoll verwerten zu können.

Auch die Orientierungskraft der Komplementärrollen von Experte (Unternehmer) und Laie (Arbeitnehmer) wird relativiert (Markowitz 1997,

---

[21] Das Auftreten als Arbeitskraftunternehmer ist alles andere als selbstverständlich (Voß/Pongratz 1998, S. 143 f.): »Die Nutzung der alltäglichen Aktivitätspotentiale für die Produktion und Vermarktung des Arbeitsvermögens hängt von einsetzbaren Ressourcen der Person ab: nicht nur von berufsfachlichen Qualifikationen, sondern von allen individuell verwertbaren Potentialen, vom Geldvermögen über soziale Netzwerke und Kontakte, Alltagstechnik, Wohnraum beziehungsweise Wohnungs- und Grundbesitz bis hin zur Arbeitsleistung weiterer Personen.«

[22] Für die Sozialform der betrieblich eingeübten und organisational stabilisierten Interaktion könnte das bedeuten, dass diese an Bedeutung verliert (Markowitz 1998, S. 109). Erforderlich wird ein Wechsel von einer interaktionsnahen zu einer eher interaktionsfernen Kommunikation, mit all ihren Komplikationen und Leistungsanforderungen an den Einzelnen.

S. 133). Die Organisationen waren bisher »Voraussetzung dafür, mit relativ wenigen Expertenrollen (»Arbeitgeber«) einem riesigen Publikum ökonomischer Laien (»Arbeitnehmer«) erwerbsseitig die Inklusion in das Funktionssystem Wirtschaft zu ermöglichen« (Markowitz 1997, S. 133 f.). Immer deutlicher tritt hervor, in welch dramatischer Weise diese Voraussetzungen brüchig werden. Für die Organisation hat dies den Effekt, dass Stellen zunehmend variabler werden. Unsicherheit und Kontingenz der Umwelt werden nicht mehr vom Management allein abgefangen und absorbiert, sondern halten Einzug in alle Organisationsbereiche. An die Stelle von stabil gehaltenen Anstellungsverhältnissen, an denen man sich in der Vergangenheit noch langfristig orientieren konnte, treten flexible Beschäftigungsformen mit der Folge, dass »die Konzepte von Karriere, beruflicher Laufbahn, die herrschenden Vorstellungen von professionellen Biographien und Formen der Identitätsstiftung, die auf dem Weg über die Arbeit zu gewinnen sind«, neu geschrieben werden müssen (Wimmer 1999, S. 40).

Der Kernbereich der Organisation, ob in der Produktion, in der Verwaltung oder insbesondere im Informations- und Dienstleistungsbereich, gerät zunehmend unter Druck, und die tradierten Orientierungsleistungen, die vor allem in den Sozialisierungsinstanzen Schule, Universität und Berufsausbildungsstätte angelegt und tradiert werden, passen nicht zu den neuen Anforderungen, was die individuellen Möglichkeiten, angemessenere Strategien auszubilden, nicht gerade erleichtert (siehe auch Blättel-Mink in diesem Band). Nicht abzusehen ist daran anschließend, welche Voraussetzungen die Gesellschaft[23] zu erbringen hat, damit zumindest der überwiegende Teil der Menschen an den erforderlichen Sozialisationsinstanzen sowie den neuen Herausforderungen und Chancen partizipieren kann. Schon heute zeichnet sich jedoch ab, dass es sehr großen Teilen der Bevölkerung nicht in ausreichender Weise gelingen wird, angemessene Potenziale aufzubauen, um an den Erfordernissen der modernen Weltwirtschaft teilhaben zu können.

Mit der Strukturveränderung von Unternehmen, Märkten und Funktionssystemen und über die Reduzierung organisationsseitig bereitgestellter Arbeitsplätze verändert sich schlussendlich auch die Struktur von Arbeit. Diejenigen, die eine Arbeit aufnehmen oder ihr nachgehen möchten, sind angehalten, größere Beiträge als gewohnt beizusteuern, indem sie ihre

---

[23] An dieser Stelle geht es nicht nur um Politik. Gemeint sind insbesondere auch die Systeme der Familie, der Erziehung und Bildung, der Beratung und der sozialen Hilfe.

Aktivitäten stärker an den Funktionserfordernissen moderner Kommunikation ausrichten, mit der Schwierigkeit, dass sich funktionsbezogene Erwartungen nur bedingt generalisieren lassen (Markowitz 2001, S. 15). Die mit der Umstellung von Unternehmen verbundene Reduzierung bereitgestellter Arbeitsplätze führt vor die Frage, welche Vermittlungsinstanzen wirtschaftsrelevante Inklusionschancen eröffnen beziehungsweise Funktionsanforderungen deutlich machen können, wenn Organisationen und Komplementärrollen diese Leistung nicht mehr übernehmen.

7. Und was heißt das nun für die weitere Evolution der Organisation?

Fassen wir zunächst kurz zusammen: Organisationen verhalten sich scheinbar merkwürdig. Diesen Eindruck erhält man anhand folgender unsystematischer Eindrücke:
- sie zeigen Veränderungen an konstitutiven Merkmalen
- und reagieren mit Stress- und Überforderungssymptomen,
- es finden sich Ausweichbewegungen (Auflösungs- und Selbstverstärkungssymptome).

Das liegt u. a. an Umfeld- und Eigenveränderungen, die ein Weiteroperieren mit den klassischen Referenzrahmen und Features zumindest erschweren, wenn nicht perspektivisch verunmöglichen. Diese Veränderungen können auf den hier thematisierten Ebenen wie folgt charakterisiert werden:

a.) Auf gesellschaftlicher Ebene finden sich diese Tendenzen:
- Die Selbstalarmierungsbereitschaft der Gesellschaft schlägt auf die Organisation durch. Das zeigt sich in wachsender Moralisierung, der Rückführbarkeit von Nebenfolgen auf organisationales Handeln und eine damit einhergehende Reflexivitätssteigerung. Das wirkt sich in der Schwächung spezifischer Selektionsmechanismen aus. Der Entscheidungsprozess als solcher wird prekär, in dem nach dem Entscheiden das Vergessen von Alternativen und von Externalisierung von möglichen Nebenfolgen nicht mehr gelingt. Im Entscheiden wird die konstitutive Arbeit der Selektivität problematisch.
- Multiple Sozialbeschleunigung setzt die Entscheidungsprozesse der Organisation zusätzlich unter Druck, wobei die De-Temporalisierungsfunktion der Hierarchie selbst nur noch eingeschränkt funktioniert. Die gesellschaftliche Zeitpufferung durch Organisation löst sich in dem Maße auf, in dem sie selbst Entschleunigungsbedarf produziert. Man kann

mutmaßen, dass die Entschleunigung von der Organisation auf Beratung übergeht (Fuchs 2004).
- Die Virtualisierung der Organisation und die Relevanz des Computers können zur Auflösung der klassischen Organisation führen, indem das Netzwerk an die Stelle der Hierarchie und die Motivation des Einzelnen an die Stelle der Indifferenzzone tritt.

b.) Die Interaktionsebene ist demgegenüber in diesen Punkten im Fluss:
- Interaktionsprozesse sind für uns am nächsten, am wahrnehmbarsten und beobachtungstechnisch am einfachsten zu ›greifen‹. Unser Zugang zur sozialen Welt, auch der Organisation, ist unvermeidlich interaktionsvermittelt. Gleichwohl sind sie von komplizierten Prozessen getragen, zu denen wir bislang kaum Zugang haben.
- Diese nahezu unausweichliche Interaktionsvermittlung erschwert es gelegentlich, den Kern der Organisation respektive anderer Sozialformen zu treffen. Die Gestaltung permanenten und diskontinuierlich ablaufenden Organisationswandels traf und trifft dabei zumeist die Interaktionsebene und nicht die Organisation.
- Gravierender, und in dieser Hinsicht unbehaglicher ist jedoch, dass die Organisation in ihrer Funktion der Vermittlung von System und Lebenswelt zunehmend zurücktritt. Sie stellte bislang einen Rahmen bereit, in dem die Vereinfachung unterschiedlicher sozialer Referenzebenen (zum Bespiel Betrieb versus Unternehmen) geschehen konnte. Indem jedoch die Organisation temporalisierter, dynamisierter und auch verdingliche Arbeitsplatzkonturen loser, unschärfer werden, wird die Vereinfachung und die dahinter liegende Vermittlung erschwert. Ein vereinfachungsfähiger Umbau der Organisation ist nicht in Sicht, eine funktionale Alternative ebenso.

c.) Schließlich stellt sich die Organisation vor folgende Herausforderungen:
- Organisationen bauen zunehmend ihr Strukturprinzip von funktionaler auf Prozessdifferenzierung um. Damit verändert sich der Schwerpunkt der Organisationsaktivität auf Registratur und Gestaltung von Veränderung und Innovation, eine paradoxe Angelegenheit für eine auf Stabilität und Routine ausgelegte Sozialordnung.
- Das führt im weiteren Verlauf auch zu einer Re-Deskription organisationalen Wandels. Nach einem Übergang von stabilitäts- zu dynamikorientierten Managementleitbildern steht man vielleicht am Beginn einer dilemma- und paradoxiesensiblen Betrachtung, die oszillieren lernt und wiederum vor dem Problem steht, strukturell diese Paradoxie nicht ohne weiteres (mehr) bearbeiten zu können.

- Davon bleiben die Kontur der Mitgliedschaft und die Struktur des Arbeitsplatzes nicht unberührt. Stellen werden temporalisiert und auf der Basis von Verträgen vergeben. In der Konsequenz verändern sich Karriereverläufe und Bindungsmuster, aber auch die personalorientierten Steuerungsstrategien der Organisation. ›Nebenbei‹ lösen sich Komplementärrollen auf und verändern die Möglichkeiten der Teilhabe Einzelner an gesellschaftlichen Vollzügen dramatisch.

Im Gefolge der Aufklärung, d. h. der Kritik der Vernunft hatte man es bislang mit Utopien und Gegenutopien über die Kraft des Individuums zu tun. Im Anschluss daran handelte man sich auch die Utopien der Organisation ein[24] und kommt langsam an den Punkt, nach Gegenutopien auch in diesem Punkt zu fragen. Handelte man sich seinerzeit mit der Gefangenschaft im Entscheidungsgefängnis der Organisation eine ungekannte Optionsvielfalt und gleichzeitig das Instrumentarium zur Beherrschung dieser Vielfalt ein, so muss man heute fragen, worin die Funktion dieses Gefängnisses eigentlich noch bestehen kann, wenn es ihm nicht mehr gelingt, genau diese Optionsvielfalt selektiv bearbeitbar zu machen.

Was finden wir also vor? Eine Situation, gegenzeichnet durch »die Labilität gesellschaftlicher Konstruktionen« (Soeffner 2000), die zunehmend auch für die Organisation gelten. Man muss sich fragen, ob und wie die Bildung übersichtlicher, geschlossener Einheiten, auch kultureller, sozioökonomischer Inseln, mit denen man sich gegen die Ubiquität der Moderne stemmen konnte, neu funktioniert, wenn dies nicht mehr über die (bisher bekannte) Organisation geschieht, die darin ihren modernen Ruhm erlangte.

Es entsteht ein (auch funktional zu denkender) Freiraum hinsichtlich einer immer wieder neu benötigten Ausgestaltung von Ordnungen, der nur noch bedingt durch vorliegende und organisationsvermittelte Rituale, Routinen und Praxen ausgefüllt werden kann. Kein Wunder folglich, wenn die Organisation mit Stress und Überforderung reagiert. Gegebenenfalls könnte man generell zwei Strömungen formulieren, wie ein Umgang möglich wäre. Es gäbe jene, die sich auf die Zumutungen einer pluralisierenden Globalisierung und Individualisierung einlassen sowie jene, die auf Insellösungen setzend, Pluralität und Kontingenz ausschalten wollen. Was aber bisher generell fehlt, sind intermediäre Einrichtungen, »die zwischen den verschiedenen sozialen Welten vermitteln: Medien, die das Unter-

---

[24] Man denke hier etwa an die Exzesse des Faschismus und Kommunismus, vgl. dazu Pollack (1994).

schiedliche darstellen und mit ihm vertraut machen, so dass wir durch sie ein Wissen um die Grenzen und Ordnungen der einzelnen sozialen Welten innerhalb unserer Gesellschaft erwerben könnten, das in solchen Medien vorzustellen und zu verbreiten wäre.« (Soeffner 2000, S. 277). Dabei wären Organisationen, insbesondere vor dem Hintergrund der polyphonen Verfassung ihrer Medien (Luhmann 1972, Akerstrom-Andersen 1998) eigentlich prädestiniert dafür. Allein diese Konstellationen rüsten die weitere »Organisationentwicklung« im Sinne einer Organisationsevolution mit einigem Spannungspotenzial und ungeheurem Reiz aus. Es ist also offen, ob die aktuell sichtbaren Turbulenzen im Rahmen einer *Funktions*anpassung, einer *Struktur*anpassung oder gar eines ›*Fadings*‹ der Organisation an sich – ggf. auch gleichzeitig – stattfinden. Wir können heute die weitere Evolution nicht absehen, müssen aber damit rechnen, dass wir die Organisation in Kürze nicht mehr in jener Form vor uns haben, die uns bekannt vorkommt.

Literatur

Aderhold, J. (2003): Organisation als soziales System. In: Weik, E.; Lang, R. (Hrsg.): Moderne Organisationstheorien. Eine sozialwissenschaftliche Einführung. Bd. 2. Wiesbaden (Gabler), S. 153–188.

Aderhold, J.; Jutzi, K. (2003): Theorie sozialer Systeme. In: Weik, E.; Lang, R. (Hrsg.): Moderne Organisationstheorien. Eine sozialwissenschaftliche Einführung. Bd. 2. Wiesbaden (Gabler), S. 121–151.

Aderhold, J. u. O. Kranz (Hrsg.) (2007): Intention und Funktion: Probleme der Vermittlung psychischer und sozialer Systeme. Wiesbaden (VS-Verlag).

Aderhold, J. u. R. Wetzel (2007): Absconding Vociferously. Rumours about the disturbing disappearance of organizations. Beitrag zur Annual Conference der Standing conference on Organizational Symbolism (SCOS). University of Ljubljana. 01. – 04.07.2007.

Baecker, D. (1995): Durch diesen schönen Fehler mit sich selbst bekannt gemacht. Das Experiment der Organisation. In: Heitger, B; Schmitz, Ch. und P.-W. Gester. (Hrsg.): Managerie. 3. Jahrbuch Systemisches Denken und Handeln im Management, S. 210–230.

Baecker, D. (1997): Wieviel Organisation braucht die Organisation – Oder warum wir uns in schlechtdefinierten Systemen wohler fühlen. In: Organisationsentwicklung 2/97, S. 18–25.

Baecker, D. (1999): Organisation als System. Frankfurt am Main (Suhrkamp).

Baecker, D. (2003): Organisation und Management. Frankfurt am Main: (Suhrkamp).

Baecker, D. (2007): Studien zur nächsten Gesellschaft. Frankfurt am Main (Suhrkamp).

Baitsch, C. u. R. Wetzel (2008): Organisationale Lernfähigkeit gestalten: Ein Instrumentenvorschlag zur Analyse und Bewertung einer zentralen Unternehmensressource. In: Organisationsentwicklung H. 2/08, S. 79–86.

Bauman, Z. (1999): Unbehagen in der Postmoderne. Hamburg (Hamburger Edition).

Bauman, Z. (2000): Vom Nutzen der Soziologie. Frankfurt am Main (Suhrkamp).

Beck, U. (1986): Risikogesellschaft. Auf dem Weg in eine andere Moderne. Frankfurt am Main (Suhrkamp).

Beck, U. (1999): Schöne neue Arbeitswelt. Frankfurt am Main (Suhrkamp).

Beck, U. (Hg.) (2000): Die Zukunft von Arbeit und Demokratie. Frankfurt (Edition zweite Moderne. Suhrkamp).

Beck. U. (1991): Politik in der Risikogesellschaft. Frankfurt am Main (Suhrkamp).

Berger, P. L. (1987): Das Unbehagen an der Modernität. Frankfurt am Main (Suhrkamp).

Brosziewski, A. (1998): Virtualität als Modus unternehmerischer Selbstbewertung. In: Brill, A. und M. de Vries (Hrsg.): Virtuelle Wirtschaft. Opladen (Westdeutscher Verlag), S. 87–100.

Bühl, A. (1997): Die virtuelle Gesellschaft. Ökonomie, Kultur und Politik im Zeichen des Cyberspace. Opladen (Westdeutscher Verlag).

Davidov, W. H. und M. S. Malone (1993): Das virtuelle Unternehmen. Der Kunde als Co-Produzent. Frankfurt am Main und New York (Campus).

Drucker, P. F. (1992): The New Society of Organizations. In: Harvard-Bussines Review, Nr.5/1992, S. 95–104.

Faust, M. et al. (1995): Dezentralisierung von Unternehmen: Bürokratie- und Hierarchieabbau und die Rolle betrieblicher Arbeitspolitik. München/Mering (Hampp).

Florack, M., Grunden, T. und K.-R. Korte (2005): Strategien erfolgreicher Mitgliederrekrutierung der politischen Parteien. In: Schmid, J. und U. Zolleis (Hrsg.): Zwischen Anarchie und Strategie: Der Erfolg von Parteiorganisationen. Wiesbaden (VS Verlag), S. 96–113.

Follett, M. P. (1927): The psychology of control. In: Metcalf, H. (Hrsg.): Psychological Foundations of Management. New York (A.W. Shaw Company), S. 156–243.

Freud, S. (1999): Das Unbehagen in der Kultur. In: Ders.: Gesammelte Werke. Bd. 14. Frankfurt/Main.

Fuchs, P. u. M. Wörz (2004): Das System und die Welt der Beratung. Ein Hans-Dampf in allen Gassen. Unveröffentlichtes Manuskript (Bad Sassendorf).

Gora, W. (1996): Vorwort. In: Ders. (Hrsg.) Auf dem Weg zum virtuellen Unternehmen – Konsequenzen der Dezentralisierung. Köln (FOSSIL-Verlag).

Gorz, A. (1998): Die Phantasie entfesseln. In: Die Wochenzeitung. Nr. 5/29. Januar 1998, S.17–18.

Hammer, M. und J. Champy (1994): Business Reengineering. Die Radikalkur für das Unternehmen. Frankfurt/New York (Campus).

Hedberg, B.; Dahlgren, G.; Hansson, J. und N.-G. Olve (1997): Virtual Organizations and Beyond. Discover Imaginary Systems. Chichester u. a. (Wiley).

Hirsch-Kreinsen, H. (1994): Die Internationalisierung der Produktion: Wandel von Rationalisierungsstrategien und Konsequenzen für Industriearbeit. In: ZfS. H. 6, S. 434–446.

Institut für Arbeitsmedizin, Sicherheitstechnik und Ergonomie (ASER) e.V. (2008): Unfall- und Krankheitsstatistik Arbeit 2006. Wuppertal (Eigenverlag).

Jäger, W. (1999): Reorganisation der Arbeit. Ein Überblick zu aktuellen Entwicklungen. Opladen/Wiesbaden (Westdeutscher Verlag).

Jansen, S. A. (1998): Virtuelle Unternehmen: Begriffe, Merkmale und Konzepte. Ein formtheoretisches Strukturierungsangebot. Wittener Diskussionspapiere. H. 15. Fakultät für Wirtschaftswissenschaft. Universität Witten/Herdecke.

Kels, P. (2008): Arbeitsvermögen und Berufsbiografie: Karriereentwicklung im Spannungsfeld zwischen Flexibilisierung und Subjektivierung. Wiesbaden (Vs Verlag).

Köhler, C.; Loudovici, K.; Struck, O. (2007): Arbeitsmarktsegmentation und betriebliche Beschäftigungssysteme. In: Köhler, C. und K. Loudovici (Hrsg.): Beschäftigungssysteme, Unsicherheit und Erwerbsorientierungen. Theoretische und empirische Befunde. SFB 580 Mitteilungen 22.

Koreimann, D. S. (1990): Strategien zur Komplexitätsreduzierung. In: R. Fisch und M. Boos (Hrsg.): Vom Umgang mit Komplexität in Organisationen: Konzepte, Fallbeispiele, Strategien. Konstanz (Universitätsverlag), S. 283–297.

Kranz, O. (2009): Von der Skandalisierung der Organisationsberatung zur Professionalisierung der Soziologie? Interaktionstheoretische Beiträge zu Profession, Organisation und Beratung. Wiesbaden (VS Verlag; im Erscheinen).

Krebsbach-Gnath, C. (1996): Organisationslernen. Theorie und Praxis der Veränderung. Wiesbaden (DUV).

Kühl, S. (1995): Wenn die Affen den Zoo regieren: die Tücken der flachen Hierarchien. Frankfurt/New York (Campus).

Kühl, S. (2000): Das Regenmacher-Phänomen. Widersprüche und Aberglaube im Konzept der lernenden Organisation. Frankfurt/New York (Campus).

Littmann, P. und Jansen, S. A. (2000): Oszillodox – Virtualisierung – die permanente Neuerfindung der Organisation. Stuttgart (Klett-Cotta).

Lübbe, H. (1998): Gegenwartsschrumpfung. In: K. Backhaus und H. Bonus (Hrsg.): Die Beschleunigungsfalle oder der Triumph der Schildkröte. Stuttgart (Schäffer/Pöschel), S. 129–164.

Luhmann, N. (1985): Zum Begriff der sozialen Klasse. In: Ders. (Hg.): Soziale Differenzierung: Zur Geschichte einer Idee. Opladen (Westdeutscher Verlag), S. 119–162.

Luhmann, N. (1993): Gesellschaftsstruktur und Semantik: Studien zur Wissenssoziologie der modernen Gesellschaft. Bd. 1. Frankfurt am Main (Suhrkamp).

Luhmann, N. (1997): Die Gesellschaft der Gesellschaft. 2 Bde. Frankfurt am Main (Suhrkamp).

Luhmann, N. (1991): Soziologische Aufklärung 3. Soziales System, Gesellschaft, Organisation. 2. Auflage. Opladen (Westdeutscher Verlag).

Luhmann, N. (2000): Organisation und Entscheidung. Opladen/Wiesbaden (Westdeutscher Verlag).

Markowitz, J. (1986): Verhalten im Systemkontext: Zum Begriff des sozialen Epigramms. Diskutiert am Beispiel des Schulunterrichts. Frankfurt am Main (Suhrkamp).

Markowitz, J. (1997): Arbeit – Arbeitsplatz – Arbeitswissenschaft. In: Hallescher Initiativkreis Arbeitswissenschaften (Hrsg.): Band 1. Interdisziplinäre Ringvorlesung Sommersemester 1997. Martin-Luther-Universität Halle-Wittenberg, S. 120–138.

Markowitz, J. (1998): Zum Verhältnis von Schulkultur und Unternehmenskultur. In: J. Keuffer u.a. (Hg.): Schulkultur als Gestaltungsaufgabe. Partizipation, Management, Lebensweltgestaltung. Weinheim, S. 101–117.

Markowitz, J. (2001): Bildung und Ordnung. Ms. Martin-Luther-Universität Halle-Wittenberg. Institut für Soziologie. Halle (Saale).

Markowitz, J. (2003a): Bildung und Ordnung. In: Tenorth, Heinz-Elmar (Hg.): Form der Bildung – Bildung der Form. Weinheim (Beltz), S. 171–199.

Markowitz, J. (2003b): (Nicht) Ganz Einfach. Von den Schwierigkeiten des Phänomens ›Vereinfachung‹. In: scientia halensis, Wissenschaftsjournal der Martin-Luther-Universität Halle-Wittenberg 2/3, S. 29–30.

Markowitz, J. (2006): Funktionale Differenzierung und strukturelle Folgen. S. 67–75. In: Ehrenspeck, Y. und D. Lenzen (Hg.): Beobachtungen des Erziehungssystems. Wiesbaden (VS Verlag für Sozialwissenschaften).

Nassehi, A. (2003): Geschlossenheit und Offenheit: Studien zur Theorie der modernen Gesellschaft. Frankfurt am Main (Suhrkamp).

Nassehi, A. (1993): Die Zeit der Gesellschaft. Auf dem Weg zu einer soziologischen Theorie der Zeit. Opladen (Westdeutscher Verlag).

Niedermayer, O. (2001): Beweggründe des Engagements in Parteien. In: Gabriel O. W.; O. Niedermayer und R. Stöss (Hrsg.): Parteiendemokratie in Deutschland. Bonn, S. 297–312.

Pollack, D. (1994): Kirche in der Organisationsgesellschaft. Zum Wandel der gesellschaftlichen Lage der evangelischen Kirchen in der DDR. Stuttgart (Kohlhammer).

Prahalad, C. K. u. G. Hamel (1990): The Core Competence of the Corporation. In: Harvard Business Review 68, 5/6, S. 79–91.

Radkau, J. (1998): Das Zeitalter der Nervosität. Deutschland zwischen Bismarck und Hitler. München/Wien (Carl Hauser Verlag).

Reich, R. (1993): Die neue Weltwirtschaft. Das Ende der nationalen Ökonomie. Frankfurt am Main und Wien (Büchergilde Gutenberg).

Rifkin, J. (1997): Das Ende der Arbeit und ihre Zukunft. Frankfurt am Main (Fischer).

Rosa, H. (2005): Beschleunigung. Die Veränderung der Zeitstrukturen in der Moderne. Frankfurt am Main (Suhrkamp).

Schelkshorn, H. (2004): Unbehagen an welcher Moderne? In: Trans – Internet-Zeitschrift für Kulturwissenschaften. Nr. 15. April 2004. http://www.inst.at/trans/15Nr/04_08/schelkshorn15.htm

Scholz, Ch. (1996): Virtuelle Organisation: Konzeption und Realisation. In: zfo 4/1996, S. 204–210.

Schütz, A. und P. Luckmann (1991): Strukturen der Lebenswelt, Band 1. Frankfurt am Main (Suhrkamp).

Schwanitz, D. (2008): Shakespeares Hamlet und alles, was ihn für uns zum kulturellen Gedächtnis macht. München (Goldmann).

Shen, W. (2000): Virtual Organizations in Collaborative Design and Manufacturing Systems. In: Virtual Organization Net, Vol. 2, No. 2, S. 43–57. http://www.virtual organization.net

Soeffner, H.-G. (2000): Gesellschaft ohne Baldachin: Über die Labilität von Ordnungskonstruktionen. Weilerswist (Velbrück Wissenschaft).

Tacke, V. (1997): Systemrationalisierung an ihren Grenzen – Organisationsgrenzen und Funktionen von Grenzstellen in Wirtschaftsorganisationen. In: G. Schreyögg und J. Sydow (Hrsg.): Managementforschung 7. Gestaltung von Organisationsgrenzen. Berlin/ New York (de Gruyter), S. 1–44.

Taylor, F. W. (1911): The Principles of Scientific Management. New York (Harper Bros.).

Voß, G. G. und H. J. Pongratz (1998): Der Arbeitskraftunternehmer. Eine neue Grundform der Ware Arbeitskraft. In: KZfSS. Jg. 50. H. 1. S. 131–158.

Walter-Busch, E. (1996): Organisationstheorien von Weber bis Weick. Amsterdam (Fakultas).

Weber, B. (1996): Die Fluide Organisation. Konzeptionelle Überlegungen für die Gestaltung und das Management von Unternehmen in hochdynamischen Umfeldern. Bern/Stuttgart und Wien (Haupt).

Wehrsig, Ch. und V. Tacke (1992): Funktionen und Folgen informatisierter Organisationen. In: Th. Malsch und U. Mill (Hg.): ArBYTE. Modernisierung der Industriesoziologie? Berlin (edition Sigma), S. 219–240.

Wiesendahl, E. (2006): Mitgliederparteien am Ende? Eine Kritik der Niedergangsdiskussion. Wiesbaden (VS Verlag).

Wimmer, R. (1995): Die permanente Revolution. Aktuelle Trends in der Gestaltung von Organisationen. In: R. Grossmann u.a. (Hrsg.): Veränderung in Organisationen: Management und Beratung. Wiesbaden (Gabler), S. 21–41.

Wimmer, R. (1999): Die Zukunft vom Organisation und Beschäftigung. Einige Thesen zum aktuellen Strukturwandel von Wirtschaft und Gesellschaft. In: Organisationsentwicklung 3/99, S. 26–41.

Wimmer, R. (2007): Die bewusste Gestaltung der eigenen Lernfähigkeit als Unternehmen. In: Tomaschek, N. (Hrsg.): Die bewusste Organisation. Steigerung der Leistungsfähigkeit, Lebendigkeit und Innovationskraft von Unternehmen. Heidelberg (Carl Auer), S. 39–62.

Wittke, V. (1995): Wie entstand industrielle Massenproduktion. Berlin (edition Sigma).

Womack, J. P., Jones, D. T. u. D. Roos (1992): Die zweite Revolution in der Autoindustrie. Konsequenzen aus der weltweiten Studie des Massachusetts Institute of Technology. Frankfurt am Main (Campus).

Peter Fuchs

Hierarchien unter Druck – ein Blick auf ihre Funktion und ihren Wandel

»Organisation ist alles.«
Sprichwort

»Alles, was wir wirklich akzeptieren, unterliegt dem Wandel.«
Katherine Mansfield Beauchamp

I.

Wenn man im Blick auf Organisationen von *pressure of change* spricht, also die Idee verfolgt, dass diese Sozialsysteme in der Moderne unter Transformationsdrücke geraten und dabei in eine Art ›sozietale Dystonie‹ verfallen, in eine Unruhe, eine Fahrigkeit, die existenzgefährdend zu wirken scheint, wird typisch übersehen, dass die Ausdifferenzierung von Organisationen eingespannt ist in einen gewaltigen (und nicht selten: krisenhaften[25]) sozialen Wandel, durch den die Moderne bezeichnet werden kann: in die funktionale Differenzierung der Gesellschaft. Organisationen entstehen, wenn man es klassisch formulieren will, als ›Reaktion‹ auf den Zusammenbruch der stratifizierten Ordnung des Mittelalters. Deutliches Anzeichen dafür ist, dass die europäische Ständeordnung nur wenige organisationsähnliche Einheiten kannte: die Fugger etwa, die Hanse, Söldnerheere, Zünfte, Städte, die katholische Kirche. Die Gegenwart ist jedoch gekennzeichnet durch eine Überfülle von Organisationen, die selbst das alltägliche Leben dominieren: als Unausweichlichkeit, wenn man zum Arzt will, Benzin benötigt, Brautkleider kauft, Energie verbrauchen muss, wählen möchte, etc. pp.

---

[25] Siehe für Einblicke in das Krisenszenario beispielsweise Koenigsberger (1982), Schilling (1985), Schulze (1993), vgl. auch die Beiträge in Hagenmaier/Holtz (1992), Häberlein (1999), vgl. zum horror plenitudinis als Ausdruck der Kommunikationskrise im Übergang zur funktionalen Differenzierung, insbesondere Frühromantik, Frühwald (1986).

Kurz: Die These ist, dass die Organisation Resultat eines immensen gesellschaftlichen Evolutionsschubes ist. Ihre Form lässt sich beobachten als Lösung bestimmter Probleme, die aus diesem Schub abgeleitet werden können. *Pressure of change* als Sammelausdruck für Schwierigkeiten der Organisationen (oder für eine Funktion des ›Jammerns‹ über solche Schwierigkeiten) müßte sich dann darauf beziehen, dass es diesen Sozialsystemen nicht mehr umstandslos gelingt, ihre Funktion auszuüben. Wir nehmen an, dass die Ursache dafür im Grunde durch das Problem generiert wird, als dessen Lösung Organisationen gedeutet werden können.

II.

Wenn in der Systemtheorie der Bielefelder Provenienz von ›Funktion‹ die Rede ist, geht es nicht um Zweck, Ziel oder *Telos* eines vorkommenden Phänomens, sondern um die Frage, wie das, was gerade wissenschaftlich interessiert, als Lösung eines oder mehrerer Probleme gedeutet werden kann.[26] Derartige Probleme sind damit nicht ›Weltgegebenheiten‹, die irgendwie lösbar wären etwa durch bestimmte, gleichsam ontologisch zugeschnittene Eigenschaften eines Systems. Im Zentrum steht vielmehr die durch wissenschaftliche Limitationalität konditionierte Problemkonstruktion.[27] Auf diese Weise wird eine Deutbarkeit inszeniert, auf die sich die Strukturen und Prozesse des jeweiligen Phänomens beziehen lassen, das dann im Kontext einer Vergleichbarkeit verschiedener Phänomene, die sich unter den gleichen Problemvorgaben als funktional äquivalent beobachten lassen.

In unserem Zusammenhang ist das Phänomen die explosive Verbreitung von Organisationen in der Moderne, die zu einer hohen Organisationsabhängigkeit in sämtlichen Sozialkontexten geführt hat. Das zu konstruierende Problem, als dessen Lösung dieser Boom aufgefasst werden soll, ist die Ablösung der stratifizierten Ordnung des Mittelalters durch die Ausdifferenzierung von *Funktionssystemen*. Die Stratifikation hatte, wenn ich hier summarisch formulieren darf, die Form der *Hierarchie*, die Form eines

---

[26] Vgl. Luhmann (1962, 1964). Den relativ neuesten Stand kann man dem Kapitel ›System und Funktion‹ entnehmen in Luhmann (1984). Diese funktionale (nicht kausale) Beobachtung von Phänomenen ist dem kybernetischen Modellbegriff sehr verwandt. Vgl. etwa Richards & Glasersfeld (1988, S. 195).

[27] Fuchs (2001).

einheitlichen Differenzierungsprinzipes, das – ganz im aristotelischen Denkduktus – die Oben/Unten-Unterscheidung in sich iteriert: Jeder Teil des Ganzen ist sowohl beherrscht als auch herrschend mit Ausnahme der Spitze und der Basis, da es niemanden über der Spitze, niemanden mehr unter der Basis gibt, weswegen die Konstruktion eines *Perièchon*, eines ›Umgreifenden‹ nötig wird: der metaphysischen Instanz, die die Ordnung der Ungleichheit garantiert und hält. Diese Instanz ist der *heilige Grund* (eben: Hierarchie), aus dem sich die Welt der Menschen speist – in der Weise der *Chain of Being*, in der jedes Kettenglied mit jedem dienend/herrschend zusammenhängt.[28]

Funktionale Differenzierung dagegen ist so etwas wie die Auskopplung der lebens- und sozialrelevanten Funktionen aus dem Schichtensystem zugunsten einer ›Auffächerung‹, durch die diese Funktionen auf verschiedene Systeme verteilt werden, und zwar so, dass jedes dieser Systeme im Blick auf seine Funktion exklusiv verfährt. Gemeint sind Funktionssysteme wie Wirtschaft, Wissenschaft, Recht, Erziehung, Kunst, Religion, etc. Das Besondere daran ist, dass das Arrangement solcher Systeme nicht mehr die Form der Hierarchie erfüllt, sondern die der *Heterarchie*.[29] Das ›Zusammen-Können‹, die *Kompossibilität* der so arrangierten Systeme, ist eine multiple Wechselseitigkeit der Inanspruchnahmen, die nicht auf eine durchgängige Weisungskette zurückgreifen kann. Anders ausgedrückt: Es gibt keine dominanten, weisungsbefugten Funktionssysteme, sondern nur: historisch konditionierte Koproduktion.[30]

---

[28] Lovejoy (1970).

[29] »Heterarchie bestimmt die Beziehung zwischen (hierarchischen) Systemen unter der Maßgabe, daß diese sich nicht hierarchisieren lassen. Heterarchie ist also negativ bestimmt als eine Architektur komplexer Systeme, die sich nicht hierarchisieren läßt. Ein heterarchisches System läßt sich nicht ohne Verlust wesentlicher Bestimmungen auf ein hierarchisches System abbilden. Positiv bedeutet Heterarchie, daß verschiedene zueinander disjunkte Systeme miteinander verkoppelt werden können und so zu kooperativer Einheit gelangen, ohne die Autonomie der Teile einem übergeordneten Meta-System abgeben zu müssen. Zwischen den Konstrukten Hierarchie und Heterarchie herrscht jedoch nicht wieder eine Hierarchie [...] Vielmehr besteht zwischen beiden ein komplexes Wechselspiel, dessen Regeln selbst nicht wieder hierarchisch oder heterarchisch strukturiert sind, sondern die Bedingungen der Möglichkeit der beiden Grundbestimmungen aller Systeme überhaupt angeben [...]« (Ditterich et al. 1985, S. 96), vgl. auch McCulloch (1945).

[30] Gewöhnlich und naiverweise schreibt man der Wirtschaft eine solche Priorität zu, aber es liegt auf der Hand, dass ohne Rechtssystem, ohne erzogene Leute, ohne Wissenschaft auch dieses System aus dem Ruder laufen würde.

Der Ausfall eines Metasystems, das die Zusammenarbeit der Funktionssysteme bindend instruiert, führt unter anderem dazu, dass diese moderne Gesellschaft Beobachtungen, die sie prozessiert, nicht mehr flächendeckend *parallelisieren* kann. Dies ist der Grund für den Verlust der Möglichkeit *einer großen Welterzählung*.[31] Man könnte auch sagen: der Grund für den Verlust der *einen überzeugenden Ontologie* und die Einführung einer Pluralität von Ontologien.[32] Jedes Funktionssystem erzeugt eine eigene (fungierende) Ontologie, jedes totalisiert seinen Weltzugriff autonom. Keines ist in der Lage, seine Perspektive anderen Systemen des gleichen Typs zu oktroyieren. Der Ausdruck dafür: *Polykontexturalität*.[33]

Ein Schlüsseleffekt dieser Umstellung ist denn auch, dass die so differenzierte Gesellschaft keine Ereignisse kennt, die nicht gegenbeobachtbar wären. Anders gesagt: Sie läuft auf das Problem auf, dass jedes Ereignis ein *Mehrfachereignis* ist, also von den Funktionssystemen intern identitär gestellt wird, aber eben: von einer Pluralität solcher Systeme. Man kann diesen Effekt *Poly-Eventualität* nennen, die *pluriverse Hinbeobachtung der Identität von Ereignissen durch wechselnde Anschlussselektivitäten*, kombiniert mit der Unmöglichkeit, ein Ereignis für alle Funktionssysteme als dasselbe stabil zu halten.[34]

Daraus resultiert ein massives Ordnungsproblem: Wie kann die Gesellschaft *Verlässlichkeit*, also dauerhafte Handlungsketten erzeugen, wenn die Ereignisse, die sie konstituieren, in der Form der Poly-Eventualität gleichsam unentwegt changieren, oder besser: je nach Beobachtungsstandort andere Ereignisse sind?

---

[31] Dieser Befund ist berühmt: »Le grand récit a perdu sa crédibilité, quel que soit le mode d´unification qui lui est assigné: récit spéculatif, récit de l´émancipation.« Lyotard (1979, S. 63).

[32] Siehe etwa Rombach (1983). Dieser Gedanke findet sich auch in der Physik, wenn es darum geht, eine einheitliche Weltformel zu konstruieren. Vgl. Rohrlich (1988). Man kann auch daran denken, dass der Weltbegriff (als Archipel der Dinge und Vorkommnisse) schon durch die Transzendentalphilosophie ausgehebelt wurde, die ihrerseits als Reaktion auf die Umstellung des Gesellschaftssystems auf funktional differenzierte Weltgesellschaft gedeutet werden könnte. Bei Schelling dann sogar der Hinweis, dass »Welt (nach dem altdeutschen Worte) eine Währung, eine Dauer, eine bestimmte Zeit bedeutet« (Schelling 1998, S. 15). Vgl. ferner Fuchs (2005a).

[33] Vgl. zum Ausgangskontext des Begriffes Günther (1979). Die Umstellung von einer geschlossenen Weltordnung auf diese Form wurde früh im Syndrom des ›horror plenitudinis‹ sichtbar. Vgl. Frühwald (1986, S. 130ff).

[34] Auch Giga-Ereignisse (wie das Attentat auf die Twin Towers) unterliegen demselben Sachverhalt. Vgl. Fuchs (2007).

Der einzige Weg dahin ist, so scheint es, die Ausdifferenzierung von Organisationen, die sich als Lösung dieses Problemes deuten lassen.[35]

III.

Ein erster Blick auf das WIE der Funktionsbedienung durch Organisationen führt zum Theoriestück der Grenze sozialer Systeme. Solche Grenzen sind keine Schranken, Ränder, räumliche Überschreitbarkeiten, sondern bezeichnen den Wechsel der Fortsetzbarkeitsbedingungen von Kommunikation.[36] Die Systemgrenze ist die Stabilisierung dieser Wechselmöglichkeit, im Falle der Organisation ausgedrückt durch die Differenz von Mitgliedschaft/Nicht-Mitgliedschaft. Je nachdem, welche Seite dieser Unterscheidung operativ markiert wird, ändert sich das Format von kommunikativer Anschlussselektivität.

Im Zuge unserer Problemkonstruktion müsste es um eine Selektivität gehen, die Poly-Eventualität umstellt auf intern wirksame *Mono-Eventualität*, anders ausgedrückt: um ein Verfahren, das Kommunikationen

---

[35] Hier ist nicht der Ort, über funktional äquivalente Problemlösungen nachzudenken, aber meiner Auffassung nach wären fundamentalistische Bewegungen etwas Vergleichbares.

[36] »Als Ausgangspunkt jeder systemtheoretischen Analyse hat […] die Differenz von System und Umwelt zu dienen. Systeme sind nicht nur gelegentlich und nicht nur adaptiv, sie sind strukturell an ihrer Umwelt orientiert und können ohne Umwelt nicht bestehen. Sie konstituieren und sie erhalten sich durch Erzeugung und Erhaltung einer Differenz zur Umwelt, und sie benutzen ihre Grenzen zur Regulierung dieser Differenz. Ohne Differenz zur Umwelt gäbe es nicht einmal Selbstreferenz, denn Differenz ist Funktionsprämisse selbstreferentieller Operationen. In diesem Sinne ist Grenzerhaltung (boundary maintenance) Systemerhaltung.« (Luhmann 1984, S. 35–36). Und: »Grenzen markieren […] keinen Abbruch von Zusammenhängen. Man kann auch nicht generell behaupten, daß die internen Interdependenzen höher sind als die System/Umwelt-Interdependenzen. Aber der Grenzbegriff besagt, daß grenzüberschreitende Prozesse (zum Beispiel des Energie- oder Informationsaustausches) beim Überschreiten der Grenze unter andere Bedingungen der Fortsetzbarkeit (zum Beispiel andere Bedingungen der Verwertbarkeit oder andere Bedingungen des Konsenses) gestellt werden. Dies bedeutet zugleich, daß die Kontingenzen des Prozeßverlaufs, die Offenheiten für andere Möglichkeiten, variieren je nachdem, ob er für das System im System oder in seiner Umwelt abläuft. Nur soweit dies der Fall ist, bestehen Grenzen, bestehen Systeme.« (ebenda, S. 35 f.) Eigentlich müsste man sagen: Sinnsysteme haben an jeder Stelle ihre Grenze.

mono-logisch beobachtbar macht, und zwar als Elementarereignisse, die durchgängige Bindungseffekte erzeugen.[37] Das Mittel dazu ist, dass jedes kommunikative Ereignis in Organisationen (sei es bewusst intendiert oder nicht) als *Entscheidung* behandelt werden *kann*. »Wenn es dagegen um Kommunikation von Entscheidungen geht, ist es oft klar genug, […] welche anderen Entscheidungen durch eine bestimmte ausgeschlossen worden sind. Allein das macht schon verständlich, weshalb größere Arbeitszusammenhänge nicht über Kommunikation schlechthin, sondern nur über Kommunikation von Entscheidungen organisiert werden können.«[38]

So wird es zunächst möglich, dass in Organisationen Kommunikationen im Unterschied zur Gesellschaft als *strict identities* im Gegensatz zu *loose identities* konstruiert werden.[39] Das setzt eine Beobachtungstechnik voraus, die *Alternativen* verwendet, bei denen eine Seite so vorgezogen wird, dass die andere, die nicht gewählte Seite, als ebenfalls wählbar aufgefasst und erinnert werden kann.[40] Organisationen sind demnach Systeme, die durch die Autopoiesis von Entscheidungen gekennzeichnet sind. Auch sie sind keine Räume, Ausgedehntheiten, Container, sondern ebendies: die Konkatenation von Entscheidungen.[41]

Mitgliedschaft markiert soziale Adressen (die Mitglieder) so, dass Entscheidungen auf Mitglieder oder Gruppen von Mitgliedern zugerechnet werden können.[42] Das Hauptmittel, das Entscheidungen verpflichtend macht als bestimmte nicht-ignorable Ereignisse, ist: Hierarchie. Fast könnte man sagen, dass die Form der Hierarchie des Mittelalters abgelöst wird durch segmentäre Einheiten (Organisationen), die diese Form in sich einkopieren. Diese Einheiten sind stratifizierte, aber de-zentrale oder dislozierte Systeme, die in einer Gesellschaft, die nicht mehr über Hiera-

---

[37] Es ist eine Pointe, aber sie gefällt mir, dass nämlich Bindung auch als Übersetzung von ›religio‹ hergenommen werden kann.
[38] Luhmann (2000, S. 64).
[39] Vgl. zu dieser Differenz (eher philosophierend) Baxter (1988). Theorie-Insider sehen hier die Differenz von Form und Medium angedeutet.
[40] Luhmann (2000, S. 132 f.).
[41] Luhmann (2004, S. 18 ff.) – insbesondere zu Freiheit der Entscheidung und das daran geknüpfte Willkürmoment.
[42] Wichtig ist, um den organisationellen Bindungsdruck zu verstehen, dass – sobald die soziale Adresse ›Mitglied‹ im Spiel ist, auch Nicht-Entscheidungen (also etwa schieres Vergessen von Angeordnetem) als Entscheidungen beobachtbar sind. In diesem Sinne und mutatis mutandis sind Entscheidungen immer »[…] aus dem Nichts geboren.« (Schmitt, 1990, S. 42)

chie integriert ist, geordnete, eindeutig referierbare Handlungsverkettungen gestatten. Nur in Organisationen finden sich scharf geschnittene Relevanzmarkierungen, durch die klargestellt werden kann, was gilt und was zu tun, was zu unterlassen ist.[43]

Dadurch wird eine eigentümliche ›Sicherheit‹ garantiert, die – via Hierarchie – eine fungierende Ontologie einrichtet, eine interne ›Geltungswelt‹, die mit ihrer gestaffelten Rangordnung eine ›Durch-Orientiertheit‹ ermöglicht, für die es in der Gesellschaft keine Parallele gibt. Organisationen sind ›Berechenbarkeitsdomänen‹. Man könnte auch sagen: Sie sind ›De-Arbitrarisierungs-Maschinen‹, die sich in der Form von Weisungsketten ›asymmetrisieren‹.

Ein wichtiges Ergebnis dieser Asymmetrisierung ist, dass Organisationen, die hierarchisch strukturiert sind, eine repräsentierbare Identität entwickeln. Sie sind, wie man in dieser Theorie formulieren kann: *sozial adressabel*, dies dann in Differenz zur Gesellschaft und ihren Funktionssystemen, die allesamt nicht adressiert, nicht kommunikativ erreicht werden können.[44] Die soziale Adressabilität ist die Bedingung der Möglichkeit dafür, dass Systemen ›Handlungen‹, insbesondere ›Mitteilungshandeln‹ kommunikativ zurechenbar ist, oder anders: Bedingung der Möglichkeit für die Partizipation an Kommunikation. Organisationen sind in der Lage, die ›Leute‹ funktional zu substituieren.[45]

Genau deswegen sind sie diejenigen Einrichtungen, die die strukturelle Kopplung der Funktionssysteme durchführen und damit jene Kompossibilität ins Werk setzen, ohne die funktionale Differenzierung nicht existieren könnte. Das geschieht einmal dadurch, dass Organisationen alle funktionssystemischen Kommunikationsströme via Entscheidungsverkettung einbeziehen und ordnen, ferner dadurch, dass sie im Blick auf Funktionssysteme nach innen und nach außen wirksame ›Priorisierungen‹ vornehmen können im Sinne einer politischen oder wissenschaftlichen oder wirtschaftlichen oder rechtlichen oder erzieherischen … Vordringlichkeit einer Zweckbe-

---

[43] Das bedeutet auch, dass Organisationen, die Hierarchien abzubauen versuchen, das Problem lösen müssen, wie dann noch die Bindungseffekte von Entscheidungen stabilisiert werden können.

[44] Siehe als Fallbeispiel für die Konsequenzen Fuchs (2004).

[45] Nur am Rande: Es wäre deshalb zu überprüfen, ob das Theoriestück der Interpenetration, das reserviert ist für das Verhältnis sozialer zu psychischen Systemen, nicht auch sinnvoll auf das Verhältnis von Organisation und Gesellschaft anzuwenden wäre.

stimmtheit, auf die hin spezielle Ordnungsprobleme bezogen werden durch die laufende Berücksichtigung der je anderen Kommunikationsströme.[46]

Die Frage ist: Wenn Organisationen ebendiese Funktion haben (die Transkription von Poly-Eventualität in Entscheidungskatenationen), wenn also die Kompossibilität der Funktionssysteme ohne Organisationen auf Inkompatibilität und entsprechende Entdifferenzierung umgelenkt würde, wieso entsteht dann ein *pressure of change*, der ungezählte Organisationsberater beschäftigt? Gibt es da eine Krise, die zu den Organisations- und Managementbeglückungsbüchern führt, die Besteller-Rang erreichen?

IV.

Man wird erst einmal darauf achten müssen, dass die Ausdifferenzierung von Organisationen, insofern sie die hierarchische Form der Stratifikation hinübernehmen in die funktional differenzierte Gesellschaft, also das Prinzip der Rangordnung segmentär ›beibehalten‹, prima facie hoch unwahrscheinlich sind. Funktionale Differenzierung ist der Vorgang, durch den die Schichtordnung abgelöst wird, und zwar so, dass Funktionssysteme entstehen, die, wie wir sagten, je für sich eine soziale Funktion bedienen. Damit verknüpft ist, dass die Individuen in der Umwelt der Gesellschaft als gleich beobachtet werden im Blick auf die Chance der Partizipation an allen Funktionssystemen.[47] Das principium grande funktionaler Differenzierung ist die Intention auf diese Chancengleichheit. Die Intention auf Ungleichheit wird vor diesem Hintergrund kommunikativ unvertretbar, obschon das Insistieren auf Gleichheit wie eine Folie wirkt, vor der Ungleichheiten erst imposant werden können.[48]

---

[46] Ein zusätzlicher Gesichtspunkt, der hier nicht bearbeitet werden kann, ist, dass Organisationen auf diesem Weg Inklusion/Exklusion regulieren. Sie übernehmen darin aus dem Mittelalter die Funktion der Familie. Vgl. Luhmann (1994, S. 192).

[47] »Die Disjunktionen (hier: Codes der Funktionssysteme) sind vollständig, betreffen jeden Teilnehmer des Gesellschaftssystems, können also nicht schichtspezifisch, geschlechtsspezifisch oder ethnisch limitiert werden. Sie lassen nur noch Unterschiede der Verteilung zu und stimulieren eben dadurch ständig die Frage nach Gründen für gegebene Verteilungen. Sie präformieren ein Prinzip der Inklusion, das allerdings erst sehr viel später unter Schlagworten wie Freiheit und Gleichheit für alle zur Zielformel der bürgerlichen Bewegung wird.« (Luhmann, 1982, S. 202)

[48] Vgl. dazu Fuchs (1996).

Nun sind aber Organisationen doppelt auf Ungleichheit hin angelegt: Ihr Binnenbereich ist auf der Ebene formaler Kommunikation hierarchisch geschichtet, und: Sie sind die Systeme, die via Mitgliedschaft mit Inklusions- und »Exklusionsbefugnis« ausgestattet sind.[49] »Das hat einen doppelten Effekt. Sie (die Organisationen, P. F.) können die Personen auswählen, die für eine Tätigkeit in ihren Organisationen in Betracht kommen, und andere ausschließen. Nicht alle Bürger werden Beamte. Funktionssysteme können also mit Hilfe ihrer Organisationen dem Inklusionsdruck der Gesellschaft widerstehen. Jeder ist rechtsfähig, aber nicht jeder bekommt vor Gericht Recht. Das Gleichheitsgebot ist kein Konditionalprogramm. Jeder hat die Schule zu besuchen; aber da es sich um eine Organisation handelt, kann intern entschieden werden, auf welchem Niveau und mit welchem Erfolg. Über Organisationen macht die Gesellschaft sich diskriminationsfähig, und zwar typisch in einer Weise, die auf Funktion, Code und Programme der Funktionssysteme abgestimmt ist. Innerhalb der Organisationen und mit ihrer Hilfe lässt die Gesellschaft die Grundsätze der Freiheit und der Gleichheit scheitern.«[50]

In beiden Hinsichten sind Organisationen vor der Kulisse des Gleichheitsansinnens hoch unwahrscheinliche Einheiten.[51] Im Maße, in dem die funktionale Differenzierung im 20. Jahrhundert zu ihrer Hoch- und Vollform aufläuft, wird diese Unwahrscheinlichkeit mehr und mehr: vitiös. Die Semantik der Ungleichheit, der Subordination, des Gehorsams, der Macht wird zunehmend selbst in Organisationen de-plausibilisiert. Zumindest müssen Organisationen damit rechnen, dass ihre relevante Umwelt auf der Basis des Gleichheitsgebotes sozialisiert ist.[52] Nach außen macht sich geltend, dass die Ordnungsleistungen, die von Organisationen im Blick auf

---

[49] Vgl. Luhmann (1994, S. 192).

[50] Ebenda.

[51] Man sieht es unter anderem daran, dass für ›Weltprobleme‹ wie Hunger, Elend, monstruöse Ungleichheiten im Blick auf Lebensführungschancen etc. pp. typisch ›handelnde‹ Leute und Organisationen verantwortlich gemacht und nicht selten mit Hass überzogen werden.

[52] Was unter anderem dazu führt, dass Communio-Konzepte Konjunktur haben. Zum Beispiel werden über WIR-Beschwörungen wie ›Familie‹ Bindungsmöglichkeiten importiert, die nicht an ›Gehorsam‹ geknüpft sind, sondern eher an Moral. Organisationen, die in ihre Selbstbeschreibung und ihre Leitbilder dieses ›Wir sind ... wir wollen ... wir verpflichten uns darauf ...‹ einbauen, camouflieren Weisungsketten so, dass die Wahl erwünschter Handlungen gar nicht mehr durch Anordnungen konditioniert gesehen werden kann.

die Gesellschaft erbracht werden, nicht durchgängig überzeugen. Diese Leistungen selbst werden moralisierbar, Ziele etwa von Protestbewegungen, die sich gleichwohl selbst organisieren.

Kurz: Organisationen sind der Möglichkeit nach *stigmatisierbar* geworden. Wenn man (stellengebundene) Macht als Medium der Organisation auffassen kann[53], mit dessen Hilfe bislang Weisungen ohne Hilfe weiterer Persuasions-Mittel durchgesetzt wurden, so ließe sich von einer Erosion ebendieses Mediums sprechen. Man könnte auch sagen, dass die je fungierenden Ontologien in den Sog der polykontexturalen Beobachtungsverhältnisse der Gesellschaft geraten, schon deshalb, weil sie täglich genau darauf bezogene Reduktionsleistungen zu erbringen haben. Sie müssen hierarchiegestützte Entscheidungen reproduzieren – in einer auf der Ebene ihrer primären Differenzierung durch und durch heterarchen Gesellschaft.

Aber ist nicht gerade dies ohnehin die Funktion von Organisationen, Monokontexturalität und Mono-Eventualität für die Gesellschaft, die ansonsten chaotisch würde, zu garantieren? Müsste man nicht sagen, dass Organisationen sich selbst überflüssig machen würden, wenn es ihnen gelänge, das Problem, als dessen Lösung wir sie beobachtet haben, dauerhaft und erfolgreich zu entschärfen?

Die Idee ist, dass *the pressure of change* ein berechtigtes Etikett für eine zentrale Schwierigkeit von Organisationen in der Gegenwart ist, aber dass der eigentliche Druck durch eine spezifische Folgeerscheinung funktionaler Differenzierung ausgelöst wird.

»Das Lesen einer Zeitung gleicht der Lektüre
eines Romans, dessen Autor jeden Gedanken an
eine zusammenhängende Handlung aufgegeben hat.«
Benedict Anderson

»Jetzt erst kann wirklich alles zum Anlaß für
alles werden und wird alles Kommende, alle Folge
in einer abenteuerlichen Weise unberechenbar …
Aus immer neuen Gelegenheiten entsteht eine immer neue,
aber immer nur occasionelle Welt, eine Welt ohne Substanz und
ohne die Abhängigkeit des Funktionellen, ohne feste Führung,
ohne Konklusion und ohne Definition … geführt nur
vor der magischen Hand des Zufalls, the magic hand of chance.«
Carl Schmitt

---

[53] Baecker (2005).

Ich erinnere daran, dass oben wie selbstverständlich behauptet wurde, dass Organisationen sozial adressabel sind und in genau dieser Form als Äquivalente der psychischen Umwelt sozialer Systeme begriffen werden können. Adressabilität ist die Vorbedingung dafür, als etwas oder jemand behandelbar zu sein, das oder der an Kommunikation beteiligt ist, als *eine* Ansprechbarkeit, die über Mitteilungsfähigkeiten verfügt. Ein sehr deutlicher Beleg für die Annahme, dass Organisationen solche Adressen haben, ist: Sie sind wie die der Leute an *Eigennamen* ›vertäut‹.[54] Entscheidend ist, dass diese Adressen als *Sozialstrukturen* (klassisch im Sinn von ›Erwartungscollagen‹) aufgefasst werden und niemand und nichts, also weder die Leute noch die Organisationen diese Adressen *sind*.

Der Fall, an dem bislang soziale Adressen (etwa in der Form der Rolle oder der Person[55]) untersucht wurden, ist der des psychischen Systems.[56] Das Ergebnis, geballt formuliert, lautet: Wenn man von an Differenzierungstypen gebundenen ›Adressenformularen‹ ausgeht, also davon, dass das, was als soziale Adresse jeweils in einer ›Epoche‹ ermittelt und angesteuert werden kann, an bestimmten Eintrags/Nicht-Eintragsmöglichkeiten hängt, so müsste man heuristisch annehmen, dass jene Formulare anders ausfallen je nachdem, in welche Differenzierungsform sie eingebettet sind. Kurz: Archaisch-segmentäre Adressierungsmöglichkeiten unterscheiden sich von denen, die sich unter Zentrum/Peripherie-Bedingungen ausmendeln, und diese wiederum von denen, die in Großreichen oder unter Stratifikationsvoraussetzungen oder im Kontext funktionaler Differenzierung ausgearbeitet werden.[57]

Die These ist, dass das Adressenformular funktionaler Differenzierung nicht mehr auf Einheitlichkeit getrimmt werden kann. Es ist mit einer *unabschließbaren* Liste vergleichbar, die eine Vielzahl von (auch inkompatiblen) Einträgen zulässt, ohne sie anders denn als Liste zu ordnen.[58] Diese

---

[54] Vgl. zu diesem Bild Benjamin (1980, S. 291).
[55] Die Rollentheorie ist hinlänglich bekannt. Zur ›Person‹ vgl. Luhmann (1995, 1991).
[56] Vgl. Fuchs (2003a, 2005b) und zu den weiteren Überlegungen Fuchs (2007a).
[57] Beispielsweise kannte das mittelalterliche Adressenformular kaum Rubriken, in die sich Individualität oder schrankenlose Freiheit einschreiben ließ.
[58] Das ist der Kerngedanke der zuletzt zitierten Arbeit. Die Diagnose ist bekannt und vielfältig am Problem personaler Identität in der Moderne diskutiert worden. Vgl. etwa Giddens (1991). Besonders der Begriff der internal referentiality ist nahe an unserem Schema gebaut. Vgl. für Beobachtungen, die auf Desintegration setzen, Glass (1993), Hewitt (1989). Siehe auch zur ›multiplicité du moi‹ Behrens (1994, S. 334 f).

Adresse ›bildet‹, wenn man so sagen darf, die Polykontexturalität, Heterarchie und Hyperkomplexität der Gesellschaft ab. Daran schließt sich die Überlegung an, dass psychische Systeme (Körperverhalten miteinbezogen) in ihrer Sozialisation zentral durch ihre kommunikative Adressierung formatiert werden, woraus folgt, dass dieses System unter den Auspizien funktionaler Differenzierung selbst an so etwas wie Listenförmigkeit akkomodiert wird. Es ist bekannt, dass der Verlust der Einheit des Selbst, des ›Ichs‹, der durchgehenden ›Eigenschaftigkeit‹[59] der Psyche eines der großen Klagethemen literarischer und intellektueller Beobachtung der Moderne geworden ist.[60]

Wenn man Organisationen, wie wir es hier in zugespitzter Form tun, in die Position funktionaler Äquivalenz zur Adressierbarkeit von Leuten einsetzen, betritt man Neuland. Der Vergleich kann nicht unvermittelt oder in der Weise einer einfachen Analogie durchgezogen werden. Deswegen war es notwendig, eine sehr abstrakte Vergleichsebene einzuführen, eben: Adressabilität. Die Annahme war, dass psychische Systeme in ihrer ›Soziogenese‹ multipel adressierbar sind und dass der Modus der Adressenkonstruktion sich im Zuge funktionaler Differenzierung auf ›Listenförmigkeit‹ umgestellt hat. Der zentrale Effekt dieser Umstellung ist, wie man sagen könnte, die interne *Dividualisierung* der Individuen, damit verknüpft dann der Verlust eines ›eineindeutigen‹ Selbstzugriffes, also die Schwierigkeit der Ermittlung einer konsistenten Selbstbeschreibung.

Organisationen haben es schon qua Funktionsbedienung mit einer enormen Varianz von Sinnzumutungen zu tun, mit denen sie durch die polykontexturale Gesellschaft konfrontiert werden. Auch sie werden multipel adressiert, auch für sie müsste die Vermutung gelten, dass ihre Adressen die Polykontexturalität der modernen Gesellschaft ›spiegeln‹ und ebenfalls listenförmig geworden sind. In unserer Heuristik folgt zwingend die Frage, ob Organisationen in ihrer ›Soziogenese‹ un-einheitlich werden, oder anders: Wenn Psychen mit dem Problem der Dividualität ihres Selbstzugriffes zu tun haben, gibt es dann einen äquivalenten Vorgang in Organisationen?

---

[59] Ich beziehe mich natürlich auf Musils ›Mann ohne Eigenschaften‹. Vgl. Fuchs (2005c).
[60] Schon ganz früh in der unüberbietbaren Sentenz Rimbauds: »Je est un autre.« Vgl. dazu Steiner (1990, S. 134 ff).

V.

Ein Clou der hier vertretenen Theorie ist, dass sie davon ausgeht, dass alle Sinnsysteme in der Lage sind, Operationen der Selbstbeobachtung durchzuführen. Alle Sinnsysteme, das heißt auch: Soziale Systeme. »Sie können ihre eigenen Operationen auf die eigene Identität richten, indem sie eine Differenz zugrundelegen, mit deren Hilfe sich die eigene Identität von anderem unterscheiden lässt.«[61] Etwas anders formuliert: Es kommen in ihnen Operationen vor (neben einer Vielzahl von Referenzen, die sich nicht auf sie selbst beziehen), in denen der Unterschied zwischen dem, was sie ›sind‹ und dem, was sie nicht ›sind‹, angespielt und ausgenutzt wird. Entscheidend ist, dass solche Operationen dann und wann anfallen.[62] Sie müssen nicht miteinander in Verbindung stehen, und sie setzen nicht zwingend eine Art von ›konsolidierter‹ Identität voraus, die als strukturelle Determinante für solche Beobachtungen dienen könnte.

Das ist anders, wenn es genau darum geht, dass eine (repräsentierbare) Identität zur Verfügung steht. Dann reicht die gelegentliche, situativ aktivierbare und deshalb diffuse Selbstbeobachtung nicht mehr aus. Theoretisch gesehen wäre zu erwarten, dass Sinnsysteme, die auf jene Identität angewiesen sind, beginnen, die hier und da anfallenden Selbstbeobachtungen zu verketten, also Binnenzusammenhänge auszudifferenzieren, die diese Gelegentlichkeit von Selbstbeobachtungen noch einmal beobachten und, wenn man so will, daraus ein Arrangement zu formen, das wie ein ›Integral‹ wirkt, wie eine ›sum over histories‹ im Blick auf die zufälligen Streuungen solcher Operationen.[63]

Die Bedingung der Möglichkeit von Organisationen, als Einheiten mit repräsentierbarer Identität (nach innen und nach außen) agieren zu können, hängt dann daran, in welchem Umfang und mit welcher Rigidität es ihnen gelingt, in sich eine Struktur zu erzeugen, die einen Kombinationsspielraum eröffnet, innerhalb dessen zulässige und nicht zulässige Beobachtungsoperationen diskriminiert werden können. Das muss eine Struktur sein, die mit diesem Diskriminieren zugleich darüber entscheidet, welche

---

[61] Luhmann (1987).
[62] Man kann sich diesen Befund am psychischen System verdeutlichen, das ja auch nicht unentwegt die Differenz zwischen sich und dem, was es nicht ist, berücksichtigen muss.
[63] Ich gehe davon aus, dass sich eine Theorie des SELBST als System aus solchen Überlegungen heraus entwickeln ließe.

Strukturen und Prozesse im System möglich, richtig, ansteuerbar sind und welche nicht. Der dafür eingeführte Begriff ist: *Selbstbeschreibung*.[64] »Sobald ein Bedarf aufkommt, Selbstbeobachtung durch strukturelle Vorgaben zu steuern und sie nicht ganz der jeweiligen Situation zu überlassen, wollen wir von Selbstbeschreibung sprechen. Die Beschreibung fixiert eine Struktur, einen ›Text‹ für mögliche Beobachtungen [...] ›Freie‹, okkasionelle Selbstbeobachtungen werden dadurch nicht ausgeschlossen, aber marginalisiert.«[65]

Selbstbeschreibungen lösen das Problem, wie Sozialsysteme, die sich durch Kommunikation reproduzieren, die in ihrer Synthetik nicht beobachtet werden kann[66], dennoch zu einem Bild ihrer selbst gelangen können, nämlich durch eine (häufig tatsächlich aufgeschriebene, dokumentierte, bildlich inszenierte etc.) Reduktion auf *Handlungszusammenhänge*.[67] Ebendiese scharfe Reduktion ermöglicht die Konstruktion von »Merkmalen«, von ›Eigenschaften‹, durch die die System/Umwelt-Differenz für das System im Wege des *re-entry* traktabel und *de-arbitrarisiert* wird. Gerade bei Organisationen liegt auf der Hand, dass sie (eben, weil sie zu Adressabilitätszwecken eine *repraesentatio identitatis* benötigen) Selbstbeschreibungen erzeugen mit starken Bindungswirkungen, in denen sich die Geltung und Identifizierbarkeit von Entscheidungen absichern lassen. Diese Beschreibungen stehen, wie man sagen könnte, in struktureller ›Korrespondenz‹ mit der Weisungskette, der Hierarchie. Sie müssen deshalb die Form einer ›Unfraglichkeit‹ annehmen, einer internen Konkurrenzlosigkeit.

Aber genau das wird unter polykontexturalen Adressierungszumutungen zum Problem. Die Stabilität der Selbstbeschreibung gerät unter massiven Druck. Kontingenz wird introjiziert einerseits durch die listenförmige Adresse, andererseits durch den ›Einfall‹ von Beratern, die – indem sie von dieser Kontingenz profitieren – zugleich laufend andere Möglichkeiten der Selbstbeschreibung der Organisation anbieten, sie also selbst mit Kontingenz konfrontieren. Ein Ausdruck dafür ist, dass Selbstbeschreibungen von Organisationen als anachronistisch beobachtet werden können (intern/ex-

---

[64] Luhmann (1987).
[65] Ebenda.
[66] Zentrale Referenzstelle hier: »Die wichtigste Konsequenz dieser Analyse ist: *daß Kommunikation nicht direkt beobachtet, sondern nur erschlossen werden* kann. Um beobachtet werden oder um sich selbst beobachten zu können, muß ein Kommunikationssystem deshalb als Handlungssystem ausgeflaggt werden.« Luhmann (1984, S. 226/227)
[67] Vgl. ebenda S. 247 f.

tern), wenn sie die mögliche, ihnen angesonnene Alternativität auszublenden suchen.

Der Boom der Organisations- und Managementberatung ist in dieser Hinsicht mit dem Boom der Psychotherapie(n) instruktiv vergleichbar. Auch psychische Systeme haben Probleme mit der Produktion einheitlicher, orientierungsfester, durchhaltbarer Selbstbeschreibungen, und man kann ohne viel Aufwand vermuten, dass die Psychotherapie im weitesten Sinne davon profitiert oder daran parasitiert, indem sie ebenfalls Alternativität, also andere Möglichkeiten der Selbstbeschreibung anbietet.[68] Pointiert und in einer Variation eines Diktums von Karl Kraus: Beide ›Professionen‹ sind an dem Problem beteiligt, das sie zu lösen angetreten sind: an dem Problem der Kontingenzproliferation. Was die konkurrenzlose Selbstbeschreibung von Organisationen mit ihrem strukturellen Korrelat der Hierarchie leisten soll, wird erodiert oder als erodiert thematisierbar. Das aber ist nicht nur eine Schwierigkeit von Organisationen, sondern hoch riskant für die funktional differenzierte Gesellschaft, denn: Ihre »letzte Sicherheit liegt [...] im Funktionieren der Organisationen.«[69]

VI.

Ein weiterer Kandidat für nicht-ignorablen Problemdruck auf Organisationen, ihre Selbstbeschreibungen und Hierarchien, kann hier nur spekulativ diskutiert werden. Der Gedanke, dass Organisationen über soziale Adressen verfügen, die sie zu relevanter Umwelt gesellschaftlicher Kommunikation machen in dem Sinne, dass sie als Mitteilungshandelnde beobachtet werden können, als Einheiten mit intern handhabbarer Selbstreferenz, die von außen nicht einsehbar, sondern nur erschließbar ist – dieser Gedanke lässt es theorietechnisch zu, nach der Bedeutung von Inklusion und Exklusion für Organisationen zu fragen. Diesmal geht es nicht darum, dass Organisationen, wie wir oben gesagt haben, Exklusions-/Inklusionsbefugnisse haben, sondern darum, dass sie als sozial adressable Einheiten selbst sozialen Inklusions/Exklusionsprozessen unterliegen.

---

[68] Es ist mit Sicherheit kein Zufall, dass Organisationsberater nicht selten wie systemisch eingestellte Psychotherapeuten arbeiten.
[69] Luhmann (1997, S. 382). Interessanterweise wird an dieser Stelle der symbiotische Mechanismus (Referenz auf Körperlichkeit) mit Organisationen parallelisiert.

Das ist eine zunächst widerborstige Überlegung, da das Schema Inklusion/Exklusion auf die kommunikative Markierung von *Menschen* als *relevant* im Hinblick auf die Partizipation an Kommunikation typisch bezogen wird.[70] Im Fokus stehen also prima vista die Leute. Schaut man jedoch genauer hin und achtet sorgfältig darauf, dass diese Theorie nicht vom Einschluss/Ausschluss von Menschen reden kann (sie sind nie Teil eines Sozialsystems), so kann man sehen, dass das Schema unmittelbar im Zusammenhang des Aufbaus und der Auswirkungen sozialer Adressen steht. Es sind diese Strukturen, die sich auch als Inklusions-/Exklusions-Profil deuten lassen, insofern sie über das Maß kommunikativer Partizipation entscheiden und zugleich eine Art ›Geschichte‹ in die multiple Adresse einschreiben.[71]

Da Organisationen sich qua Hierarchie in eine Form treiben, die sich sozial adressieren lässt, gilt auch für sie, dass sie mit Inklusions-/Exklusionsprozessen konfrontiert werden. Sie müssen damit rechnen, dass in ihren Adressen auch Relevanz- und Irrelevanzmarkierungen ›vermerkt‹ sind, die über das Maß ihrer kommunikativen Inklusion entscheiden. Fremdbeobachtungen sind, sobald in dieser Hinsicht ›Adressenverletzungen‹ drohen, von hoher Bedeutung und: unter der Ägide funktionaler Differenzierung unvermeidbar. Es wird immer aufwendiger, so etwas wie ein konsistentes *Image* durchzuhalten, insbesondere, weil die Massenmedien die Vulnerabilität von Organisationen im Blick auf Inklusion/Exklusion, also im Blick auf gelingende Adressabilität ausnutzen können und nicht selten so ausnutzen, dass bleibende Adressenschäden zu verzeichnen sind, die in der internen Informationsverarbeitung von Organisationen die Bindungswirkung von Selbstbeschreibungen und deren strukturellen Korrelaten (Hierarchien) gleichsam nicht zuletzt auch über den Weg informaler Kommunikation ausschwemmen.[72]

Dieser Gesichtspunkt wäre empirisch zu untersuchen. Man kann ihn jedoch indirekt plausibilisieren. Der Verlust an Bindungssicherheit in den Organisationen müsste die Suche nach und die Implementierung von äquivalenten (nicht durch Hierarchie garantierten) Einrichtungen zur Bin-

---

[70] Vgl. Luhmann (1995).
[71] An dieser Stelle könnte mitüberlegt werden, ob der Begriff der Interpenetration, der bislang reserviert ist, für das Verhältnis psychischer Systeme zu sozialen Systemen (et vice versa), hier auf Organisationen beziehbar ist.
[72] Übrigens wird hier der Beratungsboom vergleichbar mit ›Sozialer Arbeit‹, insofern diese ebenfalls das Problem von Adressendefekten bearbeitet, also Adressenarbeit leistet.

dungsstabilisierung begünstigen. Man findet zwar Direktarbeit an der Veränderung von Hierarchien (Stichwort: flat hierarchies), aber die Frage wäre hier die nach Komplementen, nach Zusatzabsicherungen.

Die abschließende These ist, dass *Communio-Konzepte* in diese Funktion eingerückt werden. Tatsächlich gibt es eine selten mitberücksichtigte, altlateinische Bedeutung von ›commoinis‹, die zu unseren Überlegungen passt, die Bedeutung der *Mitverpflichtung,* der *Mitleistung.*[73] Denn: Solche Konzepte importieren in die Organisationen die Möglichkeit, nicht-einklagbare Leistungen erwartbar zu machen. Die Referenz auf das WIR der Gemeinschaft kopiert die ethisch grundierten Zusammenhalt-Ansprüche, das FÜREINANDER in die Organisation hinein und mit dieser ethischen Orientierung auch: Moral, hier im soziologischen Sinne der Verteilung von Achtung/Missachtung. Das Ausscheren aus dem WIR ist immer mit der (impliziten) Drohung moralischer Diskreditierung und der daran geknüpften *ex-communicatio* verknüpft. Das seltsame Institut von *Leitbildern* gehört in diesen Kontext.[74] Die gleiche Funktion übt im übrigen die Metaphorik der Familie aus, denn auch sie ist ein System, in dem Leistungen, die andernorts nicht erwartbar wären, obligatorisch gemacht werden.[75]

Die Hierarchien der Organisationen werden durch solche und ähnliche Maßnahmen nicht außer Kraft gesetzt, denn auch über diese Maßnahmen muss entschieden werden. Unsicher ist, ob *Communio-Konzepte* produktiv wirken oder auf Dauer eher dysfunktional sind.[76] Die Referenz auf *communio* diente hier nur dem Zweck, Phänomene zu zitieren, die sich auf den *pressure of change* beziehen lassen, der – so die vorangegangenen Überlegungen – eingebettet ist in das Szenario funktionaler Differenzierung, die – indem sie Organisationen austreibt – Ordnungsmöglichkeiten erzeugt, aber

---

[73] Jourdan (1976, S. 23). Standardgemäß ist hier zu zitieren Tönnies (1935).
[74] Vgl. Fuchs (2000).
[75] Vgl. Fuchs (1999, 2003b).
[76] » [...] the foremost paradox of the frantic search for communal grounds of consensus is that it results in more dissipation and fragmentation, more heterogeneity. The drive to synthesis is the major cause of endless bifurcations. Each attempt at convergence and synthesis leads to new splits and divisions [...] All efforts to solidify loose life-world structure produce more fragility and fissiparousness. The search for community turns into a major obstacle to its formation.« formuliert Baumann (1990, S. 436). Man kann hier auch an die Gefahren eines Neotribalismus denken. Vgl. dazu Maffesoli (1988).

zugleich die Probleme produziert, die diese Möglichkeit mehr und mehr zu sabotieren scheinen.

Literatur

Baecker, D. (2005): »Wer rechnet schon mit Führung?« In: OrganisationsEntwicklung 24 (2): S. 62–69.

Bauman, Z. (1990): Philosophical affinities of postmodern sociology. In: The Sociological Review. Vol. 38 (No.3), S. 411–444.

Baxter, D. L. M. (1988): Identity in the Loose and Popular Sense. In: Mind, Vol. XCVII (No.388), S. 575–582.

Behrens, R. (1994): Metaphern des Ich, In: Die literarische Moderne in Europa (Piechotta, H. J. et al. (Hrsg.). Opladen (Westdeutscher Verlag), S. 334 f.

Benjamin, W. (1980): Goethes Wahlverwandtschaften. In: Benjamin, W.: Gesammelte Schriften (hrsg. v. Tiedemann, R./Schweppenhäuser, H.). Frankfurt/M. Bd. I, S. 291.

Ditterich, J., G. Helletsberger, R. Matzka u. R. Kaehr (Projektteam) (1985): Organisatorische Vermittlung verteilter Systeme. Forschungsprojekt im Auftrag der Siemens-AG. München–Berlin (Manuskript Forschungsstudie).

Frühwald, W. (1986): Die Idee kultureller Nationenbildung und die Entstehung der Literatursprache in Deutschland. In: O. Dann (Hrsg.): Nationalismus in vorindustrieller Zeit. München (Oldenbourg), S. 129–141.

Fuchs, P. (1996): Das Phantasma der Gleichheit. In: Merkur (570/571), S. 959–964.

Fuchs, P. (1999): Liebe, Sex und solche Sachen. Zur Konstruktion moderner Intimsysteme. Konstanz (UVK).

Fuchs, P. (2000): Gib mir ein Leitbild. Von der allmählichen Verfertigung flacher Visionen (auch an deutschen Hochschulen). Wem könnte eine neue Vereinheitlichung gesellschaftlicher Rollen nützen? Anmerkungen zur Leitbilddiskussion. In taz. 4.1.2000, S. 14.

Fuchs, P. (2001): Die Theorie der Systemtheorie – erkenntnistheoretisch. In: J. Jetzkowitz, J. u C. Stark (Hrsg.): Soziologischer Funktionalismus. Zur Methodologie einer Theorietradition. Opladen (Leske + Budrich), S. 205–218.

Fuchs, P. (2003a): Der Eigen-Sinn des Bewußtseins. Die Person, die Psyche, die Signatur. Bielefeld (transcript).

Fuchs, P. (2003b): Die unheilbare Last der Familie. In: Neue Gespräche für Familien und Gruppen. Jg. 33, H. 5. September/Oktober, S. 5–8.

Fuchs, P. (2004): Das System »Terror«. Versuch über eine kommunikative Eskalation der Moderne. Bielefeld (transcript).

Fuchs, P. (2005a): Wie man die Welt am Einheitshaken aufhängen kann – Magische Beobachtung in der Moderne am Beispiel der Frühromantik und der Systemtheorie. In: Th. Drepper, A. Göbel u. H. Nokielski (Hrsg.): Sozialer Wandel und kulturelle Innovation. Historische und systematische Perspektiven (Eckart Pankoke zum 65. Geburtstag). Berlin (Duncker & Humbolt), S. 187–210.

Fuchs, P. (2005b): Die Psyche, Studien zur Innenwelt der Außenwelt der Innenwelt. Weilerswist (Velbrück).

Fuchs, P. (2005c): Vom Etwas-ohne-Eigenschaften. In: R. Kray u. K. Luehrs-Kaiser (Hrsg.): Geschlossene Formen. Würzburg (Königshausen & Neumann), S. 77–93.

Fuchs, P. (2007): Ereignis, Welt und Weltereignis. Entwurf einer Heuristik. Ms. Bad Sassendorf (Mg.).

Fuchs, P. (2007a): Das Maß aller Dinge. Abhandlung zur Metaphysik des Menschen. Weilerswist (Velbrück).

Giddens, A. (1991): Modernity and Self-Identity. Self and Society in the Late Modern Age. Stanford (Stanford University Press).

Glass, J. M. (1993): Shattered Selves. Multiple Personality in a Postmodern World, Ithaka – London (Cornell University Press).

Günther, G. (1979): Life as Poly-Contexturality. In: Beiträge zur Grundlegung einer operationsfähigen Dialektik. Bd. II. Hamburg (Meiner), S. 283–306.

Häberlein, M. (Hrsg.) (1999): Devianz, Widerstand und Herrschaftspraxis in der Vormoderne. Studien zu Konflikten im südwestdeutschen Raum (15.–18. Jahrhundert), Konstanz (UVK).

Hagenmaier, M. u. S. Holtz (Hrsg.) (1992): Krisenbewußtsein und Krisenbewältigung in der frühen Neuzeit. Festschrift für Hans-Christoph Rublack, Frankfurt/M. (Lang).

Hewitt, J.P. (1989): Dilemmas of the American Self, Philadelphia (Temple University Press).

Jourdan, M. (1976): Kommunikative Erziehungswissenschaft. Bad Heilbronn (Klinkard).

Koenigsberger, H.G. (1982): Die Krise des 17. Jahrhunderts. In: Zeitschrift für Historische Forschung (9), S. 143–165.

Lovejoy, A.O. (1970): The Great Chain of Being. A Study of the History of an Idea. Harvard (Harvard University Press).

Luhmann, N. (1962): Funktion und Kausalität. KZfSS (14), S .617–644.

Luhmann, N. (1964): Funktionale Methode und Systemtheorie. In: Soziale Welt (15), S. 1–25.

Luhmann, N. (1982): Funktion der Religion. Frankfurt/M. (Suhrkamp).

Luhmann, N. (1984): Soziale Systeme, Grundriß einer allgemeinen Theorie. Frankfurt/M. (Suhrkamp).

Luhmann, N. (1987): Tautologie und Paradoxie in den Selbstbeschreibungen der modernen Gesellschaft. In: ZfS. 3. Jg.16., S. 161–174.

Luhmann, N. (1991): Die Form »Person«. In: Ders.: Soziologische Aufklärung 6. Die Soziologie und der Mensch. Opladen (Westdeutscher Verlag), S. 142–168 (auch in: Soziale Welt 42. 1991, S. 166–175).

Luhmann, N. (1994): Die Gesellschaft und ihre Organisationen. In: H-U. Derlien, Uta Gehrhardt u. F. W. Scharpf (Hrsg.): Systemrationalität und Partialinteresse. Festschrift für Renate Mayntz. Baden-Baden (Nomos), S. 189–201.

Luhmann, N. (1995): Inklusion und Exklusion. In: Ders.: Soziologische Aufklärung 6. Die Soziologie und der Mensch. Opladen (Westdeutscher Verlag), S. 237–264.

Luhmann, N. (1997): Die Gesellschaft der Gesellschaft. Bd. 1. Frankfurt/M. (Suhrkamp).

Luhmann, N. (2000): Organisation und Entscheidung. Opladen (Westdeutscher Verlag).

Luhmann, N. (2004): Die Paradoxie des Entscheidens. In: F. Balke, G. Schwering u. U. Stäheli (Hrsg.): Paradoxien der Entscheidung. Wahl/Selektion in Kunst, Literatur und Medien. Bielefeld (transcript), S. 17–55.

Lyotard, J.-F. (1979): La Condition postmoderne. Paris (Les Ed. de Minuit).

Maffesoli, M. (1988): Le temps de tribus. Le déclin de l'individualisme dans les societés de masse. Paris (Meridiens Klincksieck).

McCulloch, W. St. (1945): A Heterarchy of Values Determined by the Topology of Nervous Nets. In: Bulletin of Mathematical Biophysics (Vol. 7), S. 89–93.

Richards, J. u. E. v. Glasersfeld (1988) (2): Die Kontrolle von Wahrnehmung und die Konstruktion von Realität. Erkenntnistheoretische Aspekte des Rückkopplungs-Kontroll-Systems. In: S. J. Schmidt (Hrsg.): Der Diskurs des radikalen Konstruktivismus. Frankfurt/M. (Suhrkamp), S. 192–228.

Rohrlich, F. (1988): Pluralistic Ontology and Theory Reduction in the Physical Sciences. In: Brit.J.Phil.Sci. (39): S. 295–312.

Rombach, H. (1983): Welt und Gegenwelt. Umdenken über die Wirklichkeit: Die philosophische Hermetik. Basel (Herder).

Schelling, F. W. J. (1998) (2. erw. Auflage): System der Weltalter. Münchener Vorlesung 1827/28 in einer Nachschrift von Ernst von Lasaulx (hrsg. und eingeleitet von Siegbert Peetz). 4. Vorlesung. Frankfurt/M. (Klostermann).

Schilling, H. (1985): The European Crisis of the 1590s: The Situation in German Towns. In: P. Clark (Hrsg.): The European Crisis of the 1590s. Essays in Comparative History. London (Allen & Unwin), S. 135–156.

Schmitt, C. (1990): Politische Theologie. Berlin (Dunker & Humblot), S. 42.

Schulze, W. (1993): Untertanenrevolten, Hexenverfolgungen und »kleine Eiszeit«. Eine Krisenzeit um 1600? In: Roeck, B. et al. (Hrsg.): Venedig und Oberdeutschland in der Renaissance. Beziehungen zwischen Kunst und Wirtschaft. Sigmaringen (Thorbecke), S. 289–309.

Steiner, G. (1990): Von realer Gegenwart. Hat unser Sprechen Inhalt? Hamburg (Hanser), S. 134 ff.

Tönnies, F. (1935): Gemeinschaft und Gesellschaft. Grundbegriffe der reinen Soziologie. Leipzig (Buske).

Olaf Kranz

Organisationen als historisch kontingente Vermittlungsinstanz von System und Lebenswelt – Skizze eines interaktionstheoretischen Ergänzungsvorschlags der Organisationssoziologie[77]

I.

Allerorten ist von gesellschaftlichem und organisationalem Wandel die Rede, seitdem die ohnehin kognitiv stilisierten Strukturen der funktional differenzierten »Weltgesellschaft« (Luhmann 1975) immer schneller auf- und abgebaut und auf diese Weise immer stärker als Episoden beobachtbar werden. Die beschleunigte Episodisierung gesellschaftlicher Strukturen wird dabei von den Massenmedien dauerbeobachtet, denen es auf die Inszenierung von Veränderung ankommt und die die Gesellschaft als temporal unbeständig konstruieren (vgl. Luhmann 1996). Die Wirtschaft scheint in diesem Prozess eine Vorreiterrolle einzunehmen, weil hier seit der Erfindung des Kapitals die Möglichkeit genutzt wird, die präferierte Abweichung von gegebenen Zuständen an Kriterien der Verbesserung und Steigerung orientieren zu können, indem (minimale) Differenzen in den Gewinnerwartungen zwischen verschiedenen Investitionsmöglichkeiten von Geld relativ kurzfristig und relativ einfach identifiziert, kalkuliert, ausgebeutet und bilanziert werden können (vgl. Luhmann 1989, S. 151 ff.). Die wirtschaftswissenschaftliche Erfolgsfaktorenforschung muss in dieser Lage (implizit) die Paradoxie einräumen, dass gegenwärtige Erfolgsfaktoren von Unternehmen zugleich zukünftige Misserfolgsfaktoren sind. Die Semantik der lernenden Organisation kann als ein Versuch der Entparadoxierung dieser Paradoxie in der Zeitdimension begriffen werden: Nur durch rasches, auf Dauer gestelltes reflexives Unternehmenslernen kann noch verhindert werden, dass sich über Nacht und womöglich unmerklich Er-

---

[77] Ich danke Jens Aderhold für seine wertvollen und konstruktiven Hinweise, die mir wichtige Anhaltspunkte für die Überarbeitung einer früheren Version gegeben haben.

folgs- in Misserfolgsfaktoren transformieren (vgl. Kranz 2000). Die Semantik des Lernens kann in dieser Lage, abgestützt auf ihrer im Erziehungssystem erwirtschafteten Plausibilität (vgl. Tacke 2005), wenigstens einen zeitlich stabilisierten semantischen Rahmen anbieten, innerhalb dessen temporalisierte Unterscheidungen ausgewechselt werden können, die heute damit rechnen, morgen schon von gestern zu sein. Managementmoden (vgl. Abrahamson 1996) und weltweite Netzwerke der auf sie bezogenen Kommunikation (vgl. Alvarez 1998; Sahlin-Andersson/Engwall 2002) sorgen für den nie abreißenden Nachschub an immer wieder neuen ›best practices‹, die zu Managementkonzepten zusammengestellt und aufgeordnet werden. Dirk Baecker (in Vorbereitung, S. 2) macht in dieser Lage sogar einen Wandel des »Formkalkül(s) der Selbsterhaltung« von Organisationen aus, die gegenwärtig unter Führung der zeitlichen Dimension von Sinn (gegenüber der sozialen und sachlichen Weltdimension) ihre formal-bürokratische Struktur zu Gunsten einer Netzwerkorganisation auszutauschen im Begriff stehen, »um die Organisation der Beschleunigung der Kontrolloperationen der Gesellschaft, die der Einführung des Computers und des Internets zu verdanken sind, anzupassen«.

Die Herausgeber dieses Bandes haben im Ausdruck eines stetig zunehmenden ›Wandlungsdrucks‹, dem sich Organisationen ungeschützt ausgesetzt sehen, nach einer eindrücklichen Metapher gesucht, mit deren Hilfe meinem Eindruck nach ein neuartiges System-Umwelt-Verhältnis von Organisationen bezeichnet werden soll. Angesichts beschleunigter gesellschaftlicher Wandlungsprozesse lässt diese Metapher an dem Erfordernis keinen Zweifel aufkommen, dass die Organisationen aus Bestandsrücksichten auf dieses relativ neuartige Phänomen ebenfalls durch beschleunigte Wandlungsprozesse reagieren müssen (vgl. Luhmann 1964). Zugleich werfen die Herausgeber aber auch die Frage danach auf, ob die allfälligen hektischen Umbauprozesse der organisationalen Strukturen ihrerseits als ein Indiz für einen Funktionswandel von Organisationen aufgefasst werden können.

Ein kurzer Blick auf die Organisationsforschung und Organisationstheorien (z. B. Clegg/Hardy/Nord 1996; Kieser 2006) kann schnell offenbaren, dass – mit Ausnahme der soziologischen Systemtheorie[78] – für Organi-

---

[78] Die Systemtheorie hat bislang schon eine Fülle von Funktionsbestimmungen von Organisationen gegeben. Unter diesen ganz heterogenen Bestimmungen sind u.a. zu finden: Organisationen behandeln das Problem der Unbekanntheit der Zukunft und der Unsicherheitsabsorption in Zeiten generellen gesellschaftlichen Autoritätsverlusts (vgl. Luhmann 1994, 2000); Organisationen sind ein Vehikel zur »Einrichtung

sationen aber eine Funktionsangabe noch aussteht, die mehr sein will als lediglich eine Zweckangabe.

Der folgende Beitrag möchte vor dem Hintergrund dieser konzeptuellen Leerstelle dem interaktionstheoretisch begründeten Vorschlag von Jürgen Markowitz (2006) folgen, der mit Blick auf die Systemebenentrias von Interaktion, Organisation und Gesellschaft (vgl. Luhmann 1975a) die Funktion von Organisationen in der Vermittlung von System und Lebenswelt sieht. Interaktionstheoretisch lässt sich die funktionsbezogene Notwendigkeit nachweisen, dass sich jedes soziale System mit einer lebensweltlichen Seite versehen muss, in der funktionale Erfordernisse der systemischen Prozesse in vereinfachter Form Berücksichtigung finden können. Soziale Systeme fungieren in diesem Sinn als »Medium der Aufklärung« (Luhmann 1970, S. 76). Nicht nur Interaktionen, sondern auch Organisationen und auch noch die großen gesellschaftlichen Funktionssysteme müssen sich mit lebensweltlichen Oberflächen versehen, die es den an ihnen jeweils beteiligten psychischen Systemen in ihrer Umwelt erlauben, mit ihnen etwas anzufangen, ohne Funktionskenntnis der komplizierten und komplexen sozialen Prozesse ausbilden zu müssen. Die einzelnen gesellschaftlichen Funktionssysteme bedienen sich für die Bewältigung des Problems, sich mit instruktiven, auch lebensweltlich lesbaren Oberflächen ausstatten zu müssen, entweder des historisch kontingenten Systemtyps der Organisation oder des sozio-kulturellen Phänomens der Profession.

Die gegenwärtig vor allem mit Hilfe von Metaphern festgehaltenen Wandlungsprozesse der Organisationen im Kontext gesellschaftlicher

---

von offenen oder geschlossenen Perioden« (Luhmann 1994a, S. 337); sie dienen der »Selektivitätsverstärkung« (Luhmann 1969, S. 338) bzw. der Adressfähigkeit sozialer Systeme und folglich der darauf basierenden Interdependenzunterbrechung in und zwischen Funktionssystemen mit der Folge gesellschaftlicher Ultrastabilität; Organisationen koppeln Funktionssysteme strukturell und verfügen über ein Exklusionsprivileg unter der Bedingung eines gesellschaftlichen Inklusionsgebotes (vgl. Luhmann 1994, 2000); sie beschaffen unwahrscheinliche Motivation (vgl. Luhmann 1964); sie respezifizieren binäre Codes und variieren Motivschema für noch unbekannte Individuen (Luhmann 2002, S. 158). Soweit ich sehen kann, hat sich aber die Systemtheorie noch nicht darauf einigen können, welchem dieser Bezugsprobleme, die von Organisationen auf eine erwartbare Weise gelöst werden, sie den Primat gibt (vgl. aber Baecker 1994, 2000).

Am selben Befund scheint der Versuch von Peter Fuchs anzusetzen (in diesem Band), eine Funktionsbestimmung von Organisationen herauszuarbeiten, in deren Kontext sich erst die derzeit zu beobachtenden Änderungsprozesse in den Organisationen genauer bestimmen und in ihrer Bedeutung einordnen lassen.

Wandlungsprozesse können anschließend mit Hilfe dieser neuartigen Funktionsbestimmung von Organisationen interpretiert werden, wobei zwei verschiedene Prozesse differenziert werden können. Zum einen experimentieren Organisationen mit der Frage, wie sich stetig ändernde Funktionsanforderungen aus den sich schnell ändernden gesellschaftlichen Funktionskontexten lebensweltlich verständlich in »Interaktionsformaten«[79] der Organisation Berücksichtigung finden können. Im Kontext des Begriffs der Interaktionsformate rücken dabei ergänzende Antworten zum organisationalen Lernen in den Blick. Zum anderen experimentieren die gesellschaftlichen Funktionskontexte selbst mit neuen Formen ihres Designs, wodurch funktionale Äquivalente zu Organisationen in Blickweite geraten.

Verständlichkeit erhalten diese Thesen vor dem Hintergrund einer entfalteten Interaktionstheorie, die sich mikro-analytischer Ressourcen bedient, sich damit explizit in eine Traditionslinie mit Georg Simmel stellt und dessen Frage zu beantworten sucht, wie die »makroskopischen, festen Einheiten und Systeme« durch »die mikroskopisch-molekularen Vorgänge innerhalb des Menschenmaterials« erst »zusammen(ge)kettet und hypostasiert« (Simmel 1992, S. 32) werden.

II.

Vor nunmehr genau 100 Jahren beklagte Georg Simmel (1992 [1908], S. 32 ff.) unter dem programmatischen Titel »Das Problem der Soziologie« das Fehlen einer mikro-analytisch vorgehenden Soziologie der Interaktion. Knapp 90 Jahre später räumt auch Niklas Luhmann (1997, S. 812) in seinem Opus magnum in einer an Simmel erinnernden Formulierung den auch alltäglich kaum zu übersehenden Sachverhalt ein, dass gesellschaftliche Teilsysteme wie auch Organisationen »auf einem Meer ständig neu gebildeter und wieder aufgelöster Kleinsysteme« schwimmen. Zugleich muss Luhmann (vgl. 1997, S. 816) an gleicher Stelle konzedieren, dass auch die Systemtheorie leider noch über keine ausgearbeitete Interaktionstheorie verfügen kann, die ihrem Rang und ihrer Bedeutung nach aber prinzipiell der Gesellschaftstheorie gleichkomme.

---

[79] Dieser Begriff geht auf einen noch nicht einschlägig publizierten Vorschlag von J. Markowitz (2006a) zurück, den dieser im Zusammenhang mit einer Soziologie der Organisation entwickelt hat und mit dessen Hilfe er diese dem Anspruch nach ergänzt. Siehe hierzu die Ausführungen weiter unten.

Jede Theorie der Interaktion muss einer, die Systemebene der Interaktion in besonderer Weise charakterisierenden Eigenschaft Rechnung tragen können. Im Vergleich mit Organisation und Gesellschaft finden wir bekanntlich nur in Interaktionen – unter der Bedingung reflexiver Wahrnehmung – zwei voneinander unterscheidbare Prozesse der Informationsverarbeitung über selektive Ereignisse: zum einen in Form der wechselseitigen Beeinflussung über Wahrnehmung und zum anderen in Form von Kommunikation. Luhmann (1975b, S. 25) spricht vom »Dualismus der tragenden Prozesse«. Um die Dynamiken auf der Ebene der Interaktion begrifflich erfassen zu können, dürfen nicht nur die Wechselwirkungen der Verhaltenskomponente der Intentionalität berücksichtigt werden. Eine Interaktionstheorie, die auch Vorstellungen über attentionale (und konstitutionale) Verhaltenskomponenten und ihre Wechselwirkungen in Interaktionen pflegt und mit proceduralisierenden Figuren zusammenführt, findet sich in den Arbeiten von Jürgen Markowitz (vgl. 1979, 1986, 2006; siehe auch Kranz 2007). Während der Entfaltung dieser systemtheoretisch informierten Interaktionstheorie sind Markowitz zwei konzeptuell besonders folgenreiche Aspekte aufgefallen. Zum einen wurde schnell klar, dass »einfache Sozialsysteme« (Luhmann 1975b) keine überschaubare Idylle und alles andere als einfach oder undifferenziert sind (vgl. Kieserling 1999). In Interaktionen müssen vielmehr brachiale Vereinfachungen derjenigen Prozeduren erfolgen und in Gang gehalten werden, die ihnen zu Grunde liegen. Dabei wird Lebensweltlichkeit auf eine komplizierte Art und Weise hergestellt, wobei Lebensweltlichkeit als ein Erfordernis der Reproduktion sozialer Systeme gelten darf. In der funktional differenzierten Gesellschaft geraten System und Lebenswelt weder in einen Widerspruch zueinander (vgl. Habermas 1981), noch verliert die Lebenswelt mit dem Primat funktionaler Differenzierung jede Funktionalität (vgl. z. B. Luhmann 1980, 1994a). Zum anderen fiel Markowitz' Aufmerksamkeit auf den Umstand, dass es bislang versäumt worden ist, eine Funktionsangabe für die drei Bildungsebenen sozialer Systeme anzugeben.[80] Die These dieses Beitrags wird – auf diese beiden Feststellungen bezogen und im Anschluss an die Lösungsvorschläge von Markowitz – sein, dass sich funktionssystemische Kommunikation für die an ihr beteiligten Menschen in ihrer Umwelt dadurch ›bedienbar‹ hält, dass sie Funktionsanforderungen aus den Funktionskontexten in akteurssemantische Collagen und Interaktionsformate einschreibt, die durch Organisationen gerahmt und unterstützt werden, die ihrerseits evolutionä-

---

[80] Dieser Aspekt wird weiter unten ausführlicher angesprochen.

ren Prozessen im Schema von Versuch und Irrtum unterliegen, die durch die Ebene der Gesellschaft garantiert werden.

Die in Interaktionen erforderlichen Vereinfachungen übersteigen bei Weitem das Maß an Vereinfachungen, die beispielsweise für einen Briefwechsel erforderlich sind. Um die wichtigsten Vereinfachungen in den Blick zu bekommen, muss der Gedanke Luhmanns, dass Kommunikation sich selbst auf Handlungen reduziert, zur Paradoxie einer kompliziert hergestellten Einfachheit systematisiert und abstrahiert werden (vgl. Markowitz 2003). Die Kommunikation rechnet Leistungsanteile ihrer selbst den »informations-verarbeitenden Prozessoren«, die als ihre »diskontinuierliche Infrastruktur« (Luhmann 1993, S. 191) fungieren, in einem Akt der nachträglichen Konstitution selektiv als Erleben oder Mitteilungshandeln zu (vgl. Luhmann 1981, 1993, S. 191 ff.). Damit ist ein Verhältnis zwischen Prozessen und ihren Ergebnissen (Korrelate im Sinne Edmund Husserls) bezeichnet, in dem Ergebnisse von den Prozessen isoliert werden, die sie hervorbringen. Auf der Grundlage der Ergebnisse spielt sich daraufhin ein neuer Operationsmodus ein, der es erlaubt, mit den Ergebnissen etwas anzufangen, ohne die sie tragenden Prozesse noch berücksichtigen zu müssen. Das paradoxe Phänomen einer kompliziert hergestellten Einfachheit darf aber nicht als Defekt aufgefasst werden. Die Selbstvereinfachung der Kommunikation durch Reduktion auf Handlungen ist für die Fortzeugung der Kommunikation selbst funktional.

Man kann mit Markowitz (2003) zwei Formen dieser Paradoxie unterscheiden: zum einen die operative Vereinfachung und zum anderen die prozessuale Vereinfachung einer simplifizierenden Selbstbeschreibung. In Interaktionen muss man mit mindestens drei bedeutsamen Formen der operativen Selbstvereinfachung rechnen. Neben die Reduktion von Kommunikation auf Handlungen tritt als zweite Form der operativen Selbstvereinfachung die strukturelle Kopplung von Gehirn und Bewusstsein. Das Bewusstsein verarbeitet neuronal erwirtschaftete Differenzen mit Hilfe der Unterscheidung von Innen und Außen und kreiert eine ontologische Welt. Bewusstsein spielt sich auf der Basis von Ergebnissen neuronaler Prozesse ein, die es nicht überschaut. Es konzipiert zusammen mit den externalisierten Referenzpunkten das Externe als Horizont weiterer Gegenstände. Das Bewusstsein erlebt phänomenal auf der Basis neuronaler Operationen, indem es die Irritationen durch das Gehirn als reifizierende Externalisierung verarbeitet.[81] Gehirn und Bewusstsein sind die für den Menschen konstitutiven, sich wechselseitig bedingenden und dadurch die Einheit einer Form bildenden Seiten. Wenn immer in diesem Beitrag vom Menschen die Rede ist, ist dieser Formzusammenhang gemeint.[82]

Unter der Bedingung reflexiver Wahrnehmung beeinflussen sich die Interaktionsteilnehmer wechselseitig sowohl durch verständliche Mitteilungen als auch durch Prozesse »attentionalen Alternierens« (Markowitz 1986, S. 57 ff.). Die Zuwendung der Aufmerksamkeit zu einzelnen Gegenständen oder Personen ist immer eine Auswahl aus einem Auswahlbereich. Jede Zuwendung zu einem konkreten Bezugspunkt der Aufmerksamkeit ist zugleich Abwendung und damit riskierte Selektivität, die sich im Vollzug bewähren muss. Die Riskanz jeder Zuwendung wird durch den Zwang zum attentionalen Alternieren kontrolliert, also dadurch, dass die Bezugspunkte des Aufmerkens ständig wechseln. Attention ist ein auf die Kontrolle situationsspezifischer Selektivität spezialisiertes Verhalten, das soziale Struktureffekte nach sich zieht. Die Teilnehmer an Interaktionen beobachten sich wechselseitig daraufhin, ob sie und wie sie mit Erwartungen über Zeit-Raum-Kontinua umgehen. Unterstellt wird dabei operativ die Fiktion einer gemeinsam geteilten Welt. Die Wahrnehmung erschließt aber nicht allein den Kontext, in dem Verhalten gezeigt und gedeutet wird, und damit die Selektivität des Mitteilungsverhaltens einer Information. Wahrnehmung wird auch nicht lediglich als Kanal struktureller Kopplung und als Mechanismus der Kognition kommunikativ erzeugter sozialer Strukturen in Rechnung gestellt. Wahrnehmung wird als Verhaltenskomponente in Anspruch genommen, die gegenüber der Kommunikation im sozialen Prozedere selbständig in der Lage ist, zum Strukturaufbau und -fortbau sozialer Systeme beizutragen. Psychen setzen sich bereits dann in ein wechselseitig beobachtbares Verhältnis zueinander, wenn sie mit Hilfe der Unterscheidung von Intention und Ausführung wechselseitig aufeinander referieren (anstatt der Unterscheidung von Mitteilung und Information). In

---

[81] Während N. Luhmann auf die interne Erzeugung einer als extern postulierten Welt hinweist, die »auf immer noch rätselhafte Weise« (Luhmann 1997, S. 122) erfolgt (vgl. Fuchs 2005), unterstreicht J. Markowitz (1986) daneben den Aspekt, dass die per Wahrnehmung in die ›Welt‹ projizierten Sachverhalte zugleich ontologisiert werden.

[82] Die »Form Mensch« ist ein Begriffsvorschlag von J. Markowitz, den dieser erstmalig im Sommersemester 2005 an der Martin-Luther-Universität Halle im Rahmen der Vorlesung »Theorie der Interaktion« vorgetragen hat. Er liegt leider noch nicht in einschlägig publizierter Form vor.

einer komplizierten Abfolge der Prozesskomponenten des Vorgangs des attentionalen Alternierens werden personalen Referenten Engagements attribuiert, um deren Verhalten deuten und erwarten zu können, und die Trifftigkeit dieser Engagements wird ständig an Hand der Überprüfung von Ausführungsvarianten inszenierten Verhaltens in bestimmten Toleranzbereichen kontrolliert. Als Strukturkorrelat dieser Prozesse entsteht eine »Matrix« (Markowitz 1986, S. 142), in der Referenten und die von ihnen untereinander unterhaltenen Beziehungen als Erwartungsmuster fixiert sind.

Neben der damit beschriebenen dritten operativen Selbstvereinfachung muss auch die prozessuale Vereinfachung einer simplifizierenden Selbstbeschreibung als ein weiteres funktionales Erfordernis eines sozialen Alltags gelten. Wie kristallisieren an Interaktionserfahrungen Bedeutungen und Bedeutsamkeiten? Interaktionen statten sich für die sie konstituierenden Prozesse der Wahrnehmung und der Kommunikation jeweils selbst mit Materialien aus, die sie in Prozessen ihrer Selbstsozialisation funktional aufeinander abstimmen müssen.[83] Sie benötigen zum Beispiel Namen für Gegenstände und Objekte, für personale Referenten und die Relationen zwischen ihnen. Sie benötigen darüber hinaus in Form von Metaphern, Mythen und Kosmologien Deutungsfolien, mit deren Hilfe jeweils die Bedeutsamkeiten dieser Bedeutungen bestimmt werden können (vgl. Blumenberg 1999, 2001, 2002). Der Alltag ist nicht reflexiv verfasst. Er beobachtet und beschreibt sich regelmäßig bewährendes Verhalten. Für diese Prozesse bleiben Interaktionen auf die an ihnen beteiligten, existenziell betreffbaren Menschen angewiesen. Es werden Bedeutungen festgehalten, die im Alltag relativ problemlos verständlich sind und mit Resonanz rechnen dürfen. Dabei werden Erfahrungen aus zwei unterschiedlichen Quellen zusammengefügt. Soziale Systeme vereinfachen Kommunikation auf Handlungen, um über spezifische Unterscheidungen verfügen zu können, mit deren Hilfe sie zugleich ein re-entry der System/Umwelt-

---

[83] J. Markowitz benutzt damit den Begriff der Sozialisation, der einen Prozess bezeichnet, der immer nur als Selbst-Sozialisation erfolgen kann (vgl. Luhmann 1987), in sozialer Systemreferenz. Der Vollzug von Interaktion und Kommunikation, der aus sich selbst die Bedingungen der Möglichkeit seiner selbst schaffen muss, führt, immer gebunden an den Erlebnismodus psychischer Systeme, zu einer Materialisierung seiner selbst. Die dabei entstehenden Inszenierungen, Nomenklaturen etc. können, wenn sie an die Erfordernisse psychischer Orientierung ebenso angepasst sind wie an die systemischen Funktionsanforderungen, an bereits vorhandene Bestände angepasst und in diese eingebaut werden.

Unterscheidung durchführen und den Bedürfnissen psychischer Systeme gerecht werden können. Zugleich präpariert die Wahrnehmung personale Referenten als gegenständlich verfasste externe Menschen, denen im interaktionellen Geschehen Anteile der Kommunikation differenziell als Selektivität zugerechnet werden. Es entsteht eine Semantik, die Akteuren Anteile der Kommunikation als deren Wollen und Können zurechnet. Akteuren wird die Fähigkeit zugesprochen, Intentionen ins Auge fassen zu können sowie die Fähigkeit unterstellt, nach Mitteln und Wegen ihrer Realisierung zu suchen. Es entsteht eine »Akteurssemantik« (Markowitz 1997), deren Referenzpunkt die Intention ist.[84] Verhalten wird über seine angestrebten Effekte bestimmt, die Verhaltenskomponenten werden durch Finalität integriert. Der Akteur und seine Handlung werden als ursprünglich, und das heißt hier vor allem: als ursächlich und final verfasst angesetzt. Die Akteurssemantik suggeriert den beteiligten Bewusstseinen eine konkurrenzlose und fraglose Vorrangstellung. Diese ist zwar operativ-faktisch gar nicht gegeben. Sie kann sich aber auf dem Realitätseindruck wahrnehmungsirritierter Bewusstseine abstützen. Die sozialen sowie die neurophysiologischen Realitäten werden selten thematisch oder bewusst. Im Alltag fehlen uns sogar oft die Worte, diese Realitäten zu beschreiben. Der Alltag beruht operativ-faktisch auf einem mehrdimensionalen komplizierten Geschehen, seine Semantik hält nur solche Unterscheidungen fest, die die zu Grunde liegenden Prozeduren noch nicht einmal annäherungsweise appräsentieren können. Der soziale Alltag repräsentiert sich die eigenen Bestandserfordernisse temporalisierter Komplexität, kontingenter Selektivität und selbstreferenziell geschlossener Zirkularität nicht semantisch adäquat. Er macht sich von sich selbst ein Bild relativ einfacher, linearer und finalisierter Verhältnisse, die auf Essenzen beruhen.

Auf der Grundlage dieser soeben diskutierten vier Ausprägungen der Paradoxie der kompliziert hergestellten Einfachheit kann eine funktionale Begründung des Lebensweltbegriffs eingeführt werden. Als Ergebnis einer Kooperation von gehirngetragenen Wahrnehmungsprozessen und Kommunikation entsteht in Sozialisation und Interaktion Lebenswelt. Lebenswelt ermöglicht alltäglich lebenden Bewusstseinen einen instruktiven und routinierten Erwartungsaufbau. Sie ist die bewusstseinszugewandte und bewusstseinsfähige Oberfläche systemischer Prozesse. Die Lebenswelt ist

---

[84] Peter Fuchs (1999, S. 72 f.) spricht anstelle einer Akteurssemantik von einer notwendig »psychoid« verfassten Sprache, einer »psychisch ›durchpunkteten‹« Realität sowie einer »real fungierende(n) Systempräferenz«.

eine ontologische Welt der Selbstverständlichkeiten und der als natürlich empfundenen Ordnung. Sie ist eine vertraute Welt, die Menschen sieht und nicht Kommunikation. Statt der Kontingenz komplizierter Prozesse steht in ihr die Evidenz der Resultate. Lebenswelt ist der Titel für die Paradoxie einer sich kompliziert herstellenden Vereinfachung. Lebenswelt und System stehen in dieser Auffassung[85] in keinem irgendwie gearteten Gegensatz zueinander. Sie setzen sich vielmehr wechselseitig konstitutiv voraus. Kein soziales Geschehen ist reproduktionsfähig, sofern nicht die beiden Seiten System und Lebenswelt konstitutiv beteiligt sind.

Wir haben uns die Einheit einer kompliziert funktionierenden Systemik, deren andere Seite eine scheinbare Einfachheit ist, an vier Fällen vor Augen führen können. Vor diesen Befunden drängt sich die Frage auf, wie soziale Ordnung trotzdem möglich ist, wenn sich der soziale Alltag seinen real fungierenden operativen Unterbau derart inadäquat vor Augen führt und beschreibt. Wie können sich soziale Systeme reproduzieren, wenn ihre notwendig vorausgesetzte psychische Umwelt auf brachiale Vereinfachungen angewiesen bleibt, hinter denen ihr Fungieren zurücktritt? Wie reproduziert sich ein Alltag irgendwie selbst, der sich durch Akteure und ontologisch verfasste Realitäten inadäquat beschreibt? Anders als Luhmann (1980) kann man von der semantischen Evolution vor diesem Hintergrund nicht mehr länger eine Überwindung ›temporär‹ inadäquater Selbstbeschreibungen des gesellschaftlichen Alltags erwarten. Der Alltag kann nicht soziologisch aufgeklärt werden. Wie ist der unvermeidliche Bezug auf das Wollen und Können von Akteuren mit dem Bezug auf die Funktionsgrundlagen sozialer Ordnung vermittelt? Wie nimmt die unvermeidlich vereinfachte Alltäglichkeit Funktionsgesichtspunkte der sie ermöglichenden und tragenden Prozesse auf?

Die soziokulturelle Evolution hat sich lange Zeit damit beholfen, Funktionsvoraussetzungen an Ordnungen zu binden, deren Garantie externen Agenturen attribuiert worden ist. Die Vermittlung von Intentionen mit Notwendigkeiten des Fungierens sozialer Systeme kann durch eine Orientierung des Verhaltens an einer evolutionär eingespielten Ordnung realisiert werden, die es erlaubt, Funktionserfordernisse implizit zu berücksichtigen.

---

[85] Die Verwendung eines funktionalen Lebensweltbegriffs ist für seinen traditionellen (v.a. soziologischen) Gebrauch gewöhnungsbedürftig. Das Adjektiv ›funktional‹ dient der Abgrenzung gegenüber phänomenologischen, sozialphänomenologischen, diskurstheoretischen oder systemtheoretischen Lebensweltkonzeptualisierungen, deren Diskussion hier nicht geleistet werden kann. Siehe zu einer um Abgrenzung bemühten Darstellung die Ausführungen in meiner Dissertation (Kranz 2009).

Ordnungen ermöglichen durch ihren Rekurs auf das Nacheinander verschiedener Ereignisse in der Kausalität und ihr Beieinander in der Simultaneität einen Funktionsbezug des Verhaltens allein schon durch Gedächtnis und Gewohnheit, ohne dass ein Verständnis über die zugleich mit bedienten funktionalen Erfordernisse notwendig ist. »Die Orientierung an Ordnung kann [...] als funktionales Äquivalent einer Orientierung an Funktion dienen« (Markowitz 2003a, S. 182).

Die Lebenswelt ist eine vertraute und geordnete Welt. Die Grundlagen lebensweltlicher Ordnung bleiben undurchschaut und sind alltäglich nicht verfügbar. Sie werden im Alltag als selbstverständlich erscheinende Normalität erfahren. Wie Harold Garfinkel (1967) mit seinen Krisenexperimenten zeigen konnte, ist die Lebenswelt wehrhaft. Lebensweltgefährdende Ereignisse, wie etwa der Einbruch von Kontingenz, werden durch aggressive Reaktionen abgewehrt. Verletzungen von für selbstverständlich gehaltenen und als natürlich verbürgten Routinen des alltäglichen Lebens gelten als Defekte der Normalität und können aggressive Reaktionen hervorrufen. Mittels dieser Reaktionen werden bewährte Ordnungsbildungen gegen Veränderung verteidigt. Von der Aggressivität wird die Seite des Systems im Bereich der Lebenswelt repräsentiert und geschützt. Verteidigt werden Vereinfachungen, die sich als funktional bewährt haben. Die Seite des Systems ist im Alltag vor allem in Gestalt von Schutzreflexen verfügbar. Fragen nach den Bedingungen der Möglichkeit der Lebenswelt werden lebensweltlich beispielsweise (inzwischen zivilisiert) mit dem Vorwurf der Theorie gekontert.

Da Einfachheit ein Funktionserfordernis ist, darf auch die Verteidigung von Lebenswelt als funktional gelten. Die Wehrhaftigkeit der Lebenswelt führt vor die Fragen, wie es zu gesellschaftlichen Höherentwicklungen (Komplexitätssteigerungen) kommen konnte und was passiert, wenn sich die Funktionserfordernisse sozialer Systeme ändern. Ich gehe – wiederum im Anschluss an Markowitz (2006) – davon aus, dass hier eine weitere Paradoxie vorliegt. Lebenswelt ist unter bestimmten Umständen ein dysfunktionales Funktionserfordernis. Das dysfunktional gewordene Funktionserfordernis der Lebensweltlichkeit sozialer Systeme muss mit jeweils neu ermittelten Formen des Funktionserforderlichen versorgt werden, und zwar auf eine Weise, die Lebensweltlichkeit nicht außer Kraft setzt. Wie können mit Hilfe unvermeidlicher rigider Vereinfachungen und gegen den Widerstand lebensweltlicher Reflexe trotzdem Funktionserfordernisse avancierter Funktionssysteme lebensweltlich verständlich zur Geltung gebracht werden?

Die Thematisierung des funktionalen Lebensweltbegriffs setzt offensichtlich voraus, dass die soziokulturelle Evolution Mittel und Wege gefunden hat, Lebenswelt zu mediatisieren. Zwei Formen der Entparadoxierung der Lebenswelt als dysfunktionales Funktionserfordernis sind besonders einflussreich geworden: zum einen die Erfindung von Professionen und zum anderen der historisch kontingente Systemtyp der Organisation. Beide Formen ermöglichen die Überwindung lebensweltlicher Reflexe, indem sie in die Lebenswelt hinein ungewöhnliche und anspruchsvolle Anforderungen stellende Funktionserfordernisse sozialer Systeme lebensweltkompatibel implementieren. Beide differenzieren sich zusammen mit Komplementärrollengefügen sowie einer jeweils problemspezifischen Funktionssemantik aus, die der Ermittlung und Beschreibung von Funktionsgesichtspunkten dient. Die Funktion von Professionen und Organisationen kann in der erwartbaren Bearbeitung des Lebensweltparadoxes eines dysfunktional gewordenen Funktionserfordernisses lebensweltlicher Einfachheit, die auf komplizierte Art und Weise hergestellt wird, gesehen werden. Erst in professionell oder organisational betreuten Prozessen im Schema von Versuch und Irrtum kann es darum gehen, das gegebenenfalls dysfunktional gewordene Funktionserfordernis der Lebensweltlichkeit sozialer Systeme mit jeweils neu ermittelten Formen zu versorgen. Während Professionen das Lebensweltparadox für den Fall verwalten, dass Probleme in okkasioneller Temporalstruktur auftreten, widmen sich Organisationen demselben Paradox in den Fällen, in denen die Vermittlung von System und Lebenswelt auf einem relativ hohen Funktionsniveau dauerhaft geleistet werden muss.

Wir können nun endlich auf die Frage nach der Funktionsbestimmung der drei Systembildungsebenen zurückkommen. Während in Interaktionen auf eine komplizierte Weise unentwegt lebensweltliche Einfachheit produziert und in Gang gehalten wird, sorgen Organisationen (im Verein mit Professionen) dafür, dieses Funktionsparadox der Vereinfachung dadurch zu entparadoxieren, dass eine lebensweltlich-akteursbezogene Semantik jeweils zweckspezifisch mit einer funktionsspezifischen Begrifflichkeit vermittelt wird. Die Funktion der Gesellschaft kann mit Blick auf die stets prekären Versuche der Ermittlung und der Vermittlung von Funktionserfordernissen bestimmt werden, mit deren Hilfe Probleme im Schema von Versuch und Irrtum immer wieder neu zu bewältigen versucht werden. Die Gesellschaft sichert, dass die evolutionären Prozesse der Bildung von Lebenswelt und der gleichzeitigen Einarbeitung funktionaler Erfordernisse in diese Lebenswelt ständig beginnen und enden können. Sie ermöglicht als Rahmen der sozio-kulturellen Evolution verschiedene Formen der Episodenbildung mit jeweils unterschiedlichem Zeitbindungspotential (vgl. Markowitz 2006).

III.

Wie ›schwimmen‹ Organisationen und gesellschaftliche Funktionssysteme auf einem ›Meer an Interaktionen‹? Wie Peter Fuchs (in diesem Band) betont, kann sich auf der Ebene der Gesellschaft eine polykontexturale Ordnung nur einspielen, wenn eine andersartige Ordnung zu Hilfe kommt: Organisationen unterstützen genau in dem Moment ontologisch gehandhabte Unterscheidungen, wenn diese ihre gesellschaftsweite Plausibilität verlieren, und sie ermöglichen Menschen die Partizipation an funktionssystemischer Kommunikation.

Nach alldem, was hier schon gesagt worden ist, darf man davon ausgehen, dass alles soziale Geschehen unter einem Formzwang steht. Jedes soziale Geschehen benötigt konstitutiv zwei Seiten, wenn es sich längerfristig reproduzieren will: systemische Prozesse und lebensweltliche Einfachheit. Die einzelnen Funktionssysteme gehen auf je unterschiedliche Weise mit dem Umstand um, dass sie strukturell unvermeidlich an Interaktionen gekoppelt sind, in denen unablässig wehrhafte Lebensweltlichkeit erzeugt wird. Sie geben sich in unterschiedlichen Formen ein Design, das dem symbiotischen Kontakt mit Menschen dient und dennoch Ergebnisse einer funktionalen Orientierung festhält.[86] Einige Funktionssysteme, wie beispielsweise die Wirtschaft, nutzen dafür bislang primär vor allem Organisationen; andere Funktionssysteme, wie beispielsweise die Religion oder

---

[86] R. Stichweh (2000, S. 69) spricht von der »Lesbarkeit« sozialer Systeme. Der damit aufgerufene Designbegriff findet sich explizit im Vorlesungsskript von J. Markowitz (2006a) zur »Soziologie der Organisation«, wo der funktionale Designbegriff von Louis Sullivan, ›form follows function‹, verallgemeinert und für soziale Systeme respezifiziert wird. Dabei wird die Vorstellung N. Luhmanns (2000, S. 119 ff. u. 148 ff.), dass sich Organisationen aus Gründen ihres symbiotischen Zusammenlebens mit Menschen eine wahrnehmbare Oberfläche geben, inkongruent aufgegriffen (vgl. Baecker 2003, S. 300 ff.). Alle sozialen Systeme bilden eine Form mit den beiden Seiten System und Umwelt, wobei sie stets in Rechnung stellen müssen, dass sie den psychischen Systemen in ihrer Umwelt eine lebensweltliche Deutung und Beschreibung von sich selbst ermöglichen müssen.

das Recht, nutzen dagegen primär vor allem Professionen.[87] Die Vermittlung funktionaler Anforderungen mit lebensweltlicher Einfachheit erfolgt in der Wirtschaft auf eine relativ einfache Weise, weshalb ihr Beispiel hier für Illustrationszwecke diskutiert werden soll.[88] Das Design der Wirtschaft ist deshalb relativ einfach zu nennen, weil es gegenwärtig noch mit dem Design von Organisationen zusammenfällt, die ihren primären Systembezug in der Wirtschaft sehen:[89] Die Vermittlung von System und Lebenswelt erfolgt in der Wirtschaft gegenwärtig durch Firmen, in denen sich die beiden Seiten von Unternehmen (System) und Betrieb (Lebenswelt) finden. Oder etwas anders formuliert: Im Fall von Firmen hat sich das Wirtschaftssystem ein Design mit den beiden Seiten von Unternehmen und Betrieb gegeben, um es einer riesenhaften Schar an ökonomischen Laien ohne jede Akquisitionskompetenz trotzdem zu ermöglichen, regelmäßig Einkommen zu erzielen (vgl. Markowitz 2006). Bevor etwas näher interessieren kann, wie Firmen ihren Systembezug gestalten, muss zuvor das generelle Design von Organisationen kurz vorgestellt werden, wofür der Einfachheit und der Anschaulichkeit halber ebenfalls das Beispiel wirtschaftlicher Organisationen genutzt wird.

Organisationen sind entscheidungsbasierte Sozialsysteme und durch den kommunikativen Prozess der Unsicherheitsabsorption (vgl. Luhmann 1964, S. 172 ff.; March/Simon 1958, S. 165) bestimmt, der in seinen Synthesen nicht direkt beobachtbar ist (vgl. Luhmann 2000, S. 183 ff.) und der nur durch hochformalisierte inkongruente Perspektiven erschlossen werden kann. Gleichzeitig steht aber der praktische Nutzen radikal-konstruktivistischer Thesen im »Modus der Alltagskommunikation« (Luhmann 2000, S. 471) in Frage,[90] denn die Fähigkeit, sich wie Chester Barnard (1938)

---

[87] Das Verhältnis von Organisationen und Professionen kann hier aus Platzgründen leider nicht diskutiert werden.

[88] Es muss aber vermieden werden, die Wirtschaft als den paradigmatischen Fall aufzufassen. Eine Diskussion des Designs der Religion mit Blick auf christliche Klöster und Orden findet sich in meiner Dissertation (Kranz 2009).

[89] Dagegen ist das Design der Politik vergleichsweise komplex angelegt, insofern die beiden Seiten von System und Lebenswelt mehrfach ineinander verschachtelt auf verschiedene Organisationen aufgeteilt sind (vgl. Markowitz 2006).

[90] Den Nachweis, dass die Kybernetik zweiter Ordnung keine »›unpraktische‹ Orientierung« sei, »die man nicht ernsthaft empfehlen oder gar praktizieren kann« (Luhmann 2000, S. 471 f.), bleibt Niklas Luhmann leider schuldig. Luhmanns explizite Ausführungen, wie man sich ›unpraktische‹, aber ›dennoch‹ praktikable ›Orientierungen‹ vorzustellen habe, gehen über die Hinweise nicht hinaus, dass Organisationen erstens ihrerseits Design benötigen und/oder sich zweitens systemisch beraten lassen

oder Niklas Luhmann an gar nicht wahrnehmbaren Entscheidungsprozessen zu orientieren, ist sozial nicht generalisierbar (vgl. Luckmann 1980; Knorr-Cetina 2001). Gleichwohl sind Organisationen die Massenphänomene, als die wir sie kennen. Wie können Organisationen funktionieren, wenn der organisationale Alltag die lebensweltfern ermittelten Funktionserfordernisse der Autopoiesis entscheidungsbasierter Kommunikation semantisch kaum zur Kenntnis nimmt, obwohl dieser Alltag auf diesen Erfordernissen beruht? Wie stellen es Organisationen an, sich auf der Basis der Verkettung bestandssichernder Entscheidungen auf eine Weise zu reproduzieren, dass die an ihnen partizipierenden Menschen gleichzeitig auch die erforderlichen Beiträge leisten, obwohl diese sich gar nicht an »Verantwortung«, sondern an »Verantwortlichkeit« (Luhmann 1964, S. 185) orientieren, also anstatt den Prozess der Unsicherheitsabsorption vielmehr leibhaftig entscheidende Akteure in Rechnung stellen?

Organisationen sind weder beliebig möglich, noch sind sie beliebig verständlich. Die systemischen Prozesse der Entscheidungsverkettung müssen sich mit einer lebensweltlich lesbaren Oberfläche ausstatten. Es muss zwischen Funktionsweise und Erscheinungsweise von Organisationen unterschieden werden, die funktional aufeinander abgestimmt sein müssen. Die alltäglichen Erscheinungsformen von Organisationen – ihre Praxis – können als evolutionär gefundene Formen aufgefasst werden, in denen ihre Funktionsgrundlagen lebensweltlich erfahren und bedient werden können, und zwar in Formaten der Interaktion.[91]

In den Firmen des Wirtschaftssystems finden sich auf beiden Seiten der Medaille von Unternehmen und Betrieb jeweils kleinste Strukturkomponenten, die wir inzwischen unter den Titeln Stelle und Arbeitsplatz kennen (vgl Markowitz 2006). Stellen entstehen, weil Firmen ein größeres Variationsvermögen im Umgang mit der Unterscheidung von Anwesenheit und Abwesenheit benötigen. Sie müssen sowohl mit noch fremden Referenten

---

sollten. Sein Hinweis auf die Notwendigkeit von Design wird nicht systematisch ausgearbeitet (vgl. Luhmann 2000, S. 119 ff., 145 ff.; Baecker 2003, S. 300 ff., 2005, S. 254 ff.).

[91] »Interaktionsformate sind dadurch gekennzeichnet, dass sie [...] Funktionsgesichtspunkte im Horizont der Lebenswelt unterbringen und damit verhaltenswirksam machen, ohne damit die lebensweltliche Orientierung der Teilnehmer zu gefährden.« (Markowitz 2006a) Siehe für das Folgende Markowitz (2006a) sowie die hieran anschließende Materialisierung dieser analytischen Überlegungen an den beiden Beispielen der Ausdifferenzierung christlicher Klöster und Orden und der Organisationsberatung (Kranz 2009).

und mit als abwesend anwesenden Referenten rechnen können, die potentiell Relevanz erlangen können, als auch mit anwesenden Referenten, die aktuell wie Abwesendes behandelt werden müssen.[92] Stellen entstehen, wenn die Matrix als Strukturkorrelat der Interaktion und Elementar-Grammatik der Lebenswelt in einem anspruchsvollen Orientierungsschritt durch Vorstellung generalisiert, von der Ebene der Interaktion abgelöst und in Organigrammen funktionsbezogen beschrieben wird.[93] Wenn attentionales Alternieren durch Vorstellung ersetzt wird, tritt die aktuelle Wahrnehmung konkreter Personen bzw. ihre potenzielle Wahrnehmbarkeit zurück und wird durch den Bezugspunkt einer abstrakten (Leer-)Stelle ersetzt. Die einzelnen (Leer-)Stellen können anschließend in ihrer Anzahl bestimmt, ihre Relationen untereinander können durch funktionale und hierarchische Spezifikationen geordnet und in ihrer kommunikativen Erreichbarkeit und funktionsbedingten Zugänglichkeit festgelegt werden. Stellen fungieren auf der Seite des Systems als Medium der Verknüpfung von Bestandserfordernissen der Organisation und der Funktionsanforderungen der Funktionskontexte (vgl. Luhmann 1989, S. 302 ff.). Arbeitsplätze dienen dagegen auf der Seite der Lebenswelt als Medium für die lebensweltliche Ansprache »intentionaler Adressen« (Markowitz 1998, S. 117).

Auf der systemischen Seite werden die Funktionsgrundlagen der Organisation als einer sich selbst erhaltenden Ordnung durch Gebrauch von Zeichen, abstrakten Symbolen und Funktionsindikatoren erschlossen.[94] Strukturell gekoppelt werden die beiden Sphären von System und Lebens-

---

[92] Zu denken ist beispielsweise an noch unbekannte neue Mitarbeiter, über deren Stellen jetzt zu entscheiden ist, den abwesenden Chef, dessen antizipierte Meinung trotzdem zählt, oder an Besucher, die gleich wieder gehen.

[93] Die generalisierte Verwendung der Matrix und das größere Variationsvermögen im Umgang mit der Unterscheidung von Anwesenheit und Abwesenheit zeigen exemplarisch, wie Organisationen auf eine in Interaktionen reproduzierte Sozialstruktur zugreifen, diese elagieren, von Anwesenheit lösen und formalisieren. Hintergrund für diese Überlegungen ist demnach ein materiales Interesse an der »Genesis der formalen Organisation aus einfacheren Institutionen des elementaren Kontaktes« (Luhmann 1964, S. 160).

[94] Die Ausbildung einer Funktionsorientierung und -semantik sowie der Umgang mit auch lebensweltlich verständlichen Funktionsindikatoren sind zu den Voraussetzungen von Design zu rechnen. Die Entstehung organisationalen Designs ist ein äußerst voraussetzungsvoller Vorgang, der sich sozio-kulturell erst nach und nach entwickeln konnte und wahrscheinlich zuerst in Korporationen (z. B. Klöster und Orden des christlichen Mittelalters) im Kontext einer Ordo-Begrifflichkeit zu beobachten war.

welt durch Komplementärrollengefüge, mit deren Hilfe Stellen und Arbeitsplätze aufeinander bezogen werden. Auf diese Weise können im Stellenplan ermittelte und beschriebene Funktionserfordernisse auf Rollen differenziell verteilt werden und lebensweltlich intentionale Adressen finden. An Arbeitsplätze werden die sich aus der Sicht des Unternehmens ergebenden Funktionserfordernisse gebunden. Wenige Experten ermöglichen auf diese Weise einer Vielzahl an Laien ohne Funktionskenntnis, rollenförmig an Funktionskontexten partizipieren zu können.

Arbeitsplätze sind in Firmen überwiegend an vorkonzipierte Interaktionen der Fabrikation oder der Administration geknüpft.[95] Komplementärrollengefüge sind aber lediglich eine Komponente von Interaktionen. In typisch bekannten Interaktionsmustern sind viele weitere Verhaltens- und Interaktionskomponenten, wie zum Beispiel Konstitutionsvorbehalte, Wahrnehmungsbereitschaften, Aufmerksamkeitsakzente usw. konstelliert. Zudem werden in ihnen die Komponenten der Matrix spezifiziert: Es wird genauer präfiguriert, wie das Referieren auf die Referenten der Matrix inhaltlich ausgestaltbar ist, mit welchen Referenten hier und jetzt gerechnet werden kann, welche spezifischen Engagements ihnen legitimerweise zurechenbar sind und wie die Relationen zwischen den Referenten in Abhängigkeit von den Engagements zu denken sind. Über die meisten dieser Komponenten kann im Alltag semantisch – sei es nun bewusst oder kommunikativ – nicht verfügt werden. Dies gilt bereits für viele Aspekte der intentionalen Verhaltenkomponente (vgl. Markowitz 1979). In das Medium der Verhaltens- und Interaktionskomponenten schreiben sich Formen der Interaktion vielmehr pragmatisch in langwierigen Versuchs- und Irrtumsprozessen ein. Die überwiegende Zahl der Verhaltens- und Interaktionskomponenten formiert sich ebenso wie ihr Zusammenwirken evolutionär (vgl. Markowitz 1986; Kranz 2007).

Wenn diese Formen der Interaktion durch Organisationen funktionsbezogen für ihre Zwecke in Anspruch genommen werden, können Interaktionen formatiert und mit Anforderungen aus den Funktionskontexten belastet werden. Interaktionsformate sind ein Ausdruck dafür, dass sich unter Bedingungen der Interaktion deren unbestreitbare Leistungsgrenzen modifizieren und mediatisieren lassen. Sie weisen auf die Möglichkeit einer nicht-

---

[95] Aus Platzgründen kann ich diese Ausführungen leider nicht durch instruktive Beispiele illustrieren, siehe dafür die gleichsam handgreiflichen phänomenologischen Beschreibungen in der klassischen Studie *Industriearbeit in der Hüttenindustrie* (Popitz u. a. 1976) und deren interaktionstheoretische Reinterpretation (Kranz 2009).

funktionsvergessenen Lebenswelt hin. Durch organisationale Moderation können andere als die bereits vertrauten lebensweltlichen Routinen eingeführt werden und auf diese Weise beispielsweise Horizontprobleme der Interaktion bearbeitet werden. Durch organisationale Lebensweltmediation werden hingegen Funktionsgesichtspunkte in die Lebenswelt eingearbeitet, ohne diese zu zerstören.[96]

Organisationen versuchen, Interaktionsformate durch Entscheidungen zu beeinflussen und auf Dauer zu stellen, sie rahmen Interaktionsformate. Mit organisationaler Hilfe können verschiedene Strukturmuster von Interaktionsformaten differenziert und ihre System- und Lebensweltbezüge konkret gewählt werden. Organisationen formatieren und formalisieren aber nicht nur lediglich Formate der Interaktion. Sie synchronisieren eine Vielzahl verschiedener Interaktionsformate und koordinieren ihr Zusammenwirken zu einem möglichst kohärenten Interaktionsgefüge. Die Koordination der Organisation als Interaktionsgefüge erfolgt in Interaktionsformaten der Administration. Durch hierarchische, segmentäre und funktionale Differenzierung kommt es zur Trennung von Entscheidung und Ausführung und der damit verbundenen Differenz in den Betroffenheiten der Arbeitsplätze unterschiedlicher Mitglieder. Zusammen mit Formen interaktionsfreier Kommunikation in Organisationen wird dadurch ermöglicht, dass in den Interaktionsformaten der Administration gegenüber einzelnen Interaktionen des Kooperationsgefüges deren lebensweltliche Ansprüche und Selbstbeschreibungen nur noch in geringem Maße oder gar nicht mehr berücksichtigt werden müssen.

Interaktionsformate können einerseits mit Erfordernissen wirtschaftlicher Kommunikation belastet werden und andererseits als die an Arbeitsplätze gebundenen, typisch vertrauten Situationen des Erwerbslebens erlebt werden. Sie beeinflussen konkrete psychische Situationen durch lebensweltliche Anschaulichkeit und setzen sie in Beziehung zu der sich in sozialen Situationen konkret entfaltenden sozialen Selektivität – und zwar möglichst so, dass sich systemische Funktionserfordernisse und Erfordernisse der Organisation erfüllen lassen.

Organisationen können den von ihnen betreuten Interaktionsformaten den Funktionssystembezug vorschreiben und zusammen mit der Bestim-

---

[96] Eine Zweck- und Finalsemantik muss ebenso zu den Komponenten von Interaktionsformaten gerechnet werden wie die ›bildgebenden Verfahren‹ organisationaler Metaphern und Mythen (vgl. Morgan 1986). Aber die organisational jeweils gepflegten semantischen Gepflogenheiten sind nicht lediglich auf ein Interaktionsformat beschränkt.

mung der entsprechenden Assoziationsformeln die Kontingenz des interaktiven Geschehens formatieren, an das differierende individuelle Betroffenheiten und Relevanzen geknüpft sind. Durch diesen dirigierenden Bezug der Interaktionsformate wird die Art und Weise grundlegend gestaltet, in der die Sachdimension von Sinn an die Sozialdimension gebunden wird, mit deren Hilfe der Sachbezug entfaltet und der »Referenzzirkel« (Markowitz 1991) jeder anlaufenden Interaktion unterbrochen werden kann. Dafür wird in den Prozessen der Formatierung zunächst mit der spezifischen Form der Zugriffsakte auf die Sachdimension im Referenzzirkel die Kontingenz formatisiert und auf spezifische Zonen dessen begrenzt, womit im System an Verhalten noch zu rechnen ist. Für das Prozessieren von Sinn muss die Disposition über beliebige Selektivität eingeschränkt werden. Damit wird zugleich erwartbar, mit welchen sachlichen Formen von existentieller Betreffbarkeit zu rechnen ist und wie sich die Relevanzen auf die Beteiligten verteilen. Interaktionsformate schaffen eine »eigene Sphäre der Realitäts- und Relevanzerzeugung« (vgl. Harney/Markowitz 1987, S. 306).

In der Wirtschaft wird der Zugriff auf die Sachdimension als Akt des Aneignens gestaltet, wodurch eine ökonomische Sachdimension entsteht. Gegenstände, Dienstleistungen, geistiges Eigentum werden durch die Formel des Besitzes assoziiert und durch die Rechtsfigur des Eigentums sowie durch rechtliche Verträge abgesichert. Die Vermittlung der Sach- mit der Sozialdimension erfolgt über den aneignenden Zugriff mit Hilfe des binären Codes Besitz/Nichtbesitz, wobei die Sozialdimension in Eigentümer und Nicht-Eigentümer unterschieden wird. Eigentum bindet Gegenstände selektiv an Personen und räumt diesen exklusive und weitgehende Nutzungs- wie Verfügungsmöglichkeiten ein. Diese beinhalten die Möglichkeiten, dass auch andere Personen kontrolliert über das je Eigene verfügen können, sofern Ge- von Missbrauch unterscheidbar ist. Eigentum kann aber auch getauscht oder gegen Vertrag überlassen werden. Der Zugriff auf die Sachdimension durch den Akt des Aneignens erzeugt Knappheit und das Problem, wie man unter dieser Bedingung je gegenwärtig schon für zukünftige Bedürfnisse Vorsorge tragen kann. Die Verknüpfung von gegenwärtiger Verteilung mit der erwartbaren Vorsorge für künftige, momentan inhaltlich noch gar nicht bestimmbare Bedürfnisbefriedigung kann über Geld erfolgen. Das symbolisch generalisierte Kommunikationsmedium Geld verhilft in der Zeitdimension zu »Abwartefähigkeit« (Luhmann 1981a, S. 395) mit Blick auf eine ungewisse Zukunft und sorgt in der Sozialdimension dafür, dass unbeteiligte Dritte einem Tausch zustimmen können.⁹⁷ Verträge und Geld ermöglichen, dass eine anderenfalls im Referenzzirkel mehr oder weniger unmittelbar zu erwartende Re-Symmetrisierung zeitlich aufgeschoben werden kann, wodurch zeitlich gedehnte Versionen der Interaktion entstehen können. Die zeitlich immer größere Spannweiten umfassenden Handlungsentwürfe gestatten zugleich ein größeres Auflösevermögen im Umgang mit der Sachdimension. Auf dieser Grundlage kann der Zugriff auf die Sachdimension technisch erfolgen. Statt Gegenstände oder Leistungen isoliert zu erfassen, werden sie zu Momenten eines größeren quasi-automatisierten Geschehens, das geordnet erfolgt. Die Assoziationsformel Technik orientiert auf Vorgänge und Gesamtzusammenhänge und transformiert die Sach- gleichsam in eine Funktionsdimension. Das Verhältnis von Eigentum und Technik kann in günstigen Konstellationen als Komplementarität gefasst sein: Während die Formel Eigentum die Suche nach Verwendungszwecken für Gegenstände, Leistungen, Geld usw. anregt, ruft die Formel Technik das Zweck-/Mittel-Schema als Heuristik auf, mit dessen Hilfe für gegebene Zwecke nach geeigneten Mitteln der Realisierung gesucht werden kann (vgl. Luhmann 1968; Markowitz 1991).

Interaktionsformate der Fabrikation werden nicht von der Betrieblichkeit hergeleitet, sondern beziehen sich konstitutiv auf Märkte und das dort anzutreffende zentrale Interaktionsformat des Wirtschaftssystems: Handeln. Dabei gelten nur diejenigen Operationen als wirtschaftlich, die Güter oder Leistungen mit Blick auf Wünsche oder Bedürfnisse als Fremdreferenz des Wirtschaftssystems mit einer »Neubestimmung der Eigentumsverhältnisse an Geld« (Luhmann 1989, S. 16) als Selbstreferenz des Wirtschaftssystems verbinden, also Geldzahlungen involvieren. Das Problem der Wirtschaft transformiert sich in Unternehmen in das Problem der Reproduktion von Geldzahlungen auf einem als ausreichend empfundenen Niveau, das mit Hilfe einer Wirtschaftlichkeitsrechnung kontrolliert wird. Die Wirtschaftlichkeitsrechnung »macht es […] in vielen Fällen möglich, die Zweckformel von der Ebene der Einzelhandlung auf die Ebene großer Systeme zu transponieren und sie so zu komplizieren, daß sie Bestandsbedingungen dieser Systeme mehr oder weniger angemessen wiedergeben kann« (Luhmann 1968, S. 112). Beim Umgang mit dem Problem der Wirtschaft müssen Zahlungsentscheidungen ebenso eingerechnet werden wie Entscheidungen, nicht zu zahlen. Unternehmen experimentieren mit

---

[97] Siehe zu spezifischen Lösungen dieser Probleme im Interaktionsformat der Auktion sehr anschaulich C. Heath und P. Luff (2007).

Blick auf dieses Problem mit Hilfe des wirtschaftsspezifischen Funktionsindikators Kapital, der auch lebensweltlich verfügbar und verständlich ist. Über Eigentum an Kapital wird in Zusammenhang mit der Einrichtung von Unternehmen zugleich Betroffenheit differenziell auf das Personal verteilt als auch die Differenz von Arbeitgeber und Arbeitnehmer erzeugt. Als Privatkapital entwickelt Kapital für dessen Eigentümer Relevanz und indirekt auch für die Arbeitsplatzbesitzer. Über die Bilanzierung von Zahlen fallen Verluste oder neuerdings eine unterdurchschnittliche Rentabilität schnell auf. Eine sich nicht rechnende Investition zwingt zu Reaktionen und erzeugt Änderungsbereitschaften. In Unternehmen wird die aus Interaktionserfahrungen bekannte Matrix als Strukturgitter in einen Stellenplan übersetzt, in dem die Betroffenheiten und Verantwortlichkeiten für die Funktionserfüllung differenziell reguliert werden. Das Personal wird mit Blick auf die Funktion sortiert. Es entsteht ein Komplementärrollengefüge von Leistungsrollen (Unternehmer bzw. Management) und Publikumsrollen (Arbeiter, Angestellte), wobei erstere in unterschiedlichem Ausmaß die Verantwortlichkeit dafür übertragen bekommen, dass Erfahrungen im Umgang mit dem wirtschaftlichen Problem und dem Funktionsindikator Kapital auf Märkten semantisch verarbeitet werden. Während ökonomische Experten sich am Interaktionsformat Markt an der Seite des Verkaufens orientieren müssen, können sich die Laien an der Seite des Kaufens orientieren, was ihnen die Möglichkeit gibt, sich als Kunden zu verstehen und ihre Entscheidungen weitgehend in lebensweltlicher Einstellung zu treffen (Luhmann 1989, S. 164 ff.). Wirtschaftliche Laien können sich demnach als Arbeitnehmer exklusiv am Inklusionsmodus der Betriebsförmigkeit orientieren und vororganisierte Arbeitsplätze in Anspruch nehmen. Dagegen muss sich funktionale Expertise an der Figur des Kaufmanns orientieren, wobei die lebensweltliche Figur des Kunden allenfalls noch als Reflexionsfigur für das Marketing genutzt werden kann (vgl. Markowitz 1998).

Unternehmen beobachten ihre Umwelt in hohem Maße marktförmig, wobei sie aber neben Absatzmärkten auch andere Märkte beobachten, je nachdem, ob sie nun statt Kunden bzw. Konkurrenten Arbeiter bzw. Angestellte, Kapitalgeber oder Lieferanten in den Blick nehmen. Die organisationsspezifischen Interaktionsformate sind auch mit Blick auf unterschiedliche Märkte entworfen.[98] Damit ist schon angedeutet, dass der Funktions-

---

[98] Siehe für die Beobachtung internationaler Währungsmärkte durch Banken und die dafür erforderlichen Vorkehrungen auf der Ebene von Interaktionsformaten die Ar-

bezug von Formaten der Interaktion niemals eindeutig ist. In Formaten der Fabrikation treten beispielsweise neben die Probleme der Rentabilität der Produktion Probleme des Einhaltens von Fristen in vertraglich zugesagter Menge und Qualität. Dabei kann die Bewältigung des einen mit der Bewältigung anderer Probleme in Konflikt geraten. Oder die Formate der Fabrikation sind stärker auf Probleme von Arbeits- oder Beschaffungsmärkten abgestimmt und können deshalb auf sich neu stellende Anforderungen durch veränderte Absatzmarktstrukturen nicht adäquat reagieren. Die Beantwortung und Bewältigung dieser sich immer wieder neu stellenden Probleme und der aus ihnen resultierenden Konflikte ist ständiger Anlass für Koordinationsaktivitäten in den Interaktionsformaten der Administration. Die Ergebnisse der dabei im Modus von Versuch und Irrtum erzielten Resultate können sogar den Eindruck der Evolution von Produktionsparadigmen (vgl. Weber 1994) hervorrufen, oder sie regen an, von einem Wandel vom Taylorismus zum Neo-Taylorismus zu sprechen (vgl. Springer 1999).

IV.

Firmen als Organisationen sind in dieser Perspektive »Kommunikationsformate« (Markowitz 2006, S. 74), die sich um Interaktionsformate der Fabrikation und der Administration gebildet haben, deren Formatisierung sie unterstützen und absichern. Lernende Organisationen können anschließend begriffen werden als solche Organisationen, die die von ihnen betreuten Interaktionsformate zu ändern versuchen, um das sich in diesen ausdrückende Verhältnis zwischen System und Lebenswelt neu zu justieren. Das Lernen von Organisationen verläuft hauptsächlich über Beeinflussungsversuche von Interaktionsformaten, in denen die lebensweltliche Orientierung der Mitglieder mit den funktionalen Anforderungen der Systemkontexte und der Organisation durch moderierende und mediatisierende Prozesse der Organisation auf eine lebensweltkompatible Weise vermittelt wird.[99] Durch

---

beiten von Karin Knorr-Cetina und Urs Bruegger (2002, 2002a) und den Beitrag derselben mit Alex Preda (2007).

[99] Die Re-Organisationsprinzipien der neuen Managementkonzepte mit primärem Fokus auf den Interaktionsformaten der Fabrikation, wie zum Beispiel ›lean management‹, lassen sich weitreichend in den Begriffen einer interaktionstheoretisch ergänzten Organisationstheorie beschreiben. Viele dieser Managementphilosophien versuchen die Bindung der Arbeitsplätze an Interaktionen wieder zur Erfahrung zu

Organisationen können bestehende Formate der Interaktion kritisch reflektiert und geändert oder gänzlich neue Formate konzipiert werden. Dabei beschränken sich die strategischen Einflussversuche in der Regel auf präskriptive Legalengagements in bestimmten Ausführungstoleranzen, also auf die kommunikative Verfügung über Verhalten durch eine Final- und Zwecksemantik. Die thematische Veränderung einiger weniger Interaktions- und Verhaltenskomponenten zieht eine große Zahl an Neben- und Folgewirkungen in den anderen Verhaltens- und Interaktionskomponenten und in ihrem Zusammenwirken nach sich. In den nicht mitberücksichtigten oder in den gar nicht überschauten Komponenten entsteht Änderungs- und Anpassungsbedarf. Konflikte entstehen zum einen dadurch, dass Fernkonzeptionen bereits bestehender Interaktionsformate in innovierender Absicht auf Grund ihres neuartigen lebensweltfernen Zumutungsgehalts in den adressierten Formaten auf Widerspruch stoßen. Konflikte entzünden sich zum anderen auch regelmäßig an den von den Änderungen nicht mitkontrollierten Nebenfolgen, Folge- und Fernwirkungen in den Interaktionsformaten und ihren Gefügen. Konflikte resultieren auch aus dem Umstand, dass die sich in vereinfachter Form ausdrückenden funktionalen Erfordernisse sozialer Systeme dysfunktionale Effekte entwickeln, weil sie mit anderen Funktionserfordernissen sozialer Systeme in Konflikt geraten. Konflikte entstehen nicht zuletzt auch daraus, dass vormalig bewährte Arrangements fungierender Vereinfachungen auf Grund geänderter Umweltverhältnisse dysfunktional werden können.

Der den sich als geplant stilisierten Änderungsversuchen von Interaktionsformaten entgegengebrachte Widerstand wie auch Reaktionen des Beharrungsvermögens lassen sich unter anderem als Effekte der nicht beherrschten Komponenten der Interaktionsformate auffassen, weil nur ein

---

bringen und die Einbindung der Interaktionsformate in ein Kooperationsgefüge spürbar werden zu lassen. Gleichzeitig werden Interaktionsformate und ihre Gefüge stärker an die sich immer schneller ändernden Bedingungen der Absatzmärkte, also an Akquise und damit an die Reproduktion von Zahlungsfähigkeit gekoppelt. Zudem wird Kommunikation partiell wieder in die vor allem gegenständlich und wahrnehmungsvermittelten Formate der Fabrikation eingeführt. Kommunikation über Interaktion wird regelhaft in Bereichen eingeführt, in denen zuvor vor allem über Wahrnehmung interagiert worden ist. Außerdem werden in die dadurch erwartbare Selbstthematisierung von Interaktionsformaten in variierendem Ausmaß Entscheidungsbefugnisse geknüpft, die beispielsweise auch die Art der Anbindung der nicht mehr beteiligten Bereiche durch Logistik oder an die Organisation durch Berichte betreffen.

ganz geringer Teil einer Vielzahl an Verhaltens- und Interaktionskomponenten überhaupt semantisch verfügbar ist.

Bekanntlich hat Luhmann (vgl. 1992; 2000, S. 222 ff.) erst in seinem organisationstheoretischen Spätwerk den drei entscheidbaren selbstreferenziellen Entscheidungsprämissen die nicht-entscheidbare Entscheidungsprämisse der Organisationskultur an die Seite gestellt. Kultur dient ihm als Erklärungsressource für das Beharrungsvermögen von Organisationen auf einem Status quo angesichts positiver Änderungen in den entscheidbaren Entscheidungsprämissen. Er hat damit unter anderem auf den Umstand reagiert, dass die seit den letzten zwanzig Jahren des vergangenen Jahrhunderts immer wieder neu anbrandenden konzeptgetragenen Reorganisationswellen sich oftmals nicht in den erwünschten Verhaltensänderungen niederschlagen konnten: Jedes neue Konzept geplanten organisationalen Wandels befestige lediglich die bestehenden Verhältnisse und könne allenfalls seine Vorgänger vergessen machen.

Mir geht es an dieser Stelle erneut um eine Abstraktion: Hier des Gedankens der nicht-entscheidbaren Entscheidungsprämisse der Kultur einer Organisation. Organisationskultur wird von Luhmann als ein Sammelsurium an sozial generalisierten Erwartungsstrukturen verstanden, die sich zusammen mit Entscheidungen wie von selbst einstellen, sich aber der Formalisierung und der Negation entzogen haben. Gibt es mehr davon? Eine weitere, auf Kommunikation bezogene Erklärungsressource dürfte in der (ebenfalls nicht-entscheidbaren) fremdreferenziellen Entscheidungsprämisse kognitiver Routinen liegen (vgl. Luhmann 2000, S. 249 ff.; Hiller 2005). Mit Blick auf die Ebene der Interaktion können nun viele weitere Verhaltens- und Interaktionskomponenten bestimmt werden, die dem gleichen Schicksal unterliegen.

Kontrolliert durch die hier vertretene neuartige Funktionsbestimmung von Organisationen können meines Erachtens derzeitig zwei verschiedene, überlappende Wandlungsprozesse im Wirtschaftssystem benannt werden, die hier mitverantwortlich für den Eindruck eines ›pressure of change‹ sind. Einerseits haben sich die Firmen angesichts eines atemberaubend schnellen Wandels der wirtschaftlichen Funktionsgrundlagen (neuartige Erfahrungen der Volatilität auf nahezu allen Märkten, neuartige zeitökonomische Anforderungen usw.) auf die hektische Suche nach neuen Vereinfachungen begeben, die sich vor dem Hintergrund neuer Anforderungen aus den Funktionskontexten bewähren. Wenn sich die wirtschaftlichen Funktionsgrundlagen rasant ändern, kann Lebensweltlichkeit nicht mehr selbsttätig nachwachsen. Veränderte Funktionsgesichtspunkte müssen auf neue Weise oder neue Funktionsanforderungen müssen erstmals bedient werden. Erfahrungen mit dem Funktionsindikator Kapital müssen in einer Kommunikationsgemeinschaft ausgewertet und gedeutet und in neue fungierende Techniken (im Sinne Edmund Husserls) umgesetzt werden, die sich aber – erst einmal gefunden – zeitlich kaum noch stabilisieren lassen. Managementmoden und weltweite Netzwerke der auf sie bezogenen Kommunikation sorgen für einen nicht abreißenden Nachschub an immer wieder neuen, zu Managementkonzepten zusammengestellten und aufgeordneten ›best practices‹ und auf diese Weise in den Firmen für einen sanften Zwang zu einer Art von ›institutionalisierter Dauerreflexion‹ (Helmut Schelsky) auf die Ermittlung von Funktionsanforderungen und auf kurzfristig funktionierende Formen ihrer Vermittlung sowie zu einer kognitiven Stilisierung von Erwartungen.[100]

Andererseits beobachten wir Prozesse der Selbstsozialisation und Selbstmaterialisierung des wirtschaftlichen Funktionssystems, in denen dieses mit einem neuen Design experimentiert.[101] Die Wirtschaft sucht nach funktionalen Äquivalenten für Organisationen und wird fündig in Projekten, deren Grundlage Netzwerke sind.[102] Projekte nutzen mit der Kategorie der Netzwerke ihrerseits die in Interaktionen erzeugte Sozialstruktur der Matrix als Medium, in das sie schnell wechselnde Formen einprägen können. In Netzwerken wird auf eine spezifische Weise, die

---

[100] Wichtiges Moment in diesen Prozessen ist die Umstellung der intentionalen Ansprache von Mitarbeitern von einer Semantik der Pauschalmotivation und der Weisungsunterworfenheit zu einer Semantik des intrinsischen ›commitments‹ und der Kreativität. Große Bedeutung dürfte auch die Frage erlangen, wie das Verhältnis von Kapital und Arbeit intern auf neue Weise geregelt werden kann, um Relevanzen und Betroffenheiten neu verteilen zu können. Jedenfalls fällt auf, dass beispielsweise Experimente mit finanzieller Partizipation in Form verschiedener Versionen von Mitarbeiterkapitalbeteiligungen zunehmend Verbreitung finden. Inzwischen ist es vorstellbar, dass Mitarbeiter einerseits regelmäßig in Pensionsfonds einzahlen, die an der feindlichen Übernahme derjenigen Firma beteiligt sind, in der andererseits der entsprechende Mitarbeiter arbeitet und an der er auch Anteile hält, die von der Unternehmensführung ausgegeben worden sind, um feindliche Übernahmen zu vermeiden.
[101] Die Suche nach Metaphern wie ›lernende Organisation‹ oder ›Wandlungsdruck‹ ist Moment dieses Prozesses, in dem sich soziale Systeme auf die geänderten Bedingungen ihrer eigenen Möglichkeit dadurch einzustellen versuchen, dass sie sich mit neuen Materialien ihrer Kommunikation ausstatten und genau dadurch an der fortgesetzten Veränderung der Bedingungen ihrer eigenen Reproduktion mitstricken.
[102] Davon unbenommen bleibt die Möglichkeit, dass Organisationen Projekte als Episoden organisieren (vgl. Luhmann 1994a, S. 336 ff.).

noch auf ihre empirische Erforschung wartet, von konkreten personalen Referenten der Wahrnehmung abstrahiert, und zwar so, dass abstrakte Leerstellen für gegenwärtig noch unbekannte Personen und thematische Kontaktstrukturen entstehen, deren kommunikative Erreichbarkeit und funktionsbezogene Zugänglichkeit bedarfsweise definiert werden können (vgl. Aderhold 2004; Tacke 2000). Netzwerke sind ein Ausdruck für ein relativ neuartiges Variationsvermögen im Gebrauch der Unterscheidung von Anwesenheit und Abwesenheit, das die Potentiale der formalen Mitgliedschaftskategorie noch übertrifft. Dabei ist es meinem Eindruck nach derzeitig noch eine weitgehend offene Frage, wie es Kommunikationsformate vom Typ Projekt verstehen, funktionale Erfordernisse aus den Systemkontexten auf den lebensweltlichen Orientierungsmodus psychischer Systeme funktional abzustimmen. Die soeben lediglich holzschnittartig entworfenen Konturen einer interaktionstheoretisch ergänzten Organisationssoziologie deuten aber darauf hin, dass auch Projekte strukturell an Interaktionen und Interaktionserfahrungen gekoppelt bleiben werden.[103]

V.

Welche Konsequenzen ergeben sich aus den vorstehend skizzierten interaktionstheoretischen Überlegungen für Organisationsforschung und -beratung?

Die Organisationsforschung darf auf den beschleunigten gesellschaftlichen Wandel nicht durch Warten auf Evolution, sondern muss mit Reflexion reagieren, wenn sie ein Interesse an Anwendung in professionalisierter Form hat. Sie muss dafür einerseits die Vorgänge, in denen Alltäglichkeit

---

[103] Die Frage, wie in unterschiedlichen organisatorischen und projekthaften Lebenswelten Funktionsanforderungen aus den Funktionskontexten Berücksichtigung finden, wird (implizit) auch in dem langjährigen empirischen Forschungsprojekt von Karin Knorr-Cetina behandelt, die meinem Eindruck nach unter dem Titel der »global microstructures« die Lebenswelten von Währungshändlern an internationalen Finanzmärkten (z. B. Knorr-Cetina/Bruegger 2002a), von Wissenschaftlern in Großprojekten (Knorr-Cetina 1999) und von global operierenden islamischen Terroristen (Knorr-Cetina 2005) vergleichbar zu machen versucht. Der Begriff globaler Mikrostrukturen steht bei ihr dabei gleichzeitig für eine »theory of microglobalization« ein, »the view that the texture of a global world becomes articulated through microstructural patterns that develop in the shadow of (but liberated from) national and local institutional patterns« (Knorr-Cetina 2005, S. 215).

hergestellt und reproduziert wird, mikro-analytisch dekomponieren und anschließend das Zusammenwirken der Mikrokomponenten des Verhaltens in sozialen Interaktionen in prozeduralisierenden Figuren gleichermaßen erfassen und rekonstruieren können. Und sie muss andererseits darauf achten, wie mit Hilfe rigider Vereinfachungen Funktionserfordernisse avancierter Funktionssysteme in alltäglichen Interaktionen zur Geltung gebracht werden, also wie System und Lebenswelt in der jeweiligen Praxis funktional aufeinander abgestimmt werden.

Betrachtet man das Theoriedefizit und das diesem korrelierende Technologieübermaß der Organisationsberatung (vgl. Sorge/Witteloostuijn 2004), kann ein dringender Professionalisierungsbedarf erkannt werden, der auf seiner anderen Seite der Organisationsforschung Professionalisierungschancen gewährt. Für den Fall der professionalisierten Anwendung der Organisationsforschung in der Unternehmensberatung wird es einerseits wichtig, darauf zu achten, wie der Funktionsbezug in die betriebliche Lebenswelt vermittelt wird, so dass sich die Anforderungen der Systemkontexte und der Organisation mitteilen und erfüllen lassen, und wie sich die je konkrete Praxis der Vermittlung von System und Lebenswelt – wie sie sich in den jeweiligen Interaktionsformaten vollzieht – beeinflussen lässt. Eine Organisationsforschung, die es gestattet, die Prozesse minutiös zu beschreiben, in denen sich die sozialen Systeme selbst mit lebensweltlich deutbaren Oberflächen ausstatten, die zugleich Funktionserfordernisse in vereinfachter Form inkludieren, ist auf dem besten Weg der Professionalisierung. Zugleich muss eine professionalisierte Organisationsberatung auch berücksichtigen, in welchen Interaktionsformaten der Beratung die »Strukturauflösung durch Interaktion« (Luhmann 1975c) wahrscheinlicher werden kann, wenn auch für die Beratung gilt, dass die analytisch gedeckten Empfehlungen lebensweltlich verständlich und pragmatisch umsetzbar bleiben müssen.[104] Die Professionalität der Organisationsberatung muss, wie alle Professionalität, in der Fähigkeit bestehen, im Kontext eigener, beratungsspezifischer Interaktionsformate und mit Hilfe einer virtuosen Zweisprachigkeit zwischen System und Lebenswelt dadurch zu vermitteln, dass funktionssemantisch ermittelte Erfordernisse in auch akteurssemantisch verständliche Ausdrücke, neue Versionen organisationaler Interaktionsformate oder gegebenenfalls gar pragmatische Vor-Schriften übersetzt

---

[104] Die Funktion der Organisationsberatung kann demnach in der reflexiven Vermittlung von System und Lebenswelt gesehen werden, die in verschiedenen Interaktionsformaten der Beratung geleistet wird und auf etablierte Formate der Interaktion in Organisationen zielt (vgl. Kranz 2009).

werden – zum Preis all der Risiken, die mit den dabei entstehenden Ausblendungen verbunden sind, welche sich als nicht zu umgehende Begleiterscheinung unvermeidlicher Vereinfachungen einstellen.

Literatur

Abrahamson, E. (1996): Management Fashion. Academy of Management Review. Vol. 21, pp. 254–285.

Aderhold, J. (2004): Form und Funktion sozialer Netzwerke in Wirtschaft und Gesellschaft. Beziehungsgeflechte als Vermittler zwischen Erreichbarkeit und Zugänglichkeit. Wiesbaden (VS).

Alvarez, J. L. (ed.) (1998): The Diffusion and Consumption of Business Knowledge. London (Macmillan).

Baecker, D. (1994): Experiment Organisation. In: Lettre International Nr. 22, S. 22–26.

Baecker, D. (2000): Organisation als Begriff. Niklas Luhmann über die Grenzen des Entscheidens. In: Lettre International Nr. 97, S. 97–101.

Baecker, D. (2003): Organisation und Management. Frankfurt/M. (Suhrkamp).

Baecker, D. (2005): Form und Formen der Kommunikation. Frankfurt/M. (Suhrkamp).

Baecker, D. (in Vorbereitung): Organisation als temporale Form. Ein Ausblick. Erscheint in: J. O. Meissner, R. Wimmer und P. Wolf (Hrsg.): Praktische Organisationswissenschaft. Eine systemtheoretische Einführung.

Barnard, C. (1938): The Functions of the Executives. Cambridge (Harvard University Press).

Blumenberg, H. (1999): Paradigmen zu einer Metaphorologie. 2. Aufl. Frankfurt am Main (Suhrkamp).

Blumenberg, H. (2001): Arbeit am Mythos. 6. Aufl. Frankfurt am Main (Suhrkamp).

Blumenberg, H. (2002): Zu den Sachen und zurück. Aus dem Nachlaß herausgegeben von Manfred Sommer. Frankfurt am Main (Suhrkamp).

Clegg, S. R., Hardy, C. a. W. R. Nord (eds.) (1996): Handbook of Organizations Studies. London (Sage).

Fuchs, P. (1999): Intervention und Erfahrung. Frankfurt am Main (Suhrkamp).

Fuchs, P. (2005): Die Psyche. Studien zur Innenwelt der Außenwelt der Innenwelt. Weilerswist (Velbrück).

Fuchs, P. (2009): Hierarchien unter Druck – ein Blick auf ihre Funktion und ihren Wandel. (in diesem Band).

Garfinkel, H. (1967): Studies in Ethnomethodology. Englewood Cliffs (Prentice-Hall).

Habermas, J. (1981): Theorie des kommunikativen Handelns. Frankfurt/M. (Suhrkamp).

Harney, K. u. Markowitz, J. (1987): Geselliger Klientelismus. Zum Aufbau von Beteiligungsformen und Lernzusammenhängen in der Erwachsenenbildung. In: Klaus Harney u. a. (Hg.): Professionalisierung der Erwachsenenbildung. Frankfurt/M./New York (Lang), S. 305–357.

Heath, C. C. u. P. Luff (2007): Ordering Competition: The Interactional Accomplishment of the Sale of Fine Art and Antiques at Auction. In: British Journal of Sociology. Vol. 58, pp. 63–85.

Hiller, P. (2005): Organisationswissen. Eine wissenssoziologische Neubeschreibung der Organisation. Wiesbaden (VS).

Kieser, A. (Hrsg.) (2006): Organisationstheorien. 6. erw. Aufl. Stuttgart (Kohlhammer).

Kieserling, A. (1999): Kommunikation unter Anwesenden. Studien über Interaktionssysteme. Frankfurt (Suhrkamp).

Knorr-Cetina, K. (1999): Epistemic Cultures. How the Sciences Make Knowledge. Cambridge (Harvard University Press).

Knorr-Cetina, K. (2001): Postsocial Relations. Theorizing Sociality in a Postsocial Environment. In: G. Ritzer a. B. Smart (eds.): Handbook of Social Theory. London (Sage), pp. 520–537.

Knorr-Cetina, K. a. U. Bruegger (2002): Trader's Engagement with Markets. A Postsocial Relationship. In: Theory, Culture & Society. Vol. 19. No. 5–6, pp. 161–185.

Knorr-Cetina, K. a. U. Bruegger (2002a): Global Microstructures. The Virtual Societies of Financial Markets. In: American Journal of Sociology. No. 4, pp. 905–950.

Knorr-Cetina, K. (2005): Complex Global Microstructures. The New Terrorist Societies. Theory, Culture & Society. Vol. 22. No. 5, pp. 213–234.

Knorr-Cetina, K. a. A. Preda (2007): The Temporalization of Financial Markets: From Network to Flow. In: Theory, Culture & Society. Vol. 24. No. 7–8, pp. 116–138.

Kranz, O. (2000): Wie lernen Organisationen? Soziologische Reflexionen zu Konzepten organisationalen Lernens. Frankfurt am Main (Peter Lang).

Kranz, O. (2007): Pragmatische Verhaltensintegration im Medium sozialer Kontextualität. Ein begriffsgeschichtlicher Rekonstruktionsversuch der soziologischen Analysen von Jürgen Markowitz. In: J. Aderhold und ders. (Hrsg.): Intention und Funktion. Probleme der Vermittlung psychischer und sozialer Systeme. Wiesbaden (VS), S. 65–112.

Kranz, O. (2009): Von der Skandalisierung der Organisationsberatung zur Professionalisierung der Soziologe? Interaktionstheoretische Beiträge zu Profession, Organisation und Beratung. Wiesbaden (VS) (im Druck).

Luckmann, T. (1980): Über die Grenzen der Sozialwelt. In: Ders.: Lebenswelt und Gesellschaft. Grundstrukturen und geschichtliche Wandlungen. Paderborn u. a. (Schöningh), S. 56–92.

Luhmann, N. (1964): Funktionen und Folgen formaler Organisation. Berlin (Duncker & Humblot).

Luhmann, N. (1968): Zweckbegriff und Systemrationalität. Frankfurt am Main (Suhrkamp).

Luhmann, N. (1969): Gesellschaftliche Organisation. In: T. Ellwein u. a. (Hrsg.): Erziehungswissenschaftliches Handbuch. Band 1. Berlin (Rembrandt), S. 387–407.

Luhmann, N. (1970): Soziologische Aufklärung. In: Ders.: Soziologische Aufklärung 1. Aufsätze zur Theorie sozialer Systeme. Opladen (Westdeutscher Verlag), S. 66–91.

Luhmann, N. (1975), Die Weltgesellschaft. In: Ders.: Soziologische Aufklärung 2. Aufsätze zur Theorie der Gesellschaft, Opladen (Westdeutscher Verlag), S. 51–71.

Luhmann, N. (1975a): Interaktion, Organisation, Gesellschaft. Anwendungen der Systemtheorie. In: Ders.: Soziologische Aufklärung 2. Aufsätze zur Theorie der Gesellschaft. Opladen (Westdeutscher Verlag), S. 9–20.

Luhmann, N. (1975b): Einfache Sozialsysteme. In: Ders.: Soziologische Aufklärung 2. Aufsätze zur Theorie der Gesellschaft. Opladen (Westdeutscher Verlag), S. 21–39.

Luhmann, N. (1975c): Strukturauflösung durch Interaktion. Bielefeld. unveröffentlichtes Manuskript.

Luhmann, N. (1980): Gesellschaftliche Struktur und semantische Tradition. In: Ders.: Gesellschaftsstruktur und Semantik. Studien zur Wissenssoziologie der modernen Gesellschaft. Bd. 1. Frankfurt am Main (Suhrkamp), S. 9–71.

Luhmann, N. (1981): Erleben und Handeln. In: Ders.: Soziologische Aufklärung 3. Soziales System, Gesellschaft, Organisation. Opladen (Westdeutscher Verlag), S. 67–80.

Luhmann, N. (1981a): Organisationen im Wirtschaftssystem. In: Ders.: Soziologische Aufklärung 3. Soziales System, Gesellschaft, Organisation. Opladen (Westdeutscher Verlag), S. 390–414.

Luhmann, N. (1987): Sozialisation und Erziehung. In: Ders.: Soziologische Aufklärung 4. Beiträge zur funktionalen Differenzierung der Gesellschaft. Opladen (Westdeutscher Verlag), S. 173–181.

Luhmann, N. (1989): Die Wirtschaft der Gesellschaft. 2. Aufl. Frankfurt am Main (Suhrkamp).

Luhmann, N. (1992), Organisation. In: W. Küpper u. G. Ortmann (Hrsg.): Mikropolitik. Rationalität, Macht und Spiele in Organisationen. 2. durchgesehene Aufl. Opladen (Westdeutscher Verlag), S. 165–186.

Luhmann, N. (1993): Soziale Systeme. Grundriß einer allgemeinen Theorie. 4. Aufl. Frankfurt am Main (Suhrkamp).

Luhmann, N. (1994): Die Gesellschaft und ihre Organisationen. In: H. U. Derlien u. a. (Hrsg.): Systemrationalität und Partialinteresse. Festschrift für Renate Mayntz. Baden-Baden (Nomos), S. 189–202.

Luhmann, N. (1994a): Die Wissenschaft der Gesellschaft. Frankfurt am Main (Suhrkamp).

Luhmann, N. (1996): Die Realität der Massenmedien. 2. erw. Aufl. Opladen (Westdeutscher Verlag).

Luhmann, N. (1997): Die Gesellschaft der Gesellschaft. 2 Bde. Frankfurt am Main (Suhrkamp).

Luhmann, N. (2000): Organisation und Entscheidung. Opladen (Westdeutscher Verlag).

Luhmann, N. (2002): Das Erziehungssystem der Gesellschaft. Herausgegeben von Dieter Lenzen. Frankfurt am Main (Suhrkamp).

March, J. G. a. H. A. Simon (1958): Organizations. New York (Wiley).

Markowitz, J. (1979): Die soziale Situation. Entwurf eines Modells zur Analyse des Verhältnisses zwischen personalen Systemen und ihrer Umwelt. Frankfurt am Main (Suhrkamp).

Markowitz, J. (1986): Verhalten im Systemkontext. Zum Begriff des sozialen Epigramms. Diskutiert am Beispiel des Schulunterrichts. Frankfurt am Main (Suhrkamp).

Markowitz, J. (1991): Referenz und Emergenz. Zum Verhältnis von psychischen und sozialen Systemen. In: Systeme. Interdisziplinäre Zeitschrift für systemtheoretisch orientierte Forschung und Praxis in den Humanwissenschaften. Jg. 1 (Heft 1), S. 22–46.

Markowitz, J. (2003): (Nicht) Ganz Einfach. Von den Schwierigkeiten des Phänomens Vereinfachung. In: scientia halensis. Wissenschaftsjournal der Martin-Luther-Universität Halle-Wittenberg. Jg. 2 (Heft 3), S. 29–30.

Markowitz, J. (2003a): Bildung und Ordnung. In: H.-E. Tenorth (Hrsg.): Form der Bildung – Bildung der Form. Weinheim u. a. (Beltz), S. 171–199.

Markowitz, J. (2005): Skript zur Vorlesung »Theorie der Interaktion«. Halle/Saale, Ms.

Markowitz, J. (2006): Funktionale Differenzierung und strukturelle Folgen. In: Y. Ehrenspeck und D. Lenzen (Hrsg.): Beobachtungen des Erziehungssystems. Berlin (VS), S. 67–75.

Markowitz, J. (2006a): Skript zur Vorlesung »Soziologie der Organisation«. Halle/Saale, Ms.

Morgan, G. (1986): Images of Organization. London (Sage).

Popitz, H, Bahrdt, H. P., Jüres, E. A., Kesting, H. (1976): Technik und Industriearbeit. Soziologische Untersuchungen in der Hüttenindustrie. 3. Aufl. Tübingen (Mohr Siebeck).

Sahlin-Andersson, K. a. L. Engwall (eds.) (2002): The Expansion of Management Knowledge. Carriers, Flows, and Sources. Stanford (Stanford Business Books).

Simmel, G. (1992): Soziologie. Untersuchungen über die Formen der Vergesellschaftung. Bd. 11 der G. Simmel Gesamtausgabe Herausgegeben von O. Ramstedt. Frankfurt am Main (Suhrkamp). [1. Aufl. Berlin 1908].

Sorge, A. a. A.v. Witteloostuijn (2004): The (Non)sense of Organizational Change. An Essay about Universal Management Hypes, Sick Consultancy Metaphors, and Healthy Organization Theories. In: Organization Studies. Vol. 25, pp. 1205–1231.

Springer, R. (1999): Rückkehr zum Taylorismus? Arbeitspolitik in der Automobilindustrie am Scheideweg. Frankfurt am Main (Campus).

Stichweh, R. (2000): Die Weltgesellschaft. Soziologische Analysen. Frankfurt am Main (Suhrkamp).

Tacke, V. (2000): Netzwerk und Adresse. In: Soziale Systeme, Jg. 6, S. 291–320.

Tacke, V. (2005): Schulreform als aktive Deprofessionalisierung? Zur Semantik der Lernenden Organisation im Kontext der Erziehung. In: T. Klatetzki und dies. (Hrsg.): Organisation und Profession. Wiesbaden (VS-Verlag), S. 165–199.

Weber, H. (1994): Die Evolution von Produktionsparadigmen. Craft Production, Mass Production, Lean Production. In: Ders. (Hrsg.): Lean-Management: Wege aus der Krise. Organisatorische und gesellschaftliche Strategien. Wiesbaden (Gabler), S. 21–44.

THEMENBLOCK II:
ORGANISATION UND GESELLSCHAFT

Sebastian Bukow

Parteien auf dem Weg zur mitgliederbasierten Leitorganisation: Organisationsreformen zwischen Wettbewerbsdruck und widersprüchlichen institutionellen Erwartungen

1. Einleitung

Im nachfolgenden Beitrag stehen die deutschen Parteien und deren Organisationsreformen im Mittelpunkt. Zunächst wird skizziert, warum Parteien unter Handlungsdruck geraten sind, warum sie sich in unsicheren Zeiten befinden und mit welchen spezifischen Problemen sie zu kämpfen haben. Daran schließen sich Überlegungen an, warum Parteien auf den entstandenen Handlungsdruck reagieren. Dazu werden theoretische Anknüpfungspunkte aufgezeigt. Es besteht dabei nicht der Anspruch einer vollumfänglichen organisationstheoretischen Fundierung, vielmehr soll die Bedeutung von Institutionen, also von strukturell oder kulturell wirksamen Phänomenen, für Parteireformen illustrativ herausgearbeitet werden. Im dritten Abschnitt werden die zentralen Reformstränge seit der Wiedervereinigung skizziert und unter Bezugnahme auf die theoretischen Anknüpfungspunkte diskutiert. Im Ergebnis ist erkennbar, dass die Parteien unterschiedlichen institutionellen Erwartungen ausgesetzt sind und sich zu mitgliederbasierten Leitorganisationen entwickeln.

2. Ausgangslage: Parteien unter Handlungsdruck

Parteiorganisationen stehen aus mehreren Gründen unter Reformdruck: Sie sind einer umfassenden, dauerhaften Kritik ausgesetzt, müssen auf einen nicht nur in Deutschland feststellbaren gesellschaftlichen Wandel reagieren und haben mit mehreren zentralen Organisationsproblemen zu kämpfen.

2.1 Parteienkritik und Parteienkrise

Die politischen Parteien in Deutschland sind schon lange einer vehementen und häufig normativ durchwirkten Kritik ausgesetzt. Parteien seien, so nur einige Vorwürfe, undemokratisch, filzomorph, von den politischen Herausforderungen der Gegenwart überfordert, nicht mehr in der Lage, gutes Personal zu gewinnen und unfähig, für die Demokratie zu werben. Und tatsächlich wird kaum einer staatlichen oder staatsnahen Institution von der Bevölkerung so wenig Vertrauen entgegengebracht, seit Jahren haben nur noch rund 20 Prozent der Deutschen Vertrauen in die Parteien (vgl. Institut für Marktforschung, zit. nach Die Welt 2008).

Diese medial geführten Krisendebatten gehen an den Parteiapparaten nicht spurlos vorüber, so dass »gerade die erfahrenen Parteimanager [...] seit einiger Zeit doch ziemlich nervös« (Walter 2001, S. 3) sind. Die Parteien haben »in den letzten Jahren kräftig an autonomem Selbstbewusstsein, an autarker Identität, an traditionsgestützten Loyalitäten, also an krisenresistentem Eigensinn verloren« (Walter 2001, S. 3). Doch zu der publizistisch-normativen Kritik kommen auf empirischer Ebene Entwicklungen hinzu, die vor allem, aber nicht nur, die Großparteien betreffen. Wahlbeteiligung und Mitgliederzahlen, zwei zentrale Indikatoren für die gesellschaftliche Verankerung der Parteien, befinden sich überwiegend im Niedergang (vgl. Abbildung 1, Seite 108).

Die Ursachen dieser Entwicklung sind vielfältig und an dieser Stelle nicht im Detail auszuführen, im Ergebnis verändern sich Parteien und Parteiensystem. Das Parteiensystem wird unübersichtlicher, tradierte Bindungen zwischen Parteien und gesellschaftlichen Gruppen lösen sich auf. Man kann diese Entwicklung als Krise oder als normale Konsequenz gesellschaftlicher Modernisierungsprozesse bewerten – entscheidend ist, dass bewertungsunabhängig ein Handlungsdruck entsteht, der von den Parteien nicht mehr ignoriert werden kann und auch nicht mehr ignoriert wird. Erste Folgen dieser Veränderungen sind spürbar: Organisationsintern etwa führen rückläufige Mitgliederzahlen zu geminderten Beitragseinnahmen, ein Effekt, der sich in Folge der beitrags- und wählerstimmenbasierten staatlichen Parteienfinanzierung noch verstärkt. Zugleich bewirkt der Mitgliederschwund in der Außenwahrnehmung einen Legitimations- und Vertrauensverlust, der sich in Verbindung mit einer rückläufigen Wahlbeteiligung sogar noch vergrößert. Für die Parteien birgt eine geringere

Wahlbeteiligung weitere Risiken: Wahlsieg und Niederlage liegen näher zusammen, die Wettbewerbskonkurrenz und organisationale Unsicherheit nimmt zu, was bislang am deutlichsten auf kommunaler Ebene erkennbar wird, wenn bis zu zehn Parteien und Vereinigungen in den Kommunalparlamenten vertreten sind. Kurzum, nicht nur der mediale Druck auf die Parteien hat zugenommen, auch der objektiv-faktische Druck wird in den Parteien zunehmend gespürt und baut so einen Handlungsdruck auf.

2.2 PARTEIEN ALS ORGANISATIONEN MIT ORGANISATIONSPROBLEMEN

Bevor geprüft werden kann, welche Anknüpfungspunkte an organisationstheoretische Ansätze sich für die Analyse von Parteireformen anbieten (Abschnitt 3) und wie Parteiorganisationen auf den Handlungsdruck reagieren (Abschnitt 4), ist zu klären, inwieweit Parteien handlungsfähige Organisationen sind und welchen Problemen sie ausgesetzt sind.

Hinsichtlich der Handlungs- und vor allem Steuerungsfähigkeit sowie der Durchsetzungsfähigkeit von Entscheidungen in Top-Down-Perspektive ist in der Parteienforschung nicht immer unumstritten, ob Parteien Organisationsqualität besitzen. Parteien werden häufig als mehr oder minder organisierte, lose verkoppelte Anarchien verstanden (bspw. Lösche 1993; Wiesendahl 2002, S. 190, 220). Nach Raschke ist schon die »Partei selbst [...] die erste Umwelt des strategischen Zentrums« einer Partei (Raschke 2002, S. 236). Ohne an dieser Stelle eine Festlegung auf die spezifische Organisationsqualität vorzunehmen ist jedoch zu argumentieren, dass es durchaus sinnvoll und legitim ist, Parteien als Organisationen zu verstehen. Greift man auf die von Endruweit für formale Organisationen als konstitutiv verstandenen Merkmale – v.a. die »Errichtung zum Zweck der Erreichung ausdrücklich benannter Ziele«, das Vorhandensein einer »formalen Struktur«, »Dauerhaftigkeit« sowie »klare Verfahren der Inklusion/Exklusion« (vgl. ausführlich Endruweit 2004, S. 19 f.) – zurück, so ist festzustellen, dass diese Merkmale für Parteien zutreffen. Dabei sind, wie Donges in neoinstitutionalistischer Sicht ausführt, »gerade Parteien sehr komplexe Organisationen« (Donges 2008, S. 218), die unterschiedlichste Handlungslogiken zusammenbringen müssen. Diese Logiken hängen mit unterschiedlichen Parteizielen (vgl. u. a. Strøm 1990; Lösche/Walter 1992; Harmel/Janda 1994; Strøm/Müller 1999) und zentralen Organisationsherausforderungen zusammen. Diese Herausforderungen sind nun zu betrachten.

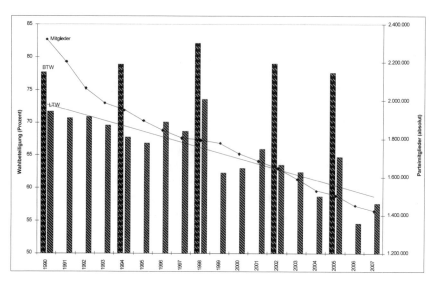

Abbildung 1: Parteien unter Druck – Wahlbeteiligung und Mitgliederentwicklung im Zeitverlauf[105]

Problem 1: Die doppelte, inhaltliche und strukturelle Heterogenität, das heißt, in Parteien bestehen vielfältige, inhaltlich und strukturell bedingte Interessenkonflikte. Zum einen haben einzelne parteiinterne Akteure unterschiedliche inhaltliche Positionen, die ausgehandelt werden müssen. Zum anderen ergeben sich aus unterschiedlichen organisationsinternen und -externen Rollen (bspw. Vorstand, Mitarbeiter, Mitglied sowie Parlament, Regierung, Partei) strukturell bedingte differente Handlungslogiken und damit Konflikte. Parteien können diese Heterogenität durch strukturelle Lösungswege, also Verfahren und Statute, einerseits und durch inhaltliche Indifferenz (vgl. dazu Brunsson 1994, S. 27) andererseits zwar nicht lösen, aber wirksam reduzieren und so handlungsfähig werden beziehungsweise bleiben.

Problem 2: Die Rahmenbedingung ›komplexe Mehrebenenarchitektur‹, also die unterschiedlichen Handlungs- und Organisationsebenen der bun-

---

[105] Eigene Berechnung; dargestellt sind: Wahlbeteilung Bundestagswahl (BTW), Wahlbeteiligung Landtagswahlen (LTW; Jahresmittel), linearer Trend Landtagswahlbeteiligung, Mitgliederentwicklung (Summe absolut von CDU, CSU, SPD, FDP, Grüne, Linke).

desweit organisierten Parteien (v.a. Bund/Land/lokal, auf denen jeweils noch Problem 1 dazukommen kann). Hierdurch droht beständig Führungsschwäche beziehungsweise Steuerungsunfähigkeit, Konflikte zwischen den Ebenen (v.a. Bund/Land) sind ein regelmäßig wiederkehrendes Problem. Komplexität und Widersprüche sind die Folge, so dass Parteien ständig mit der Zusammenführung und dem Ausgleich von Widersprüchen beschäftigt sind – eine Selbstbeschäftigung, die bisweilen stark von anderen Aufgaben ablenkt, zugleich aber von großer Bedeutung ist: Es hat sich gezeigt, dass die Fähigkeit einer Partei, strategische Politik- und Erwartungssteuerung zu organisieren und durchzusetzen, für den Organisationserfolg durchaus entscheidend ist (vgl. bspw. Raschke 2002; Bukow/Rammelt 2003; Schmid/Zolleis 2005).

Problem 3: Das Strukturmerkmal ›wählerabhängige Mitgliederverbände‹. Das bedeutet einerseits, dass alle legitimations-, bestands- und funktionsrelevante Merkmale wie Beitritt, Mitarbeit und Wählervoten auf Freiwilligkeit basieren. Aus dieser Freiwilligkeit resultiert organisatorische Unsicherheit, die u. a. durch die zunehmende Volatilität der Wählerinnen und Wähler und den gesteigerten Parteienwettbewerb noch verschärft wird. Die Parteien haben durchaus Strategien (bspw. Professionalisierung, Verberuflichung) entwickelt, die hier bestehenden Unsicherheiten zu reduzieren, was sich auch in organisationsstrukturellen Reformen niederschlägt. Das bedeutet andererseits, dass Parteien unterschiedliche Zielgruppen bedienen müssen: Wählerinnen und Wähler sowie Mitglieder. Beide Gruppen sind dabei für die Parteien legitimatorisch und funktional notwendig. Daraus ergeben sich allerdings unterschiedliche Anforderungen an die Organisation.

Problem 4: Der Konflikt Partizipation vs. Effizienz. Im Kern stehen sich eine möglichst umfassende Einflussmöglichkeit der Mitglieder und die Kampagnenfähigkeit der Organisation, die sich vor allem auf den an Bedeutung zunehmenden Wählermarkt konzentriert, gegenüber. Gerade dieser Dualismus ist bis heute prägend und wird in Parteireformen offensichtlich. Zusammenfassend ist festzuhalten, dass Parteien Organisationen sind, die mit einigen Problemen konfrontiert sind. Insbesondere die Abhängigkeit von Wählern und Mitgliedern und das Wesensmerkmal ›wählerabhängige Mitgliederverbände‹ ist mit Blick auf Parteireformen (in Zusammenhang mit den in Abschnitt 2.1 skizzierten Entwicklungen) von Bedeutung. Die Abhängigkeit von Freiwilligkeit führt dazu, dass Parteien in hochspezifischer Weise auf ihre Umwelt angewiesen sind und auf organisationsexterne Erwartungen reagieren müssen. Dabei führt der Spagat zwischen Mitglieder- und Wählerorientierung zu zwei noch näher zu betrachtenden zentralen innerparteilichen Reformsträngen (Professionalisierung und Partizipationserweiterung, vgl. Abschnitte 3.1, 3.2).

3. Theoretische Anknüpfungspunkte: Parteien, Parteienwandel, Parteiumwelt

Im nächsten Schritt ist zu diskutieren, wie Parteien auf den skizzierten Druck reagieren, oder allgemeiner: Warum sich Parteien reformieren. Die politikwissenschaftliche Party-Change-Forschung nähert sich ihrem Forschungsgegenstand dabei zumeist in Form von Fallstudien, oder aber sie konzentriert sich auf den Wandel des Parteiensystems (vgl. Harmel 2002). Im Ergebnis finden sich unterschiedlichste Erklärungsansätze und Reformgründe. Nach Jun (2004, S. 82) wird Parteienwandel entweder eher entwicklungsgeschichtlich-parteiensystematisch (bspw. Duverger 1959; Kirchheimer 1965; Panebianco 1988; Katz/Mair 1995) oder individuell-konzeptionell, organisationstheoretisch (bspw. Kitschelt 1994; Harmel/Janda 1994; Appleton/Ward 1997) erklärt. Die beiden Argumentationslinien sind dabei eher als sich ergänzend denn als sich widersprechend anzusehen (vgl. Jun 2004, S. 82). Im Ergebnis finden sich Reformmotive inner- und außerhalb der Parteiorganisation. Stellt man die eben beschriebene spezifische Umweltabhängigkeit und die Doppelstruktur ›wählerabhängige Mitgliederverbände‹ in den Vordergrund der Reformanalyse, dann liegt es nahe, bei der Untersuchung von Reformmotiven und -optionen an (neo-)institutionalistische Ansätze anzuknüpfen (vgl. 2.1). Organisationen sind, so die Annahme, durchaus institutionell geprägt. Dabei kommt der Organisationsumwelt eine zentrale Bedeutung zu.

3.1 PARTEIENWANDEL: MOTIVE UND HANDLUNGSOPTIONEN

Zu klären ist nun, welche Ziele mit Organisationsreformen verfolgt werden, oder anders formuliert: Wann werden Reformen angestrebt und welcher Zusammenhang besteht zwischen Reformdruck und Reformumsetzung? In diesem Zusammenhang ist die (neo-)institutionalistische Annahme von Bedeutung, dass formale Organisationsstrukturen nicht zwingend aus funktionalen Anforderungen entstehen, sondern vielmehr häufig eine Folge von Umwelterwartungen, also Institutionen darstellen (vgl. beispielsweise Meyer/Rowan 1977). Eine zentrale Bedeutung formaler Strukturen liegt damit nicht in deren Funktion, sondern in der Legitimation: »Um erfolgreich zu sein und überleben zu können, sind Organisationen auf

Unterstützung und Anerkennung von außen angewiesen, denn nur so ist ein halbwegs kontinuierlicher Zufluss von Ressourcen [...] gewährleistet. Deshalb tun Organisationen alles, sich so zu positionieren beziehungsweise zu präsentieren, dass sie die angestrebte Legitimität und Wertschätzung erreichen. Die Zielgröße der Legitimität zwingt oft auch zur Übernahme von Praktiken, die dem Effizienzstreben zuwider laufen.« (Preisendörfer 2005, S. 146) Das daraus entstehende Dilemma ist offensichtlich: Institutionell erwartete und (auf der Wahrnehmungsebene) funktionell notwendige Struktur- und Organisationsentscheidungen stehen bisweilen im Widerspruch. Die Lösung liegt für die Organisation darin, dysfunktionale Praktiken so zu adaptieren, dass diese zwar implementiert, nicht jedoch organisationwirksam werden. Mit dieser im Ergebnis symbolischen Einführung wird institutionellen Erwartungen entsprochen, ohne den Betrieb zu stören. Eine andere Möglichkeit ist es, die Maßnahmen im Rahmen der Implementierung so zu modifizieren, dass sie ihren ursprünglichen, ihren postulierten Zielen im faktischen Ergebnis nicht mehr entsprechen.

Die entscheidende Rolle für die Ausrichtung und Zielsetzung der Organisationsentwicklung kommt damit Institutionen zu. Gerade für Parteien gilt, was Walgenbach bereits für andere Organisationen feststellt, nämlich dass »Annahmen, Vorstellungen und Erwartungen, die in einer Gesellschaft bestehen, generell festlegen, wie Unternehmen, Schulen oder Krankenhäuser gestaltet sein sollen, warum sie nützlich sind, welche Aufgaben ihnen zukommen und welche nicht« (Walgenbach 1999, S. 320). Der Einfluss von Institutionen ist dabei nicht deterministisch zu interpretieren, Institutionen sind nicht als eindeutig regulative Instanzen zu verstehen. Vielmehr ist davon auszugehen, dass Organisationen selektiv auf institutionelle Vorgaben reagieren (vgl. Hasse/Krücken 1996, S. 98) und diese quasi als »Bausatz« (Mense-Petermann 2006, S. 66) strategisch nutzen. Im Ergebnis sind Parteien damit einerseits als Spiegelbild institutionalisierter Überzeugungen und Elemente ihrer gesellschaftlichen Umwelt zu deuten, andererseits sind sie gerade nicht zu rein reaktiven Adaptierern zu degradieren, da sie selbst darüber entscheiden können, ob und wie sie auf Erwartungen reagieren. Die Interpretation der institutionellen Erwartungen, die Selektion und Adaption für die Organisation wird im Wesentlichen von den zentralen Akteuren in der Organisation, also Vorständen und Mitarbeitern, geleistet. Diese kennen die Eigenlogik ihrer Partei und haben einen maßgeblichen Einfluss darauf, ob, wann und wie institutionalisierte Umweltvorgaben übernommen werden. Denn diese Akteure sind es zumeist, die Reformvorschläge erarbeiten und den Mitgliedern beziehungsweise Gremien zur Beschlussfassung vorschlagen.

3.2 Parteiorganisationen und Organisationsumwelt

Welche Erwartungen und Impulse aufgegriffen werden, hängt dabei davon ab, wie sich die Organisationsumwelt der Parteien darstellt. Je nach Untersuchungs- und Handlungsbereich finden sich unterschiedliche Vorschläge, welche Umwelten als zentral erachtet werden. Donges etwa versteht, mit Fokus auf die Medialisierung der Parteien, vor allem die »Medien als institutionelle Umwelt von Parteiorganisationen« (Donges 2008, S. 219). Mit Blick auf Organisationsreformen der einzelnen Parteien erscheinen jedoch vor allem die anderen Parteien bedeutsam. Dies liegt darin begründet, dass der Markt, in dem der bundesdeutsche Parteienwettbewerb stattfindet, gerade auf der ökonomisch und politisch entscheidenden Landes- und Bundesebene nur bedingt zugangsoffen für neue Parteien ist. Man kann von einem Parteienkartell sprechen (vgl. Detterbeck 2008). Vereinfacht dargestellt agieren Parteien daher in einer Umwelt, die in erster Linie aus den anderen Parteien, ihren Mitbewerbern, besteht, wobei diese von außen institutionell beeinflusst werden. Dabei gilt: »Organizations in a structured field [...] respond to an environment that consists of other organizations responding to an environment of organizations' responses.« Die Konsequenz: »Once a field becomes well established, however, there is an inexorable push towards homogenization.« (DiMaggio/Powell 1983, S. 148 f.). Parteien richten somit ihr Handeln primär auf das Handeln der anderen Parteien aus, es kommt zu einem Prozess der Isomorphie (Hawley, 1972, S. 334). Institutioneller Isomorphismus findet im Wesentlichen innerhalb eines Organisationsfeldes statt, wobei Nachahmung, Zwang und normativer Druck das Handeln beeinflussen können. Für Parteien heißt das, dass Nachahmung vor allem durch Beobachtung erfolgt. Differente Organisationsstrukturen und organisationale Reformen anderer, damit erfolgreicher Parteien werden kopiert, um gleichen Erfolg zu erzielen (Best Practise/Benchmarking). Dazu tritt ein strukturierender Zwang, etwa durch rechtliche Vorgaben (Grundgesetz, Parteiengesetz), die jedoch auch durch das Parteienkartell (genauer: durch die Parlamentsfraktionen) maßgeblich gestaltet werden können. Letztlich wirkt der bereits angeführte normative Druck, da hierdurch gesellschaftliche Erwartungen entstehen, auf die Parteien reagieren können bzw. aufgrund ihrer Abhängigkeit von freiwilliger Unterstützung sogar müssen.

Dabei können und müssen Parteien in ihrer Reaktion auf institutionelle Erwartungen organisationsspezifische Eigenlogiken, also kulturelle, parteispezifische Besonderheiten, berücksichtigen. Dennoch ist kartellbedingt für die einzelne Partei vor allem das Verhalten der Mitbewerber entscheidend, durch die Beobachtung der Mitbewerber und die Übernahme von deren Reformdebatten und -leistungen. So lässt sich das Risiko organisationsstruktureller Veränderungen effektiv reduzieren: Was alle einführen, wird schon notwendig sein beziehungsweise wenn es sich als dysfunktional herausstellt, tragen alle Mitbewerber das gleiche Risiko. Das Bewusstsein, dass viele andere das Gleiche tun, leistet also eine wechselseitige Überzeugungsarbeit (vgl. Schimank 2007, S. 165). Problematisch wird es nur, wenn ein Mitbewerber Innovationen wagt (die jedoch im Erfolgsfall rasch und auf die eigene Partei angepasst adaptiert werden) oder wenn neue Mitbewerber auf den Markt drängen (die sich rasch an die bestehenden Parteien angleichen, vgl. Grüne und Linke).

Als Bilanz dieser theoretischen Anknüpfungspunkte ist festzuhalten, dass Parteien aus unterschiedlichen Gründen Reformen initiieren. Dabei spielen bei formal-organisatorischen Reformen institutionelle Erwartungen eine zentrale Rolle. Formale Strukturen basieren dabei nicht unbedingt auf funktionalen Notwendigkeiten, im Gegenteil können sogar dysfunktionale Strukturen eingeführt werden. Zielgröße ist dabei häufig die Herstellung von Legitimität. Unter der Rahmenbedingung des bundesdeutschen Parteienkartells reagieren Parteien dabei primär und in erster Linie auf ihre Mitbewerber, so dass sich hierdurch eine Angleichung in den Parteien ergeben dürfte, wobei zugleich parteispezifische Handlungskorridore und Entwicklungsrichtungen bestehen bleiben.

4. Organisationsreformen zwischen Professionalisierung und Demokratisierungsmythos

Der Blick auf ›die anderen‹ anstatt auf das Problem prägt nun auch die strukturellen und -kulturellen Parteiorganisationsentwicklungen, wobei sich im Kern zwei Reformstränge unterschieden lassen, die in allen Parteien nebeneinander stehen: Maßnahmen zur Professionalisierung der Parteien (Reformziel I) sowie Maßnahmen zur Ausweitung innerparteilicher Partizipationsoptionen (Reformziel II).

4.1 Variante I: Parteien als professionalisierte Wahlkampfagenturen

Eine zunehmende Professionalisierung der Parteiorganisationen ist schon länger festzustellen, wobei der Begriff ›Professionalisierung‹ unterschiedlich verwendet wird (dazu Donges, 2008, S. 97–100). Im Ergebnis kann Professionalisierung einerseits als »Externalisierung bestimmter Aufgaben […], deren Voraussetzung die Spezialisierung und Kommerzialisierung darstellt« und andererseits als »Merkmal von Kommunikationsexperten« (Donges 2008, S. 98) verstanden werden. Dazu tritt eine Verberuflichung der Politik. Letztlich hat eine Professionalisierung der Parteiführungen und -apparate stattgefunden (vgl. Panebianco 1988), zudem ist ein klarer Trend zur Zentralisierung nachweisbar (vgl. Mair et al. 1999; Farrell/Webb 2000, S. 115–117).

Diese Professionalisierungsbemühungen zielten dabei zunächst auf externe Handlungszusammenhänge, bspw. wählerbezogene Kommunikation (vgl. u. a. Jun 2004; von Beyme 2002). Neuerdings kommt eine Professionalisierung interner Organisationsstrukturen dazu (bspw. Mitgliedermanagement). Dass diese Reformen zu großen Teilen organisationswirksam wurden, ist kaum umstritten, zahlreiche Instrumente wurden eingeführt und werden angewendet: Direct-Mailings aus den Parteizentralen, zentrale Mitgliedermanagement-Systeme, Citizen-Relationship-Management-Software, verbesserte Intranetstrukturen, bundesweite Kampagnen, Mustersatzungen, Muster-Veranstaltungskonzepte und mehr. Organisationsstrukturell setzen die Parteien dabei zunehmend auf professionelle Zuarbeit und im Bedarfsfall zugekaufte Dienstleistungen, nicht nur im Wahlkampf. Zudem erleben Schlagworte wie ›Kampagnenfähigkeit‹ und ›Wettbewerbsfähigkeit‹ eine Renaissance und sind in den Parteiapparaten allgegenwärtig, Professionalität – was immer dies genau meint – ist ein klar erkennbares Idealbild seitens der Mitarbeiter. Die dahinter liegende Organisationsvorstellung hängt eng mit einer Verschiebung bei den Parteizielen zusammen: CDU/CSU und FDP sehen sich schon immer als »natürliche« Regierungspartei, und auch die SPD findet zumeist, ›Opposition sei Mist‹ (Franz Müntefering), die Grünen sehen dies überwiegend ähnlich und selbst die Linke – beziehungsweise deren Parteispitzen – will bundesweit ›regierungsfähig‹ werden. Im Ergebnis haben Selbsterhaltung (vgl. Jun, 2004, S. 125) und vor allem Wahlerfolg (vgl. von Beyme 2002) an Bedeutung gewonnen, ideologische Positionierungen, innerparteiliche Demokratie und damit verbunden Mitglieder bzw. Mitgliederinteressen an Bedeutung verloren, schließlich haben »Parteien nur noch einen geringen Bedarf an den Leistungen […], die von den Mitgliedern erbracht werden könnten« (Detterbeck 2005, S. 65).

Darüber hinaus wird der Versuch offensichtlich, Parteiorganisationen – die ökonomischen Mittel sind knapp – möglichst effizient zu organisieren. Hier wirken Leitbilder und Organisationsvorstellungen, wie sie eigentlich in anderen Bereichen, insbesondere der Wirtschaft, dominieren, tief in die Parteien hinein[106]. Dabei ist allerdings nicht der ökonomische Gewinn, sondern der Machterwerb und -erhalt das zentrale Ziel, lediglich die Effizienz und das Organisationsmanagement im Parteiapparat soll der Wirtschaft entlehnt werden. So überrascht es nicht, wenn die Linke ihre Parteifusion als Unternehmenszusammenschluss sieht und organisiert, die CSU ihren Parteiapparat als mittelständisches Unternehmen tituliert, die FDP ihre Bundespartei als Wirtschaftsunternehmen aufstellt, das zentrale Organisationsfelder wie das Mitgliedermanagement in ›Subunternehmen‹ auslagert und Teile der Parteizentrale vermietet, um Einnahmen zu generieren. Die dahinter liegende Zielverschiebungsabsicht – elektoraler Erfolg statt maximaler Partizipation als generalisiertes Organisationsziel – ist offensichtlich. Gerade in Wahlkämpfen zeigt sich dieser Wandel: Zwar setzen alle Parteien schon aus arbeitstechnischen Gründen auf die Unterstützung der Mitglieder (und Freiwilliger) vor Ort, die Parteizentralen bzw. Wahlkampfagenturen geben jedoch zunehmend detaillierte Materialien und Handlungsvorschläge an die vor Ort Aktiven heraus. Individuelle, selbst entwickelte Aktionen und Themenschwerpunkte der Basis werden damit zwar nicht explizit unterbunden, die zentralen Vorgaben (mit Themen- und Aktionsvorschlägen per E-Mail und SMS an jedes einzelne Mitglied) dürften jedoch nicht ohne Wirkung bleiben. Auch wundert es kaum, wenn CDU-Generalsekretär Pofalla im Rahmen der innerparteilichen Grundsatzprogrammdebatte (CDU-Regionalkonferenz, Berlin, 21.09.2007) erklärt, die Politik der CDU müsse nur vor dem Wähler und vor Gott verantwortet werden. Von einer expliziten, vorrangigen Verantwortung vor den Parteimitgliedern ist keine Rede.

Dennoch sind Parteien nicht einfach als wahlkampfoptimierte Unternehmen einer politischen Klasse zu deuten, ebenso wenig sind Parteien nach ausschließlich rationalen Gesichtspunkten aufgebaut bzw. ist deren Handeln ausschließlich rational bestimmt. Es zeigt sich vielmehr, dass Rationalität ein zentrales Leitbild in den Parteiapparaten ist: Kampagnenfähigkeit, schlanke Strukturen, Führungs- und Steuerungsfähigkeit sind wesentliche Bausteine, die in dem diffusen Paradigma ›Professionalität‹ zusammenlaufen. Dieses Paradigma, das auch als Rationalitätsmythos gedeutet werden kann, ist für die jüngere Entwicklung der Parteiorganisati-

---

[106] Dies zeigt sich in umfangreichen qualitativen Interviews, die vom Autor mit zentralen Mitarbeitern in den Bundesgeschäftsstellen von B90/Grüne, FDP, Linke und SPD geführt wurden.

onen von zentraler Bedeutung – hier wird die Wirkmächtigkeit von Institutionen deutlich.

4.2 Variante II: Parteien als basisdemokratische Mitgliederorganisationen

Zeitgleich bleibt das Modell der Mitgliederpartei in Deutschland besonders wirkmächtig. Im Kern dieses Reformstrangs stehen neue Partizipations- und Entscheidungsverfahren, die seit den 1990er-Jahren eingeführt wurden, etwa die Möglichkeit der Direktwahl von Kandidaten vor Ort, von Mitgliederbefragungen und -entscheiden oder der Urwahl von Spitzenkandidaten. Die postulierten Ziele, etwa innerparteiliche Erneuerung und Mitgliedergewinnung, wurden allerdings kaum erreicht, die partizipatorische Revolution in den Parteien ist ausgeblieben (vgl. bspw. Jung 2000). Die eingeführten Möglichkeiten werden kaum und am ehesten auf lokaler Ebene genutzt: Weder CSU (Stoiber-Nachfolge) noch SPD (Kanzlerkandidatenfrage) oder Bündnisgrüne (Spitzenkandidaten BTW 2009) nutzen etwa das Instrument der Mitgliederbefragung, um nur die aktuellsten Beispiele zu nennen. Häufig dient das basisdemokratische Instrumentarium lediglich der nachlaufenden Legitimation von Führungsentscheidungen (bspw. Fusion WASG/Linke.PDS zu Die Linke), was zentrale Parteiorganisationsmitarbeiter durchaus eingestehen. Faktisch werden Mitgliederbefragungen und -entscheide damit oftmals zum Krisenlösungsinstrument oder dienen der Parteispitze zur Interessendurchsetzung gegen die mittlere Funktionärsebene (bspw. Grüne Trennung Amt/Mandat).

Es ist festzustellen: Die Debatten um die Öffnung der Parteien und die Partizipationsreformen sind primär als Reaktion auf institutionellen Druck, aufgebaut durch die Krisendebatten seit Mitte der 1980er-Jahre, zu deuten. Die Einführung dieser Maßnahmen hatte im Wesentlichen legitimatorischen Charakter. Aus diesem Grund sind gerade die partizipationsorientierten Maßnahmen nie wirklich umfassend wirksam geworden, dies war gar nicht beabsichtigt. Die Debatten und Reformen sind vor allem darin begründet, dass sich die deutschen Parteien normativ, institutionell und verfassungsrechtlich bedingt durchweg als Mitgliederparteien verstehen (müssen) und dies auch in ihren Schriften und Organisationsstrukturen deutlich machen.

Gerade in Deutschland ist die im internationalen Vergleich hohe Bedeutung formaler Mitgliedschaft in den Parteien auffällig. Die Abgrenzung zur Umwelt erfolgt bis dato ganz überwiegend über die formale, dauerhafte und kostenpflichtige Mitgliedschaft, wenngleich auch hier vorsichtige Änderungen unternommen wurden. Alle Parteien setzen in der Alltagorganisation weiterhin in stets relevantem Umfang auf die Unterstützung und Arbeitskraft ihrer Mitglieder. Sich auf freiwillige, ehrenamtliche Tätigkeit zu verlassen ist indes nicht unproblematisch: Für die Parteien erhöht sich die Unsicherheit und die Gefahr der Diskontinuität (vgl. Weber 1980, S. 562), was die Parteigeschäftsstellen bereits beklagen. Dennoch bleiben vor Ort ehrenamtliche Organisationsfunktionäre unentbehrlich, wobei sich deren Einfluss wandelt. Auf die Mitgliederbasis verzichten können und wollen die Parteien jedoch nicht. In diesem Kontext sind auch die seit Kurzem in allen Parteien einsetzenden Öffnungspostulate, symbolisiert etwa durch Schnupper-, Probe- oder Testmitgliedschaften, zu verstehen. Im Grunde bleibt die formale, kostenpflichtige Mitgliedschaft das zentrale Inklusions- beziehungsweise vor allem Exklusionsmerkmal. Eine echte Öffnung, etwa an *caucus*- oder *grassroots*-orientiere Entscheidungsverfahren (bei denen, wie teilweise in den USA, eine Mitgliedschaft gerade nicht erforderlich ist), ist in Deutschland weitgehend undenkbar, und wo sie üblich waren (etwa bei den Grünen) werden sie immer seltener. Die Alternative zur Mitgliederpartei, eine starke Unterstützung durch Freiwillige, hat sich im deutschen Parteienverständnis nicht etabliert. Die Folge: Der Verlust von Mitgliedern wird selbst dann als Krise interpretiert, wenn zugleich eine freiwillige Unterstützerallianz aufgebaut wird. Obwohl also der Mitgliederrückgang recht gut organistorisch – und bislang auch finanziell – aufgefangen werden kann – die postulierte Krise und der damit erzeugte Handlungsdruck bleiben bestehen. Daher zielen alle Verfahren der Öffnung im Kern immer darauf ab, echte Vollmitglieder zu gewinnen, daher hat das normative Leitbild ›Mitgliederpartei‹ einen weiterhin prägenden Stellenwert. Dass Parteien weiterhin um Mitglieder werben, hat in der Summe weniger eine organisatorisch-funktionale Bedeutung als vielmehr normative Gründe – eine starke Mitgliederbasis wird erwartet, ständig wiederkehrende Mitgliederwerbekampagnen gehören dazu. Dafür spricht auch, dass obwohl die Öffnungsversuche kaum Wirkung entfalten, alle Parteien derartige Möglichkeiten einführen oder sogar alte, bereits eingeführte ähnliche Optionen umbenennen – ein deutlicher Beleg für eine Reformmode in Folge institutioneller Erwartungen.

Einen wichtigen Impuls zur Einführung neuer Partizipations- und Kommunikationsoptionen stellen auch die seit den späten 1990er-Jahren etablierten technologischen Neuerungen dar (Internet, Social Networks, Mobile Kommunikation), und dies nicht nur technisch bedingt. Die politisch-partizipative Nutzung dieser neuen Kommunikationsoptionen außerhalb der Parteien generiert eine Nachfrage nach derartigen Angeboten auch innerhalb der Parteien, und dies nicht nur von Seiten der Parteimitglieder.

Auch Nichtmitglieder möchten in den parteienstaatlich-omnipräsenten Parteien Gehör finden, die Organisationsgrenzen verschwimmen. Da die neuen Technologien für die Parteiorganisationen ungeahnte neue Möglichkeiten zur Steigerung der Responsivität und zur direkten, unververfälschten Top-Down-Kommunikation bieten, werden diese durchaus implementiert. Das Problem hierbei ist, dass diese Öffnung mit dem tradierten Parteienverständnis – lokale Mitarbeit in den formalen Gremien und ›Mitgliedschaft vor Ort‹ – kollidiert. Aus Gründen der Legitimation steht eine lokale, repräsentativ ausgerichtete Partizipation durch Parteimitglieder weiterhin im Vordergrund, eine wirklich wirksame partizipative Öffnung der Parteistrukturen würde in klarem Widerspruch zu den tradierten Organisations- und vor allem Führungserwartungen (und -interessen) stehen. Das heißt, eine weitgehende Öffnung der Parteien für Nichtmitglieder kollidiert massiv mit dem normativen Leitbild der Mitgliederpartei.

4.3 ZWISCHENBILANZ: PARTIELLE WIRKSAMKEIT UND HOHE BEDEUTUNG INSTITUTIONELLER ERWARTUNGEN

Als Bilanz lässt sich festhalten: Die Reformen im Bereich ›Professionalisierung‹ sind im Gegensatz zum Bereich ›Partizipationserweiterung‹ zumeist erfolgreich. Parteien entscheiden folglich nicht nur darüber, welche institutionellen Impulse sie aufgreifen, sondern auch, wie sie diese umsetzen. Ähnliche Debatten und Entwicklungen in den Parteien bestätigen dabei, dass Parteien sich zunächst und überwiegend an den anderen Parteien orientieren, wobei die Bedeutung institutioneller Erwartungen und sich verändernder Rahmenbedingungen klar erkennbar ist. Gerade der zweite große Reformbereich, Partizipation und Öffnung, lässt sich mit Verweis auf institutionell-normative Erwartungen erklären. Denn in diesem Bereich fällt auf, dass viele Innovationen und Strukturen oftmals weder funktional notwendig noch praktikabel sind, so dass sie zwar eingeführt beziehungsweise beibehalten werden, aber kaum Anwendung finden. Der Grund liegt darin, dass innerparteiliche Regeln und Prozeduren eben oft gar nicht den vorrangigen Zweck der effizienten Zielerreichung (also hier: Entscheidungsfindung) haben, sondern auch und vor allem andere Funktionen erfüllen, nämlich organisationsexterne und -interne Erwartungen aufgreifen, auf Innovationen von Mitbewerbern reagieren und letztlich Legitimität sichern sollen.

5. Fazit: Parteien auf dem Weg zur mitgliederbasierten Leitorganisation

Entscheidend für die jüngsten Parteireformen ist, dass die Parteien auf zunehmende Unsicherheiten einer radikal veränderten Umwelt organisationsstrukturell reagieren müssen und dabei institutionellen Erwartungen ausgesetzt sind. Die Organisationsmodernisierung steht hier unter einem widersprüchlichen institutionellen Erwartungsdruck. Einerseits entsteht ein drastischer Druck zur Reform derjenigen Organisationsstrukturen, die vor allem das nach außen gerichtete kommunikative Parteihandeln bestimmen, um so den Anforderungen einer medialisierten Umwelt zu entsprechen. Dabei spielen nicht nur funktionale Argumente eine Rolle, sondern das diffuse Paradigma ›Professionalisierung‹ in Folge der elektoralen Ausrichtung. Andererseits bringen organisationsexterne Veränderungen interne Wandlungsprozesse in Schwung, die den Dualismus Mitglieder- versus Wählerorientierung aufzulösen beginnen – die Organisationsgrenzen beginnen zu verschwimmen. Dennoch muss aus normativ-institutionellen Gründen proklamatorisch die Mitgliederpartei hochgehalten werden. Der institutionelle Druck sowie die funktionale Bedeutung der aktiven Parteimitglieder ist hoch, so dass man sich vom Modell der Mitgliederpartei nicht einfach verabschieden kann und beständig Mitgliederwerbung betreiben muss. Die faktische Organisationsentwicklung zielt aber gerade nicht auf die zunehmende Einbindung der formalen Mitglieder, sondern auf eine Erhöhung der Responsivität durch die Einbindung des gesamten Parteiumfelds, also aller potenziellen Wählerinnen und Wähler. So kann die Organisationsspitze die Entscheidungsmacht bündeln und stärker in die Partei hineinwirken.

In beiden Handlungssträngen kommt also institutionellen Gründen eine starke Reformimpulswirkung zu. Führt man beide Handlungsstränge zusammen, so ergibt sich für die Parteien als Organisationsmodell der (Bundes-)Parteien eine ›mitgliederbasierte Leitorganisation‹ (vgl. Abbildung 2), das heißt, die Parteien eröffnen einerseits kaum, am ehesten auf lokaler Ebene genutzte Partizipationsoptionen und halten so das Modell der »Mitgliederpartei« hoch, versuchen zugleich auf der anderen Seite durchaus erfolgreich, trotz organisationsbedingter Restriktionen (vgl. Abschnitt 2.1) strategisch-steuernd die Parteiorganisation Top-Down zu führen.

Dabei gleichen sich die Parteiorganisationen organisationsstrukturell an, ein Prozess, der noch weiter voranschreiten wird. Dies bedeutet allerdings nicht, dass die Parteien vollkommen identisch strukturiert sind – sie haben und nutzen parteispezifische Handlungskorridore. Entwicklungsprägend sind jedoch institutionelle Faktoren, verbunden mit einem relativ geschlossenen Wettbewerbsumfeld und zunehmenden Unsicherheiten. Die Parteien werden so zu professionell gesteuerten mitgliederbasierten Leitorganisationen. Dahinter steht ein sich bei den zentralen Akteuren entwickelndes, parteiübergreifendes Leitbild einer ›professionell‹ geführten (Mitglieder-)Partei. Mitwirkung auf lokaler Ebene und darüber hinaus nur symbolische Partizipation stehen in enger Verbindung mit einem ideologiefreien, elektoral orientierten Parteiorganisationsverständnis der oberen Ebenen. Dies ist die Antwort der Parteien, genauer: der Parteiorganisationsspitzen, auf die widersprüchlichen institutionellen Erwartungen. Symbolische Partizipationsreformen boten sich an, um eine Strategie der Unsicherheitsreduktion zu verfolgen und zugleich institutionelle Erwartung ›Öffnung der Parteien‹ aufzugreifen. Zeitgleich und weitaus stärker organisationswirksam wurde eine partielle Zentralisierung der Alltagsorganisation vorangetrieben. Mit Blick auf die durchgeführten Reformmaßnahmen wird die generelle Motivation derartiger Organisationsreformen deutlich: Parteiorganisationsreformen dienen häufig der Herstellung beziehungsweise Sicherung von Legitimität, nicht primär sachlicher Problemlösung. Dies wird vor allem dann deutlich, wenn funktional ungünstige Strukturmuster implementiert werden.

Im Ergebnis führt dies zu den beiden beschriebenen Reformsträngen, so dass sich die Mitgliederparteien auf Bundesebene organisationsweltlich zu einer Art ›mitgliederbasierter Leitorganisation‹ weiterentwickeln. Die Mitgliederparteien werden weiterhin nicht vom Selbstverständnis ›Mitgliederpartei‹ abrücken können. Faktisch haben sie jedoch schon lange einen anderen Weg beschritten. Die Zielvorgabe ›Kampagnenfähigkeit‹ wird dabei genutzt, um auch außerhalb von Wahlkampfzeiten die schrumpfenden Organisationen vor Ort stärker von der Parteizentrale aus zu steuern – in Form von mehr oder weniger verbindlichen Angeboten. Nach der ›Funktionsentleerung‹ der Parteibasis durch modernisierte Wahlkämpfe (Niedermayer 2000) folgt nun durch die Professionalisierung der Alltagsorganisation eine weitere Neubewertung der Mitglieder, ihre legitimatorische Funktion wird wichtiger, ihr faktischer Einfluss geringer, ihre Arbeitsleistung zumindest teilweise durch kurzfristig engagierte Freiwillige und zugekaufte Dienstleister ergänzt. Bedeutungslos werden Mitglieder dadurch nicht, schon aus vereinsfunktionalen Gründen. Als Mittler in die Gesellschaft und als Responsivitätsboden dienen sie aber kaum noch, hier bewirken neue Medien und neue Kommunikationsstrukturen schon lange eine Abkehr von der Mitgliederpartei. Damit ist die Professionalisierung ein Katalysator dieser Entwicklung und zugleich auch eine Reaktion auf den skizzierten Wandel. Der Aufbau mitgliederunabhängiger Responsivitätsstrukturen stärkt dabei im Ergebnis die Bundesparteiorganisationen – eine neue organisatorische Ausrichtung der Parteien zeichnet sich ab. Damit wird klar, dass die Parteien durchaus auf den skizzierten Handlungsdruck reagiert haben. Ob damit aber der Parteienkritik und den veränderten Rahmenbedingungen langfristig und vor allem wirksam entgegengetreten werden kann, ist eher fraglich.

Abbildung 2: Organisationale Reformwirkungen, eigene Darstellung

Literatur

Appleton, A. a. S. Ward (1997): Party Response to Environmental Change. A Model of Organizational Innovation. Party Politics 3 (3), S. 341–362.

von Beyme, K. (2002): Parteien im Wandel. Von den Volksparteien zu den professionalisierten Wählerparteien. Wiesbaden (Westdeutscher Verlag).

Brunsson, N. (1994): The organization of hypocrisy. Talk, decisions and actions in organizations. Chichester (Wiley).

Bukow, S. u. S. Rammelt (2003): Parteimanagement vor neuen Herausforderungen. Die Notwendigkeit strategischer Steuerung sowie Anforderungen an parteiinterne Organisation und externe Kommunikation für moderne (Regierungs-)Parteien am Beispiel der Grünen. Münster (LIT Verlag).

Detterbeck, K. (2005): Die strategische Bedeutung von Mitgliedern für moderne Parteien. In: J. Schmid und U. Zolleis (Hrsg.): Zwischen Anarchie und Strategie. Der Erfolg von Parteiorganisationen. Wiesbaden (VS Verlag für Sozialwissenschaften), S. 63–76.

Detterbeck, K. (2008): Party Cartel and Cartel Parties in Germany. German Politics 17 (1), S. 27–40.

Die Welt (2008): Viele Ostdeutsche vertrauen der Demokratie nicht. Stand: 25.04.2008 URL: http://www.welt.de/politik/article1923929/Viele_Ostdeutsche_vertrauen_ der_Demokratie_nicht.html (abgerufen: 11.10.2008).

DiMaggio, P. J. a. W. W. Powell (1983): The Iron Cage Revisited. Institutional Isomorphism and Collective Rationality in Organizational Fields. American Sociological Review 48, S. 147–160.

Donges, P. (2008): Medialisierung politischer Organisationen. Parteien in der Mediengesellschaft. Wiesbaden (VS Verlag für Sozialwissenschaften).

Duverger, M. (1959): Die politischen Parteien. Tübingen (Mohr).

Endruweit, G. (2004): Organisationssoziologie. Stuttgart (Lucius & Lucius).

Farrell, D. M. a. P. Webb (2000): Political Parties as Campaign Organizations. In: R. J. Dalton a. M. P. Wattenberg (Hrsg.): Parties without Partisans. Political Change in Advanced Industrial Industries. Oxford (Oxford University Press), S. 102–128.

Harmel, R. (2002): Party Organizational Change. Competing Explanations? In: K. R. Luther a. F. Müller-Rommel (Hrsg.): Political parties in the new Europe. Political and analytical challenges. Oxford (Oxford University Press), S. 119–142.

Harmel, R. u. K. Janda (1994): An integrated Theory of Party Goals and Party Change. Journal of Theoretical Politics 6 (1), S. 259–287.

Hasse, R. u. G. Krücken (1996): Was leistet der organisationssoziologische Neo-Institutionalismus? Eine theoretische Auseinandersetzung mit besonderer Berücksichtigung des wissenschaftlichen Wandels. Soziale Systeme 2 (2), S. 91–112.

Hawley, A. H. (1972): Human Ecology. In: D. Sills (Hrsg.): International Encyclopedia of the Social Sciences. New York (Macmillan-Free Press), S. 328–337.

Jun, U. (2004): Der Wandel von Parteien in der Mediendemokratie. SPD und Labour Party im Vergleich. Frankfurt am Main (Campus).

Jung, R. (2000): Der kurze Frühling innerparteilicher Demokratie. Blätter für deutsche und internationale Politik 45 (4), S. 394–397.

Katz, R. S. u. P. Mair (1995): Changing Models of Party Organization and Party Democracy. The Emergence of the Cartel Party. Party Politics 1 (1), S. 5–28.

Kirchheimer, O. (1965): Der Wandel des westeuropäischen Parteiensystems. Politische Vierteljahresschrift 6 (1), S. 20–41.

Kitschelt, H. (1994): The transformation of European social democracy. Cambridge (Cambridge Univ. Press).

Lösche, P. (1993): »Lose verkoppelte Anarchie«. Zur aktuellen Situation von Volksparteien am Beispiel der SPD. Aus Politik und Zeitgeschichte 1993 (B 43), S. 34–45.

Lösche, P. u. F. Walter (1992): Die SPD: Klassenpartei – Volkspartei – Quotenpartei. Zur Entwicklung der Sozialdemokratie von Weimar bis zur deutschen Vereinigung. Darmstadt (Wissenschaftliche Buchgesellschaft).

Mair, P. u. W. C. Müller u. F. Plasser (1999): Die Antworten der Parteien auf Veränderungen in den Wählermärkten in Westeuropa. In: P. Mair, W. C. Müller a. F. Plasser (Hrsg.): Parteien auf komplexen Wählermärkten. Reaktionsstrategien politischer Parteien in Westeuropa. Wien (Signum), S. 391–401.

Mense-Petermann, U. (2006): Das Verständnis von Organisationen im Neo-Institutionalismus. In: K. Senge u. K.-U. Hellmann (Hrsg.): Einführung in den Neo-Institutionalismus. Wiesbaden (VS Verlag für Sozialwissenschaften), S. 62–74.

Meyer, M. W. a. B. Rowan (1977): Institutionalized Organizations: Formal Structures as Myth and Ceremony. American Journal of Sociology 83 (2), S. 340–363.

Niedermayer, O. (2000): Modernisierung von Wahlkämpfen als Funktionsentleerung der Parteibasis. In: O. Niedermayer, B. Westle u. M. Kaase (Hrsg.): Demokratie und Partizipation. Wiesbaden (Westdeutscher Verlag), S. 192–210.

Panebianco, A. (1988): Political parties. Organization and power. Cambridge u. a. (Cambridge University Press).

Preisendörfer, P. (2005): Organisationssoziologie. Grundlagen, Theorien und Problemstellungen. Wiesbaden (VS Verlag für Sozialwissenschaften).

Raschke, J. (2002): Politische Strategie. Überlegungen zu einem politischen und politologischen Konzept. In: F. Nullmeier u. T. Saretzki (Hrsg.): Jenseits des Regierungsalltags. Strategiefähigkeit politischer Parteien. Frankfurt (Campus), S. 207–241.

Schimank, U. (2007): Neoinstitutionalismus. In: A. Benz, S. Lütz, U. Schimank and G. Simonis (Hrsg.): Handbuch Governance. Theoretische Grundlagen und empirische Anwendungsfelder. Wiesbaden (VS Verlag für Sozialwissenschaften), S. 161–175.

Schmid, Josef/Zolleis, Udo (Hg.) (2005): Zwischen Anarchie und Strategie. Der Erfolg von Parteiorganisationen. Wiesbaden.

Strøm, K. (1990): A Behavioral Theory of Competitive Political Parties. American Journal of Political Science 34 (2), S. 565–598.

Strøm, K. a. W. C. Müller (1999): Political Parties and Hard Choices. In: W. C. Müller a. K. Strøm (Hrsg.): Policy, Office or Votes? How Political Parties in Western Europe Make Hard Decisions. Cambridge (Cambridge University Press), S. 1–35.

Walgenbach, P. (1999): Institutionalistische Ansätze in der Organisationstheorie. In: A. Kieser (Hrsg.): Organisationstheorien. Stuttgart (Kohlhammer), S. 319–353.

Walter, F. (2001): Die deutschen Parteien: Entkernt, ermattet, ziellos. Aus Politik und Zeitgeschichte (10), S. 3–6.

Weber, M. (1980): Wirtschaft und Gesellschaft. Grundriss der verstehenden Soziologie. Tübingen (Mohr).

Wiesendahl, E. (2002): Die Strategie(un)fähigkeit politischer Parteien. In: F. Nullmeier u. T. Saretzki (Hrsg.): Jenseits des Regierungsalltags. Strategiefähigkeit politischer Parteien. Frankfurt (Campus), S. 187–206.

Antonia Langhof

Reformdynamiken in humanitären Hilfsorganisationen: »Wer zahlt denn jetzt 'nen Jumbo-Jet, um die sechs Turnhallen voll Teddys nach Südafrika zu fliegen?«[107]

1. Einleitung

Anfang der 1990er Jahre entwickelte sich in der Managementliteratur ein Diskurs speziell zu Fragen des Managements humanitärer Hilfsorganisationen. Dass das Interesse an Fragen des Managements nicht-staatlicher Hilfsorganisationen ausgerechnet zu diesem Zeitpunkt einsetzt, wird in der Literatur auf die starke Veränderung der Bedingungen im Feld der humanitären Hilfe zurückgeführt. Im Zuge dieser Entwicklungen entstanden neue Herausforderungen für das Management (vgl. Hodson 1992), was dazu führte, dass sich Hilfsorganisationen zunehmend mit Fragen der Professionalisierung und Restrukturierung auseinandersetzen (vgl. Salm 1999). Seit Mitte der 1990er Jahre dominiert vor allem das Konzept der ›Lernenden Organisation‹ den Managementdiskurs.[108] Darüber hinaus befasst sich die Literatur aber auch mit Fragen, die sich grob unter dem Schlagwort ›Qualitätsmanagement‹ zusammenfassen lassen, u. a. mit speziellen Konzepten (z. B. Logframe[109]), Standards (u. a. SPHERE[110] oder sogenannten »best practices« für humanitäre Hilfseinsätze oder Entwicklungshilfemaßnahmen (vgl. u. a. Thomas 2000).

---

[107] Dieses Zitat, wie auch alle weiteren Zitate ohne direkte Quellenangabe, stammen aus der diesem Beitrag zugrundeliegenden eigenen empirischen Erhebung.
[108] vgl. u. a. Edwards (1997); Britton (1998); Hailey (2000); Roper/Pettit/Eade (2001); Taylor (2004).
[109] Logframe ist im Bereich der Entwicklungszusammenarbeit ein verbreitetes Instrument zur systematischen Ziel- und Indikatorenformulierung.
[110] Im Rahmen des SPHERE-Projekts und dem darin entwickelten Handbuch wurden vor allem technische Standards für unterschiedliche Bereiche der humanitären Hilfe festgelegt.

Dabei bleibt es nicht bei der abstrakten Diskussion von Managementfragen auf der Ebene des Managementdiskurses. Hilfsorganisationen eignen sich die dort diskutierten Managementkonzepte und -instrumente offensichtlich auch bereitwillig an. »Many NGOs [...] have taken on aspects of the current commercial zeitgeist, beginning to act as if they were corporations engaged in the world of commerce« (Dichter 1999, S. 52), was häufig dazu geführt hat, dass »management and corporate financial strategies have been translated or adopted in whole cloth fashion by NGOs« (Offenheiser/Holcombe/Hopkins 1999).

Diese Beobachtung überrascht zunächst, da viele nicht-staatliche Hilfsorganisationen der Ökonomisierung ihrer Tätigkeiten bekanntermaßen skeptisch bis ablehnend gegenüberstehen. Sie kritisieren z. B., dass die Erfolge humanitärer Hilfe und der Entwicklungszusammenarbeit zunehmend anhand wirtschaftlicher Kennzahlen und mit Bezug auf ökonomische Rationalitätskriterien (beispielsweise Kosten-Nutzen-Effizienz) gemessen werden: »Eine auf Überwindung von Not zielende Hilfe setzt zuallererst voraus, in notleidenden Menschen etwas anderes zu sehen als bloße Objekte einer möglichst effizienten Versorgung« (medico international 2003, S. 14).

Nun stellt sich die Frage, worauf sich die Resonanz bestimmter Managementkonzepte in einem Organisationsfeld zurückführen lässt, in dem wirtschaftlicher Gewinn nicht vorgesehen ist und Ökonomisierungsprozesse aus moralisch-politischen Gründen abgelehnt werden. Darüber hinaus gilt es zu fragen, ob und wenn ja wie Hilfsorganisationen aus der Wirtschaft stammende Konzepte umsetzen und welche Folgen sich daraus ergeben. Passen sich Hilfsorganisationen lediglich den Anforderungen und Erwartungen ihrer institutionellen Umwelten an, indem sie Managementrhetoriken auf der Ebene der Außendarstellung einbauen? Oder hat das Aufgreifen von Managementkonzepten auch Auswirkungen auf die strukturell-operative Ebene von Hilfsorganisationen?

Mit meinem Beitrag möchte ich an das Thema des Bandes anschließen, indem ich die Frage aufgreife, ob es sich bei »Change« und »Reform« tatsächlich nur um lockere, rhetorische Veranstaltungen auf der Ebene der Außendarstellung von Organisationen handelt, wie es vor allem neoinstitutionalistische Ansätze der Organisationsforschung behaupten. Im Gegensatz zu diesen Ansätzen beobachten industriesoziologische Forschungen, die die Umsetzung von Managementkonzepten in Organisationen untersuchen, dass die Einführung neuer Produktions- respektive Managementkonzepte in Organisationen eine Eigendynamik (hier im Sinne einer Veränderung der Arbeit und ihrer Bedingungen) entfaltet.

Anliegen meines Beitrags ist es vor diesem Hintergrund, für einen theoretisch-konzeptionellen Vorschlag zu werben (siehe 3), der bereits an anderer Stelle formuliert wurde[111] und mit dem sich sowohl die Bedinungen der gesellschaftlichen Diffusion von Managementkonzepten als auch ihrer organisatorischen Adaption und Implementation untersuchen lassen. Dabei steht im Mittelpunkt, wie sich der Zusammenhang zwischen semantischen Spezifika von Managementkonzepten und der Wahrscheinlichkeit ihrer Abnahme durch Organisationen sowie ihr Einfluss auf faktische organisatorische Entscheidungen empirisch gestaltet. Dem Beitrag liegt die These zugrunde, dass Organisationen zum einen nicht beliebig irgendein Managementkonzept aufgreifen, nur weil es gerade im Trend liegt. Vielmehr muss sich ein Konzept plausibel mit den spezifischen Strukturen, den operativen Problemen und den etablierten Selbstbeschreibungen der Organisation verknüpfen lassen und somit organisatorisch anschlussfähig sein. Zum anderen – so meine zweite These – bleibt die Adaption von Managementkonzepten in Organisationen auf struktureller und operativer Ebene nicht zwangsläufig folgenlos.

Am Beispiel deutscher, nicht-staatlicher humanitärer Hilfsorganisationen werde ich zeigen, welche operativen Probleme und strukturellen Bedingungen die Adaption des Managementkonzepts der ›Lernenden Organisation‹ plausibel machen. Dazu arbeite ich die Struktureigenschaften dieses Organisationstyps, spezifische operative Probleme (2.) sowie einige Spezifika des Konzepts der ›Lernenden Organisation‹ (4.) heraus. Am empirischen Material, das diesem Beitrag zugrunde liegt, lässt sich illustrieren, dass die Übernahme bestimmter Managementkonzepte in die Selbstbeschreibung der Organisation auf struktureller und operativer Ebene nicht folgenlos bleibt. Die Ergebnisse einer im Rahmen der Untersuchung durchgeführten Organisationsfallstudie lassen erkennen, dass sich mit der organisatorischen Adaption des Konzepts der ›Lernenden Organisation‹ eine paradoxe Dynamik entwickelte, die für die Mitarbeiter nicht vorhersehbar und von Einzelnen nicht intendiert war (5.).

---

[111] Tacke (2004, 2005); Tacke/Wagner (2005); Langhof 2008; Langhof/Reinhardt/Tacke (2004); Reinhardt (2004).

2. Gestiegene Anforderungen an humanitäre Hilfsorganisationen

Seit dem Ende des Kalten Krieges und zunehmenden Globalisierungsprozessen steigt die Komplexität im Feld der humanitären Hilfe und der Entwicklungszusammenarbeit zusehends. Kriegerische Auseinandersetzungen und Verteilungskämpfe nehmen zu. Damit einhergehend ist der Bedarf an humanitärer Hilfe dramatisch gestiegen (vgl. Salm 1999). Als eine Folge der Globalisierung wird oftmals eine Reduzierung der Einflussmöglichkeiten von Nationalstaaten behauptet, die entsprechend durch andere Mechanismen politischer Steuerung ersetzt werden müssten. Im Zuge dieser Entwicklungen entdeckte die internationale Politik Ende der 1980er, Anfang der 1990er Jahre nicht-staatliche Hilfsorganisationen als geeignete Träger zur Umsetzung entwicklungspolitischer Maßnahmen. Sie gewannen dadurch zunehmend an Popularität auf dem Parkett der internationalen Politik (vgl. Rucht 1996; Jamali 2003). Seitdem werden sie vermehrt in entwicklungspolitischen Fragen als Experten konsultiert. Und immer dann, wenn staatliche oder halbstaatliche Organisationen aus politischen Gründen keine Hilfe leisten können – in humanitären Katastrophensituationen etwa, die mit kriegerischen Konflikten einhergehen – sind nicht-staatliche Organisationen als Nothelfer unentbehrlich. Seit einigen Jahren können sie daher auch vermehrt finanzielle Mittel bei öffentlichen Geberorganisationen für die Durchführung von Nothilfemaßnahmen und für langfristig angelegte Entwicklungsprojekte beantragen (das gilt auch für Personal- und Sachkosten). Die Möglichkeit, finanzielle Ressourcen zu akquirieren, zog in den 1990er Jahren zunächst eine zahlenmäßige Zunahme von Hilfsorganisationen nach sich, was zu erhöhter Konkurrenz führte. Zudem sind viele vormals kleine, nicht-staatliche Hilfsorganisationen gewachsen. Beide Entwicklungstendenzen brachten für Hilfsorganisationen neue operative Probleme mit sich. Der Umgang mit dem Größenwachstum wird in der Literatur der frühen 1990er Jahre als eines der zentralen Probleme von Hilfsorganisationen identifiziert (vgl. u. a. Hodson 1992; Billis/MacKeith 1992). Schwierigkeiten und Konflikte würden u. a. deshalb auftreten, weil Größenwachstum oftmals eine Hierarchisierung der Strukturen nach sich zöge, der die Mitglieder von nicht-staatlichen Hilforganisationen ablehnend gegenüber stehen. Zudem führe das Wachstum zum Abbau des für nicht-staatliche Organisationen oftmals typisch hohen Maßes an Informalität und zur zunehmenden Formalisierung von Entscheidungen. Auch das stößt häufig auf Widerstand.

Zudem sehen sich Hilfsorganisationen mit der Finanzierung durch öffentliche Geberorganisationen auch mit deren Erwartungen konfrontiert, was die Transparenz, Effizienz und Effektivität ihrer Arbeit betrifft. Deren Vergabeverfahren sind kompliziert und aufwendig und das nicht nur, was die Projektanträge und -verträge angeht. So müssen Hilfsorganisationen regelmäßig dokumentieren, dass sie die erhaltenen Mittel effizient zur Erreichung (schwer messbarer) Ziele eingesetzt haben. Der im Titel des Beitrags zitierte Transport von »sechs Turnhallen voll Teddys« aus Deutschland nach Südafrika lässt sich aus Effizienzgründen dann eben nicht mehr abwickeln, wie mir ein Mitarbeiter einer Hilfsorganisation erläutert, auch wenn die Öffentlichkeit gerne im Fernsehen verfolgen würde, wie ihr Teddy von einem südafrikanischen Kind in Empfang genommen wird. »[E]in Großraumflugzeug von Frankfurt nach Johannesburg kostet 300.000 Dollar. Und dafür kriegen wir in Johannesburg 'ne halbe Million Teddys.«

Mit der Abwicklung von Projekten sind umfangreiche Projektberichte, kontinuierliche Monitorings und Evaluationen verbunden. Hilfsorganisationen beklagen in diesem Zusammenhang den Aufwand und die Kosten für personelle Ressourcen. Darüber hinaus kritisieren sie, dass die Maßstäbe, an denen ihre Arbeit gemessen wird, vor allem technisch-pragmatischer und wirtschaftlicher Natur seien. Der soziale Charakter humanitärer Hilfe rücke dabei in den Hintergrund. Viele nicht-staatliche Hilfsorganisationen wurden im Kontext sozialer Bewegungen gegründet, weshalb sich ihre Arbeit in der Regel nicht auf die unmittelbare Linderung von Not beschränkt. Vielmehr streben diese Organisationen einen globalen sozialen Wandel an und kämpfen für soziale Gerechtigkeit und die Sicherung von Menschenrechten.

Hilfsorganisationen agieren in einem Feld, in dem sich die Bedingungen rasch wandeln, woraus eine Vielzahl – neuer – operativer Probleme resultiert, die es für Hilfsorganisationen zu lösen gilt. Sie betonen zwar stets den sozialen Charakter humanitärer Hilfe als Teil eines solidarischen Miteinanders, gleichzeitig sehen sie sich aber zusehends mit steigenden Anforderungen im Feld und ökonomischen Zwängen konfrontiert. Sie sind auf finanzielle Ressourcen öffentlicher Geldgeber angewiesen und können sich deren Anforderungen somit nicht entziehen. Sie sehen sich einer zunehmenden Nachweispflicht gegenüber, dass sie die finanziellen Mittel effizient einsetzen und dass ihre Strukturen und Verfahren unter diesem Aspekt optimal aufgebaut sind.

Die Einführung von (aus der Wirtschaft übernommenen) Managementkonzepten kann – nicht zuletzt vor dem Hintergrund neo-institutionalistischer Annahmen (vgl. DiMaggio/Powell 1983) – als eine Reaktion auf die wachsenden Anforderungen an Transparenz und Effizienz und als Versuch, Legitimität und Unterstützung (einschließlich finanzieller Ressourcen) zu sichern, interpretiert werden. Was bei dieser Interpretation allerdings unterbelichtet bleibt, ist die Tatsache, dass Hilfsorganisationen offensichtlich nicht willkürlich irgendein Managementkonzept aufgreifen, das gerade »in Mode ist«. So spielt beispielsweise das Konzept der ›Kundenorientierung‹, obwohl derzeit in den unterschiedlichsten gesellschaftlichen Bereichen äußerst populär, in diesem hier überhaupt keine Rolle. Die Empfänger humanitärer Leistungen als ›Kunden‹ zu bezeichnen, käme Hilfsorganisationen nicht in den Sinn. Im Feld der humanitären Hilfe und der Entwicklungszusammenarbeit wird vor allem das Managementkonzept der ›Lernenden Organisation‹ aufgegriffen, wie u. a. Oxfam America oder CARE International zeigen. »Oxfam America has recognized that as an organisation we will need to learn how to learn, whether engaging with our partners in learning from the grantmaking experience, seeking best practices, or building the capacity to use learning to improve the way we work« (Offenheiser/Holcombe/Hopkins 1999, S. 132). Und auf der Homepage von CARE International findet man in der Selbstdarstellung der Organisation unter den ›core values‹: »Excellence: We constantly challenge ourselves to the highest levels of learning and performance to achieve greater impact« (CARE International 2008).

Zwar lehnen viele Hilfsorganisationen eine Ökonomisierung der humanitären Hilfe ab, dennoch scheint sich das Konzept der ›Lernenden Organisation‹ einer zunehmenden Beliebtheit zu erfreuen, was vermutlich darauf zurückzuführen ist, dass die wirtschaftlichen Bezüge und Kosten-Nutzen-Kriterien in diesem Konzept zwar für alle Beteiligten verständlich mitlaufen, aber faktisch latent bleiben (vgl. Tacke/Wagner 2005). Was aber macht ausgerechnet das Konzept der ›Lernenden Organisation‹ im Feld der humanitären Hilfe so beliebt? Und hat das Aufgreifen des Konzepts auf der Ebene der Außendarstellung Folgen auf der operativen Ebene von Entscheidungen in diesen Organisationen? Um Antworten auf diese Fragen zu finden, werde ich im nächsten Schritt für einen theoretisch-konzeptionellen Vorschlag werben, der es erlaubt, die Bedingungen der organisatorischen Adaption von Managementkonzepten sowie potentielle strukturelle Folgen ihrer Umsetzung in Organisationen untersuchen zu können.

3. Managementkonzepte: Zum Verhältnis von gesellschaftlichen Semantiken und organisatorischen Strukturen

Handelt es sich bei »Change« und »Reform« also nur um lockere, rhetorische Veranstaltungen, die der Organisation dazu dienen, sich an (Rationalitäts-)Erwartungen ihrer institutionellen Umwelten anzupassen und sich damit Legitimität zu sichern, ohne dass dies (zwangsläufig) Auswirkungen auf der operativen Ebene nach sich zieht?[112] Die Ende der 1970er/Anfang der 1980er Jahre einsetzende Debatte um die Dekonstruktion von »Rationalitätsmythen« fand ihre Fortsetzung Mitte der 1990er Jahre unter Schlagworten wie »management fashions« oder »Moden und Mythen des Organisierens«.[113] Dort wird das Phänomen diskutiert, dass immer wieder neue Rationalitätsmythen und Managementkonzepte Konjunktur haben. In diesem Zusammenhang wird behauptet, dass Organisationen die Konzepte, die gerade en vogue sind, bereitwillig adaptierten, um sich Legitimität zu sichern (Kieser 1996, S. 32). Dabei entspreche das nach außen vermittelte Bild häufig nicht der innerorganisatorischen Realität (ebd.). In dieser Debatte wird zum einen unterstellt, dass Organisationen jedes beliebige modische Konzept aufgreifen und zum anderen, dass damit nicht zwangsläufig auch Folgen auf struktureller und operativer Ebene verbunden seien. Beides wird in der Regel aber nicht systematisch untersucht.

Der Frage nach der Umsetzung von Managementkonzepten in Organisationen und ihren möglichen Folgen widmet sich wiederum vor allem die Arbeits- und Industriesoziologie (bspw. Voswinkel 2005). Bereits seit den 1980er Jahren werden hier mit dem Abschied vom Taylorismus Veränderungen der Rationalisierung beobachtet, die auf neue Produktionskonzepte und -modelle zurückgreifen (vgl. u. a. Minssen 2006; Kern/Schuhmann 1990). Damit einhergehend werden Kontingenzen der Rationalisierung sichtbar – neben die »tayloristische Strategie der Rationalisierung« (Minssen 2006, S. 100) treten weitere Produktionskonzepte – und der Blick auf das Management eröffnet. Die Bedingungen der gesellschaftlichen Verbreitung von Managementkonzepten und die Frage, wie sie eigentlich in Orga-

---

[112] vgl. Meyer/Rowan (1977); DiMaggio/Powell (1983); Brunsson/Olsen (1993, S. 85 ff.).
[113] vgl. u. a. Abrahamson (1996); Abrahamson/Fairchild (1999); Kieser (1996).

nisationen gelangen, wird hier im Gegensatz zu neo-institutionalistischen Ansätzen in der Regel nicht zum Problem.

Während sich der eine Forschungsstrang vor dem Hintergrund einer institutionalistischen Perspektive auf Reformbestrebungen und Managementkonzepte auf die Frage nach den Bedingungen der gesellschaftlichen Diffusion und der organisatorischen Adaption konzentriert, fokussiert der arbeits- und industriesoziologische Strang mit einer handlungstheoretischen Zugriffsweise die innerorganisatorische Umsetzung von Managementkonzepten und ihre (sozialen) Folgen. Auffällig ist, dass in Bezug auf Managementkonzepte also entweder semantische oder strukturelle Aspekte jeweils überbetont werden.

Vor diesem Hintergrund möchte ich auf einen theoretisch-konzeptionellen Vorschlag zurückgreifen, der es ermöglicht, sowohl semantische als auch strukturelle Aspekte in den Blick zu nehmen.[114] Auf der Grundlage des hier vorgeschlagenen forschungsleitenden Konzepts wird es möglich, sowohl die Bedingungen der gesellschaftlichen Diffusion als auch der organisatorischen Adaption und Implementation von Managementkonzepten zu untersuchen. Ich folge einer kommunikationstheoretischen Zugriffsweise auf das Phänomen und stütze meine Überlegungen auf die Unterscheidung von Sozialstruktur und Semantik, wie sie in Niklas Luhmanns Wissenssoziologie entwickelt wurde.[115] Die gesellschaftstheoretische Unterscheidung von Sozialstruktur und Semantik beruht auf der Beobachtung, dass mit gesellschaftsstrukturellen Entwicklungen auch ein Wandel auf der Ebene der semantischen Selbstbeschreibung der Gesellschaft einhergeht. Die Systemtheorie geht dabei davon aus, dass sich Semantik und Sozialstruktur wechselseitig beeinflussen und damit grundsätzlich zusammenhängend gedacht werden müssen (vgl. Luhmann 1980, S. 34). Die Funktion der Semantik liegt darin, dass sie Beobachtungsoperationen spezifische Unterscheidungen zur Verfügung stellt und dadurch die Selbstbeobachtung und damit auch Selbstbeschreibung der Gesellschaft ermöglicht. Stäheli beschreibt die Semantik als eine Art Gedächtnis der Gesellschaft, das »Muster bereithält, mit deren Hilfe Selektionen in unterschiedlichen Situationen vorgenommen werden können. Damit beschreibt die Semantik einen elementaren Mechanismus der Sinnproduktion: sie ist eine Struktur, die Sinnselektionen wiederholbar macht, und organisiert so die Aktualisierung

---

[114] vgl. u. a. Tacke (2004, 2005); Tacke/Wagner (2005); Langhof/Reinhardt/Tacke (2004); Langhof (2008).
[115] vgl. Luhmann (1980); Stäheli (1998, 2000); Stichweh (2000).

von Sinn« (Stäheli 2000, S. 202). Generell könnte man sich natürlich fragen, inwiefern sich eigentlich Semantik und Sozialstruktur voneinander unterscheiden lassen? Schließlich handelt es sich offenbar in beiden Fällen um Formen generalisierter Erwartungen, die jeweils gesellschaftlichen Differenzierungsprozessen unterliegen. Mit Strukturen sind hier allerdings immer operative Strukturen eines bestimmten Systems gemeint. Semantiken hingegen sind gesellschaftsweit verfügbar. Sie können also auch von einem Systemkontext in andere diffundieren. Während Strukturen also ein hohes Einschränkungspotential entfalten, scheint dies im Falle von Semantiken schwächer ausgeprägt zu sein. Semantiken beruhen auf bestimmten Schemata (Mustern), in denen Regeln kondensieren, die Beobachter bei ihren Beobachtungen zugrunde legen (vgl. Hiller 2005). Die Beobachtungsregeln (Aufmerksamkeitsfilter), die bei der Anfertigung von (Selbst-)Beschreibungen zur Anwendung kamen, lassen sich extrahieren, indem man die semantischen Eigenschaften von (Selbst-)Beschreibungen analysiert.

Wendet man die gesellschaftstheoretisch formulierte Unterscheidung von Semantik und Sozialstruktur auf Organisationen an, so unterstellt man bekanntermaßen, dass es sich um eine spezifische Form innergesellschaftlicher Struktur handelt. Die operative Einheit des Prozessierens von Organisationen ist ebenfalls Kommunikation, somit vollziehen sie mit jeder ihrer Kommunikationen Gesellschaft. Im Unterschied zu Funktionssystemen und Interaktionen zeichnen sich Organisationen bekanntlich durch spezifische Operationen aus, nämlich Entscheidungen. Auch Organisationen verwenden die oben genannten Muster zur Beobachtung in ihren Selbstbeschreibungen. Um Anschlussfähigkeit zu gewährleisten, greifen sie auf (kontingente) Semantiken zurück, die sie nicht nur in sich selbst, sondern in der Gesellschaft vorfinden. Sie nutzen also das gesellschaftliche Gedächtnis und die dort enthaltenen Unterscheidungen zur Beschreibung ihrer selbst.

Managementkonzepte lassen sich dann, diese kommunikationstheoretischen Annahmen zugrundegelegt, als semantische Konstrukte zur Beschreibung von Organisationen begreifen. Diese spezielle Form der Organisationsbeschreibung zeichnet sich dadurch aus, dass sie simplifizierend und selektiv Bezug auf Organisationen nimmt, indem sie Lösungen für spezifische operative Probleme anbietet, aber auch Probleme für vorhandene Lösungen (vgl. Reinhardt 2004; Langhof/Reinhardt/Tacke 2004). Zudem kann sie dazu genutzt werden, Begründungen für Entscheidungen zu liefern und ermöglicht damit eine Reduktion von Komplexität. Managementkonzepten kommt somit in Organisationen eine legitimatorische sowie unsicherheitsabsorbierende Funktion zu (vgl. Kieser 1996). Ihre Attraktivität beruht u. a. darauf, dass sie zumeist recht allgemein formuliert sind und damit Interpretationsspielraum erhalten. Damit sind sie auf viele verschiedene Organisationen anwendbar. Zudem greifen sie häufig auf Semantiken zurück, die gesellschaftlich bereits etabliert und mit positiven Werten besetzt sind; damit erhöht sich die Wahrscheinlichkeit ihrer Abnahme durch bestimmte Organisationen. Beispielhaft lässt sich das an der Semantik des »Lernens« als Erziehungssemantik und dem Fall von Schulen veranschaulichen (vgl. Tacke 2004, 2005).

Organisationen greifen in ihren Selbstbeschreibungen nicht willkürlich Semantiken auf, das gilt auch für Managementsemantiken, denn nicht jedes Beschreibungsangebot ist in jeder Organisation gleichermaßen anschlussfähig. Folgt man dem wissenssoziologischen Argument, dass Semantik und Sozialstruktur in einem rekursiven Verhältnis zueinander stehen (vgl. Stichweh 2000; Luhmann 1980), ist davon auszugehen, dass die gewählten Semantiken mit Bezug auf die jeweiligen organisationsspezifischen Strukturen und Prozesse als ›passend‹ identifiziert werden müssen. Sie müssen zudem geeignet sein, eine ihnen von der Organisation zugeschriebene Funktion zu erfüllen. Damit ist gemeint, dass die Strukturen von Organisationen die Auswahl möglicher Semantiken ihrer Beschreibung eingrenzen. Umgekehrt schränkt wiederum die Wahl spezifischer Semantiken der Selbstbeschreibung die Möglichkeiten dessen ein, was im Weiteren in der Organisation abnahmefähig gesagt werden kann und erwartbar geschieht. Indem Semantiken Einschränkungen von Sinnverweisungshorizonten vornehmen, haben sie Einfluss auf das weitere Prozessieren von Sinn. In Organisationen ergeben sich in dem Moment Folgen auf struktureller Ebene, wo Semantiken der Selbstbeschreibung Relevanz auf der Ebene faktischer Entscheidungen entfalten.

Anhand dieses erkennbar organisationssoziologisch interessierten forschungsleitenden Konzepts lassen sich nun die Bedingungen der Verbreitung des Konzepts der ›Lernenden Organisation‹ im Feld der humanitären Hilfe sowie seiner Abnahme und Umsetzung in Hilfsorganisationen untersuchen und beschreiben. Zum einen würde man vermuten, dass das Konzept der ›Lernenden Organisation‹ in Bezug auf die etablierten Selbstbeschreibungen und Strukturen von Hilfsorganisationen anschlussfähig ist und zum anderen Lösungen für aktuelle operative Probleme humanitärer Hilfsorganisationen anbietet. Da es von einem rekursiven Verhältnis von Organisationsstrukturen und semantischen Selbstbeschreibungen ausgeht, lässt das theoretische Konzept darüber hinaus die empirische Möglichkeit erwarten, dass das Aufgreifen des Managementkonzepts der ›Lernenden

Organisation‹ auch Folgen auf der strukturell-operativen Ebene in Hilfsorganisationen nach sich zieht.

4. Ein Exkurs zur methodischen Vorgehensweise

Die empirische Untersuchung, die diesem Beitrag zugrunde liegt, kombiniert unterschiedliche Methoden der Datengenerierung: Dokumentenanalyse, qualitatives Interview und Gruppendiskussion. Dokumente wie u. a. speziell auf humanitäre Hilfsorganisationen zugeschnittene Managementliteratur und Internetauftritte sowie Informationsmaterialien einschlägiger Hilfsorganisationen und öffentlicher Geldgeber sollten einen Überblick über die Verbreitung von Managementkonzepten im Feld der humanitären Hilfe und der Entwicklungszusammenarbeit liefern.

Qualitative Interviews wurden zum einen im Rahmen einer explorativen Vorstudie mit Vertretern einschlägiger deutscher Hilfs- und Katastrophenschutzorganisationen geführt. Zum anderen kam diese Methode im Rahmen einer Organisationsfallstudie in einer weder staatlich, kirchlich noch verbandsmäßig organisierten Hilfsorganisation zum Einsatz. Die explorative Vorstudie sollte zunächst Aufschluss darüber geben, inwiefern Managementkonzepte für deutsche Hilfsorganisationen überhaupt eine Rolle spielen und welche Managementsemantiken dort verwendet werden. In der Fallstudie, die insgesamt 11 Interviews mit Organisationsmitgliedern umfasste, wurde daran anschließend eine Tiefenanalyse vorgenommen, die Einblicke in organisationsspezifische Strukturen und Strukturprobleme ermöglichen sollte. Dabei war, neben den Inhalten der Antworten, auch die Frage relevant, in welchen Semantiken die Interviewten die Organisation beschreiben. Also, welche semantischen Schematisierungen den Beschreibungen zugrunde liegen. Daher wurde eine Interviewtechnik angewandt, die die Vorteile des problemzentrierten Interviews (vgl. Witzel 2000) mit denen des episodischen Interviews (vgl. Flick 1996) kombiniert. Zusätzlich wurde Dokumenten- und Aktenmaterial der Organisation aus den letzten ca. 10 Jahren, wie z. B. Sitzungsprotokolle, für die Untersuchung herangezogen, um zu eruieren, inwiefern die vorgefundenen semantischen Konzepte an organisationale Strukturen und Entscheidungen rückgekoppelt sind.

Für die Gruppendiskussion konnten die fünf Leiter/innen der einzelnen Teilbereiche der im Rahmen der Fallstudie untersuchten Hilfsorganisation gewonnen werden. Sie sollte ebenfalls Einblicke in organisationsspezifische Strukturen und Strukturprobleme liefern, darüber hinaus war hier aber auch die Frage relevant, ob sich so etwas wie eine organisationstypische

Semantik identifizieren lässt. Ob sich also semantische Schematisierungen herauskristallisieren, die von allen Teilnehmer/innen der Gruppendiskussion in den Beschreibungen zugrunde gelegt werden.

Für die Auswertung des Materials wurde eigens eine Methode entwickelt (vgl. Langhof 2006), da bislang in der systemtheoretischen Forschung kein methodisches Konzept zur systematischen Analyse von Semantiken und ihrem Verhältnis zur Sozialstruktur vorliegt. Als Quellen der Inspiration dienten hierbei unter anderem Arbeiten aus den Nachbardisziplinen, etwa solche zur historischen Semantik und Begriffsgeschichte in der Geschichtswissenschaft (vgl. Brunner et al. 1972; Kosselleck 1979; Leonhard 2001) und in den Sprachwissenschaften (vgl. Busse 1987), aber auch die Methode der ethnographischen Semantik (vgl. u. a. Maeder/Brosziewski 1997). Bei der Auswertung des empirischen Materials gilt es systematisch zu untersuchen, welche organisatorischen Strukturen oder Strukturprobleme thematisiert werden und mit welchen Semantiken diese beschrieben werden. Relevant ist vor allem auch, woher die Semantiken bezogen werden. Handelt es sich um Semantiken aus einem spezifischen professionellen Kontext, um solche aus aktuellen gesellschaftlichen Diskursen oder um funktionssystemspezifische Semantiken. Es scheint mir dabei unerlässlich, und hier schließe ich mich einer Forderung Stähelis an, systematisch semantische Konzepte bzw. Netzwerke von Unterscheidungen aus dem Datenmaterial herauszupräparieren und sich nicht voreilig auf eine Leitunterscheidung zu beschränken, um eine Dekontextualisierung von Semantiken zu vermeiden (vgl. Stäheli 1998). Der Vergleich unterschiedlicher Selbstbeschreibungen könnte daran anschließend über semantische Unterschiede, aber auch Gemeinsamkeiten Aufschluss geben. Darüber hinaus können so eventuell Semantiken identifiziert werden, die eine Art ›Brückenfunktion‹ leisten, die also die Anschließbarkeit solcher Selbstbeschreibungen oder Beschreibungsangebote ermöglichen, die sich zunächst völlig unterschiedlicher semantischer Konzepte zu bedienen scheinen.

Um der bereitwilligen Abnahme des Konzepts der ›Lernenden Organisation‹ durch humanitäre Hilfsorganisationen auf den Grund zu gehen, werde ich im nächsten Schritt ihre Selbstbeschreibungen, ihre spezifischen Strukturen und operativen Probleme sowie die semantischen Eigenschaften des Konzepts der ›Lernenden Organisation‹ systematisch untersuchen.

5. Was macht das Konzept der ›Lernenden Organisation‹ attraktiv für humanitäre Hilfsorganisationen?

An dieser Stelle interessiert vor allem die Frage nach den Bedingungen der Abnahmebereitschaft des Konzepts der ›Lernenden Organisation‹ in humanitären Hilfsorganisationen. Denn auf den ersten Blick finden sich dort keine direkten Bezüge, die eine Anschlussfähigkeit der Semantik des Lernens und des Konzepts der ›Lernenden Organisation‹ nahe legen. Vielmehr sind es vorwiegend politische Semantiken, derer sie sich in ihren Selbstbeschreibungen bedienen. Besonders populär ist dabei das Konzept der ›Zivilgesellschaft‹. Untersucht man die Selbstbeschreibungen von Hilfsorganisationen genauer, stellt man allerdings fest, dass das Konzept der ›Zivilgesellschaft‹ – obwohl es ein politisches ist – die Anschlussmöglichkeiten für Lernsemantiken herstellt und somit offensichtlich auch die Abnahme des Managementkonzepts der ›Lernenden Organisation‹ plausibilisiert.

Hilfsorganisationen beschreiben sich als zivilgesellschaftliche Akteure und erheben die im Konzept der ›Zivilgesellschaft‹ enthaltenen Werte zu handlungsleitenden Maximen ihrer Arbeit. Dass hier deskriptive und normative Aspekte verquickt werden, liegt an der Ambiguität des Konzepts der ›Zivilgesellschaft‹ und in seiner unterschiedlichen Verwendung im gesellschaftlichen Diskurs (vgl. Bauerkämper 2003; Klein 2001). Das Konzept wird sowohl als Zustandsbeschreibung, als normatives Konzept, als auch als Zukunftsentwurf verwendet. Die Strukturen von Hilfsorganisationen spiegeln die Orientierung an den im Konzept der ›Zivilgesellschaft‹ enthaltenen Werteschemata wider. Deren wichtigste – Solidarität, Toleranz, Partizipation und Gewaltfreiheit – liegen häufig den Entscheidungen in Hilfsorganisationen – implizit oder explizit – zugrunde, was u. a. in den Entscheidungsfindungsprozessen von Hilfsorganisationen sichtbar wird. Obwohl es sich um formale Organisationen mit bezahlter Mitgliedschaft und nicht um assoziationsförmige handelt, wird den Mitarbeitern zumeist ein starkes Mitspracherecht eingeräumt. Der Anspruch, Entscheidungen in möglichst demokratisch organisierten Prozessen herbeizuführen, ist eng an den Wert der Partizipation gekoppelt. Einer der Interviewpartner beschreibt die Entscheidungsfindungsprozesse mit Bezug auf Projektplanung in seiner Organisation folgendermaßen: »Wir sind ja hier kein hierarchischer Laden und alle haben ihre Kenntnisse und das ist eigentlich meistens 'ne offene Diskussion, wenn wir sowas vorstellen, was wir machen möchten.« Ein anderes Beispiel wäre das Schema der Solidarität. »Wir setzen uns schon für, ja, für 'ne gute Sache ein«, hebt beispielsweise eine der Interviewpartnerinnen hervor. Solidarität als Wert und damit einhergehend eine starke Identifikation mit den Zielen der Organisation prägt die Arbeitswirklichkeit in Hilfsorganisationen maßgeblich (vgl. Glagow 1987). Empirisch lässt sich das mit der Akzeptanz geringer Bezahlung und eines hohen Anteils an unbezahlten Überstunden durch die Mitarbeitenden belegen, das bestätigt ein anderer Interviewpartner: »Also es fällt schon mal daran auf, dass wir alle endlos Überstunden und Urlaub vor uns herschieben.«

Schließlich spielt auch Bildung als Wertschema im Konzept der ›Zivilgesellschaft‹ eine zentrale Rolle: »Bildung kann [...] Werte vermitteln, die helfen, dem zivilgesellschaftlichen Handeln möglichst entsprechende Persönlichkeiten und Strukturen auszubilden. Insofern bedingt die Aneignung von Bildung die Entstehung von ›Zivilität‹« (Lieske 2003, S. 108 f.). Schon John Dewey, ein prominenter Vertreter des Konzepts der ›Zivilgesellschaft‹, beschrieb Anfang des letzten Jahrhunderts die Suche nach Wahrheit als Voraussetzung für die Lösung sozialer und politischer Probleme (vgl. Dewey 1993). Die Aneignung von Bildung wird als eine maßgebliche Voraussetzung für die Zivilgesellschaft betrachtet. Durch Bildung werden den Akteuren, so die Vorstellung, sowohl Handlungskompetenzen und die Fähigkeit zur Reflexion als auch relevante Werte für eine selbstorganisierte Praxis in der Gesellschaft vermittelt. Humanitäre Hilfsorganisationen machen sich auch diesen Aspekt des Konzepts der ›Zivilgesellschaft‹ zu eigen. Die meisten beteiligen sich an Bildungsprojekten, einige wie etwa terre des hommes sind sogar ausschließlich auf bildungspolitische Arbeit spezialisiert. Stets wird die Relevanz von Bildung für eine nachhaltige Entwicklung betont.

Vor diesem Hintergrund scheint die Bereitschaft zur Adaption des Managementkonzepts der ›Lernenden Organisation‹, trotz der eingangs beschriebenen Skepsis gegenüber aus der Wirtschaft stammenden Managementpraktiken und der Befürchtung, der soziale Charakter humanitärer Hilfe würde dadurch gefährdet, weit weniger überraschend – wenn nicht sogar hochgradig plausibel. Die Semantik des ›Lernens‹, auf die sich dieses Managementkonzept stützt, ist zum einen unmittelbar anschlussfähig an den Wert der Bildung, welcher wiederum dem Konzept der ›Zivilgesellschaft‹ immanent ist und von Hilfsorganisationen aufgegriffen wird. Darüber hinaus ist es zum anderen auch in seinen Bezügen auf die Strukturspezifika humanitärer Hilfsorganisationen anschlussfähig. Das wird besonders deutlich in dem maßgeblich von Peter Senge geprägten Managementkonzept der ›Lernenden Organisation‹.

Senge postuliert, dass in Zeiten raschen Wandels nur solche Organisationen reüssieren, die in der Lage sind, flexibel auf Veränderungen zu reagieren, sich ständig fortzuentwickeln und zu verbessern. Flexibilität wäre dabei nicht nur von den Organisationsmitgliedern gefordert, sondern auch von den organisationalen Strukturen. In seinem Buch »Die fünfte Disziplin« gibt der Autor (mehr oder weniger) konkrete Handlungsanweisungen für Manager, wie Organisationen zu gestalten seien, um dem Ideal einer ›lernenden Organisation‹ zu entsprechen. Darin wird u. a. auch deutlich, dass es sich bei seinem Konzept nicht um ein theoretisches, sondern um ein anwendungsorientiertes – also um ein Managementkonzept[116] – handelt. Als essentielles Element lernender Organisationen identifiziert Senge daher beispielsweise die Ausbildung heterarchischer Strukturen. Um eine Organisation in eine ›Lernende Organisation‹ umzugestalten, sei es unabdingbar, die Eigenverantwortlichkeit und das selbstständige Denken ihrer Mitarbeitenden zu fördern. Zielführend seien hier vor allem ›organische Steuerungsprozesse‹, die maßgeblich durch Dialog geprägt sind. Die auf Hilfsorganisationen zugeschnittene Managementliteratur greift diese Idee auf: »Learning organizations are decentralized, organically structured and task-oriented, with flexible units and teams built around pieces of work for which they are jointly accountable« (Edwards 2004, S. 335 f.). Diese Vorstellung von Steuerung lässt sich ohne weiteres mit dem oben beschriebenen Anspruch der partizipatorischen Gestaltung von Entscheidungsfindungsprozessen in humanitären Hilfsorganisationen verbinden. Des Weiteren hebt Senge die Wichtigkeit einer ›geteilten Vision‹ als Voraussetzung für die kontinuierliche Bereitschaft zu lernen und sich zu verbessern hervor. Dieser Idee entspricht in Hilfsorganisationen die weitverbreitete Koppelung organistorischer Entscheidungen an das Wertschema der Solidarität: das gemeinsame Eintreten für eine ›gute Sache‹, nämlich eine ›bessere Welt‹.

Neben seiner Anschlussfähigkeit an die Selbstbeschreibungen und Strukturspezifika von Hilfsorganisationen scheint das Konzept auch Lösungen für einige ihrer operativen Probleme anzubieten, beispielsweise die im Zuge des Größenwachstums auftretende Tendenz zu einer zunehmenden Hierarchisierung. Würden die Strukturen entlang der Empfehlung des Konzepts auf Heterarchie umgestellt, sollten auch die Konflikte und Unzu-

---

[116] Das Konzept der ›Lernenden Organisation‹ hat dabei zwei Seiten. Indem das Konzept durchgehend auf die Semantik des ›Lernens‹ rekurriert, kaschiert es seine wirtschaftlichen Bezüge, die ihm gleichwohl implizit zugrundeliegen.

friedenheiten in der Organisation beseitigt werden können. Selbst für das Problem der gestiegenen Komplexität im Feld sowie die Schwierigkeit Spendengelder und Gelder öffentlicher Geldgeber zu akquirieren verspricht das Konzept eine Lösung. Indem Organisationen ›lernfähig‹ gestaltet werden, so die Idee des Konzepts, könnten sie sich den sich kontinuierlich wandelnden Anforderungen wesentlich flexibler und besser anpassen (vgl. Edwards 2004; Hailey 2000).

Die Attraktivität des Konzepts der ›Lernenden Organisation‹ liegt für Hilfsorganisationen offensichtlich in seiner gleich mehrfachen Anschlussfähigkeit begründet. Es scheint ja zunächst nichts dagegen zu sprechen, einen weiteren zentralen Wert des Konzepts der ›Zivilgesellschaft‹ eng mit organisatorischen Strukturen zu verknüpfen. Der wirtschaftliche Bezug des Managementkonzepts scheint dabei zunächst in den Hintergrund zu rücken.

Dass es in Hilfsorganisationen aber nicht bei einer oberflächlichen Adaption des Konzepts der ›Lernenden Organisation‹ auf der Ebene der Außendarstellung bleibt, sondern diese tiefgreifende strukturelle Veränderungen nach sich ziehen kann, zeigt die empirische Fallstudie einer deutschen Hilfsorganisation.

6. Welche Folgen hat die Umsetzung des Konzepts der ›Lernenden Organisation‹ in Hilfsorganisationen?

Dass es nicht bei einem oberflächlichen Adaptieren des Konzepts der ›Lernenden Organisation‹ bleibt, wird deutlich, wenn man nicht nur die Außendarstellung, sondern auch die Ebene operativer Entscheidungen in Hilfsorganisationen untersucht und dabei das Augenmerk u. a. auf die Entscheidungsprämissen Personal (bspw. Stellenschaffungen), Programme (bspw. Einführung neuer Verfahrensweisen) und Kommunikationswege (bspw. Änderungen in den hierarchischen Strukturen) richtet.

Das Konzept der ›Lernenden Organisation‹ wurde im wirtschaftlichen Kontext im Bestreben um ›kontinuierliche Verbesserung‹ und ›Qualitätssteigerung‹ entwickelt. Ähnliche Erwartungen verbinden auch die Literatur, die sich speziell an Hilfsorganisationen richtet (vgl. Taylor 2004) sowie Hilfsorganisationen selbst mit dem Konzept, wie das Beispiel Oxfam America zeigt (vgl. Offenheiser/Holcombe/Hopkins 1999, S. 132). Dabei wird u. a. stets die Relevanz ausgewogener Zweck-Mittel-Relationen angeführt (vgl. u. a. Taylor 2004, S. 349). Im Zuge des organisationalen

Lernens müsse diese ständig überprüft und gegebenenfalls angepasst werden. Es wird unterstellt, dass organisationales Lernen nachweisbar resp. messbar ist (vgl. ebd.). Die Literatur empfiehlt Monitorings und Evaluationen, um Lernprozesse in der Organisation zu institutionalisieren, Verfahrensweisen der Organisationen zu reflektieren und auf ihre Effektivität und Effizienz hin zu untersuchen. Das Beispiel Oxfam America zeigt, dass diese Empfehlungen aufgegriffen und integriert werden. Die Vorteile des Konzepts der ›Lernenden Organisation‹ werden von Oxfam America beispielsweise darin gesehen, dass »[t]he learning organization model assumes tight control at the center over definitions of mission, vision, values, and performance standards but allows for a high degree of decentralized professional management of day-to-day program decision making and resource allocation, with the goal of optimizing impact closest to the ground. It also seeks to balance the tension between process and outcomes in a new way that requires stronger and better organized systems of accountability« (Offenheiser/Holcombe/Hopkins, 1999, S. 132).

Auch deutsche Hilfsorganisationen greifen das Konzept auf und integrieren es in ihre Strukturen. So beschreibt ein Geschäftsführer die Prozesse in seiner Organisation folgendermaßen: »Wir lernen, seitdem ich [hier] bin und auch schon vorher permanent. Ich sehe nur, wie wir beständig versuchen, auf sich verändernde Rahmenbedingungen einzuwirken und [uns] selbst wieder auszurichten. Das sind jetzt nicht so große Prozesse im Sinne einer Zäsur, man ändert sein Konzept. Sondern das sind schleichende, langsame Prozesse. Man versucht, […] die Organisation, die Struktur anzupassen.«

Mit dem Aufgreifen des Konzepts der ›Lernenden Organisation‹ verpflichten sich Hilfsorganisationen zunehmend selbst, die Qualität, Wirksamkeit und Effizienz ihrer Arbeit ständig zu überprüfen und bauen regelmäßige Monitorings und Evaluationen auf der Ebene der Organisationsprogramme ein. Dazu erläutert ein Mitarbeiter einer deutschen Hilfsorganisation im Interview: »Und das heißt, [dass einer von uns] mindestens noch ein Mal, wenn nicht zwei Mal […] runterfliegen muss, um zu gucken: Wie läuft das Projekt?– Monitoring, sich 'nen Eindruck verschaffen, aber auch wirklich in die Akten steigen. Und ab 'ner bestimmten Anzahl Projekte kann das bedeuten, dass wir alle nur noch auf Dienstreise sind, was natürlich auch nicht geht. Und dafür braucht man schon 'ne entsprechende personelle Stärke.« Und an anderer Stelle hebt er hervor: »[U]ns ist klar, dass wir das machen müssen, weil die Qualität der Projektdurchführung und auch der Abrechnung bestimmt […], ob man weitere Gelder bekommt. Und deswegen werden wir das jetzt massiver forcieren.«

Evaluationen haben für Hilfsorganisationen allerdings einen Haken. Die Überprüfung von Qualität und Wirksamkeit humanitärer Hilfe ist offensichtlich nicht einfach. Das verdeutlichen u. a. die anhaltenden Debatten, die sowohl über geeignete Qualitätskriterien für humanitäre Hilfe als auch über die Messbarkeit ihrer Wirksamkeit geführt werden.[117] Eine maßgebliche Schwierigkeit liegt dabei in der Definition inhaltlicher Qualitätskriterien. Im Interview schildert ein Vertreter einer Hilfsorganisation die Problematik der Qualitätsprüfung: »Qualitätskontrolle in der [humanitären Hilfe] ist nicht vergleichbar mit der Produktion von irgendwelchen Industriegütern, wo man unmittelbar auf dem Fließband sehen kann: Aha, diese Flasche ist genauso weit gefüllt wie die nebendran.« Die Schwierigkeit besteht darin, inhaltliche Kriterien für die Bewertung der eigenen Arbeitsweisen, der Qualität und der Wirksamkeit von Entwicklungszusammenarbeit und humanitärer Hilfe zu finden, die die Besonderheiten dieses Kontextes berücksichtigen. »Also: 'ne Wirkung mit unseren Projekten nachzuweisen, ist immer schwierig. [...] Aber die Prozesse, die wir installiert haben [...] : Wie oft sind Projektreferenten im Feld? Das können wir ja dokumentieren. Wie formalistisch sind unsere Planungsprozesse? Beherrschen wir Logframe? Kennen wir SPHERE? Wie funktioniert unsere Verwaltung? Welche Art von Buchführung haben wir? Das ist ja alles darstellbar.« Dieser Auszug aus einem der Interviews mit einem Vertreter einer Hilfsorganisation lässt erkennen, dass in Ermangelung inhaltlicher Kriterien formalistisch-administrative Verfahren eingesetzt werden, um Qualität nachzuweisen. Hilfsorganisationen tragen im Endeffekt also selbst dazu bei, dass die Qualität von Hilfe anhand wirtschaftlicher und logistischer – und somit quantitativer – Kriterien gemessen wird: »Immer weniger sind es soziale Kriterien, an denen der Erfolg von Hilfe gemessen wird. Wichtiger sind wirtschaftliche Größen, wie die Zahl der erreichten Menschen, die Menge der versandten Hilfsgüter, die Effizienz der Nachschubwege, die Schnelligkeit, mit der man vor Ort ist. Abwicklungskapazitäten zählen, nicht aber die menschliche Beziehung zu den Opfern« (Gebauer 2003, S. 17). Obwohl Hilfsorganisationen dieser Entwicklung kritisch gegenüberstehen, scheint es ihnen nur schwer möglich, sich der Anwendnung wirtschaftlicher Kriterien und Instrumente zu entziehen. Und das wiederum hat Konsequenzen für operative Entscheidungen in Hilfsorganisationen, wie aus einem der von mir geführten Interviews hervorgeht: »Das

---

[117] vgl. u. a. Caspari (2004); Stockmann (2000); Brüne (1998).

heißt, man muss schon sehr viel Arbeit drauf verwenden, um immer sagen zu können: Wir verwenden die Mittel zweckgebunden, eisern, sparsam.«

Obwohl das Konzept der ›Lernenden Organisation‹ attraktiv scheint, da es operative Probleme zu lösen verspricht und zudem noch an die Selbstbeschreibungen und das Selbstverständnis von Hilfsorganisationen anschlussfähig ist, erfüllen sich die mit der Einführung verbundenen Hoffnungen nicht. Das Gegenteil ist der Fall. Die Adaption des Konzepts forciert den Einzug wirtschaftlicher Kriterien in den Bereich der humanitären Hilfe. Die Herstellung und Verarbeitung wirtschaftlicher Kennzahlen erfordert zusätzliche Kapazitäten und erfordert entsprechend mehr Personal. Beispielsweise richtete eine der von mir untersuchten Organisationen im Jahr 2000 eine Stelle für Controlling ein: »Im Jahre 2000 wurde es relativ deutlich jetzt hier intern [...], dass es eine Lücke gibt, die abgedeckt werden muss, zwischen der Programmabteilung und der Finanzabteilung. [...] Sodass dann eigentlich so diese Stelle ›Projektcontrolling‹ ins Leben gerufen wurde, die es in der Form vorher nicht gab, so als Mittler zwischen den beiden Abteilungen«, erläutert die damalige Stelleninhaberin den Hintergrund der Schaffung und die Funktion dieser Stelle. 2007 richtete dieselbe Organisation zusätzlich noch eine Stelle für Qualitätsmanagement und strategische Programmentwicklung ein, die in der Programmabteilung angesiedelt ist. Es lassen sich also auch strukturelle Folgen auf der Ebene des Personals beobachten.

Mit dem, was sie sich selbst vorgenommen haben, scheinen Hilfsorganisationen allerdings teilweise überfordert, wie die Aussage eines Mitarbeiters vermuten lässt: »Es gab ja extrem ehrgeizige Pläne, in welchen kurzen Zeitfolgen hier sowohl strukturiert als auch programmatisch [am] Aufbau [etwas geändert werden sollte und eine] Umsatzsteigerung erzielt werden sollte. Und das wird mir also immer klarer, dass das eigentlich sehr, sehr ambitioniert war und in der Kürze der Zeit gar nicht so zu erreichen ist, das alles parallel zu machen.«

7. Schluss

Die Ausgangsfrage des vorliegenden Beitrags war, ob es sich bei »Change« und »Reform« und dem damit in der Regel einhergehenden Einsatz von Managementkonzepten tatsächlich nur um bloße Rhetorik handelt, die Organisationen auf der operativen Ebene weitgehend unberührt lässt. Ich habe daraufhin zunächst aufgezeigt, dass es eines theoretischen Konzepts bedarf, das es ermöglicht, semantische und strukturelle Aspekte des Phänomens gleichzeitig untersuchen zu können. Die hier vorgeschlagene kommunikationstheoretische Zugriffsweise, die auf die wissenssoziologische Unterscheidung von Semantik und Sozialstruktur zurückgreift, ermöglicht es, die Bedingungen der gesellschaftlichen Diffusion sowie der organisatorischen Adaption und Implementation von Managementkonzepten sowie ihre Folgen zu untersuchen. Am empirischen Material konnte gezeigt werden, dass das Aufgreifen eines Managementkonzepts durch Organisationen dann wahrscheinlich ist, wenn es an die Selbstbeschreibung und die Strukturen der Organisation anschlussfähig ist und darüber hinaus noch konkrete operative Probleme derselben adressiert. Am hier vorgestellten empirischen Beispiel konnte zudem illustriert werden, was die Attraktivität (und damit einhergehend die Diffusion) von bestimmten Managementkonzepten für Organisationen ausmacht und schlussendlich, dass die Adaption von Managemenkonzepten in Organisationen nicht (zwangsläufig) folgenlos bleibt.

Literatur

Abrahamson, E. (1996): Management Fashion. In: Academy of Management Review 21 (1), S. 254–285.

Abrahamson, E. a. G. Fairchild (1999): Management fashion. Lifecycles, triggers, and collective learning processes. In: Administrative Science Quarterly 44, S. 708–740.

Bauerkämper, A. (2003): Einleitung. Die Praxis der Zivilgesellschaft. Akteure und ihr Handeln in historisch-sozialwissenschaftlicher Perspektive. In: Ders. (Hrsg.): Die Praxis der Zivilgesellschaft. Akteure, Handeln und Strukturen im internationalen Vergleich. Frankfurt/New York (Campus), S. 7–29.

Billis, D. a. J. MacKeith (1992): Growth and change in NGOs. Concepts and comparative experience. In: M. Edwards a. D. Hulme (eds.): Making a difference. NGOs and development in a changing world. London (Earthscan), S. 118–126.

Britton, B. (1998): The learning NGO. INTRAC Occasional Papers Series 17.

Brüne, S. (1998) (Hrsg.): Erfolgskontrolle in der entwicklungspolitischen Zusammenarbeit. Hamburg (Deutsches Übersee-Institut).

Brunner, O., W. Conze u. R. Kosselleck (Hrsg.) (1972): Geschichtliche Grundbegriffe. Historisches Lexikon zur politisch-sozialen Sprache in Deutschland. Stuttgart (Klett-Cotta).

Brunsson, N. a. J. P. Olsen (1993): The reforming organization. London (Routledge).

Busse, D. (1987): Historische Semantik. Analyse eines Programms. Stuttgart (Klett-Cotta).

CARE International (2008): About CARE. Who we are. Stand: 14.04.2008 www.care-international.org/index.php?option=com_content&task=blogsection& id=4&Itemid=27 (abgerufen: 14.04.2008).

Caspari, A. (2004): Evaluation der Nachhaltigkeit von Entwicklungszusammenarbeit. Zur Notwendigkeit angemessener Konzepte und Methoden. Wiesbaden (VS).

Dewey, J. (1993): Demokratie und Erziehung. Eine Einleitung in die philosophische Pädagogik. Weinheim (Beltz).

Dichter, T. W. (1999): Globalization and its effects on NGOs. Efflorescence or a blurring of roles and relevance? In: Nonprofit and Voluntary Sector Quarterly 28 (4) Supplement, S. 38–58.

DiMaggio, P. a. W. W. Powell (1983): The iron cage revisited. Institutional isomorphism and collective rationality in organizational fields. In: American Sociological Review 48, S. 147–160.

Edwards, M. (1997): Organizational learning in non-governmental organizations. What have we learned? In: Public Administration and Development 17, S. 235–250.

Edwards, M. (2004): Organizational Learning in non-governmental organizations: What have we learned? In: M. Edwards a. A. Fowler (eds.): NGO Management. London (Earthscan), S. 331–346.

Flick, U. (1996): Psychologie des technisierten Alltags. Opladen (Westdeutscher Verlag).

Glagow, M. (1987): Zwischen Markt und Staat: Die Nicht-Regierungs-Organisationen in der deutschen Entwicklungspolitik. Materialien Nr. 26. Forschungsprogramm Entwicklungspolitik: Handlungsbedingungen und Handlungsspielräume für Entwicklungspolitik. Fakultät für Soziologie. Universität Bielefeld.

Gebauer, T. (2003): Als müsse Rettung erst noch erdacht werden. Grundlegende Gedanken zu einer Neubestimmung humanitärer Hilfe. In: medico Report 25: Macht und Ohnmacht der Hilfe. Eine Dokumentation über die Krise humanitärer Hilfe, S. 13–20.

Hailey, J. (2000): Learning for growth: Organizational learning in South Asian NGOs. In: D. Lewis a. T. Wallace (eds.): New roles and relevance. Development NGOs and the challenge of change. Bloomfield (Kumarian), S. 63–72.

Hiller, P. (2005): Organisationswissen. Eine wissenssoziologische Neubeschreibung der Organisation. Wiesbaden (VS).

Hodson, R. (1992): Small, medium or large? The rocky road to NGO growth. In: M. Edwards a. D. Hulme (eds.): Making a difference. NGOs and development in a changing world. London (Earthscan), S. 127–136.

Jamali, D. (2003): NGOs in development: opportunities and challenges. In: Labour and Management in Development Journal 4 (2), S. 1–18.

Kern, H. u. M. Schuhmann (1990): Das Ende der Arbeitsteilung? Rationalisierung in der industriellen Produktion. 4., um ein Nachw. erw. Aufl. München (Beck).

Kieser, A. (1996): Moden und Mythen des Organisierens. In: Die Betriebswirtschaft (DBW) 56 (1), S. 21–39.

Klein, A. (2001): Der Diskurs der Zivilgesellschaft. Politische Hintergründe und demokratietheoretische Folgerungen. Opladen (Leske + Budrich).

Kosselleck, R. (Hrsg.) (1979): Historische Semantik und Begriffsgeschichte. Stuttgart (Klett-Cotta), S. 19–36.

Langhof, A., K. Reinhardt u. V. Tacke (2004): Analyse organisationaler Managementkonzepte als Ideologiekritik?! In: K.-S. Rehberg (Hrsg.): Soziale Ungleichheit, Kulturelle Unterschiede. Verhandlungen des 32. Kongresses der Deutschen Gesellschaft für Soziologie. Frankfurt/M./New York (Campus) [CD-ROM].

Langhof, A. (2006): Systemtheoretische Semantikanalyse: Überlegungen zur methodischen Umsetzung. Bielefeld (unveröffentl. Manuskript).

Langhof, A. (2008): »Ich habe gerne ein gutes Produkt, das ich vorzeige« – Zur Managementisierung der humanitären Hilfe. In: P. Hessinger u. G. Wagner (Hrsg.): Ein neuer Geist des Kapitalismus? Paradoxien und Ambivalenzen der Netzwerkökonomie. Wiesbaden (VS), S. 235–257.

Leonhard, J. (2001): Liberalismus. Zur historischen Semantik eines europäischen Deutungsmusters. München (Oldenbourg).

Lieske, A. (2003): Bildung und öffentliche Partizipation. Sozialdemokratische Bildungsaktivitäten in Leipzig und Pilsen vor 1914. In: A. Bauerkämper (Hrsg.): Die Praxis der Zivilgesellschaft. Akteure, Handeln und Strukturen im internationalen Vergleich. Franfurt/M./New York (Campus), S. 105–128.

Luhmann, N. (1980): Gesellschaftsstruktur und Semantik. Bd. 1. Frankfurt/M. (Suhrkamp).

medico international (2003): medico Report 25. Macht und Ohnmacht der Hilfe. Eine Dokumentation über die Krise humanitären Handelns.

Maeder, C. u. A. Brosziewski (1997): Ethnographische Semantik: Ein Weg zum Verstehen von Zugehörigkeit. In: R. Hitzler u. A. Honer (Hrsg.): Sozialwissenschaftliche Hermeneutik. Opladen (Leske + Budrich), S. 335–362.

Meyer, J. W. a. B. Rowan (1977): Institutionalized organizations. Formal structure as myth and ceremony. In: American Journal of Sociology 83, S. 364–385.

Minssen, H. (2006): Arbeits- und Industriesoziologie. Eine Einführung. Frankfurt/M./New York (Campus).

Offenheiser, R., S. Holcombe a. N. Hopkins (1999): Grappling with globalization, partnership, and learning: A look inside Oxfam America. In: Nonprofit and Voluntary Sector Quarterly 28 (4), S. 121–139.

Reinhardt, K. (2004): Zwischen industriellem Konflikt und modischer Metapher. Managementkonzepte in der sozialwissenschaftlichen Diskussion. Diplomarbeit vorgelegt an der Fakultät für Soziologie der Universität Bielefeld.

Roper, L., J. Pettit a. D. Eade (eds.) (2001): Development and the learning organisation. Oxford (Oxfam).

Rucht, D. (1996): Multinationale Bewegungsorganisationen. Bedeutung, Bedingungen, Perspektiven. In: Forschungsjournal NSB 9 (2), S. 30–41.

Salm, J. (1999): Coping with globalization: A profile of the northern NGO sector. In: Nonprofit and Voluntary Sector Quarterly 28 (4) Supplement, S. 87–103.

Stäheli, U. (1998): Zum Verhältnis von Sozialstruktur und Semantik. In: Soziale Systeme 4 (2), S. 315–340.

Stäheli, U. (2000): Sinnzusammenbrüche. Eine dekonstruktivistische Lektüre von Niklas Luhmanns Systemtheorie. Weilerswist (Velbrück).

Stichweh, R. (2000): Semantik und Sozialstruktur: Zur Logik einer systemtheoretischen Unterscheidung. In: Soziale Systeme 6 (2), S. 237–250.

Stockmann, R. (2000): Wirkungsevaluation in der Entwicklungspolitik. In: Vierteljahreshefte zur Wirtschaftsforschung 69 (3), S. 438–452.

Tacke, V. (2004): Organisation im Kontext der Erziehung. Zur soziologischen Zugriffsweise auf Organisationen am Beispiel der Schule als »lernender Organisation«. In: W. Böttcher u. E. Terhart (Hrsg.): Organisationstheorie in pädagogischen Feldern. Analyse und Gestaltung. Wiesbaden (VS), S. 19–42.

Tacke, V. (2005): Schulreform als aktive Deprofessionalisierung? Zur Semantik der ›lernenden Organisation‹ im Kontext der Erziehung. In: T. Klatetzki u. V. Tacke (Hrsg.): Organisation und Profession. Wiesbaden (VS), S. 165–198.

Tacke, V. u. G. Wagner (2005): Die Publikumsrolle des Kunden und die Semantik der Kundenorientierung. Eine differenzierungstheoretische Analyse. In: H. Jacobsen u. S. Voswinkel (Hrsg.): Der Kunde in der Dienstleistung. Wiesbaden (VS), S. 127–167.

Taylor, J. (2004): On the Road to Becoming a Learning Organization. In: M. Edwards a. A. Fowler (eds.): NGO Management. London (Earthscan), S. 347–352.

Thomas, A. (2000): What makes good development management? In: D. Eade (ed.): Development and management. Selected essays from development in practice. Oxford (Oxfam), S. 40–52.

Voswinkel, S. (2005): Welche Kundenorientierung? Anerkennung in der Dienstleistungsarbeit. Berlin (edition sigma).

Witzel, Andreas (2000): Das problemzentrierte Interview. In: Forum Qualitative Sozialforschung (Online-Journal) 1 (1). URL: http://www.qualitative-research.net/fqs-texte/1-00/1-00witzel-d.htm (abgerufen: 11.10.2008).

Birgit Blättel-Mink

Und sie verändert sich doch! Universitäten jenseits von Organisation und Vertrag[118]

1. Einleitung

Aus organisationssoziologischer Perspektive sind Universitäten soziale Gebilde für die gilt: Die Beharrungskräfte sind in der Regel stärker als die Wandlungsimpulse. Universitäten als »institutionelle Organisationen« (Meyer/Rowan 1992; Zucker 1983) sind in der Lage gesellschaftliche Leitbilder in ihren Strukturen widerzuspiegeln und damit auch entsprechend zu verändern, ohne deshalb notwendig ihre internen Handlungslogiken daran anzupassen (Meyer/Rowan 1991). Aufgrund ihrer inneren Verfasstheit und der unterschiedlichen in ihr agierenden Akteursgruppen werden Universitäten in einer weiteren Perspektive als »festgefahrene Gemischtwarenläden« angesehen, die aufgrund ihrer kulturellen Heterogenität gegenüber Wandel weitestgehend immun sind (Schimank 2001). Oder Universitäten werden als machtvolle Spiele betrachtet, deren Mitglieder danach streben ihre je eigenen Ungewissheitszonen und damit ihre Macht in der Organisation zu vergrößern. Organisationen verändern sich in dieser Perspektive nur dann, wenn eine kritische Masse nicht mehr an den Spielen teilnimmt oder wenn sich die Struktur der Spiele grundlegend ändert. Letzteres ist eher unwahrscheinlich, da die individuellen machtvollen Akteure dadurch, dass sie mit den Spielregeln vertraut sind, in der Lage sind ihre Positionen zu verbessern (Crozier/Friedberg 1979). Schließlich werden Universitäten als Organisationen konzipiert, in denen Wandel kommuniziert (»talk«), aber nicht notwendig danach gehandelt wird (»action«) (Brunsson 1982).

Im Ergebnis all dieser Ansätze ist davon auszugehen, dass sich die Universitäten den Wandlungszumutungen der Bolognareformen und der Lissabonstrategie, die eine Veränderung der Steuerung der Universitäten in Richtung »New Public Management« (Braun 2001) mit sich bringen,

---

[118] Für kritische Kommentare zur ersten Fassung danke ich Dr. Kendra Briken und Dr. Raphael Menez.

weitgehend verschließen. Selbst die Einführung der neuen Studiengänge bedeutet in der Regel eher »neuen Wein in alten Schläuchen« als tatsächlich ein Mehr an »Beschäftigungsqualifizierung« oder gar eine Harmonisierung der europäischen Bildungslandschaft.

Für eine gewisse Zeit trafen diese Einschätzungen auch zu, aber die mannigfaltigen Zumutungen, die aus ganz unterschiedlichen Richtungen mit ganz unterschiedlichen Intentionen in den letzten Jahren auf die Universitäten einwirken, haben nun doch, wie ich meine, einen gravierenden Wandel derselben herbeigeführt (auch Schmoll 2008; Münch 2007). Dabei argumentiere ich einmal nicht in der Logik der Ökonomisierungsdebatte (vgl. Schimank/Volkmann 2008) und dabei etwa in Richtung »Intrusion« (Bourdieu 1998) oder in Richtung »Nebencodierung« (Krönig 2007), sondern greife die Metapher der »vielköpfigen Hydra« auf, die Gunther Teubner (1992) im Zusammenhang mit der Analyse von Netzwerken benutzt hat. Die »vielköpfige Hydra« vermag, je nach Situation, ihr Gesicht zu wandeln: von einer Logik der Herrschaft/Organisation zu einer Logik des Tauschs/Vertrag. Um den mannigfaltigen Paradoxien zu entgehen, z. B. der Unvereinbarkeit von globalen Wissensflüssen einerseits und regionalen Standortwettbewerben andererseits, oder der Forderung nach Interdisziplinarität einerseits und der Konkurrenz zwischen Disziplinen andererseits, oder der sozialen Konstruktion von Exzellenz einerseits und der standardisierten Evaluation von Lehre und Forschung andererseits, greifen, so meine These, Universitäten bzw. die in ihnen handelnden Akteure, je nach Situation auf unterschiedliche Koordinationsformen und damit auch auf unterschiedliche Funktionslogiken und Deutungsmuster zurück. Am Beispiel der Johann Wolfgang Goethe-Universität Frankfurt am Main, die jüngst ihre Rechtsform in eine Stiftungsuniversität geändert hat, möchte ich diese unterschiedlichen Koordinationsformen nachzeichnen. Der systemtheoretische Ansatz von Teubner soll genutzt werden, um diese Prozesse soziologisch zu fassen.

Im nächsten Abschnitt werden die aktuellen Herausforderungen bzw. Irritationen präsentiert, denen sich Universitäten heute ausgesetzt sehen. Sodann wird der systemtheoretische Netzwerkansatz von Teubner dargestellt, um schließlich anhand ausgewählter Beispiele den Wandlungsprozess an der Goethe-Universität Frankfurt am Main theoriegeleitet zu skizzieren.

2. Universitäten – Organisationen unter Druck

Das deutsche Universitätssystem folgte seit den Humboldtschen Reformen (frühes 19. Jahrhundert) der Logik der Einheit von Forschung und Lehre, damit zusammenhängend der Freiheit von Forschung und Lehre, der akademischen Selbstverwaltung und staatlichen Steuerung, dem Modell der Gruppenuniversität und der kameralistischen Buchführung. Seit dem Ende des 20. Jahrhunderts wird der öffentliche Sektor nach dem Modell des New Public Management »rationalisiert«. Davon bleibt auch das Wissenschaftssystem nicht verschont. Die von Burton C. Clark (1983) postulierte »entrepreneurial university« stärkt das Moment managerieller Selbstverwaltung, führt neben der staatlichen Regulierung weitere gesellschaftliche »Stakeholder« auf der Ebene der strategischen Entscheidungen ein und befindet sich zunehmend in multiplen Wettbewerbssituationen: um knappe Ressourcen und um wissenschaftliche und gesellschaftliche Aufmerksamkeit. Henry Etzkowitz (1983; Etzkowitz et al. 1998) spricht in diesem Zusammenhang von der »Triple Helix«-Struktur der Universitäten. Die bilaterale Beziehung zwischen Universität und Staat wird ergänzt um die Ebene der Gesellschaft. Anzeichen hierfür sind die Einrichtung von Hochschulräten und extern finanzierte Stiftungsprofessuren.

Welches sind die Triebkräfte derartiger Irritationen? Im Rahmen des Bologna-Prozesses wird ein europäischer Bildungsraum angestrebt, der einheitliche konsekutive Studiengänge vorsieht (bis 2010), die Modularisierung der einzelnen Studienleistungen, die Einführung des ECTS-European Credit Transfer System, Studiengebühren, die »Beschäftigungsqualifizierung« durch universitäre Studien, die Implementierung von Graduierten-Schulen, die Durchführung von Lehr- und Forschungs- sowie von Strukturevaluationen (Qualitätsmanagementsystem), die leistungsbezogene Besoldung der ProfessorInnen, die Einführung von Juniorprofessuren, die Trennung in Lehr- und Forschungsprofessuren, die Akkreditierung neuer Studiengänge und damit eine weitere Quelle externer Kontrolle.

Es zeigte sich, dass nicht etwa die Wirtschaft derartige Reformen einfordert, sondern dass vielmehr die Politik diese Reformen verordnet (u. a. Blättel-Mink 2004). Gleichzeitig kann die Wirtschaft als Gewinnerin dieser Reformen gesehen werden. Für sie erweist es sich als günstig, dass Bachelor-AbsolventInnen »jünger, formbarer und billiger« sind als die AbsolventInnen der Diplomstudiengänge (Blättel-Mink/Briken/Menez 2008). Begleitet wird dieser Reformprozess in Deutschland von der Föderalismusreform, die den Ländern die Bildungshoheit überantwortet. In der Folge werden Landeshochschulgesetze erlassen, die sich vor allem durch die

Etablierung eines Systems des Wissenschaftsmanagements auszeichnen. Universitäten emanzipieren sich von der staatlichen Einflussnahme. Zwischen Land und Universitäten werden Zielvereinbarungen abgeschlossen. Die Implementierung derselben ist Sache der Universitäten. Damit steigt die Macht der RektorInnen/PräsidentInnen und der DekanInnen, die wiederum Zielvereinbarungen mit den Fachbereichen bzw. Instituten und teilweise auch mit einzelnen ProfessorInnen abschließen. Als Folge nimmt der Umfang der zentralen und dezentralen Verwaltungsebenen zu. Stabsstellen werden eingerichtet mit Aufgaben wie Qualitätssicherung, Karriereberatung, Gründungsförderung, Förderung von E-Learning, Mentoring etc. Die traditionelle »Gruppenuniversität« verliert in der Folge an Bedeutung. Ein weiterer Treiber ist die sogenannte Lissabon-Strategie, im Rahmen derer die Regionen im globalen Wettbewerb um knappe Ressourcen – vor allem das Wissen – gestärkt werden sollen. Wissen, das an Universitäten erzeugt wird, soll verwertbar und wettbewerbsfähig zugleich sein. Instrumente hierfür sind: lokale und regionale Exzellenzinitiativen sowie die Einrichtung von Forschungsprofessuren, die mehr und mehr international besetzt werden und häufig durch zentral eingesetzte Findungs- statt durch fachbereichs- bzw. fakultätsspezifische Berufungskommissionen ausgewählt werden. Eine nicht intendierte Folge der Lissabon-Strategie ist die Hierarchisierung der Disziplinen je nach »Verwertbarkeit«. Lehr- und Forschungsevaluationen werden institutionalisiert. Universitäten konkurrieren mehr und mehr um knappe Ressourcen und um »high potentials«.

Dennoch wird für Deutschland ein Reformdefizit festgestellt: »For Germany, we have to report a notable reform deficit especially in the area of university research and particularly with reference to the governance dimension of hierarchical self-management. The professionalisation of organisational management is significantly less advanced than in the other explored countries« (Jansen 2007, S. 232). In dieser interdisziplinären vergleichenden Vier-Länderstudie kommen die AutorInnen weiterhin zu dem Schluss, dass sich auf der Leitungsebene von deutschen Universitäten kein ausgeprägter managerieller, sondern eher ein bürokratischer oder hybrider Führungsstil identifizieren lässt. »In other words, elements of a traditional academic self-governance model are incorporated and a balanced model seems to have emerged« (ebd.).

Dagegen wird hier argumentiert, dass sich mittelfristig kein Best-Practice-Modell der Steuerung von Universitäten herauskristallisieren wird, an dem sich einzelne Länder zu messen haben werden, sondern dass plurale und nebeneinander stehende Koordinationsformen und multiple Deutungsmuster zu beobachten sind, die eine emergente, neue Qualität der Universitäten ausmachen.

3. Universität als »vielköpfige Hydra«

Der scheinbaren Persistenz des traditionellen Modells in Deutschland soll im Folgenden auf die Spur gekommen werden. Dafür ist der o.g. Begriff des »Hybriden«, der eine Koordinationsform zwischen Markt/Tausch und Staat/Hierarchie/Organisation andeutet, bereits recht zielführend. In den Wirtschaftswissenschaften hat sich der Begriff des Netzwerks als einer Koordinationsform heraus kristallisiert, die nicht mehr Markt und noch nicht Staat ist (vgl. Alchian/Demsetz 1972; Williamson 1990), die also auf einem Kontinuum zwischen den beiden »puren« Koordinationsformen liegt. Eine andere Sichtweise vertritt u. a. Walter Powell (1996), der davon ausgeht, dass Netzwerke eine eigene Form der Koordination jenseits von Markt und Hierarchie darstellen. Ebenso der Systemtheoretiker Gunther Teubner (1992), der für das Phänomen »Netzwerk« formuliert: »Netzwerke bilden sich als echte Emergenzphänomene nicht ›zwischen‹, sondern ›jenseits‹ von Vertrag und Organisation. Die Selbstorganisation von Netzwerken als autopoietische Systeme höherer Ordnung vollzieht sich über den ›re-entry‹ der institutionalisierten Unterscheidung von Markt und Organisation in diese selbst« (Teubner 1992, S. 190). Mit Vertrag ist die Formalisierung von sozialen Tauschbeziehungen gemeint und mit Organisation die Formalisierung von sozialen Kooperationsbeziehungen. Sowohl Vertrag als auch Organisation werden als autopoietische Systeme zweiter Ordnung angesehen. Was ihre Koordinationsleistungen betrifft, so weisen beide Formalisierungen spezifische Schwächen auf: Der Vertrag ist in hohem Maße unsicher, d. h. er weist nur geringe Redundanzen auf, und die Organisation als soziales System zweiter Ordnung verfügt über nur geringe Varietät und Innovativität.[119] Die Lösung derartiger Versagensformen sieht

---

[119] Diese Argumentation taucht in der wirtschaftssoziologischen Debatte um die Schwächen des übersozialisierten Homo sociologicus einerseits und des untersozialisierten Homo oeconomicus andererseits auf. Mark Ganovetter begründet in diesem Kontext den Ansatz der »social embeddedness« wirtschaftlichen Handelns (Granovetter 1985). Im Zusammenhang der Forschungen um technische Entwicklung werden interorganisationale Netzwerke als den Innovationsprozess erst ermöglichend betrachtet, welche Markt- und Staatsversagen zu kompensieren vermögen (Kowol/Krohn 1995; Callon/Law 1989).

Teubner in Netzwerken als autopoietische Systeme dritter Ordnung. Mit dem Begriff des »re-entry« verweist Teubner auf die Wiedereinbeziehung einer Unterscheidung in das durch sie Unterschiedene (Teubner 1992, S. 198).

»Probleme im Mischungsverhältnis von Varietät und Redundanz führen dazu, dass Verträge ihren Redundanzmängeln dadurch abzuhelfen versuchen, dass sie organisatorische Elemente in sich aufnehmen. Ähnlich experimentieren Großorganisationen mit der Einführung von Marktelementen« (ebd.). Netzwerke stellen sodann ein System höherer Ordnung dar, da sie »uno actu« sowohl den Vertrags- als auch den Organisationsbezug herstellen. »Eine ›Netzwerkoperation‹ als neuer Elementarakt entsteht durch soziale Doppelattribution von Handlungen: Ein kommunikatives Ereignis im Netzwerk wird sowohl einem der autonomen Vertragspartner als auch gleichzeitig der Gesamtorganisation zugerechnet. Mein Verzehr eines saftigen Hamburgers ist von einem solchen wundersamen Doppelakt begleitet: der Transaktion des Franchisee an der Autobahn und der von MacDonalds Himself.« (Teubner 1992, S. 199) Autonom ist ein solches Handlungssystem dann, wenn » […] diese Doppelattribution von Handlungen in die Selbstbeschreibung des sozialen Arrangements eingeht und dort auch operativ verwendet wird […] « (ebd.). Daraus ergibt sich dann auch ein Nebeneinander von Individualinteressen und von vergemeinschafteten Interessen. »Das Handeln der Systemmitglieder ist gleichzeitig ›korporativ‹ am gemeinsamen Zweck und ›vertraglich‹ an den Individualzwecken der Systemmitglieder orientiert, ohne dass man vom normativen Vorrang der einen oder der anderen Orientierung ausgehen dürfte« (Teubner 1992, S. 201).

Teubner unterscheidet zwei Typen von Netzwerken, je nachdem, welche der Ausgangsunterscheidung (Vertrag oder Organisation) primär ist. In Marktnetzwerken » […] wiederholen Vertragsbeziehungen in ihren Systemgrenzen die Differenzierung von Markt und Hierarchie, indem sie nicht nur sporadisch organisatorische Elemente in den Vertrag einbauen, sondern den Vertragsnexus zugleich als formale Organisation aufbauen« (Teubner 1992, S. 203). Beispiele sind Zuliefersysteme, die einen »re-entry« von Hierarchie in Markt vornehmen. Organisationsnetzwerke » […] entstehen, wenn formale Organisationen in sich die Binnendifferenzierung der Wirtschaft in einen formal organisierten Bereich und einen spontanen Bereich innerhalb der eigenen Systemgrenzen wiederholen« (Teubner 1992, S. 201). Beispiele sind transnationale Konzerne, die einen »re-entry« von Vertrag in die Organisation leisten.

»Die ›vielköpfige‹ Hydra scheint die angemessene Metapher und nicht die mit einem einheitlichen Willenszentrum begabte ›Verbandsperson‹. Nicht mehr Personifizierung, sondern polyzentrische Autonomisierung, nicht mehr Einheitszurechnung, sondern simultane Vielfachzurechnung werden erst der Handlungslogik des Netzwerks gerecht« (Teubner 1992, S. 208).

In der Universität bilden sich Organisationsnetzwerke heraus, die in Anlehnung an Teubner dem Ziele dienen, die zu hohe Redundanz des Systems Universität zugunsten einer Steigerung der Varietät dadurch zu reduzieren, dass 1. selbständige Subeinheiten (z. B. Fachbereiche) durch die Zentrale indirekt kontextgesteuert werden. Das aktuelle Beispiel aus der Hochschulreform ist die Einführung der konsekutiven Studiengänge. Diese müssen bis 2010 eingeführt werden, es gibt eine Akkreditierungsagentur und es gibt universitätsweite Studienentwürfe. Dennoch kann jede Disziplin für sich entscheiden, welche Module in welcher Ausformulierung Teil des Studienganges sein sollen. 2. Lange Hierarchieketten werden durch organisationsinterne Märkte abgelöst, z. B. Forschungsförderung jenseits der Fachbereiche. Schließlich wird 3. die funktionale Differenzierung durch segmentäre Differenzierung ersetzt. Ein Beispiel hierfür sind Exzellenzcluster.

Netzwerkkandidaten innerhalb der Universität sind VertreterInnen einzelner Disziplinen oder Statusgruppen, Kommissionen, ForscherInnengruppen, der Stiftungsrat, die Präsidialabteilung und der Universitätsrat. Um zu belegen, dass ein soziales Phänomen tatsächlich ein Organisationsnetzwerk im Teubnerschen Sinne konstituiert, sind folgende Merkmale zu prüfen: 1. Lassen sich Doppelattributionen der Handlungen auf Organisation und Vertragspartner identifizieren? 2. Unterliegt das Handeln sowohl den Anforderungen der Gesamtorganisation als auch der einzelnen Vertragsbeziehung? (Teubner 1992, S. 204).

4. Goethe-Universität Frankfurt am Main – Vom »bürokratisch-oligarchischen« Modell der Steuerung zur Netzwerkkoordination?

Im Folgenden wird am Beispiel der Goethe-Universität Frankfurt am Main, die sich nicht nur wie andere Universitäten auch im aktuellen Reformprozess von Forschung und Lehre befindet, sondern zum 1.1.2008 zudem ihre Rechtsform in eine Stiftungsuniversität geändert hat, geprüft, inwieweit im Reformprozess auf netzwerkförmige Koordinationsformen zurückgegriffen wird. Es werden exemplarische »Ereignisse« ausgewählt, die von der Autorin als Mitglied der Goethe-Universität teilnehmend beobachtet wurden und noch werden.

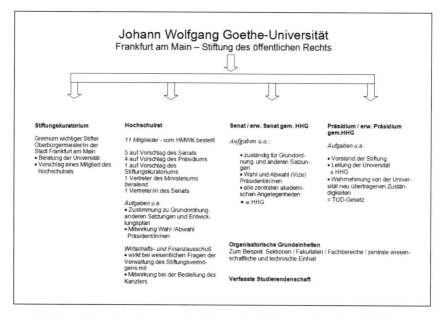

Abbildung 3: Organigramm der Universität (Universität Frankfurt 2008a)

Mit der Umwandlung in eine Stiftungsuniversität strebt die Universitätsspitze eine höhere Autonomie gegenüber der Landesregierung an sowie neue Finanzflüsse aus der Gesellschaft. Ziel ist es auch, hervorragende

WissenschaftlerInnen aus dem In- und Ausland anzulocken, deren u. U. außerordentlich hohe Gehaltswünsche erfüllt werden können. Die Umwandlung wird von der hessischen Landesregierung ausdrücklich unterstützt. So argumentiert beispielsweise der ehemalige hessische Wissenschaftsminister: »Ich darf an dieser Stelle ausdrücklich betonen, dass die Initiative der Goethe-Universität […] dem erklärten Ziel der Landesregierung entspricht, die hessischen Hochschulen zu modernisieren und ihnen größtmögliche Unabhängigkeit einzuräumen, damit sie sich in dem immer schärfer werdenden nationalen und internationalen Wettbewerb weiter gut behaupten und aus eigener Kraft handeln können.« (Corts 2007)

Formal gesehen kommen dem Präsidium mehr Kompetenzen zu als bisher, wohingegen die organisatorischen Grundeinheiten keinen Machtzuwachs verbuchen. Betrachtet man das Organigramm so fällt auf, dass letztere stärker an den Rand gedrängt werden. Hinzu kommt ein neues Gremium, das Stiftungskuratorium, das neben dem Hochschulrat die institutionalisierte Beteiligung der Gesellschaft an der Koordination und Steuerung der Universität präsentiert. Teubners (1999) Beobachtung der »Verstaatlichung intermediärer Organisationen« scheint hierfür adäquat zu sein – ich komme darauf zurück. Die Transformation zur Stiftungsuniversität wurde von der Universitätsspitze initiiert. Im Rahmen mehrerer Veranstaltungen wurde für diese Umwandlung geworben. Mit einzelnen Statusgruppen wurde getrennt verhandelt – dabei nahm vor allem der Personalrat eine zentrale Position ein. Aufgrund des hohen Zeitdrucks der Transformation konnte dieser einige beachtliche Regelungen für die Beschäftigten der Universität durchsetzen (z. B. keine betriebsbedingten Kündigungen innerhalb von 10 Jahren); (Carstens 2008).

4.1 Präsidialer Förderfonds zur Einrichtung von Forschergruppen an der Goethe-Universität

Um die bundesweite Exzellenzinitiative intern zu befördern, richtete das Präsidium in den Jahren 2006 und 2007 einen Förderfonds ein. Dieser sollte dazu genutzt werden, bereits existierende interdisziplinäre Kooperationen zwischen – im Besonderen jüngeren – WissenschaftlerInnen zu institutionalisieren, d. h. nach ca. 1 bis 1,5 Jahren sollten sie einen gemeinsamen Antrag auf Einrichtung einer Forschergruppe bei der DFG, ein Graduiertenkolleg oder ein EU-Projekt erarbeitet haben. Die Ausschreibung war inhaltlich offen gehalten. Die Kommission, die nach der Sichtung der eingegangenen Bewerbungen eine Empfehlung an den Präsidenten geben sollte, setzte sich aus fünf (über 50-jährigen) Männern zusammen, allesamt ehemalige oder noch aktuelle Vizepräsidenten. Worin liegt nun die »Doppelköpfigkeit« dieser Gruppe? Die Mitglieder sind sowohl Wissenschaftler als auch (sind oder waren sie) Entscheidungsträger des Präsidiums. Als Wissenschaftler prüfen sie die Anträge im Hinblick auf wissenschaftliche Gütekriterien, als Mitglieder des Präsidiums fragen sie, ob einzelne ForscherInnengruppen geeignet sind, das Renommé der Universität in Richtung Exzellenz zu verbessern. D. h. gegenüber dem Präsidium wird eingeschätzt, ob das beantragte Projekt dazu beitragen kann, die Wettbewerbsfähigkeit der Universität zu steigern, gegenüber den AntragstellerInnen wird die Einhaltung professioneller Standards und das Maß der Qualität der Forschung beurteilt. In diesem Sinne werden sowohl die Interessen der Organisation insgesamt als auch die Interessen der beteiligten WissenschaftlerInnen berücksichtigt.

4.2 LEHR- UND FORSCHUNGSEVALUATION – DAS STREBEN NACH EXZELLENZ

Die bisherige Mittelverteilung nach »Köpfen« wird zunehmend umgewandelt in eine leistungsbezogene, d. h. Fachbereiche müssen die Leistungen ihrer Mitglieder in Forschung und Lehre nachweisen. Im Rahmen der W-Professuren werden individuelle Lehr- und Forschungsevaluationen notwendig. Die Lehr- und Forschungsleistungen der Universitäten insgesamt werden von außen (Wissenschaftsrat, Bertelsmann-Stiftung etc.) nach Disziplinen gerankt und geratet. Damit einher geht eine Ära der Relationalität: Notengebung, Gehalt, Drittmittelprämien orientieren sich an der Leistung der jeweils relevanten Bezugsgruppen. In den BA-Studienordnungen beispielsweise tauchen ECTS-Noten auf, die im Diploma-Supplement ausgewiesen werden. »Die ECTS-Bewertungsskala berücksichtigt statistische Gesichtspunkte der Bewertung bestandener Bachelorprüfungen wie folgt: A = die Note, die die besten 10% derjenigen, die die Bachelorprüfung bestanden haben, erzielen, B = die Note, die die nächsten 25% […] erzielen.« (Universität Frankfurt 2007)

Zur leistungsorientierten Mittelzuweisung werden vorrangig Drittmitteleinwerbungen herangezogen. Die Frankfurter Universitätsspitze hat die Fachbereiche aufgefordert nachzuweisen, dass »Drittmittelprämien« leistungsbezogen verteilt werden. Weiterhin fordert das Präsidium Listen von Zeitschriften und Verlagen, die »exzellent« sind. Im Fachbereich Gesellschaftswissenschaften wurde eine Kommission (Netzwerk) eingerichtet, die sich vor allem aus W-Professuren zusammensetzt, da diese sowohl individuell als auch als Teil des Fachbereichs von den Evaluationsbestrebungen betroffen sind, und aus Mitgliedern des Dekanats, da diese das Interesse des Fachbereichs im Auge behalten müssen. Nicht alle Professorinnen und

Professoren weisen vergleichbare Drittmitteleinwerbungen vor; die Gründe hierfür sind recht komplex: In manchen Forschungsfeldern ist Forschung technikintensiv und damit teurer als in anderen Forschungsfeldern, manche Disziplinen forschen weniger empirisch als vielmehr theoretisch, in manchen Disziplinen ist der Lehr- und Betreuungsaufwand höher als in anderen (schiere Zahl der Studierenden, oder auch die Betreuung von Haus-, Semester-) und Abschlussarbeiten, werden in der Folge Fachbereiche damit konfrontiert, dass sie zwar absolut mehr Drittmittel einwerben, dafür jedoch weniger Haushaltsmittel erhalten, weil die anderen Fachbereiche oder Disziplinen eben noch stärker sind.

Für den einzelnen Fachbereich geht es nun darum, ein Indikatorensystem zu entwickeln, das sowohl dem Einzelnen/der Einzelnen als auch dem Fachbereich wie auch der Universität insgesamt dient. ProfessorInnen konkurrieren intern gegeneinander um Gehälter und Ausstattungen sowie extern im bundesweiten oder globalen Zusammenhang um wissenschaftliche Anerkennung. Die Disziplinen konkurrieren intern gegeneinander um leistungsbezogene Haushaltsmittelzuweisungen und überuniversitär um die Studierenden und das Renommé. Die Universitäten schließlich stehen in einem Konkurrenzkampf um Exzellenz. Die Netzwerke, die sich herausbilden, bestehend z. B. aus VertreterInnen des Dekanats und der ProfessorInnenschaft innerhalb eines Fachbereichs, attribuieren auf die Organisation insgesamt, auf den Fachbereich und auf die einzelnen Mitglieder.

Richard Münch (2007) differenziert in diesem Zusammenhang Sichtbarkeitseffekte, Komplexitätsreduktionseffekte und Konsekrationseffekte. Letztere verweisen auf die soziale Konstruktion der Exzellenz und auf die »Weihung« der Ergebnisse. Egal wie kritisch man im Vorfeld auf Ranking- und Ratingverfahren schaut, am Ende gilt: Wer exzellent geratet ist, ist auch exzellent und umgekehrt. Dass dabei systematische Verzerrungen (Größe oder Lehrbelastung) geschehen, wird nicht mehr weiter beachtet. So wurden beispielsweise im Rahmen des Pilotverfahrens Forschungsrating Soziologie des Wissenschaftsrates Forschungseinheiten, die viele Drittmittel eingeworben haben und dafür mehrere Nachwuchswissenschaftlerinnen eingestellt haben, die bislang noch kaum publiziert hatten, schlechter bewertet als Forschungseinheiten mit weniger, dafür aber aktiveren WissenschaftlerInnen.

4.3 Einführung modularisierter konsekutiver Studiengänge

Die Ratifizierung der Reformen im Zusammenhang des Bologna-Prozesses sieht für Deutschland vor, dass die neuen Studiengänge bis spätestens 2010 eingeführt sind. Ziele der Bologna-Reform sind u. a. Harmonisierung von Lehre im europäischen Kontext durch die Einführung von kompakten Modulen und des ECTS (European Credit Transfer System), die Erleichterung der internationalen Mobilität von Studierenden und Lehrenden durch die wechselseitige Anerkennung von Leistungen, die Schaffung eines einheitlichen europäischen Bildungsraumes, der es erlaubt die Stärken Europas etwa gegenüber USA hervor zu heben. Von Seiten der Universitätsspitze werden die Bologna-Vorgaben an die Fachbereiche (Fakultäten) weiter gereicht und häufig wird ein universitätsweiter Regelentwurf für Bachelor- und Master-Studiengänge vorgelegt, an dem sich die einzelnen Disziplinen orientieren können. Im Falle eines Fachbereichs (einer Fakultät), der aus mehreren Disziplinen besteht, ist es Sache des Dekanats, die einzelnen disziplinären Entwürfe zu integrieren.

In den Frankfurter Gesellschaftswissenschaften gab es eine Ungleichheit der Geschwindigkeiten zwischen den beiden Fächern Soziologie und Politologie. Ausgehend von einem universitätsübergreifenden Master in der Politologie, der von einer Gruppe von Professoren und Professorinnen an zwei Universitäten und einem außeruniversitären Forschungsinstitut (Netzwerk) vorangetrieben wurde (das Organisationsnetzwerk), entstand Druck, den Bachelor Politikwissenschaft frühzeitig, d. h. auch ohne fachbereichsübergreifenden Konsens einzuführen. Die Frankfurter Wissenschaftler und Wissenschaftlerinnen standen zum einen unter dem Druck ihrer Disziplin: Die Politikwissenschaft war an vielen Universitäten eine Vorreiterin der Einführung der neuen Studiengänge und zum anderen unter dem Druck der Partneruniversität, die im Hinblick auf New-Public-Management deutlich fortgeschrittener war. D. h. in den Verhandlungen ging es zum einen um die Organisation Universität Frankfurt bzw. um die Partneruniversität des entsprechenden Studiengangs und zum anderen um die an der Entwicklung der Studiengänge beteiligten Wissenschaftler und Wissenschaftlerinnen. In der Folge sind die Studiengänge so konzipiert, dass die alten Strukturen und Inhalte weitgehend in die neuen Studienstrukturen transferiert wurden. Es gab wenig Chancen für Kreativität und damit für wirkliche Innovationen.

Mit diesen wenigen Beispielen sollte deutlich werden, wie die Doppelattribution auf die Organisation Universität (oder den Fachbereich als Subsystem) einerseits und auf die beteiligten Wissenschaftlerinnen und

Wissenschaftler andererseits Hierarchie und Markt zu integrieren vermag, wie die Handlungsorientierungen sowohl einzelne Vertragsbeziehungen als auch die Anforderung der Gesamtorganisation im Auge behält, ohne dass die beiden Koordinationsformen emulgieren. D. h. strukturell bleibt vieles beim Alten während sich im Alltagsgeschäft vieles wandelt. Die Konkurrenz auf allen Ebenen nimmt zu, die Autonomie der einzelnen Fachbereiche und der einzelnen Wissenschaftlerinnen und Wissenschaftler hingegen nimmt ab. Die Auswahl neuer Forschungsthemen orientiert sich nicht mehr unbedingt am feldspezifischen Paradigma, sondern vielmehr an der Chance, für bestimmte Themen finanzielle Förderung zu erhalten. Neue Studiengänge werden nicht an den Bedürfnissen der Nutzerinnen und Nutzer entlang entwickelt, sondern werden pfadabhängig eingeführt und sind zumeist aufgrund des Zeitdrucks wenig innovativ.

5. Polykorporatismus

Eine derartige Form der universitären Koordination passt sich nun bestens in einen Staat ein, den Teubner als »polykorporatistisch« kennzeichnet, als ein Netzwerk öffentlicher und privater Kollektivakteure. »Öffentliche Regierungsinstanzen und autonome gesellschaftliche Organisationen ergeben zusammen eine lose gekoppelte Konfiguration der Zusammenarbeit, die die hierarchische Einheit des traditionellen Staates ersetzt. [...] Entscheidend ist die Konstitutionalisierung des ›Netzwerk-Staates‹, die verfassungsrechtliche Einbindung eines solchen polykorporatistischen Netzwerks unter den Aspekten der Demokratie und der Gemeinwohlorientierung. Hierbei kann das Recht der privaten Organisation eine geradezu ›verfassungsrechtliche‹ Rolle spielen« (Teubner 1999, S. 346 f.; Hervorh. durch den Autor; siehe auch Mayntz 1996). Dieser Polykorporatismus löst Teubner zufolge zunehmend den in Deutschland in den 60er und 70er Jahren dominanten Neokorporatismus ab und geht mit einer »Entstaatlichung öffentlicher Entscheidungen« einerseits und einer »Verstaatlichung intermediärer Organisationen« andererseits einher. »Im Gegensatz zum Makrokorporatismus der 60er und 70er Jahre liegt heute der Hauptakzent nicht auf der institutionalisierten Integration privater Akteure, sondern in einer Art Gewaltenteilung von Regierungsinstanzen und autonom bleibenden sektoralen Organisationen, wobei die Einheit staatlichen Handelns durch eine eigenartige Doppelorientierung im Netzwerk gekennzeichnet ist.« (Teubner 1999, S. 346 f.)

Die Umwandlung der Goethe-Universität in eine Stiftungsuniversität widerspiegelt die von Teubner beschriebenen Wandlungsprozesse noch einmal sehr deutlich. Nicht nur der Hochschulrat[120], der sich aus VertreterInnen unterschiedlicher gesellschaftlicher Gruppen zusammensetzt, sondern auch das Stiftungskuratorium basieren weitgehend auf intermediären Organisationen, die öffentliche Fragen autonom verwalten. »In dieser Rolle steigern die Verbände nicht mehr nur die Varietät des politischen Systems, sie steigern zugleich dessen Redundanz [...] « (Teubner 1999, S. 362). D. h. durch ein »re-rentry« von Vertrag und Organisation verknüpfen sie die Stärken beider Koordinationsformen. Der Präsident der Goethe-Universität spricht in seiner Fürrede u. a. den Verzicht auf externe Detailsteuerung an, den er, wie oben dargestellt, auch nach innen anwendet: »Internationale Erfahrungen belegen: Die Freiheit von staatlicher Detailsteuerung ist eine zentrale Voraussetzung für die Verwirklichung von universitärer Exzellenz. Die Universität Frankfurt wird in Zukunft über wichtige Punkte ihrer Entwicklung selbst entscheiden können. Anknüpfend an die Ziele des Hochschulentwicklungsplans von 2001 hilft uns die Stiftung, in den kommenden Jahren unsere Spitzenstellung national wie international weiter auszubauen. Von der Stiftung erhoffen wir uns in Zeiten knapper öffentlicher Kassen neue Spielräume für Forschung und Lehre. Wir versprechen uns von ihr auch – Stichwort Bürgeruniversität – eine stärkere Wechselwirkung mit der Gesellschaft.« (Universität Frankfurt 2008b).

Mit Teubner gesprochen finden wir auch hier die Doppelattribution auf die Universität einerseits und auf die VertreterInnen gesellschaftlicher Gruppen andererseits.

---

[120] »Dem Hochschulrat gehören vier Persönlichkeiten aus dem Bereich der Wirtschaft und beruflichen Praxis und drei Persönlichkeiten aus dem Bereich der Wissenschaft oder Kunst an.« (vgl. Hessisches Ministerium der Justiz 2008).

6. Schluss

Es war ein Anliegen dieses Beitrags zu verstehen, warum der Wandel der deutschen Universitäten in Richtung »New Public Management« – scheinbar – nicht so zügig voranschreitet, wie das in anderen Ländern der Fall ist. Die Vermutung, die auf der Basis einiger weniger empirischer Evidenzen ansatzweise geprüft werden sollte, lautete, dass sich der Wandel der Universitäten nicht notwendig in eine Richtung bewegen muss (New Public Management) und man die Bildungssysteme von Ländern danach beurteilen kann, wie weit sich ihre Einrichtungen diesem Modell annähern, sondern dass, in Abhängigkeit von multiplen Kontextbedingungen, vielfältige Koordinationsmuster entstehen, die es der Universität erlauben sich wie eine »vielköpfige Hydra« ein Mal stärker markt- und ein anderes Mal stärker organisationsförmig zu präsentieren. Der Markt nimmt Einzug in die Universität, ohne dass die Organisation als solche zur Disposition gestellt wird. Das Netzwerk als ein soziales System dritter Ordnung in der systemtheoretischen Lesart von Teubner funktioniert über die Doppelattribution von Organisation und Vertrag.

Kommen wir zurück auf die Ausführungen zu Beginn, so würde man mit Schimank einen Wandel dann konzedieren, wenn die Heterogenität der Interessen und Handlungslogiken der Beteiligten (»Gemischtwarenladen«) homogenisiert würde. Aus der Sicht der neo-institutionalistischen Organisationstheorie wäre der Wandel dann vollzogen, wenn eine Kopplung zwischen formaler Struktur und Aktivitätsebene zu beobachten wäre. Crozier und Friedberg verknüpfen Wandel mit der Einführung neuer Spiele (in diesem Falle Konkurrenz statt Kooperation) in Organisationen, und Brunsson schließlich würde tatsächlich Handeln (u. U. orientiert an der Maximierung der Effekte für die Organisation insgesamt; March 1994) beobachten wollen und nicht mehr nur das Reden darüber.

Wie geht der Polykorporatismus damit um? Die »vielköpfige Hydra« der Netzwerkkoordination erlaubt die Ko-Existenz von Homogenität und Heterogenität, von Kopplung und Entkopplung, von neuen und alten Spielen, von (maximierten) Handlungen und dem Sprechen darüber. Die Konjunktion verweist dabei nicht nur auf ein Additiv, sondern auf ein emergentes Phänomen, also auf etwas Neues.

Etwas Neues allerdings, das nicht notwendig positiv konnotiert ist. Lassen wir eine renommierte Kritikerin der Reformen zu Worte kommen: »Am Ende weiß niemand mehr, ob es eigentlich um Exzellenzfestlegung oder um Festlegungsexzellenz geht. Niemand kann sich mehr dem fortwährenden Evaluieren, Akkreditieren, massenhaften Habilitieren, massenhaften Publizieren entziehen, weil er nur so glaubt, seine Existenz sichern zu können. Zum Denken und Forschen bleibt kaum noch Zeit. So wird die Freiheit des Wissenschaftlers massenweise verwirkt« (Schmoll 2008).

Das Goethe-Wort am 26.6.08 auf der Website der Goethe Universität lautete: »Es irrt der Mensch so lang er strebt.« (Faust I, Vers 317) Die obigen Ausführungen erlauben eine Umformulierung: Es strebt und es irrt der Mensch. Womöglich kann der Mensch auch aus dem Irrtum lernen. »Bildung hat aber auch mit dem Anspruch zu tun, vermeintliche Gewissheiten ihres illusionären Charakters zu überführen. Denn Bildung ermöglicht reflexive Distanz« (Schmoll 2008).

Literatur

Alchian, A. A. a. Demsetz, H. (1972): Production, information costs, and economic organization. In: American Economic Review 62, S. 777–795.

Blättel-Mink, B. (2004): Universities as gate-keepers? About the relationship between students, universities and the economy. In: R. Ruzicka et al. (eds.): Key Contexts for Education and Democracy in Globalising Societies. Proceedings of »Education, Participation, Globalisation«. Prague 2004 Conference. Prague, S. A2/19–A2/25.

Blättel-Mink, B./Briken, K./Menez, R. (2008): Bologna als Innovationsprozess – Humboldt and Beyond? In: Verhandlungen des 33. Kongresses der Deutschen Gesellschaft für Soziologie in Kassel 2006. 2 Bände + CD-ROM. Opladen: Leske + Budrich. (CD-ROM), S. 3846–3858.

Bourdieu, P. (1998): Gegenfeuer. Wortmeldungen im Dienste des Widerstands gegen die neo-liberale Invasion. Konstanz (UVK).

Braun, D. (2001): Regulierungsmodelle und Machtstrukturen an Universitäten. In: E. Stölting u. U. Schimank (Hrsg.): Die Krise der Universitäten. Leviathan Sonderheft 20/2001. Wiesbaden (Westdeutscher Verlag), S. 243–262.

Brunsson, N. (1982): The Irrationality of Action and Action Rationality: Decision, Ideologies and Organizational Action. In: Journal of Management Studies. Vol. 19. Nr. 1, S. 29–44.

Callon, M. a. Law, J. (1989): On the Construction of Sociotechnical Networks. Content and Context Revisited. In: Knowledge and Society. Studies in the Sociology of Past and Present, Jg. 8, S. 57–83.

Carstens, J. (2008) Hochschulen im Wandel – Die Umwandlung der Johann Wolfgang Goethe-Universität in eine Stiftung des öffentlichen Rechts: Eine mikropolitische Analyse. Magisterhausarbeit an der JWG-Univ. Frankfurt am Main, Fachbereich Gesellschaftswissenschaften. Unveröffentlicht.

Clark, B. C. (1983): The Higher Education System. Academic Organization in Cross-National Perspective. Berkeley (University of California Press).

Corts, U. (2007): Einbringungsrede des Hessischen Ministers für Wissenschaft und Kunst, Udo Corts, zum vierten Gesetz zur Veränderung des Hessischen Hochschulgesetzes und anderer Gesetze. Presseinformation des Hessischen Ministeriums für Wissenschaft und Kunst. Wiesbaden (28. März 2007).

Crozier, M. u. E. Friedberg (1979): Macht und Organisation. Die Zwänge kollektiven Handelns. Königstein/Ts. (Athenäum).

Etzkowitz, H. (1983): Entrepreneurial Scientists and Entrepreneurial Universities in American Academic Science. In: Minerva. Jg. 21. H. 2–3, S. 198–233.

Etzkowitz, H./Webster, A./Healey, P. (eds.) (1998): Capitalizing Knowledge: New Intersections of Industry and Academia. New York (State Univ. of New York Press).

Granovetter, M. (1985): Economic Action and Social Structure: The Problem of Embeddedness. In: American Journal of Sociology. Jg. 91. Nr. 3, S. 481–510.

Hessisches Ministerium der Justiz (2008): http://www.hessenrecht.hessen.de/gesetze/70_wissenschaft_forschung_lehre/70-205-hhg/paragraphen/para48.htm

Jansen, D. (2007): Summary and Conclusion. In: D. Jansen (ed.): New Forms of Governance in Research Organizations. Disciplinary Approaches, Interfaces and Integration. Dordrecht (Springer), S. 233–239.

Kowol, U./Krohn, W. (1995): Innovationsnetzwerke. Ein Modell der Technikgenese. In: Technik und Gesellschaft. Jahrbuch 8: Theoriebausteine der Techniksoziologie. Frankfurt am Main (Campus), S. 77–105.

Krönig, F. K. (2007): Die Ökonomisierung der Gesellschaft. Systemtheoretische Perspektiven. Bielefeld (transcript).

March, J. G. (1994): A Primer on Decision Making. How Decisions Happen. New York (The Free Press), S. 1–35.

Mayntz, R. (1996/1993): Policy-Netzwerke und die Logik von Verhandlungssystemen. In: P. Kenis u. V. Schneider (Hrsg.): Organisation und Netzwerk. Institutionelle Steuerung in Wirtschaft und Politik. Frankfurt am Main (Campus), S. 471–496.

Meyer, J. W. a. B. Rowan (1991/1977): Institutionalized Organizations: Formal Structures as Myth and Ceremony. In: P. DiMaggio, Paul a. W. Powell (eds.): The New Institutionalism in Organizational Analysis. Chicago/London (Univ. of Chicago Press), S. 41–62.

Meyer, J. W. a. B. Rowan (1992): The Structure of Educational Organizations. In: J. W. Meyer a. R. W. Scott (eds.): Organizational Environments. Newbury Park, CA (Sage), S. 78–109.

Münch, R. (2007): Die akademische Elite. Zur sozialen Konstruktion wissenschaftlicher Exzellenz. Frankfurt am Main (edition suhrkamp).

Powell, W. W. (1996/1990): Weder Markt noch Hierarchie: Netzwerkartige Organisationsformen. In: P. Kenis u. V. Schneider (Hrsg.): Organisation und Netzwerk: Institutionelle Steuerung in Wirtschaft und Politik. Frankfurt am Main (Campus), S. 213–271.

Schimank, U. (2001): Festgefahrene Gemischtwarenläden – Die deutschen Hochschulen als erfolgreich scheiternde Organisationen. In: E. Stölting u. U. Schimank (Hrsg.): Die Krise der Universitäten. Leviathan Sonderheft 20/2001. Wiesbaden (Westdeutscher Verlag), S. 223–242.

Schimank, U./Volkmann, U. (2008): Ökonomisierung der Gesellschaft. In: A. Maurer (Hrsg.): Handbuch der Wirtschaftssoziologie. Wiesbaden (VS-Verlag), S. 382–393.

Schmoll, H. (2008): Reform oder Deform? Anmerkungen zu den Veränderungen der Hochschulen. Südwestrundfunk. SWR2 Aula. Sendung vom 15. Juni 2008, Manuskriptdienst.

Teubner, G. (1992): Die vielköpfige Hydra. Netzwerke als kollektive Akteure höherer Ordnung. In: W. Krohn u. G. Küppers (Hrsg.): Emergenz: Die Entstehung von Ordnung, Organisation und Bedeutung. Frankfurt am Main (Suhrkamp), S. 189–216.

Teubner, G. (1999): Polykorporatismus: Der Staat als ›Netzwerk‹ öffentlicher und privater Kollektivakteure. In: H. Brunkhorst u. P. Niesen (Hrsg.): Das Recht der Republik. Frankfurt am Main (Suhrkamp), S. 346–372.

Universität Frankfurt (2007): http://www.wiwi.uni-frankfurt.de/ fileadmin/user_upload/ prfamt/UniReport_WiWi_Endfassung_ 261107_01.pdf

Universität Frankfurt (2008a): http://www.stiftungsuni.uni-frankfurt.de/doc-ex/ Organigramm1.pdf (abgerufen: 11.10.2008).

Universität Frankfurt (2008b): http://www.stiftungsuni.uni-frankfurt.de/index.html? PHPSESSID=r2fbgqk3cti7pl4jca97afkaj5

Williamson, O. E. (1990/1985) Die ökonomischen Institutionen des Kapitalismus. Tübingen (Mohr/Siebeck).

Michael Haufs & Pamela Wehling

›Love it, leave it or negotiate it!‹ (Universitäts-)Kliniken im Spannungsfeld veränderungshemmender und -fördernder Kräfte am Beispiel der Chirurgie

1. Einleitung

Kliniken stehen unter einem kontinuierlichen Veränderungsdruck, der insbesondere von außen induziert wird. Neben den politischen und fachpolitischen Rahmenbedingungen, die auf die Ausstattung mit personellen und finanziellen Ressourcen sowie die Festlegung von Qualitätsstandards Einfluss nehmen, sind ebenso eine veränderte Anspruchshaltung der Patienten, der technologische Fortschritt, der insbesondere in der ständigen Weiterentwicklung der Medizintechnik zu Buche schlägt sowie steigende Fallzahlen bei sinkenden stationären Verweildauern zu nennen (Deutsche Krankenhausgesellschaft DKG 2006).

Intern reagiert die Organisation Klinikum auf diesen Veränderungsdruck, indem u. a. kostensparende Prozesse implementiert, Qualitätsstandards durch ein klinikweites Qualitätsmanagement sowie die Anschaffung moderner Medizintechnologie gewährleistet werden. Dabei bestehen interne und externe Wechselwirkungen, indem beispielsweise technologische Anschaffungen und Tariferhöhungen beim Personal die Kostensituation beeinträchtigen, was über den Abbau von Personal wieder ausgeglichen wird. Die jüngeren Entwicklungen im Gesundheitswesen führen insgesamt zu einer Rationalisierung der Prozesse in Krankenhäusern, die dem Wesen nach den Rationalisierungsprozessen in Unternehmen der Industrie angelehnt sind. Gerade die zunehmende Konkurrenzsituation in deutschen Krankenhäusern führt dazu, dass ansteigender Kosten- und Konkurrenzdruck vor allem durch Rationierung und Arbeitsverdichtung beantwortet wird.

Da Organisationen (hier Universitätsklinik) als autopoietische und zugleich operativ geschlossene Systeme (Luhmann 1984) die Systemstabilität anvisieren und aus diesem Grunde dazu tendieren, Probleme zu reproduzieren, wirken diesem Veränderungsdruck auch Widerstände bzw. Kräfte entgegen. In diesem Zusammenhang kann sich in Kliniken u. a. das traditionelle Rollen- und Selbstverständnis der Ärzteschaft als »Stolperstein« der Veränderung erweisen. Darüber hinaus bestehen häufig Konflikte zwischen den einzelnen medizinischen Fachrichtungen untereinander, mit dem Pflegepersonal um interne Aufgabendelegation und zeitliche Arbeitsabläufe sowie geschlechterrollenspezifische Konflikte (Dettmer/Kaczmarzcyk/Bühren 2006).

Insgesamt betrachtet besteht das Problem, dass die Organisation ›Klinik‹ in dem Spannungsfeld von externen Veränderungserfordernissen sowie internen Reaktionen auf diese Erfordernisse einen Modus finden muss, um weiterhin als eine unter medizinischen, wissenschaftlichen und wirtschaftlichen Gesichtspunkten konkurrenzfähige Einrichtung aufzutreten.

Vor diesem Hintergrund stellt sich die Frage, wie die Organisation die ›Gratwanderung‹ zwischen Erfordernissen an Stabilität sowie Dynamik bewerkstelligt, indem strukturinnovative sowie strukturkonservative Strömungen auszubalancieren sind. Dies stellt insbesondere für Universitätskliniken eine Herausforderung dar, da im Rahmen des Klinik- und Lehrbetriebes sehr unterschiedliche Funktionslogiken (medizinische Versorgung, Pflege, Verwaltung, Wissenschaft, medizinische Fort- und Weiterbildung, Studentenausbildung, universitäre Selbstverwaltung) zu integrieren sind.

Aus diesem Grunde soll am Beispiel der Chirurgie (Operationsbereich)
- veranschaulicht werden, inwiefern die Organisation ›Klinik‹ mit Veränderungsdruck aus der Umwelt konfrontiert ist (hervorgerufen durch die derzeitigen Umbrüche im deutschen Gesundheitssystem, die beispielsweise die Konkurrenz der Kliniken untereinander verstärken und zu Klinikfusionen führen etc.)
- aufgezeigt werden, inwiefern in der Organisation ein spannungsgeladenes Nebeneinander zwischen veränderungshemmenden sowie veränderungsfördernden Kräften besteht.
- dargestellt werden, auf welche Weise die Organisation ›Klinik‹ einen Ausgleich unterschiedlicher Anforderungen bewerkstelligt, um nach außen den Eindruck eines einheitlichen und rational agierenden Gebildes zu vermitteln.

Diese Punkte verdeutlichen, dass zur Beantwortung der oben aufgeführten Fragestellung zunächst aus medizinischer Perspektive ein Einblick in die Strukturen und Prozesse sowie die daraus resultierenden Problematiken des Klinikalltags am Beispiel der Chirurgie erforderlich ist.

Darüber hinausgehend werden die dargestellten Problematiken aus einer soziologischen Perspektive heraus analysiert. Diese theoretische Betrachtung umfasst sowohl den Aspekt der Veränderung als auch den der Systemstabilität. Die Systemtheorie Luhmannscher Prägung (1984) dient dazu, die Strukturen und Funktionsweise des sozialen Systems ›Universitätsklinik‹ zu analysieren. Auf diese Weise wird insbesondere die spezifische Problematik des universitären Klinikalltags herausgearbeitet (Kap. 2).

Des Weiteren gilt es, das Zusammenwirken unterschiedlicher hemmender sowie fördernder Kräfte auf Veränderungen im Feld der Chirurgie der Universitätsklinik in Anlehnung an die »Feldtheorie« nach Lewin (1963) zu analysieren (Kap. 3). Ergänzend dazu wird die Binnenperspektive um eine prozessorientierte Betrachtungsweise mit Hilfe des Ansatzes der »Negotiated Order« (Strauss 1978) dargestellt (Kap. 4). Diese Sichtweise verdeutlicht, inwiefern es vor dem Hintergrund unterschiedlichster Interessen sowie Wahrnehmungs- und Interpretationsmuster der beteiligten Akteure der Organisation gelingt, eine soziale Ordnung zu konstituieren, indem Aushandlungsprozesse kanalisiert und die »Handlungsfähigkeit« im Bereich der Chirurgie gewährleistet bleibt.

2. Die unterschiedlichen Funktionslogiken unter dem Dach der Universitätsklinik

Universitätskliniken charakterisieren in Abgrenzung zu anderen (medizinischen) Organisationen spezifische Problematiken, wie z. B. das Vorhandensein unterschiedlichster (Berufs-)Gruppierungen (Ärzteschaft, Pflegepersonal, Klinikverwaltung, Hochschulverwaltung, wissenschaftliches Personal, Studierende), deren Handeln entsprechend zu koordinieren und zusammen zu führen ist. Erschwerend kommt ein komplexes Arbeitsumfeld an der Universitätsklinik hinzu. Im Unterschied zur eher ›zweidimensionalen‹ Ausrichtung der meisten Hochschulfächer (d. h. Lehre und Forschung) sowie nichtuniversitären Kliniken (d. h. Medizin und Pflege) kann die Hochschulmedizin als ›dreidimensional‹ charakterisiert werden, durch die parallel zu erfüllenden Bereiche der Krankenversorgung (z. B. Medizin und Pflege), der klinischen und experimentellen Forschung (z. B. Entwicklung neuartiger Diagnostika und Therapieverfahren) sowie der Lehre (Studierendenausbildung in vor-klinischer und klinischer Medizin, universitäre Selbstverwaltung, Fort- und Weiterbildung von Ärzten).

›Unter dem Dach‹ des sozialen Systems Universitätsklinik erfolgen dementsprechend Kommunikationsprozesse, die unterschiedlichen gesellschaftlichen Teilsystemen zuzuordnen sind und demzufolge unterschiedlichen teilsystemischen Gesetzmäßigkeiten gehorchen. Systemtheoretisch argumentiert ist das Krankenhaus ein soziales System, in dem der Unterscheidung krank/gesund eine zentrale Bedeutung zukommt (Bentner et. al. 2002, S. 17 f.). Der medizinische Bereich »funktioniert« entsprechend dieser binären Codierung, die ebenfalls für das Pflegepersonal handlungsleitend wirkt. Die Verwaltung agiert jedoch nach wirtschaftlichen Gesichtspunkten und gehorcht der binären Codierung des Wirtschaftssystems. Im Fall der Universitätsklinik erfolgen Kommunikationen darüber hinaus auf Grundlage der binären Codierung des Wissenschaftssystems wahr/nicht wahr. Die ›Messung‹ der Qualität der klinischen Medizin erfolgt heutzutage evidenzbasiert (›evidence based medicine‹), was aufgrund der großen Heterogenität vieler Behandlungskonzepte und ›-philosophien‹ (sogenannte medizinische Schulen) keineswegs einfach ist (s. Seiler et. al. 2004, Stengel 2004). Die ›Messung‹ der Qualität der Wissenschaftlichkeit erfolgt über die Vergabe so genannter impact-points via peer-reviewed (inter)nationale Fachpublikationen, was allerdings in letzter Zeit zunehmend kontrovers diskutiert und kritisiert wird (Stengel/Bauwens/Ekkernkamp 2005).[121] In diesem Zusammenhang darf erwähnt werden, dass auch das (gesundheits)politische System (Code Macht/Nicht-Macht) in hohem Maße durch sozialversicherungsrechtliche Gesetzesänderungen, Budgetvorgaben, Qualitätssicherungsinstrumente (z. B. DIN-EN-ISO 9001, »KVWL-Praxis-Qualitätsmanagementsystem« (KPQ), »Qualität und Entwicklung in Praxen« (QEP)) etc. von außen Einfluss auf die Kliniklandschaft nimmt.

Da Kliniken oftmals nicht in der Lage sind, die Herausforderungen veränderter interner sowie externer Anforderungen aus eigener Kraft zu lösen, werden zunehmend auch Beratungsgesellschaften hinzugezogen, um die vorhandenen Strukturen ›effizienter‹ zu gestalten. Da Beratungsgesellschaften jedoch dem gesellschaftlichen Teilsystem der Wirtschaft zuzurechnen sind und nach dem Code »zahlen/nicht zahlen« funktionieren, werden nicht selten essentielle Argumente und Aspekte der medizinischen, pflegerischen und der wissenschaftlichen Kommunikation vernachlässigt. Andererseits ist das Alleinstellungsmerkmal des Universitätsklinikums die funktionierende medizinische Maximalversorgung, die im Wesentlichen den wirtschaftlichen Erfolg (z. B. durch Patientenbindung, Attraktivität für Finanzierung durch Stiftungen o. ä.) neben der direkten Drittmitteleinwer-

---

[121] Um nämlich die Forderungen nach einer Steigerung des ›wissenschaftlichen Bruttosozialproduktes‹ bei zunehmend begrenzten zeitlichen, personellen und finanziellen Ressourcen zu erfüllen, ist es durchaus gängige Praxis, Wissenschaftler in Autorenlisten mit aufzunehmen, die entweder nur einen geringen oder sogar gar keinen eigenen Anteil an den veröffentlichten Forschungsergebnissen haben.

bung verantwortet. Da Organisationen als operativ geschlossene Systeme nicht ohne weiteres von außen beeinflussbar sind, gelangen Beratungsgesellschaften bei der externen Gestaltung von Veränderungsprozessen in Krankenhäusern auch an ihre Grenzen.

Vor dem Hintergrund dieser Ausführungen stellt sich die Frage, wer die Richtung einer sich verändernden Universitätsklinik vorgibt. Anders formuliert: Konstituieren sich Organisationen über Entscheidungen (Luhmann 2000), stellt sich die Frage, wie diese veränderungsrelevanten Entscheidungen zustande kommen und welcher Systemcode sich damit bei einer Entscheidung für oder gegen bzw. für die Richtung der Veränderung durchsetzt. Im Fall von Veränderung stellt sich in diesem Zusammenhang die Frage, welche Bedeutungszuweisung bzw. welche Funktionslogik sich im sozialen Konstruktionsprozess durchsetzt.

Diese typische Problemkonstellation findet vor allem im OP-Bereich einer Klinik ihren Ausdruck. Hier fokussiert sich die Problematik der Vereinbarkeit oft divergenter Wahrnehmungs- und Informationsverarbeitungsprozesse, da neben medizinischen Gesichtspunkten auch pflegerische sowie komplexe organisatorische Aspekte eine Rolle spielen. Darüber hinausgehend ist der OP-Bereich einer der kritischsten und kostenintensivsten Teile in Krankenhäusern und besitzt eine ›Schritt-macherfunktion‹ für die innerbetrieblichen Abläufe von Krankenhäusern. Letzteres trifft insbesondere für universitäre Kliniken zu. Aufgrund der so genannten Maximalversorgung mit hochkomplexen und schwierigen Operationsprogrammen (z. B. Organtransplantation, Tumorchirurgie) sowie zusätzlich der fortlaufenden Ausbildung von Medizinstudenten muss hier stets auf höchstem klinisch-wissenschaftlichen Niveau gearbeitet werden.

Es bleibt zunächst festzuhalten, dass sich Kliniken in einem steten Spannungsfeld veränderungshemmender und -fördernder Kräfte bewegen sowie auch die Richtung der Veränderung von unterschiedlichen Funktionslogiken und Interessen bestimmt wird. Die spezifischen internen sowie externen Rahmenbedingungen an einer Universitätsklinik tragen zur dargestellten speziellen Problematik bei. Dies gilt insbesondere für den OP-Bereich, wie die nachfolgenden Ausführungen zeigen.

3. Das spannungsreiche Nebeneinander von veränderungsfördernden sowie veränderungshemmenden Kräften am Beispiel der Chirurgie – eine feldtheoretische Betrachtung

Um das Verhalten von Individuen oder Gruppen in bestimmten Situationskonstellationen zu erklären, entwickelte Kurt Lewin (1963) einen feldtheoretischen Ansatz.[122] Jede soziale Situation (somit auch der OP-Bereich) wird als ›soziales Feld‹ betrachtet, das durch unterschiedliche Kräfte und deren Wechselwirkungen gekennzeichnet ist. Die Kräfte, die an verschiedenen Orten des sozialen Feldes bestehen und die die Richtung bestimmen, in der sich das Verhalten einer Einzelperson oder auch Personengruppe entwickelt, sind zu analysieren. Die Konstellation dieser Kräfte und ihrer Größe entscheidet darüber, ob die Person bzw. Personengruppe handelt und wie sie handelt. Formal gesehen sind den Kräften, die die Lokomotion – also die Veränderung des Standortes einer Person oder auch Gruppe – bewirken, Vektoren zugeordnet. Diese weisen sowohl eine bestimmte Richtung als auch eine spezifische Größe auf.

Je nach Kräftekonstellation wird zwischen Perioden sozialen Wandels und Perioden mit verhältnismäßiger Stabilität unterschieden, jedoch wirken beide Zustände immer gleichzeitig, da Veränderung auch die Veränderungslosigkeit als Grenzfall einschließt. Demzufolge beschreibt der Zustand der Stabilität eines Systems ein so genanntes quasi-stationäres Gleichgewicht, indem sich die in gegensätzliche Richtung strebenden Kräfte wechselseitig ausgleichen. Die entgegengesetzten Kräfte sind dann gleich stark ausgeprägt. Daraus folgt, dass ein Verständnis der Dynamik des Arbeitslebens in einem chirurgischen OP-Bereich auch Einsicht in die Notwendigkeit nach Wandlungen und zugleich den Widerstand gegen sie erfordert.

Das ›soziale Feld‹ der Chirurgie im OP-Bereich ist durch folgende Faktoren gekennzeichnet (in Anlehnung an Lewin 1963):

---

[122] Kurt Lewin gilt als Begründer der Feldtheorie. Er übertrug die bereits Anfang des 20. Jahrhunderts in der Physik entwickelten Überlegungen, was passiert, wenn mehrere Kräfte in Energiefeldern zusammenwirken, auf die Psychologie (Trebesch 2005).

a.) Gruppen, Teilgruppen, Mitglieder
Die für einen OP-Bereich in Deutschland charakteristischen Berufsgruppierungen sind Chirurgen, Anästhesisten, OP-Pfleger, Anästhesiepfleger und Reinigungskräfte. Teilgruppen können unterschiedlich zugeteilt werden, eine Klassifizierung kann z. B. nach der Zugehörigkeit zur jeweiligen Berufsgruppe erfolgen. Dementsprechend würden z. B. Chirurgen und Anästhesisten (Ärzte) sowie OP-Pfleger und Anästhesiepfleger (OP-Pflegepersonal) jeweils eine eigene Teilgruppe bilden. Die vorgestellte Einteilung in Teilgruppen kann auch anders vorgenommen werden, wenn man den Aspekt der funktionalen Einheit hervorheben möchte. Dann wäre das jeweilige ›OP-Tisch-Team‹, bestehend aus Operateuren und OP-Pflegern, oder das ›Narkose-Team‹, bestehend aus Anästhesisten und Anästhesiepflegern, eine Teilgruppe. Eine weitere Alternative fokussiert die Eingruppierung nach beruflichem Status und der daraus resultierenden Verantwortung und ordinativen Kompetenz. Dann bilden die bei komplexen Operationen oft anwesenden Chefärzte (hier: Chirurgie und Anästhesie), ggf. mit der leitenden OP-Schwester/dem leitenden OP-Pfleger, eine Teilgruppe. Die ärztliche ›Tischassistenz‹ würde dann nicht mehr in dieser Teilgruppe zu subsumieren sein. Mitglieder rekrutieren sich in der Regel aus den Vertretern der jeweiligen Teilgruppe und bilden in ihrer Gesamtheit das im OP-Bereich arbeitende Personal ab. In einer Universitätsklinik ist die Gruppeneinteilung noch komplexer, da hier auch Medizinstudenten in unterschiedlichen Funktionen (z. B. aktiv/passiv) am OP-Geschehen teilnehmen. Die Mitglieder der Teilgruppen verfolgen ihre persönlichen Interessen und weisen zugleich auch ein an die jeweilige Gruppe gebundenes Interesse auf.

b.) Barrieren einer (reibungslosen) Zusammenarbeit
Barrieren in der Zusammenarbeit zwischen den Teilgruppen können organisatorischer, hierarchischer, fachlicher, interpersoneller, gruppenspezifischer, gruppenübergeordneter, krankenhausspezifischer und/oder gesundheitspolitischer Natur sein. Es können potenziell mehrere Barrieren gleichzeitig vorhanden sein.

Diese Barrieren zwischen den verschiedenen Gruppen im OP-Bereich können bestenfalls ohne größere (negative) Konsequenzen sein; in einem ›worst-case‹-Szenario aber zu bedrohlichen Zwischenfällen in der Patientenversorgung (schlimmstenfalls letale Folgen für den Patienten) führen. Erfahrungsgemäß findet fast jede Teilgruppe ihre jeweilige Funktion am wichtigsten für den Gesamterfolg; ein nivellierendes Teamgefühl ist oft von einzelnen Teilgruppen nicht gewollt.

Gerade im OP-Bereich stellen mangelnde Absprachen und Kompetenzrangeleien oft unnötige Fehlerquellen dar. Ein prioritärer Handlungsdruck (z. B. beim Unfallpatienten), die Bedienung komplexer Instrumente, oft variierende Besetzung der OP-Teams, häufige Zeitnot, räumlich beengte Verhältnisse sowie überlange Arbeitszeiten implizieren ein maximales Stresspotenzial, das bis jetzt auch durch konzertierte Anstrengungen, wie beispielsweise eine ›Chirurgie im Wandel‹ nicht richtungsweisend verbessert werden konnte (Zylka-Melhorn 2007). Hinzu kommen traditionell entstandene innermedizinische Kompetenzprobleme innerhalb der unmittelbar am OP-Geschehen beteiligten Ärztegruppen (Chirurgen und Anästhesisten). Chirurgen neigen häufig dazu, durch ihr berufliches und traditionelles Selbstverständnis bedingt, sämtliche Arbeiten selbst machen zu wollen und sich damit zu überfordern. Letztlich kann allein dadurch ein effizienter Arbeitsablauf im OP-Bereich scheitern. Entscheidend bleibt die Frage, wer – und womöglich unter Entbindung anderer ressourcenbindender Versorgungsaufgaben seines Fachgebiets – am besten in der Lage ist, die für ein reibungsloses Funktionieren erforderlichen integrativen Steuerungsfunktionen zu übernehmen (Bauer 2007). Hier spielt die Problematik der Vereinbarkeit divergenter Wahrnehmungs- und Kompetenzbildungsprozesse nach medizinischen, wissenschaftlichen, persönlichen und organisatorischen Gesichtspunkten eine Rolle.

c.) Kommunikationswege
Traditionell sind die Kommunikationswege im OP-Bereich eines Krankenhauses streng hierarchisch gegliedert. An der Spitze einer hierarchischen Ordnung steht der chirurgische Chefarzt bzw. leitende Operateur, der den anderen Mitgliedern des OP-Teams gegenüber weisungsbefugt ist. Die streng hierarchische Gliederung hat, ähnlich wie im militärischen Bereich, die Funktion, im Ernstfall die Koordinationszeiten auf ein Minimum zu begrenzen und langwierige Aushandlungsprozesse zu unterbinden. Dafür trägt der leitende Operateur stets die medizinische und berufsrechtliche Gesamtverantwortung für den Ablauf und das Gelingen einer Operation. Da die Arbeitsprozesse einer Operation nach einem standardisierten Schema ablaufen und der Faktor Zeit stets eine prioritäre Rolle spielt, kommt der non-verbalen sozialen Interaktion am OP-Tisch (»eingespieltes Team«) auch zwischen gemeinsam funktionierenden Teilgruppen eine hohe Bedeutung zu. Die stets vorhandenen medizinischen Risiken einer Operation, die hohe psychoemotionale und physische Belastung der Ausführenden einerseits sowie die komplexe Verschachtelung der Kompetenzgrade und Arbeitsabläufe andererseits führen daher häufiger nicht zu einem sozialen

Gruppengefühl, sondern zu einem Konkurrenzverhalten zwischen den beteiligten Teilgruppen.

Folgender exemplarischer OP-Ablauf verdeutlicht die hohe Komplexität der zu integrierenden Arbeitsabläufe im OP-Bereich: Der Prozess startet mit der Festlegung des täglichen Beginns des OP-Programms (im Chirurgen-Jargon auch »Schnitt« genannt). Dieser definierte Beginn (internes Wording der Chirurgen für den OP-Beginn: »Schnitt um 7.30 Uhr«) hat verpflichtende und koordinierende Wirkung für alle beteiligten Berufsgruppen. Traditionell legen stets die Chirurgen den Zeitpunkt des Beginns des OP-Programms fest. Sie definieren den OP-Zeitpunkt sowie die jeweilige OP-Strategie im Vorfeld (evtl. auch Wochen vorher). Ebenso leisten sie die Aufklärung des Patienten, sichern sich dessen Einverständniserklärung und sorgen für die Dokumentation des Prozesses. Der zweite Prozessschritt beinhaltet z. B. die Festlegung der Anästhesiemethode durch den Anästhesisten, in der Regel am OP-Vortag, ebenfalls mit Aufklärung sowie Einverständnis des Patienten und Dokumentation. Ab dem Vorabend der geplanten Operation wird der Patient durch die Station vorbereitet. Die direkten Vorbereitungen für die Operation erfolgen dann ab ca. 6 Uhr für die Patienten auf der Station. Dies beinhaltet u. a. das ›Hochfahren‹ und Überprüfen der technischen Geräte, die Vorbereitung des sterilen OP-Tischs durch die OP-Schwester und durch das OP-Personal. Um ca. 7 Uhr des gleichen Tages erfolgt die Frühbesprechung der Chirurgen der Abteilung; hier werden der zu absolvierenden OP-Plan besprochen sowie Hinweise durch den diensthabenden Chirurgen der Vornacht auf mögliche, in den Plan einzuschiebende Notfälle thematisiert. Um 7.30 Uhr erfolgt dann der »Schnitt«, z. B. durch den Oberarzt unter Assistenz des Stationsarztes sowie des Famulanten. Nach der Operation bereiten dann das OP-Pflegeteam sowie der Reinigungsdienst den OP-Saal für die nächste OP vor; dann beginnt der Prozess von neuem, mit den weiteren geplanten Patienten. Parallel dazu wird der bereits operierte Patient im Aufwachbereich des OP-Trakts überwacht; falls keine weiteren Komplikationen auftreten, wird der Patient in den normalen Stationsbetrieb übergeben, es folgen noch Nachsorge und ggf. weitere Untersuchungen.

Bis auf die zeitlich nicht aufschiebbaren chirurgischen Notfälle (z. B. durch einen schweren Verkehrsunfall polytraumatisierter Patient) hat es sich bewährt, das jeweilige OP-Programm eines Arbeitstages nach folgendem Muster festzulegen: ›einfach vor schwer‹. Das bedeutet, dass einfache Operationen mit unkomplizierter Narkose am Anfang eines OP-Tages stehen sollten. Die Erklärung für diese Strategie ist relativ simpel, da hochkomplexe Operationen zu Beginn den gesamten Tagesplan umwerfen können, wenn z. B. Komplikationen mit nachfolgenden zeitlichen Verzögerungen während einer Operation auftreten. Dies hätte dann vielschichtige Konsequenzen für weitere Abläufe im Krankenhaus, indem auch nachfolgende Untersuchungen in anderen Abteilungen verschoben werden müssten. Es hat sich bewährt, wenn die operativen Fachdisziplinen einen feststehenden Beginn ihres Programms erhalten und verpflichtet sind, diesen einzuhalten. Bei Programmänderungen und insbesondere Notfällen ist eine verbindliche Regelung des Informationsflusses, z. B. unter zentraler Einbeziehung eines OP-Koordinators (in der Regel ein Oberarzt) zu implementieren. Entscheidend für das reibungslose Funktionieren sind ein Notfallmanagement (auch für überraschende Programmänderungen), ein zielgerichteter Personaleinsatz und auch ›ordnungspolitische‹ Maßnahmen, wie z. B. das Erstellen einer interdisziplinären Geschäftsordnung, die die Zusammenarbeit der verschiedenen Berufsgruppen im OP verbindlich regelt (s. Riedl 2002).

Was in diesem sozialen Feld also geschieht, hängt von der Verteilung der Kräfte im ganzen Feld ab. Der oben beschriebene ›eingespielte‹ Ablauf im OP-Bereich ist dabei als quasi stationäres Gleichgewicht zu betrachten[123]. Soll sich dieses Gleichgewicht verändern, bedeutet dies, dass die Stärke und die Richtung der resultierenden Kräfte beschrieben werden müssen. Tradition und Selbstverständnis von Chirurgen stellen beispielsweise so genannte soziale Gewohnheiten dar, die in der Regel als Hindernis für Veränderung betrachtet werden können. Als so genannter ›innerer Widerstand‹ (Lewin 1963) eines Kraftfeldes weisen sie die Tendenz auf, das augenblickliche Niveau aufrechtzuerhalten. Quellen sozialer Gewohnheiten sind zum einen wohlbegründete und durchaus nachvollziehbare Interessen, wie z. B. im Fall des Selbstverständnisses von Chirurgen und zum anderen das Wertesystem, welches sich in der Tradition der Medizin widerspiegelt. Das traditionelle Selbstverständnis der Chirurgie ist einerseits eng an den internationalen medizinischen Fortschritt (»alles ist bzw. wird machbar«) geknüpft, an dem deutsche Chirurgen stets maßgeblich beteiligt waren. Andererseits ist die Chirurgie – medizinhistorisch betrachtet und im Gegensatz zur Inneren Medizin – ein verhältnismäßig junges medizinisches Fachgebiet. Mit zunehmendem Fortschritt im 20. Jahrhundert konnten vor allem Chirurgen viel zum auch heute noch gültigen Nimbus der Medizin in unserer Gesellschaft beitragen (›Halbgötter in Weiß‹).

---

[123] Systemtheoretisch argumentiert handelt es sich um ein homöostatisches Gleichgewicht, da soziale Systeme grundsätzlich den Zustand der Stabilität anstreben.

Dieses eigene und aus der Tradition erklärbare Rollenverständnis führte, mit Beginn der Implementierung einer noch jüngeren Fachrichtung im Operationssaal – namentlich der Anästhesie – zu den bis heute andauernden Kompetenzstreitigkeiten zwischen Chirurgen und Anästhesisten, die teilweise schon legendär sind (Zylka-Menhorn 2007).

Als weitere veränderungshemmende Kräfte gelten z. B. Personalengpässe bzw. Fachkräftemangel[124], fehlende Qualifikation der Operateure des Krankenhauses, Zeit- und Kostendruck, Angst vor Veränderung, das Fallpauschalensystem, gesetzliche Rahmenbedingungen sowie die Pflicht zur zunehmenden Dokumentation. Darüber hinaus muss deutlich betont werden, dass die unmittelbare und regelmäßige Verantwortung des Arztes über Menschenleben bei Operationen mit zum Teil folgenschweren Konsequenzen eine besondere Qualität von Stress mit sich bringt. Im Unterschied zu fast allen anderen Berufsgruppen müssen viele gravierende Entscheidungen »über Leben und Tod« vom einzelnen diensthabenden (Fach-)Arzt getroffen werden. Viele Ärzte sind hiermit allein eigentlich – nicht zuletzt mit den immer komplizierter und subtiler werdenden rechtlich-forensischen Aspekten und Dokumentationspflichten – überfordert. Diese zum Teil dramatische Situation wird u. a. durch enger werdende Personalschlüssel

---

[124] Der Fachkräftemangel hängt u. a. mit der Gestaltung der fachärztlichen Weiterbildung zusammen. Während der fachärztlichen Weiterbildung des Arztes nach dem Medizinstudium in Deutschland (Regelstudienzeit 12 Semester), z. B. zum Facharzt für Chirurgie, sind mindestens weitere 5–7 Jahre Weiterbildungszeit für die Facharztanerkennung notwendig, die den Facharzt erst dann berechtigt, eigenständige Entscheidungen und Therapiestrategien in seinem gesamten Fachgebiet treffen und verantworten zu dürfen. Ein häufiger limitierender Faktor hierfür ist in der Praxis das Erfüllen des vollständigen Weiterbildungskatalogs durch den (hier: chirurgischen) Assistenzarzt, der bundeseinheitlich von den jeweiligen Ärztekammern formuliert, überwacht und für die Facharztprüfung anerkannt wird. Die ärztliche Weiterbildung zum jeweiligen Facharzt ist stets abhängig von der erfolgreichen Durchführung und Anerkennung sämtlicher geforderter Teilaspekte des immer umfangreicher erscheinenden Facharztkatalogs. Viele Krankenhäuser (Ausnahme: Krankenhäuser der so genannten Maximalversorgung, z. B. Universitätskliniken) können nicht den vollen Umfang der geforderten umfangreichen Weiterbildung bieten, so dass es in der Praxis häufig vorkommt, dass Ärzte notwendigerweise zwischen verschiedenen Krankenhäusern (zum Teil in verschiedenen Städten) rotieren müssen. Dieser fast regelmäßige Umstand hat erfahrungsgemäß oftmals zusätzliche berufliche, private und psychoemotionale Stressbelastungen für die überwiegende Anzahl der Ärzte zur Folge, da es deutliche Unterschiede in den Abläufen einer formell gleichnamigen Fachabteilung in den verschiedenen Krankenhäusern geben kann, was vielfältige Gründe wie Art des Krankenhauses, Trägerschaft, Tradition u. a. haben kann.

im Rahmen des Kostendrucks, der Arbeitsverdichtung in Krankenhäusern und des immer größer werdenden Fachärztemangels noch verschärft. Nicht außer Acht gelassen werden sollte auch die Tatsache, dass Chirurgen einem deutlich erhöhten gesundheitlichen Risiko am Arbeitsplatz (z. B. durch Schnittverletzungen während der OP infektiöser Patienten) als andere medizinische Berufsgruppen ausgesetzt sind, was zusätzlich belastend wirken kann.

Veränderungsfördernd können dagegen z. B. die Einstellung zusätzlicher Fach- bzw. Assistenzärzte, neue Entwicklungen in der Medizintechnologie, Änderungen der Gesetze im Gesundheitsbereich, Leistungsbereitschaft des Einzelnen bzw. des Teams, aber auch Konkurrenz sowie Zeit- und Kostendruck wirken.

Die nachfolgende Abbildung zeigt exemplarisch, auf welche Weise unterschiedliche Kräfte auf das quasi-stationäre Gleichgewicht einwirken können. Dabei ist festzuhalten, dass die vorgenommene Gewichtung der Kräfte – dargestellt durch die Länge der Pfeile – nicht verallgemeinerbar ist, sondern im Einzelfall deutlich variieren kann.

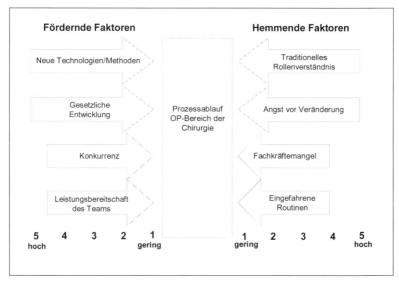

Abbildung 4: Potenziell veränderungsfördernde und -hemmende Kräfte an einem ausgewählten Parameter (hier: Prozessablauf OP-Bereich der Chirurgie)

Sowohl die Richtungszuweisung der Vektoren als auch deren tatsächliche Größe ist keineswegs (qualitativ als auch quantitativ) statisch zu sehen, sondern für eine individuell vorherrschende Situation im jeweiligen Krankenhaus charakteristisch. Zum Beispiel kann eine neue Technologie, die eigentlich den Prozessablauf beschleunigen soll, zugleich zu einer erhöhten Aufgabenschwierigkeit führen. Die Fähigkeit, die Technologie zu bedienen und langjährige Routinen umzustellen, muss nämlich zunächst erlernt werden. Dieser wesentliche Umstand kann auf die Produktivität zunächst reduzierend wirken. Mit zunehmender Erfahrung, unter Umständen beschleunigt durch entsprechende Qualifizierungsmaßnahmen, steigt dann das Leistungsniveau; im Fall eines gelungenen Wandels pendelt sich ein neues quasi-stationäres Gleichgewicht auf höherem Niveau ein. Kosten- und Zeitdruck sind zugleich hemmende und fördernde Kräfte, da einerseits der Kostendruck ein ökonomisches Arbeiten erforderlich macht; andererseits aber zum Beispiel bestimmte lukrative Operationstechniken nicht durchgeführt werden können, da hierzu das materielle und personelle Equipment fehlt.

Vor dem Hintergrund dieser Ausführungen stellt sich die Frage, auf welche Weise Veränderungen im chirurgischen OP-Bereich erfolgen. Zur Veränderung eines sozialen Gleichgewichts ist generell das gesamte soziale Feld ins Auge zu fassen, d. h. die beteiligten Teilgruppen, ihre Beziehungen zueinander, ihre Wertesysteme usw. Ein quasi-stationärer Zustand gerät in dem Moment aus dem Gleichgewicht, wenn die Größe bzw. Stärke einer oder mehrerer Kräfte variiert, wenn also Kräfte hinzugefügt werden oder entgegenwirkende Kräfte vermindert werden (Lewin 1963). Durch die bewusste Verminderung oder Verstärkung der Kräfte ist demzufolge auch eine Richtungsänderung möglich.[125]

Ein Beispielszenario für die Verschiebung der Kräfteverhältnisse beschreibt die Etablierung eines Spezialzentrums, z. B. für Leistenbruchoperationen, angestoßen von der Krankenhausverwaltung und dem chirurgischen Chefarzt. Beide Akteure treiben als so genannte Macht- sowie Fachpromotoren das Vorhaben voran, da sie sich sowohl aus medizi-

---

[125] Eine entscheidende Gesetzmäßigkeit ist, dass einem sozialen Wandel ein Anwachsen entgegengesetzter Kräfte vorangehen kann oder auch nicht (Lewin 1963, S. 239). Allerdings ist die Steuerung bzw. Gestaltung eines sozialen Wandlungsprozesses eher möglich, wenn die Spannung niedrig ist und die Kräfte sich nicht wechselseitig hochschaukeln. Um die Zunahme von Spannungen (die unter Umständen zu Unruhe, Aggressivität, verstärkter Affektivität etc. führen) zu verhindern, empfiehlt sich insbesondere die Verminderung entgegenwirkender Kräfte (ebd. S. 252).

nischer als auch aus ökonomischer Perspektive davon einen Nutzen versprechen, indem die Überweisungen durch zuweisende Ärzte, die extrabudgetäre Vergütung, z. B. über Sonderpauschalen, sowie der Bekanntheitsgrads der Klinik in der Fachwelt und aus Patientensicht zunimmt. Um ein derartiges Zentrum etablieren zu können, müssen bestimmte Voraussetzungen erfüllt sein, wie eine bestimmte Anzahl jährlich durchgeführter operativer Behandlungen sowie ein hoher Zufriedenheitsgrad der Patienten und der zuweisenden Ärzte. Die Genehmigung als Spezialzentrum und die damit einhergehende verstärkte Patienten- bzw. Zuweiserinformation führen dann zu einer konsekutiven Erhöhung der OP-Frequenz und damit zur Zunahme der Arbeitsbelastung von Ärzten und Pflegepersonal bei unter Umständen gleich bleibendem Personalschlüssel. Darüber hinausgehend hat die Implementierung als Spezialzentrum Auswirkungen auf fast alle anderen Abteilungen des Krankenhauses (notwendige Vor- und Nachsorgeuntersuchungen durch benachbarte Disziplinen, Kapazitätsverdichtung in den Funktionsbereichen etc.). Damit wird deutlich, dass eine Arbeitserleichterung für eine Teilgruppe unter Umständen zu einer erhöhten Arbeitsbelastung für eine andere Teilgruppe im Krankenhaus führen kann. Dieser Umstand erklärt, warum veränderungsfördernde Faktoren nicht zwangsläufig zu einer in Zukunft für alle Beteiligten benefitären Gesamtsituation führen und vice versa.

Des Weiteren wird deutlich, dass derartige Veränderungen auch Widerstände hervorrufen. Es gilt der Zusammenhang: Je größer der soziale Wert eines Gruppenstandards ist, umso größer ist der Widerstand des einzelnen Gruppenmitglieds, sich von diesem Niveau zu entfernen. Mit anderen Worten: je ausgeprägter die Tradition, desto höher der Widerstand bei der Einführung eines neuen Leistungszentrums oder desto höher der Widerstand bei der Modifizierung des tradierten Hierarchieprinzips (»Chefarzt – Oberarzt – Stationsarzt«) in ein nivelliertes Kollegialsystem der Fachärzte (Beispiele: Niederlande, Großbritannien), mit dem Hintergrund, einen besseren finanziellen und mehr Entscheidungskompetenz ermöglichenden Anreiz für die Oberärzte zu bieten. Diese können bislang üblicherweise nur über eine oft willkürlich durch den jeweiligen Chefarzt verteilte ›Poolbeteiligung‹ am Erfolg (z. B. Mehreinnahmen durch steigende Fallzahlen) ihrer Abteilung profitieren.

Um mit Gewohnheiten zu brechen, ist oft eine zusätzliche Kraft erforderlich, z. B. in Gestalt von Macht- bzw. Fachpromotoren (s. obiges Beispiel). Dies können auch durch die Gesundheitspolitik/ärztliche Selbstverwaltung vorgeschriebene Auflagen sein, wie z. B. ein Qualitätsmanagement, welches die Fachabteilungen dazu auffordert, die bisherigen internen

Ablaufprozesse besser zu koordinieren und zu optimieren. Ein Zugewinn liegt hier im Gewinn von Zeit- und Kostenressourcen.

Der Umgang mit Widerstand gegen Veränderung ist auf unterschiedliche Art und Weise zu bewerkstelligen: Zum einen ist es möglich, den Gruppenstandard im sozialen Feld zu verändern; auf diese Weise hat das Kraftfeld die Tendenz, die Veränderung des Individuums, in Gestalt veränderter Handlungsweisen, zu erleichtern. So kann man beispielsweise in einem OP-Team gemeinsam neue Regeln der Zusammenarbeit vereinbaren. Diese Regelungen können sich sowohl auf einen anderen Umgang miteinander beziehen als auch auf die wechselseitige Formulierung von Erwartungshaltungen hinsichtlich der Aufgabenaufteilung, insbesondere z. B. zwischen Anästhesie und Chirurgie. Werden diese Regelungen zum anderen in einem gemeinsamen Entscheidungsprozess in der Gruppe vereinbart, ist die Gruppe diesen Regelungen in hohem Maße verpflichtet, da Entscheidungen die Motivation mit der Handlung verbinden und zugleich eine Verfestigungswirkung ausüben.

4. Die ausgehandelte OP-Ordnung im Spannungsverhältnis von Stabilität und Wandel

Das System OP-Bereich strebt den vorangegangenen Ausführungen zufolge einen Zustand der Homöostase an, indem sich die in unterschiedliche Richtung wirkenden Kräfte wechselseitig ausgleichen. Erst wenn sich die Kräfte signifikant verschieben, wird ein Wandlungsprozess initiiert. Mit Hilfe des Konzeptes der ›negotiated order‹ (Strauss 1978) soll nun verdeutlicht werden, auf welche Weise sich die soziale Ordnung der Organisation (wieder) herstellt. Es soll gezeigt werden, dass sich im Rahmen von Aushandlungsprozessen, z. B. zwischen Chirurgie, Anästhesie und Pflegepersonal eine soziale Ordnung konstituiert, was vor dem Hintergrund der oben aufgeführten, teils auch widersprüchlichen Funktionslogiken sowie der in unterschiedliche Richtung wirkenden Kräfte eine eher unwahrscheinliche Leistung darstellt.

Die soziale Ordnung ist immer eine ›ausgehandelte Ordnung‹ (negotiated order); selbst eine Diktatur als restriktivste Form einer sozialen Ordnung erfordert zu ihrer Aufrechterhaltung immer wieder Aushandlungsprozesse (Strauss 1978). Wie eine soziale Ordnung ausgehandelt werden kann, hat Strauss selbst anhand unterschiedlichster Fallbeispiele veranschaulicht[126]. Aushandlungsprozesse stehen für »[...] ›getting things accomplished‹ when parties need to deal with each other to get those things done« (Strauss 1978). Dabei steht die Art und Weise der Aushandlungsprozesse immer in Zusammenhang mit den sozialen Bedingungen, unter denen sie ausgetragen werden. Diese den Rahmen bestimmenden »social settings« sorgen dafür, dass Aushandlungsprozesse spezifischen Mustern gehorchen, da sie durch die strukturellen Bedingungen, wie beispielsweise vorab definierte Kommunikationswege und -inhalte, beeinflusst werden. Das Beispiel des OP-Ablaufs verdeutlicht, dass zwischen eher konstanten Rahmenbedingungen der organisationalen Ordnung, wie formalisierte Regelungen, Routinen und etablierte Konventionen sowie den flüchtigen Vereinbarungen und den alltäglich auszuhandelnden Arbeitsbedingungen zu differenzieren ist. Dieser Zusammenhang zwischen alltäglichen Aus-

---

[126] Die Untersuchung z. B. in einer psychiatrischen Klinik in den späten 50er Jahren des 20 Jahrhunderts sollte zeigen, auf welche Weise es den Mitarbeitern einer Station gelingt, eine soziale Ordnung aufrecht zu erhalten. Die Herausforderung bestand darin, dass sich die Mitarbeiter aus unterschiedlichen Berufsgruppen (Ärzte, Psychiater, Pflegepersonal, Verwaltung) rekrutierten, mit ungleicher Ausbildungstradition, ungleichem professionellen Rollenverständnis und Status, die im Rahmen einer Fachabteilung jedoch auf eine enge Zusammenarbeit angewiesen waren, um funktionsfähig zu sein. Insgesamt wurden fünf Stationen in der Klinik untersucht, die sich hinsichtlich der Behandlungsideologie sowie der Organisation und Aufteilung der Arbeit gegeneinander abgrenzten (Strauss 1978, S. 109 f.). Die soziale Struktur dieser Stationen war weder als deutlich erkennbar zu bezeichnen, noch war sie desorganisiert. Vielmehr beobachteten die Forscher Aushandlungsprozesse, in deren Rahmen die Art und Weise der Arbeitsorganisation definiert wurden, was dann letztlich als charakteristisch für die jeweilige Station galt. Da die beteiligten Personen einer Abteilung erstmalig in dieser fächerübergreifenden Konstellation zusammen arbeiteten, war eine Vielzahl der Verhandlungsgegenstände neuartiger Natur sowie auch der Verhandlungsprozess selbst eine neue Erfahrung für viele Mitarbeiter. Übereinstimmung unter den Mitgliedern der Stationen gab es eigentlich nur hinsichtlich der Zielsetzung der Abteilung, nämlich ›getting the work done‹ (Strauss 1978, S. 111). Wie dies letztlich zu bewerkstelligen sei, war dagegen Gegenstand von Verhandlungen. Selbst die Grenzen, welche festlegen, ob Handlungen (bestimmter Personengruppen) legitim sind oder nicht (z. B. welche medizinische Behandlung nicht durch das Pflegepersonal ausgeführt werden darf), wurden verhandelt. Die Stationen der untersuchten Klinik wurden demzufolge als Arenen bezeichnet, in denen das Personal und auch die Patienten kontinuierlich verhandeln, um die Arbeit zu erledigen und das Organisationsziel sowie gleichzeitig auch die persönlichen Ziele der Organisationsmitglieder zu erfüllen (ebd., S. 121). Auf diese Weise wurde die soziale Ordnung der jeweiligen Station konstituiert.

handlungen und den eher stabilen Elementen der sozialen Ordnung lässt sich in Gestalt der »background-foreground metaphor« (Strauss 1978, S. 6) abbilden. Während die konstanten Faktoren der sozialen Ordnung eher im Hintergrund verbleiben, bilden sie den Rahmen für die sich im Vordergrund abspielenden alltäglichen Aushandlungsprozesse. Die von der Gesundheitspolitik definierten gesetzlichen Regelungen bilden beispielsweise den Hintergrund, da diese Bedingungen für eine einzelne Krankenhausabteilung nicht verhandelbar sind. Verhandelbar ist dagegen beispielsweise die Festlegung des OP-Dienstplans. Wie oben bereits verdeutlicht, kann dies entweder nach den Gewohnheiten des jeweiligen Chefarztes erfolgen, aber ebenso ist eine ganz andere Konstellation denkbar, dass Ärzte sich z. B. auch nach dem Pflegepersonal zu richten haben.

Eine Verschiebung der Kräfteverhältnisse führt dazu, dass teils auch die eher konstanten Faktoren in den Vordergrund ›gestellt‹ und damit zum Gegenstand von Aushandlungsprozessen werden. So hat die obligatorische Einführung des Fallpauschalensystems im deutschen Gesundheitssystem zu einer flächendeckenden Veränderung des Behandlungsregimes in Krankenhäusern geführt. Auf der Ebene des einzelnen Krankenhauses führt die Implementierung einer neuen Medizintechnologie dazu, dass die routinisierten Abläufe im OP-Bereich neu zu verhandeln sind[127]. Die zu verhandelnden Themen sind also von unterschiedlicher Tragweite und Komplexität.

Den Aushandlungskontext bzw. das ›institutional setting‹ des OP-Bereichs in der Chirurgie bilden zum einen die gesetzlichen Rahmenbedingungen, die ärztliche Berufsordnung, das Patientenklientel sowie die Vorgaben der Krankenhausverwaltung. Darüber hinausgehend sind die bereits im vorangegangenen Kapitel aufgeführten ›verhandelnden‹ Personengruppen von Chirurgen, Anästhesisten und Pflegepersonal, ihre jeweiligen Erfahrungen in Aushandlungsprozessen sowie die Verteilung von Machtressourcen, die in den Verhandlungen zum Tragen kommen (können), Bestandteil des Aushandlungskontextes. Machtressourcen, wie hierarchische Stellung, Status oder Kontakte zu Schlüsselpersonen fließen in die Aushandlungsprozesse ein. Geht es beispielsweise um die Verhandlungsgegenstände ›wer‹ operiert ›was‹, ›wann‹ und ›wen‹, ist das Ergebnis der

---

[127] Eine einmal ausgehandelte Ordnung ist infolgedessen keineswegs stabil, vielmehr weisen die Produkte der Aushandlungsprozesse eine gewisse Laufzeit auf, bis sie modifiziert, erneuert oder auch widerrufen werden (Strauss 1978, S. 5 f.). Aushandlungen sowie die damit einhergehenden Veränderungen der ausgehandelten Ordnung sind demzufolge ein alltägliches Phänomen.

Verhandlung auch im Zusammenhang mit den Machtkonstellationen zu betrachten.

In den Aushandlungsprozessen werden die unterschiedlichen Funktionslogiken und -abläufe an einer chirurgischen (Universitäts-)Klinik im Rahmen von Aushandlungsprozessen kontinuierlich koordiniert. Es werden sowohl Argumente für als auch wider die jeweilige Veränderung angeführt, die dann wiederum den Interessen der beteiligten Personengruppen entsprechen. Oberste Zielsetzung für eine chirurgische Abteilung ist stets die optimale und zeitnahe (operative) Versorgung der Patienten. Jenseits dieser Zielsetzung sowie des ›institutionellen Settings‹ jedoch kann vieles zum Verhandlungsgegenstand gemacht werden. Beispielsweise bedarf es zur Zielerreichung einer kontinuierlichen Qualitätssicherung der medizinischen Versorgung, nicht zuletzt auch aus krankenhausökonomischem Kalkül heraus. Alleinstellungsmerkmale einer chirurgischen Universitätsklinik sind nach wie vor die Weiterentwicklung der etablierten so genannten »Schulmedizin« mit (auch operativ) experimentellen Ansätzen, die zu einer ständig verbesserten Behandlung der Patienten führen sollen, die Fort- und Weiterbildung der ärztlichen Kollegen sowie die Ausbildung von Medizinstudenten (Funktionslogik des Wissenschaftssystems). Andererseits haben auch Universitätskliniken zunehmend mit einem immer enger gefassten Personalschlüssel zu planen (Funktionslogik des Wirtschaftssystems), der eine wissenschaftliche Auf- und Ausarbeitung interessanter Fälle in der Zeit außerhalb der üblichen (tariflichen) Arbeitszeiten erforderlich macht. Demzufolge kommen in den Aushandlungsprozessen die in der Klinik vorherrschenden unterschiedlichen, teils auch widersprüchlichen Rationalitäten zum Tragen.

Bereits ausgehandelte implizite Verträge (Rousseau 1989) zwischen Medizinern und dem Arbeitgeber ›Klinik‹ hinsichtlich der Karriereplanung werden ebenso zunehmend in Frage gestellt. Bisher war es in der deutschen universitären Medizin üblich, dass hoch motivierten und engagierten Nachwuchsmedizinern letztlich nach vielen Jahren des maximalen Engagements eine Chefarztposition de facto offen stand. Diese ›ausgehandelte‹ Ordnung hat seit einiger Zeit nicht mehr länger Allgemeingültigkeit. Bedingt durch einen hohen Anteil der jetzt in die ärztlichen Leitungspositionen aufrückenden geburtenstarken Jahrgänge der in den 1960er Jahren Geborenen sowie aktuell einen fundamentalen Wandel des deutschen Gesundheitswesens ist es eben für den einzelnen engagierten Arzt nicht mehr garantiert, eine leitende Position in (s)einem Krankenhaus zu bekleiden, die andererseits aufgrund vieler anderer Umstände (verändertes Freizeitverhalten in der Gesellschaft usw.) nicht mehr von der Mehrzahl der hierfür in Frage kommenden Ärzte angestrebt wird. Eindringlich wird dieser Trend derzeit durch das Abwandern (also ›leave it‹) von immer mehr Ärzten ins Ausland oder in andere Berufe dokumentiert, da diese Akteursgruppe nicht mehr bereit ist, in zum Teil langwierigen Aushandlungsprozessen ihre Interessen durchzusetzen (›negotiate it‹).

Der augenblickliche Zustand auch einer Organisation wie der ›OP-Einheit‹ ist demzufolge das Ergebnis von informellen sowie formalen Aushandlungsprozessen und beschreibt den Zustand eines quasi-stationären Kräftegleichgewichts. Ob ein tatsächlicher Wandel des Arbeits- und Zeitmanagements in einem OP stattfindet, ist ein Produkt des Aushandelns sowie der Gewichtung veränderungshemmender und -fördernder Argumente in der betreffenden OP-Einheit sowie der Machtposition der das jeweilige Argument vertretenden Akteure bzw. Akteursgruppe.

Stellt sich abschließend die Frage, auf welche Weise ein Aushandlungsprozess bewusst zu gestalten ist, um die Prozesse im OP-Bereich zu optimieren. Ein Steuerungsinstrument, welches die ohnehin stattfindenden Aushandlungsprozesse kanalisiert, stellt die Balanced Scorecard als integriertes Managementsystem im Krankenhaus dar (s. auch Brinkmann et. al. 2003). Als mögliches Steuerungs- und Dokumentationsinstrument für die Umsetzung optimierter Maßnahmen der miteinander arbeitenden Klinikebenen und deren Kontrolle wird dieses Instrument seit ca. 2000 in zunehmender Zahl in verschiedenen medizinischen Bereichen wie in der Nierentransplantationskoordinierung, in Dialysenetzwerken oder Rehabilitationseinrichtungen genutzt. Sie ermöglicht es, einen ganzheitlichen Blick auf die Prozesse, die Mitarbeiter, die Patienten sowie die Finanzen des Krankenhauses zu legen und unter Beteiligung betroffener Akteursgruppen Standards einer Geschäftsvision zu definieren.[128] Konkret bedeutet dies, dass eine chirurgische Abteilung/ein OP-Bereich vor allem durch eine verbesserte Kommunikation der verschiedenen Ebenen für die einzelnen Mitarbeiter an Transparenz gewinnt. Trotz alledem ist die Komplexität strategischen Handelns gerade für eine medizinischoperative Abteilung weiterhin als sehr hoch einzustufen. Nicht unterschätzt werden sollte auch in Zukunft das traditionelle Rollenverständnis der beteiligten Akteure gerade in der

---

[128] Ausgehend von den jeweiligen Kennzahlen wären in Anlehnung an Kaplan und Norton (1997) auch in einer OP-Abteilung unterschiedliche erfolgskritische Managementteilprozesse miteinander zu verknüpfen: Brainstorming und Klärung von Vision und Strategie, Verknüpfung von strategischen Zielen und konkreten Maßnahmen, Planung und Festlegung von Vorgaben; Abstimmung gemeinsamer Initiativen sowie die Optimierung des Feedbacks.

deutschen Chirurgie. Trotzdem besteht die Chance, Mitarbeiter mit diesem Instrument auf eine gemeinsame Strategie (z. B. Patientenzufriedenheit und Arbeitsplatzsicherung durch den guten Ruf der Klinik) hin auszurichten.

5. Fazit und Ausblick

Der für die Medizin bis vielleicht in die 1990er Jahre gültige langjährige Status Quo des Gesundheitswesens in Deutschland ist in letzter Zeit einem massiven Veränderungsdruck – vor allem bedingt durch die aktuellen Gesundheitsreformen mit ihren weit reichenden medizinischen und ökonomischen Folgen – ausgesetzt. Neben Instrumenten der Qualitätssicherung (extern und intern) hat aktuell auch die von der Politik unlängst implementierte Versorgungsforschung einen hohen Einfluss auf die derzeitigen und zukünftigen Entwicklungen im Gesundheitswesen. Die jüngst vom wissenschaftlichen Beirat der Bundesärztekammer erarbeitete Definition, dass Versorgungsforschung die wissenschaftliche Untersuchung der Versorgung von Einzelnen und der Bevölkerung mit gesundheitsrelevanten Produkten und Dienstleistungen unter Alltagsbedingungen sei (Dunker-Schmidt/Kalthoff 2008), ist auch für die (universitären) chirurgischen Abteilungen prioritär zu berücksichtigen. Qualitativ bedeutet dies eine deutliche Fokussierung auf die Kernaspekte Organisation, strategisches Verhalten und den jeweiligen Wirkungsgrad. Anders ausgedrückt: Ohne begleitende Versorgungsforschung kann unser heutiges Gesundheitssystem nicht ›lernen‹, dies gilt vor allem für sensible und kostenintensive klinische Bereiche wie die Chirurgie.

Die vorangehenden Ausführungen haben am Beispiel der Chirurgie veranschaulicht, dass die Universitätsklinik sich stets in einem Spannungsfeld veränderungshemmender sowie -fördernder Kräfte bewegt, wobei die Systemzustände ›Wandel‹ und ›Stabilität‹ als zwei Seiten ein und derselben Medaille zu verstehen sind. Insofern beinhaltet eine Analyse von Wandlungsprozessen auch immer eine Analyse des Systemzustandes, um sowohl die Bedingungen von Wandel als auch die Richtung von Veränderungsprozessen erklären zu können.

Die Organisation ›Klinik‹ ist vor diesem Hintergrund kein statisches Gebilde, sondern vielmehr als Prozess sich aneinanderreihender Verhandlungen zu verstehen. Veränderungen, ausgelöst durch Kräfteverschiebungen, münden auch hier in Aushandlungsprozessen, im Rahmen derer eine neue Ordnung konstituiert wird.

Dass die Verhandlungen im Ergebnisse teils auch bedenkliche Folgen für das Gesundheitswesen zeigen, verdeutlichen die aktuellen Entwicklungen in der Ärzteschaft in Deutschland und speziell in der Chirurgie. Die »klassischen« operativen Fachgebiete (mit der Chirurgie als größtem Teilgebiet) verlieren beim ärztlichen Nachwuchs in jüngerer Zeit fast schon dramatisch an Attraktivität. Hier spielen gerade das weiterhin ausgeprägte hierarchisch-traditionalistische Denken noch immer vieler chirurgischer Chefärzte und die immer massivere Arbeitsbelastung des ärztlichen Nachwuchses mit nichtärztlichen Tätigkeiten (Dokumentation, Kodierung etc.) eine Rolle. Das Selbstverständnis der Nachwuchsmediziner hat sich darüber hinaus in den letzten Jahren deutlich gewandelt und sie scheinen nicht mehr bereit zu sein, bei ungewisser beruflicher Entwicklungsperspektive weiter derartig hohe physische und psycho-emotionale Belastungen auf sich zu nehmen. Der bereits fehlende und dringend benötigte chirurgische Nachwuchs kann heute mancherorts nur noch mit Ärzten aus dem nichteuropäischen Ausland kompensiert werden, trotzdem bleiben aktuell viele chirurgisch-ärztliche Stellen unbesetzt. Immer mehr Krankenhäuser können alleine aus diesem Grund das für sie auch wirtschaftlich essentiell notwendige OP-Programm (vor allem so genannte »Elektiv«-Operationen) nicht mehr in der gewünschten Quantität durchführen. Eine weitere Überlastung der im System (noch) verbleibenden Ärzte ist die Folge; damit schließt sich der Teufelskreis. Dem bereits erfolgenden »Ausverkauf« des dringend erforderlichen chirurgischen Personals und vor allem des chirurgischen Nachwuchses ist u. U. nur mit einer deutlichen Veränderung der Organisation »Krankenhaus« von innen und von außen zu bewerkstelligen. Letzteres ist nicht nur vor dem Hintergrund der Zunahme von Krankheiten in der bundesdeutschen Bevölkerung durch deren Überalterung mehr denn je eine Kernaufgabe der Gesundheitspolitik. Aber auch eine Veränderung von innen ist geboten. Hier ist vor allem das ärztlich-chirurgische Establishment (Chefärzte) in der Pflicht.

Die speziellen Informationen hieraus sollten sowohl durch die jeweilige Ärzteschaft, das Krankenhausmanagement als auch durch potenzielle externe Unternehmensberater problematisiert werden, vor allem vor dem Hintergrund einer weiteren Privatisierung und Kommerzialisierung deutscher Universitätskliniken mit all ihren Konsequenzen (Richter-Kuhlmann 2008).

Literatur

Bauer, H. (2007): Plenarvortrag Jahrestagung der Deutschen Gesellschaft für Chirurgie. Zitiert in: Zylka-Menhorn, V.: OP-Management. Ende des Kompetenzgerangels. Deutsches Ärzteblatt, 104, S. A–1265.

Bentner, A., R. Bundschuh, T. Müller u. S. Strobach (2002): Kommunikation im Krankenhaus – ein Beispiel für einen systemischen Beratungsansatz. In: Organisationsentwicklung. Heft 2, S. 14–23.

Brinkmann, A., Gebhard F., Isenmann, R., Bothner, U., Mohl, U u. B. Schwilk (2003): Balanced Scorecard. »Tool or toy« im Krankenhaus? Anaesthesist. 52, S. 947–956.

Dettmer, S., G. Kaczmarczyk u. A. Bühren (2006): Hierarchie und Konkurrenz in der Medizin. Karriereplanung für Ärztinnen. Heidelberg/Berlin (Springer).

Deutsche Krankenhausgesellschaft (DKG). Krankenhausstatistik 2006. http://www.dkgev.de/pdf/2010.pdf (abgerufen: 08.01.2009).

Dunker-Schmidt C. u. L. Kalthoff (2008): Versorgungsforschung: Beispiele aus dem Alltag, mit Organisations- und Verhaltensblick. Hartmannbund Magazin, 4, S. 20–23.

Lewin, K. (1963): Feldtheorie in den Sozialwissenschaften. Bern/Stuttgart

Luhmann, N. (1984): Soziale Systeme. Grundriss einer allgemeinen Theorie. Frankfurt a. M.

Luhmann, N.(2000): Organisation und Entscheidung. Wiesbaden.

Richter-Kuhlmann, E. (2008): Privatisierung von Universitätskliniken: keine tragfähige Lösung. Deutsches Ärzteblatt; 105 (19), S. C–827.

Riedl, S. (2002): Modernes Operationsmanagement im Workflow Operation. Aufgabenspektrum und Herausforderungen der Zukunft. Der Chirurg, 73, S. 105–110.

Rohde V., B. Bestmann u. A. Wellmann (2004): Berufsreport 2003. Klinik, Forschung und Lehre – ein Spagat. Deutsches Ärzteblatt; 101: A–908–912.

Rousseau, D. M. (1989): Psychological and Implied Contracts in Organizations, in: Employee Responsibilities and Rights Journal. Vol. 2. No. 2, S. 121–139.

Sackett D. (2000): The sins of expertness and a proposal for redemption. British Medical Journal, 320, S. 1283.

Schneeweiss, S. u. O. Sangha (2001): Leistungsvergleiche in der Medizin. Bedarf, Anforderungen und Wege zur Akzeptanz. Deutsche Medizinische Wochenschrift, 126, S. 918–924.

Seiler Ch., H.-P Knaebel, M. Wente, M. Rothmund u. M. W. Büchler (2004): Plädoyer für mehr evidenzbasierte Chirurgie. Deutsches Ärzteblatt, 101, S. A 338–344.

Stengel, D. (2004): Plädoyer für mehr evidenzbasierte Chirurgie. Reizthema. Deutsches Ärzteblatt, 101, S. A 2396.

Stengel D., K. Bauwens u. A. Ekkernkamp (2005): Wissenschaftliches Publizieren: Beitrag eines jeden Autors offen legen. Deutsches Ärzteblatt, 102, S. A 495–496.

Strauss, A. (1978): Negotiations. Varieties, Contexts, Processes, and Social Order. San Francisco, Washington, London.

Trebesch, C. (2005): Kräftefeld-Analyse. Organisationsentwicklung, 3, S. 78–81.

Zylka-Menhorn, V. (2007): OP-Management: Ende des Kompetenzgerangels. Deutsches Ärzteblatt; 104 (19), S. A–1265.

THEMENBLOCK III:
ORGANISATION DER ORGANISATION

Sigrid Duschek

Persistenz und Wandel organisationaler Muster: Fallstudien von Biotechnologie-Spin-Offs in der Schweiz

1. Hinführung

> »I think what you don't want is – and I've seen many mistakes made – is to say ›This PhD student was an inventor, and that PhD student was an inventor. So let's get them on the company. And that PhD student will be the CEO.‹ That's sort of an old idea […] and that's – uh, you might as well shoot yourself in the head. The chances of success are very low.«
>
> Kommentar eines Universitätsprofessors und Gründers von Biotechnologie-Unternehmen

Die Erfolgsaussichten von universitären Spin-Offs, die Gründer mit rein akademischem Erfahrungshintergrund leiten, werden, wie obiges Zitat verdeutlicht, als gering eingeschätzt. Wegen des mangelnden industriellen Erfahrungshintergrundes, so eine mögliche Begründung, entstehen Parallelen zum universitären Forschungsalltag, die zu einer mangelnden Harmonisierung zwischen Business- und Forschungsagendas führen (Ireland a. Hine 2007). Im vorliegenden Beitrag sollen daher anhand von Fallbeispielen neu gegründete Unternehmen der pharmazeutischen Biotechnologie in der Schweiz erörtert werden, welche Kontinuität organisationaler Muster im Vergleich zum Ausgründungshintergrund festgestellt werden kann, und welche Veränderungen vor diesem Hintergrund auszumachen sind.

Entwicklungspfade bei neu gegründeten Unternehmen werden im Allgemeinen als Phasenmodelle formuliert. Dabei ist eine große Variationsbreite an Phasenanzahl und Phaseneinteilungen, die sich auf wenige oder unterschiedliche Kontexte beziehen, vorzufinden (Hanks et al. 1993). Gleichzeitig sollen die Modelle eine grundsätzliche Orientierung für Gründer und Manager bieten (Vgl. Hommel u. Knecht 2002). Diese Beschreibungsweise lässt mehrere Fragen unbeantwortet. Zum einen nehmen diese Modelle eine Art Nullpunkt an, ab dem sich die Organisation ähnlich einem Keim sukzessive entwickelt und ausdifferenziert. Dies blendet die Möglichkeit aus, Kontinuität wie Abweichungen zum Ursprungskontext zu verfolgen und diesbezügliche Problemlagen zu beobachten. Zum anderen ist der Zusammenhang zwischen den phasentypischen Optionen und formulierten Problemfoci und der Organisationsstruktur unklar, also welche Beziehung zwischen den verschiedenen Phasen und organisationaler Veränderung besteht.

Um die strukturellen Veränderungen zu beschreiben, können evolutionäre Beschreibungsweisen herangezogen werden. Sie stellen zwar ebenfalls auf Sequenzen ab, lassen dabei aber die Möglichkeit zu, den Erhalt beziehungsweise die sukzessive Ersetzung oder Erweiterung organisationaler Strukturen zu beschreiben. So kann die Entwicklung von Unternehmen, die sich auf in öffentlichen Forschungseinrichtungen entwickelte Technologien beziehen, und sich auf technologische Weiterentwicklung begründen, auf Reproduktion, Abweichung und Wandel gegenüber Forschungsorganisationen hin beobachtet werden.

Der Artikel verfolgt das Ziel, Wandel in neu gegründeten Unternehmen im Bereich der pharmazeutischen Biotechnologie im Sinne von Veränderung gegenüber einer ausgründenden Organisation zu untersuchen. Der folgende Abschnitt soll zunächst einen geeigneten Beobachtungsrahmen aufzeigen. In einem weiteren Abschnitt werden dann Fallstudien von Unternehmen der pharmazeutischen Biotechnologie in der Schweiz analysiert. Hierzu werden drei Zeitpunkte näher betrachtet: erstens der Übergang zwischen Forschung in öffentlichen Einrichtungen und dem entstehenden Unternehmen; zweitens der operative Beginn; und drittens der Beginn der eigentlichen Medikamentenentwicklung. Der Artikel schließt mit einer Zusammenfassung.

2. Beschreibungsrahmen der Entwicklung akademischer Spin-Offs

Bei der Beschreibung, wie sich neu gegründete Unternehmen entwickeln, dominieren Darstellungsweisen in Entwicklungssequenzen. Archetyp dieser Beschreibungen ist ein Lebenszyklus in Analogie zur Entwicklung biologischer Organismen. Organisationale Entwicklung wird in der Folge als Reifung begriffen (O'Rand a. Krecker 1990), die vom wenig differenzierten Keim zur voll entwickelten Struktur führt (Boulding 1953). Die Grundidee von Phasenmodellen ist, dass einzelne Phasen in einer bestimmten Abfolge auftreten und durch ein spezifisches Variablen- oder Problemsetting beschrieben werden können, die in jeweils anderen Phasen keine oder nur eine untergeordnete Rolle spielen (Hanks et al. 1993, S. 7; Kazanjian a. Drazin 1989).

Die Grenzen der Beschreibung von organisationalem Wandel anhand von Phasenmodellen liegen darin, dass der Zusammenhang zwischen erstmals auftauchendem Kontext und angenommenem Problemfokus auf der einen Seite (De Cleyn a. Braet 2006; Ireland a. Hine 2007) und den organisationalen Lösungsmustern beziehungsweise zu beobachtenden Veränderung auf der anderen Seite uneindeutig bleibt. Vielmehr ist insbesondere eine spezifische Reihenfolge von Problemen empirisch nicht festzustellen (Phelps, Adams a. Bessant 2007).

Dies liegt in der Beschreibung als auf chronologische Folgen abstellende Phasemodelle begründet, weil eine Verbindung zwischen organisationaler Struktur als Voraussetzung und den verschiedenen, beobachteten Entwicklungsschritten, also dem beobachteten Prozess, nicht eindeutig herzustellen ist (Luhmann 1991). Organisationsstrukturen werden in diesem Zusammenhang als Erwartungsstruktur verstanden, die für die Emergenz eines Organisationssystems notwendig ist (Luhmann 1984, S. 377 ff.). Einer chronologischen Folge, wie Forschung, Entwicklung und Vermarktung, eines Produktinnovationsprozesses kann vor der Folie unterschiedlicher Organisationsstrukturen ablaufen. Entsprechend offen ist auch im Falle von Start-Ups, ob beispielsweise ein erster Kundenkontakt in Konformität oder im Widerspruch zu dieser Erwartungsstruktur steht, und ob daraus ferner ein Problem entsteht.

Dies weist auf eine zweite Unzulänglichkeit in der Entwicklungsbeschreibung neu gegründeter Unternehmen hin. Es wird von einer Art Nullpunkt ausgegangen, ab dem für die Organisation sukzessive Kontexte als neu hinzutreten. Im Gegensatz dazu muss vielmehr gefragt werden, welche Kontexte bereits in den Erwartungsstrukturen der Organisationen einbezogen sind, die von Organisationen übernommen werden, die bei der Entstehung maßgeblichen Einfluss hatten und inwiefern hinzutretende Kontexte hier Modifikationen hervorrufen. So wurde bereits gezeigt, dass der spezifische Erfahrungshintergrund von Gründern die Konstruktion einer unternehmerischen Idee bei universitären Spin-Offs beeinflusst (Shane 2000) und welche unterschiedlichen Ausgangslagen sich dadurch ergeben. Daneben ist generell zu fragen, welche Elemente der ausgründenden Organisation übernommen werden und welche Antworten diese für spätere Probleme bereithalten. Im Fall eines älteren pharmazeutischen Biotechnologieunternehmens in den USA wurde etwa beobachtet, dass Auswahlverfahren im Modus öffentlicher Forschungsförderungsinstitutionen über Forschungsanträge und interne Auswahlgremien kopiert werden, was als ausgeprägte Persistenz von blueprints der ausgründenden Organisation gedeutet werden kann (Oliver a. Montgomery 2000). Folglich ist ein Ansatzpunkt, bei der Beschreibung der Entwicklung neu gegründeter Unternehmen zunächst die Reproduktion von Mustern des Ausgründungshintergrunds zu untersuchen und Kontinuität oder Wandel im Gegensatz dazu zu beobachten.

Bei der Beschreibung von strukturellem Organisationswandel können evolutionäre Beschreibungen verwandt werden (beispielsweise Weick 1995; Aldrich 1999).[129] Evolutionäre Interpretationen bauen auf der Differenz von Variation und Selektion auf (Luhmann 2008, Kapitel 1, S. 9). Zeitlich wird dies in Anlehnung an biologische Argumentationsmuster in die Schritte Variation, Vererbung und Selektion aufgeteilt (vgl. Hodgson 2003, S. 368), was in Bezug auf Organisationen als Ereignishaftigkeit von Entscheidung und nachfolgender Redundanz oder Abweichung demgegenüber gedacht werden kann. Organisationale Veränderung soll somit als Veränderung der Kontingenz organisationaler Entscheidung im zeitlichen Verlauf beschrieben werden (Luhmann 2000, S. 331; Kirsch 1997).

Große, beobachtete Unterschiede sollen so durch Sequenzen kleiner Entwicklungsschritte erklärt werden.[130] Evolutionärer Organisationswandel ist daher ebenfalls – wie Phasenmodelle dies vorschlagen – in Episoden zu beobachten (Kirsch, Weber u. Dörr 1999), allerdings stehen die jeweils typischen Beobachtungskategorien nicht a priori fest. Vielmehr handelt es sich bei evolutionären Beschreibungen immer um ex-post Betrachtungen, die zu erklären versuchen, wie es zu einer Veränderung von einem Zustand in der Vergangenheit zu einem später oder aktuell beobachteten Phänomen kam.

---

[129] Die Übertragung evolutionärer Ideen aus der Biologie auf soziale Strukturen ist nach wie vor umstritten, worauf hier nicht weiter eingegangen werden kann. Für eine Einführung in die einzelnen Elemente der darwinistischen Evolutionstheorie vgl. Mayr (1994).

[130] »[…] natural selection is a cumulative process, which breaks the problem of impobability up into small pieces. Each of the small pieces is slightly improbable, but not prohibitively so« (Dawkins 2007, S. 147).

Vor diesem Hintergrund wird die Entwicklung der zu betrachtenden Biotechnologie-Start-Ups beobachtet: als einer Menge von Strukturelementen, die sich sukzessive verändert. Dabei soll vorwiegend die Orientierung bezüglich externer Kontexte, wie Kunden, Kapitalgeber etc., und diesbezügliche Aspekte interner Arbeitsteilung beobachtet werden. Um die Ausgangslage zu charakterisieren, bietet es sich an, die Start-Ups in enger Kontinuität zu den Kontexten zu sehen, die für ihre Entstehung relevant waren. Darauf aufbauend wird die Frage gestellt, welche Elemente des Ausgründungskontextes übernommen werden und inwieweit anfangs vorgefundene Muster erhalten, überlagert oder ersetzt werden.

3. Unternehmensentwicklung an Fallbeispielen

Im nächsten Unterabschnitt wird zunächst die Datengrundlage ausgewiesen und die Fallauswahl begründet. Dann wird der Übergang zwischen universitärer Forschung zum neu gegründeten Unternehmen unter dem Aspekt der strategischen Ausrichtung und der personellen Kontinuität geschildert. Weil sich bereits bei der Gründung erste Unterschiede zwischen den betrachteten Fällen ergeben, werden die operativen Anfänge der Forschungsunternehmen in einem weiteren Unterabschnitt dargestellt. Schließlich werden Reaktionsmuster und Veränderungen, die sich auf Kontexte, die durch den Eintritt in eine der Forschung nachgelagerten Entwicklungsphase ergeben, aufgezeigt.

3.1 DATENGRUNDLAGE UND FALLAUSWAHL

Im Rahmen des Forschungsprojekts Organisationsgründung[131] wurden insgesamt neun Biotechnologie-Unternehmen in der Schweiz untersucht. Sie wurden auf Grundlage der Datenbank Swiss Life Sciences Database[132] sowie eigener Recherchen anhand der Kriterien Alter, Geschäftsfeld und geographische Lage ausgewählt, sodass sich eine breite Heterogenität ergibt. Die Unternehmen sind zum Erhebungszeitpunkt zwischen einem halben Jahr und mehr als sechzehn Jahren alt und in den Bereichen pharmazeutischer Biotechnologie und diesbezüglicher Waren und Dienstleistungen in der deutschen oder in der französischen Schweiz aktiv.

---

[131] Siehe auch www.unilu.ch/deu/organisationsgruendung_155777.aspx
[132] www.swisslifesciences.com

Zur Fallrekonstruktion wurden im Zeitraum von Februar 2006 bis Mitte 2008 Gründer und/oder Geschäftsführer, leitende Angestellte, Mitglieder der Geschäftsführung (Board of Directors) und/oder des wissenschaftlichen Beirats (Scientific Advisory Board) in Form von problemzentrierten Interviews befragt. Komplementär wurden Sekundärquellen einbezogen; teilweise korrespondierend Experteninterviews geführt. Einen Überblick über alle Fälle[133] bietet Tabelle 1; die Angaben beziehen sich auf den Zeitpunkt des Interviews.

Unternehmen	Alter in Jahren	Hintergrund	Geschäftsmodell	Patente
Alpha	1/2	Universität	Forschungsdienstleistung und Medikamentenentwicklung	1
Beta	3/4	Universität	Spezialhersteller biologischer Substanzen	1
Gamma	3	Unternehmen	Beratungsdienstleistungen und Wirkstoffforschung	1
Delta	4	Universität	Kosmetikaherstellung und -vertrieb	2
Epsilon	5	Universität	Medikamentenentwicklung	1
Zeta	6	Unternehmen	Medikamentenentwicklung	3
Eta	8	Universität	Analytische Dienstleistungen	–
Theta	13	Universität	Entwicklung und Herstellung von therapeutischen Impfstoffen	58
Iota	16	Universität	Herstellung und Vertrieb von Laborreagenzien sowie ergänzenden Dienstleistungen	6

Tabelle 1: Übersicht der betrachteten Unternehmen.
Quellen: Eigene Interviews, Homepages der Unternehmen, WO-Patente: www.freepatentsonline.com.

---

[133] Aus Anonymisierungsgründen werden zur Benennung der einzelnen Unternehmen griechische Buchstaben verwendet, die Aussagen der Unternehmensvertreter werden durch den entsprechenden Buchstaben sowie einen angehängten weiteren Buchstaben gekennzeichnet. Die Zitate sind teilweise durch die Autorin aus dem Französischen übersetzt.

Aus allen Fällen wird insbesondere auf eine Teilgruppe eingegangen, die sich von Anbeginn an auf Wirkstoffforschung und Medikamentenentwicklung spezialisiert hat, d. h. Alpha, Epsilon und Zeta. Diese Gruppe lässt eine größere und längere Kontinuität zum Ausgründungshintergrund vermuten, worauf Ergebnisse einer früheren Studie hindeuten (vgl. Zahra 1996), sodass sukzessive und diskontinuierliche Veränderungen besonders gut beobachtet werden können.

3.2 Übergänge zwischen Forschungseinrichtung und neuen Unternehmen

Die Ausgangslage aller betrachteten Unternehmen weist weitgehende Übereinstimmungen auf, was den Ursprung der zu Grunde gelegten Technologie und die Gründungsinitiative durch deren Erfinder anbelangt. Darüber hinaus ergeben sich eine Reihe von Unterschieden, was sich an der Zusammensetzung des Gründungsteams und der Herkunft der ursprünglichen Führungsperson festmachen lässt. Die spezifische Ausgangslage der einzelnen Unternehmen soll in diesem Abschnitt kurz erläutert werden.

Alle im Rahmen des Forschungsprojekts untersuchten Unternehmen beziehen sich auf eine Technologie in Form eines Patents oder Trade Secrets, deren Grundstein im Rahmen mehrjähriger Forschungstätigkeit vor der Gründung gelegt worden ist. Diese Technologie wurde jeweils innerhalb von Forschungsgruppen an öffentlichen Forschungseinrichtungen entwickelt. Dies gilt auch für Zeta, das materiell als Spin-Off eines privaten Unternehmens gilt, weil Zeta dort unbearbeitete Patente universitärer Provenienz aufgreift.

In allen Fällen initiierten die jeweiligen Erfinder den Gründungsprozess. Allerdings treten unterschiedliche Konstellationen auf, inwieweit Gründer beziehungsweise Mitglieder ehemaliger Forschungsgruppen in die entstehende Organisation operativ einbezogen wurden (vgl. Tabelle 2 für die fokalen Unternehmen).

Unabhängig von der personellen Kontinuität oder Diskontinuität, was Führungspersonen betrifft, zeigt sich eine starke Kongruenz, worin anfänglich die unternehmerische Chance gesehen wird. Mehr als die Hälfte aller Unternehmen, die sich auf eine patentierte Technologie beziehen, beschließt, Forschungsdienstleistungen anzubieten, das heißt beispielsweise kürzere Forschungsprojekte oder langfristige Forschungskooperationen mit Pharma- und Biotechnologieunternehmen auf Grundlage einer Plattformtechnologie. Dieses Modell korrespondiert mit Kooperationsmodellen, wie sie zwischen universitären Forschungsabteilungen und industriellen Partnern praktiziert werden. So besteht zwischen dem Forschungsbereich eines

Gründers und einem großen amerikanischen Biotechnologieunternehmen vor Gründung des Spin-Off bereits eine langjährige Kooperationsbeziehung, die in eine große Anzahl gemeinsamer Patente mündet. Ein Gründer und Professor beschreibt die Kooperationssituation mit privaten Unternehmen und umfangreiche Kofinanzierung, was seine universitäre Arbeitsgruppe angeht, als unkompliziert.[134] Große Pharmaunternehmen und daneben mittelständische und große Biotechnologieunternehmen werden auch von den neu gegründeten Unternehmen als wesentliche Kundengruppen für Forschungsdienstleistungen betrachtet.

Unternehmen	Anzahl Gründer	Beteiligung
Alpha	3	zwei Gründer als Führungsteam aktiv, ein Gründer beratend assoziiert
Epsilon	3	ein Gründer wird Geschäftsführer, die zwei weiteren sind beratend assoziiert
Zeta	2	Geschäftsführung durch rekrutiertes Führungsteam; beide Gründer im Verwaltungsrat und dem wissenschaftlichen Beirat tätig

Tabelle 2: Gründer und deren Position im Unternehmen

Unmittelbar oder mittelfristig nennen sechs von neun Unternehmen eigene pharmazeutische Wirkstoffforschung als Ziel. Dies ist in einem ersten Schritt aufgrund der Tatsache, dass fünf dieser Unternehmen zu Beginn über keinen eigenen Wirkstoffkandidaten verfügen, insgesamt als Fortsetzung anwendungsnaher universitärer Forschung zu sehen, weil zunächst in einer so genannten »drug discovery«-Phase Wirkstoffkandidaten in Labortests identifiziert werden müssen, bevor die eigentliche Medikamentenentwicklung und Tests an Versuchstieren und später Patienten beginnen. Von den drei fokalen Unternehmen besitzt keines patentierte Wirkstoffkandidaten. Ferner wird Wirkstoffforschung von AlphaA als Ausweg dafür bezeichnet, dass plattform-basierte Strategien, die man ursprünglich verfolgen wollte, wenig erfolgversprechend seien.

Als Adressaten für die Ergebnisse der Wirkstoffforschung werden uniform entsprechend den Indikationen wenige große Biotechnologie- und

---

[134] »Und dann sind jetzt, ich würd' sagen, drei andere Firmen, die schon angeklopft haben. Die wollen investieren. Da wart' ich noch. Entscheide noch nächsten Monat, welche Firma. Sind zwei amerikanische wieder und eine schweizerische.«

Pharmaunternehmen genannt. Wirkstoffforschung erscheint also zunächst als ähnlich gangbarer Weg für die Gründer, wie Forschungsdienstleistungen direkt anzubieten.

Insgesamt zeigt sich, dass das Geschäftsmodell »Medikamentenforschung« besonders von akademischen Gründern favorisiert wird und dies sachlich wie personell eine Kontinuität zwischen Ausgründungshintergrund und der entstehenden Organisation begünstigt. Es adressiert als Kunden solche Organisationen, die bereits aus der universitären Grundlagenforschung bekannt sind und baut auf Technologien auf, mit deren Umgang die Gründer jeweils vertraut sind.

3.3 OPERATIVER AUFBRUCH

Nach der Gründung ist, wie noch zu zeigen sein wird, eine weitgehende Reproduktion von für Forschungseinrichtungen typischen Strukturen zu beobachten. Dies kann man an einer rigiden Trennung zwischen einer Führungsstruktur festmachen, die für generelle Abwicklung und alles, was nicht die Forschung betrifft, zuständig ist und den eigentlichen Kern der Forscher, die eigene Forschung und Kooperationen mit Forschungspartnern, vorantreibt. Auf entsprechende Muster und korrespondierende Umwelten wird in diesem Abschnitt eingegangen.

Entsprechend dem ausgemachten Bedarf an anwendungsnaher Forschung steht zunächst der Aufbau von Forschungsteams im Zentrum, die aus führenden Wissenschaftlern, wenigen weiteren Forschern und mehreren Laborassistenten bestehen. Frühzeitig, bevor etwa erste reine Vollzeitverwaltungsangestellte rekrutiert werden, werden so genannte »senior scientists« eingestellt. Diese werden alternativ als »Wissenschaftler« (AlphaA, EpsilonA, ZetaA) oder »project leader« (ZetaB) bezeichnet. An sie besteht die Erwartung, dass sie als leitende Wissenschaftler ihre Forschungstätigkeit in Form von definierten Forschungsprojekten zusammen mit ihrem Team selbstständig durchführen. Die Zentralität der Wissenschaftler lässt sich zum Beispiel daran ablesen, wie in Unternehmen Epsilon mit personellen Konflikten umgegangen wird. Diese werden vom Geschäftsführer dahingehend aufgelöst, dass ein Teil der Personalverantwortung an die leitenden Wissenschaftler abgegeben wird.[135] Ferner wird bei Zeta von den Forschern erwartet, eigene Vorschläge für Forschungsko-

---

[135] » [D]a hat 's dann teilweise, sagen wir mal, im zwischenmenschlichen Bereich dann nicht so gut funktioniert, eben Technicians und den Wissenschaftlern. [...] Inzwischen machen wir 's immer so, dass wir die Wissenschaftler versuchen erst an Bord zu bekommen. Die müssen sich ihre eigene Gruppe zusammenstellen.«

operationen einzubringen, was in Anbetracht der knappen eigenen Ressourcen als besonders kritisch für den Forschungserfolg angesehen wird. Dies entspricht Autonomievorstellungen, wie sie in öffentlichen Forschungseinrichtungen etwa für Postdoktoranden eingeräumt werden.

Ein weiterer Hinweis für eine weitgehende Ähnlichkeit zu universitärer Forschung besteht darin, dass vorwiegend Kooperationsprojekte mit öffentlichen Forschungseinrichtungen aufgenommen und später permanent neu initiiert werden. Zeta gewährleistet so eine Rückbindung an die Forschungsgruppe eines Gründers, der zudem die Forschungsleiter in regelmäßige Kolloquien seiner Arbeitsgruppe einbezieht. Abgesehen von Kooperationen mit der ehemals ausgründenden Arbeitsgruppe kooperieren alle Unternehmen mit weiteren öffentlichen Forschungseinrichtungen im In- und Ausland, die als komplementärer Lieferant relevanter Expertise betrachtet werden.

Management wird allgemein als eine komplementäre Einheit angesehen, die für die Forschung notwendige Voraussetzung aufrechterhalten soll. Dies wird unter anderem aus Bezeichnungsweisen, die auf eine Differenz von Administration und Forschung (EpsilonA, aber auch BetaA) abstellen, deutlich. Ähnliche Bewertungen finden sich bei Zeta:

»Die erste Qualität eines Managements, wenn Sie große wissenschaftliche Risiken eingehen, ist eine Art Abnegation. Das heißt Sie sind außerhalb der Schusslinie – Sie existieren beinahe nicht. Sie haben Ihre Wissenschaftler vor sich und Sie sorgen dafür, dass Ihre Wissenschaftler extrem glücklich und extrem produktiv sind.«

Dies findet sich auch in einer personellen Trennung zwischen Management und Forschung wieder. Bei Zeta ergibt sie sich bereits daraus, dass die Geschäftsführer keine wissenschaftlichen Forscher sind. In den Fällen, in denen wissenschaftlich kompetente Gründer eine Führungsrolle übernommen haben, sind diese bestrebt, sich aus der aktiven Forschungsarbeit schnell zurückzuziehen.

Als entscheidende Aufgabe des Management wird in dieser Phase die Finanzierung der Forschungsaktivitäten betrachtet, da Dienstleistungen auf Grundlage der proprietären Plattformtechnologie entweder nicht lukrativ oder nicht angestrebt sind, und die eigenen Forschungsergebnisse noch nicht für eine Entwicklungskooperation bezüglich Wirkstoffkandidaten ausreichen. Alle Unternehmen nutzen hierzu unterschiedliche Instrumente der Gründungs- und Forschungsförderung, die als Überbrückung bis zur

Finanzierung durch Risikokapitalfonds angesehen werden, die größere Kapitalsummen investieren.

In allen drei Organisationen bestehen zwischen den Geschäftsführern beziehungsweise assoziierten akademischen Gründern bereits vor der Gründung Kontakte zu Risikokapitalgebern. Dies bedeutet, dass der Umgang mit Risikokapitalfonds keinen grundsätzlich neuen Kontext für die Organisation darstellt. Dennoch werden, um Risikokapitalfonds besser ansprechen zu können, erste Variationen initiiert. Um den Zugang zu Risikokapitalgebern herzustellen, nutzen die Geschäftsführer mit akademischem Hintergrund, AlphaA und EpsilonA, ein schweizerisches Start-Up-Programm, das neben einem Coachingprozess auch ein Start-Up-Label erteilt und die Möglichkeit zur Präsentation vor privaten Investoren offeriert. Bei Zeta wird das Managementteam abgelöst – kurz nach der ersten Finanzierungsrunde und ein halbes Jahr, nachdem die operative Tätigkeit aufgenommen worden ist. Anstelle dessen wird als Geschäftsführer eine Person engagiert, die bereits den Start-Up-Prozess eines Unternehmens der Medizinaltechnikbranche geleitet hatte. Sie war einige Jahre zuvor Doktorand bei einem der Gründer. Insgesamt zielen beide Maßnahmen darauf ab, die Forschungsorientierung des Unternehmens durch Investoren anstelle von Kunden abzusichern.

Erste Unterschiede zwischen den einzelnen Fällen im Verhältnis zwischen Management und Forschung treten in Bezug auf die Koordination und Durchführung der Forschungsprojekte auf. Zeta, das von einem Start-Up-erfahrenen Geschäftsführer geleitet wird, richtet hierfür eine eigene Position des Chief Operating Officer ein, der sich dezidiert um Projektmanagement und Coaching der Wissenschaftler kümmert. Gleichzeitig werden in Pharmaunternehmen übliche Methoden des Projektcontrollings etabliert.[136] Im jüngeren Unternehmen Alpha, das zum Zeitpunkt der Befragung lediglich vier Wissenschaftler umfasst, wird seitens des industrieerfahrenen Geschäftsführers versucht, zukünftige Projektleiter auf entsprechende Routinen zu sensibilisieren. Demgegenüber beschreibt EpsilonA, das von einer Führungskraft mit rein akademischem Erfahrungshintergrund geleitet wird, dass fünf Jahre nach Gründung kein formelles Projektmanagementsystem existiert, »wie in der Industrie«, sondern viel über persönlichen Austausch reguliert wird, was im Interview als Defizit ausgewiesen wird.

---

[136] »Im Sinne von Prozessmanagment ist das sehr klar: Man muss den scope definieren, [...] das Budget, das Timing, das Ausgeschlossene – was möchten wir nicht tun –, die Verantwortungsmatrix, die time line, den Breakdown, die tasks, den recogition report, und blablabla« (ZetaA).

In einer ersten Zeit nach Gründung werden also im Wesentlichen Strukturen, wie sie in öffentlichen Forschungseinrichtungen bekannt waren, reproduziert. Insbesondere ist das Verhältnis zwischen Management und Forschung dadurch charakterisiert, dass sich das Management weitgehend unterordnet. Kunden werden durch Investoren substituiert, was die weitgehende Konzentration der Organisation auf Forschungsaufgaben zulässt. In Bezug auf die Investoren erfolgen erste Anpassungen, die dem Optionsaufbau und Optionserhalt von Chancen zur Risikokapitalakquise dienen.

3.4 Veränderungskontexte beim Eintritt in die Medikamentenentwicklung

Sobald erste Wirkstoffkandidaten generiert wurden, ergeben sich in den betrachteten Unternehmen neue Kontexte, die sukzessive bearbeitet werden müssen. Hier sollen exemplarisch wiederum Veränderungen, die in Bezug auf Kunden, und solche, die der Eintritt in die Medikamentenentwicklung für interne Strukturen zeitigt, beschrieben werden.

Kunden, das heißt Unternehmen, die im Modus des Ko-Development Medikamentenentwicklung mitfinanzieren, können zunächst in keinem Fall akquiriert werden. Informell setzen die Unternehmen, insbesondere auch im Hinblick auf technologische Entwicklungspartnerschaften, bereits frühzeitig auf Kontakte zu entsprechenden Zielgruppen. »Wir haben sehr viele Diskussionen mit großen Pharmaunternehmen gehabt«, berichtet ZetaA; und EpsilonA bemerkt: »Also erstaunlicherweise treten sehr viele Firmen direkt an uns heran, weil wir sozusagen schon auf dem Radarscreen sind.« Es wird jedoch erwartet, dass Wirkstoffkandidaten bereits bis zu einem gewissen Grad entwickelt und getestet wurden, bevor Kooperationen angeboten werden.

Epsilon, das zum Zeitpunkt der Befragung noch keine Wirkstoffkandidaten ausgewählt hat, erwartet, dass Kooperationen mit finanzkräftigen Pharmaunternehmen erst mittelfristig zu erreichen sind. Kooperationsbeziehungen beziehungsweise Auslizensierungen erscheinen im Rückblick für Projekte in der vorklinischen Phase »irreal« (ZetaB). Es wird stattdessen die Erfahrung gemacht, dass eigene Projekte zunächst die Tests der Phase 1 passiert haben sollten, bevor die avisierte Kundengruppe sich engagieren würde. Ein Beispiel für diese Einschätzung liefert das ebenfalls untersuchte Unternehmen Theta, das gut dotierte Kooperationsprojekte mit zwei verschiedenen Unternehmen für Projekte in Phase 1 unterhält. Deswegen sind die Unternehmen gezwungen, die Medikamentenentwicklung zunächst selber voranzutreiben.

Eine Reaktion bei Zeta auf fehlende Kunden und entsprechende Umsätze besteht darin, ein bereits in der klinischen Erprobung fortgeschrittenes Produkt im Bereich einer Schwerpunktindikation einzulizensieren. Ziel ist, damit schneller Umsätze zu erwirtschaften und die anderen Projekte querzufinanzieren. Dies durchbricht die Logik, dass eine proprietäre Technologie als Geschäftsgrundlage dienen soll. Im Zuge dieser Akquise wird ferner die Hälfte der eigenen Forscher entlassen. Dieser Einschnitt trifft auf die ausdrückliche Missbilligung einer der Gründer – ein Professor, der noch einen Aufsichtsratposten inne hat – der diese Drosselung als strategischen Fehler ansieht:

»Der Schluss war relativ mühsam, muss ich sagen, weil ich gemerkt habe, dass es eine Finanzfirma wird, und dass man im Prinzip nicht die Forschung und den Patient nach vorne stellt.«

Hier kollidiert die Idee der eigenen Forschungsleistung und der darauf aufbauenden ökonomischen Erwartungen mit den mittelfristigen Gewinnerwartungen der Investoren, die erstmalig zuungunsten des Forschungsfortschritts ursprünglicher Projekte aufgelöst werden.

Der Eintritt in die Medikamentenforschung löst einen sukzessiven internen Wandel aus. Zunächst treten eine Reihe von Entwicklungs- und Erprobungsaufgaben auf, die nicht durch universitäre Forscher effizient bearbeitet werden können. Zeta profitiert hier vom industriellen Erfahrungshintergrund der Mitarbeiter. Einzelne Forschungsmitarbeiter können in unterschiedliche interne Projekte gleichzeitig eingebunden werden, um eine Durchmischung von Forschungs- und Entwicklungsaufgaben zu erhalten. Bei Epsilon sollen diesbezügliche Kompetenzen, die auf aktive Medikamentenentwicklung abzielen, durch zusätzliche Mitarbeiter aufgebaut werden.

Mit diesem Umschlagpunkt ist zudem die Adressierung weiterer, bis dato als irrelevant eingeschätzter weiterer Umwelten, das heißt Zulieferer, Auftragsforschungseinrichtungen und Behörden notwendig. Erstens muss die Produktion von Testsubstanzen gemäß strenger Qualitätsstandards sichergestellt werden. Ein von Epsilon angestrebter und von Zeta beschrittener Weg ist, Kompetenzen, die nicht unmittelbar mit Forschung und anfänglichen präklinischen Entwicklungen zu tun haben, durch externe Dienstleister anzulagern. Die Belieferung mit Testsubstanzen wird bei Zeta über eine Kooperation mit einem großen Hersteller abgesichert. Für die Vorbereitung, Durchführung und Auswertung klinischer Tests werden zweitens bei Zeta zudem eigene Zentren in Südosteuropa in Kooperation mit spezialisierten Auftragsforschungsorganisationen eröffnet. Zeta gründet in diesem Zusammenhang ferner ein Tochterunternehmen in Großbritannien. Drittens müssen verstärkt Aspekte der Patentierung und der administrativen Anforderungen seitens der Gesundheitsbehörden im Rahmen des Medikamentenzulassungsverfahrens berücksichtigt werden.

Die hinzutretenden Aufgaben werden im Wesentlichen über Beziehungen zu anderen Organisationen bewältigt, die über Stabsstellen innerhalb der Organisation verankert wird. Epsilon, das noch vor der Auswahl der Wirkstoffkandidaten steht, weist den Bedarf entsprechender Expertisen bereits aus, wobei zunächst Fragen der Patentierung und der regulatory affairs, das heißt Fragen des Genehmigungsverfahrens durch Gesundheitsbehörden vordringlich erscheinen. Zeta, das Projekte in verschiedenen Phasen besitzt, schafft eine Vielzahl entsprechende Stellen – Leiter der präklinischen Entwicklung, Leiter der klinischen Entwicklung, Leiterin regulatory affairs etc., die als Bestandteil des Managementteams ausgewiesen werden. Betrachtet man das ältere Unternehmen Theta, das diesbezügliche Aufgaben teilweise selbst übernimmt, so sind von gut 130 Mitarbeitern Ende 2007 zwei Sechstel in der eigentlichen Forschung, die Hälfte in der Produktion und Qualitätssicherung, und ein Sechstel in der Administration tätig. Das heißt das Verhältnis zwischen Management, Forschung und der Gesamtorganisation verschiebt sich deutlich.

Bei Epsilon führen die von den Investoren antizipierten Aufgaben bereits vor Eintritt eines Projekts in die präklinische Phase dazu, dass ein neuer Geschäftsführer eingesetzt wird. Die Schilderung des einstigen Geschäftsführers, der nun als Leiter der Forschung bezeichnet wird, lautet dazu:

> »Wir hatten zum dem Zeitpunkt, wo wir gesagt hatten, das Unternehmen entwickelt sich jetzt so erfolgreich, dass wir [...] also mehr als eine Person im Management brauchen, die sozusagen das Wissenschaftliche und das Operative und das Administrative abdeckt. Also wir brauchen jemanden mit Industrieerfahrung, ähm, mit 'nem entsprechenden Track Record und mit dem Persönlichkeitsprofil, was auch ein bisschen mehr tougher ist und ein bisschen mehr businessorientiert.«

Das heißt mit dem Führungswechsel werden simultan zwei Ziele verfolgt: erstens professionelle Managementerfahrung hinzuzugewinnen; zweitens Zugänge zu und einen professionellen Umgang mit Kooperationsstrukturen, in denen die Entwicklung von Medikamenten vollzogen wird, abzusichern.

Mit dem Eintritt in die eigentliche Medikamentenentwicklung ergeben sich für die betrachteten Unternehmen Notwendigkeiten des Zugangs zu Umwelten, die bis dato keine Rolle gespielt haben und in denen keiner der ursprünglichen Geschäftsführer Erfahrung besitzt. Gleichzeitig wird seitens Risikokaptialinvestoren erwartet, dass eine schnelle, professionelle Medikamentenentwicklung vollzogen wird, um mittelfristig Kunden zu erreichen. Dies führt zu einem Wandel, was das bisherige Verhältnis zwischen Management und Forschung insgesamt anbelangt. Wandel bedeutet dabei nicht, dass sich das Binnenverhältnis zwischen Forschung und Management verändert hätte, vielmehr muss die Organisation insgesamt eine Reihe von Anforderungen bewältigen, die nicht mehr durch eigene Forschung gelöst werden können. Eine Emanzipation vom ursprünglichen Forschungsfokus lässt sich im Falle Zetas an der Einlizensierung des weiteren Patents, der Reduktion der Zahl der Forschungsmitarbeiter und des Rückgriffs auf professionelle Medikamentenentwicklungsstrukturen ablesen. Auch die Professionalisierung des Managements bei Epsilon deutet in diese Richtung. Insgesamt stellt sich mit Beginn der Medikamentenentwicklung erneut die Frage nach der ökonomischen Überlebensfähigkeit, die diesmal nicht mit Forschung beantwortet werden kann.

4. Zusammenfassung und Schlüsse

Der vorliegende Beitrag hatte zum Ziel, strukturelle Veränderungen in neu gegründeten Unternehmen der pharmazeutischen Biotechnologiebranche in der Schweiz nachzuzeichnen. Anstatt auf Start-Up-Phasenmodelle zurückzugreifen wurde eine offeneres Analysesetting in Anlehnung an evolutionäre Entwicklungsvorstellungen angewandt, um vor allem Erhalt und Ablösung von Mustern zu analysieren, die sich im Anschluss an Ausgründungskontexte erklären lassen.

Es zeigt sich, dass akademische Gründer für alle betrachteten Unternehmen haupt- oder mitverantwortlich sind und sich in der Folge eine Reihe von Analogien zwischen deren Erfahrungshintergrund und der Ausrichtung des entstehenden Unternehmens ergeben, die in der Mehrzahl aller Fälle auf fortgesetzte eigene Forschung abstellt.

Bei der Betrachtung einer Teilmenge dieser Unternehmen, die sich auf Wirkstoff- und Medikamentenentwicklung fokussiert, herrscht in einer ersten Phase in der Folge fehlender vermarktungsfähiger Forschungsresultate eine starke Ausrichtung auf eigene, anwendungsbezogene wissenschaftliche Forschung. Umsätze aus kooperativen Kundenprojekten werden zunächst durch Fördermittel und verschiedene Formen des Risikokapitals, später im Wesentlichen durch Investitionen von Risikokapitalfonds substituiert, sodass eine kontinuierliche Forschungsarbeit ohne Irritation durch Kundenanforderungen möglich ist. Komplementär zu Forschungsstrukturen etabliert sich eine Führungsstruktur, die dazu dient, eigene Forschung und diesbezügliche Kooperationsprojekte zu ermöglichen. Diese Aufteilung wird von akademischen und nicht-akademischen Führungspersonen prinzipiell aufrechterhalten, aber bereits im Detail wie Projektmanagement verschieden implementiert.

Organisationswandel in Abgrenzung zu diesem Grundmuster kann beobachtet werden, wenn die Organisationen aufgrund vorliegender Forschungsergebnisse Wirkstoffe patentiert haben und die eigentliche Medikamentenentwicklung beginnt. Zwar werden fortgesetzt keine Kundenbeziehungen realisiert, dennoch weiten sich die zu adressierenden Kontexte auf.

Dies wird in den betrachteten Fällen mit einer Ausdifferenzierung beantwortet, um präklinische Forschung, klinische Forschung und damit verbundene rechtliche Aspekte, bearbeiten zu können. Gleichzeitig ergeben sich, je nach Ursprungskonstellation, neue Formen der internen Arbeitsteilung. Aufgrund der ursprünglichen Rekrutierungsstrategie, was sowohl Management als auch Forscher betrifft, ist ein Unternehmen in der Lage, mit bestehendem Personal und bestehenden Arbeitsstrukturen in der Forschung den Übergang zur Medikamentenforschung zu bewerkstelligen. Diese werden gleichzeitig für Forschung und Entwicklung eingesetzt, was zu einer durch Projektbezug abgegrenzten Doppelbeanspruchung führt. Im Falle eines anderen Unternehmens wird hier ein Bedarf an weiterem Personal, das nur für die Entwicklungsaufgaben zuständig ist, signalisiert, was auf eine beabsichtigte arbeitsteilige Trennung zwischen Forschung und Entwicklung hindeutet. Zu vermuten ist, dass die jeweilige Antwort auf hinzutretende Kontexte zu unterschiedlichen Spannungsverhältnissen führt, die im Rahmen weiterer Forschung analysiert werden können.

Struktureller Wandel mit Eintritt in die Medikamentenentwicklung bezieht sich auf eine neue Gewichtung von Forschung und der ökonomischen Überlebensfähigkeit der Organisation. Zu beobachten ist dabei, dass die Organisationen versuchen, die ursprüngliche Sichtweise auf das Verhältnis zwischen Forschung und Management unberührt zu lassen. Diesbezügliche Muster werden weiter reproduziert, was als Absicherung der langfristigen technologischen Wettbewerbsfähigkeit gedacht wird. Dennoch weisen der Personalabbau, die Einlizensierung eines weiteren Wirkstoffs, der nicht aus eigener Forschung hervorging, und die Orientierung auf externe Dienstleister darauf hin, wie stark die Idee, eigene Forschung auf Dauer zu erhalten, unter Druck geraten kann.

Ein evolutionärer Beschreibungsansatz bietet auch in Bezug auf Start-Ups einen Rahmen, der Veränderungen zu analysieren hilft. In diesem Artikel wurden zugunsten einer vergleichenden Beschreibung Variationen innerhalb einzelner Organisationen ausgeblendet. Ein Fokus darauf kann jedoch zukünftig die Möglichkeit bieten, die Veränderungsfähigkeit einzelner Organisationen besser zu begreifen. Dies ist umso notwendiger, da mit Blick auf die Fälle deutlich wird, dass Art und Umfang des Wandels zu den gewählten Beobachtungszeitpunkten von der jeweiligen Vorgeschichte abhängt. Vor diesem Hintergrund können dann die Eignung akademischer Gründer als Geschäftsführer und der Austausch von Führungspersonen neu bewertet werden.

5. Danksagung

Die Autorin bedankt sich beim Schweizerischen Nationalfonds (SNF) für die finanzielle Unterstützung im Rahmen des Projekts »Organisationsgründung: Zum Einfluss von Organisationsmerkmalen und Umweltbeziehungen auf die Entwicklung von Ausgründungen in der Biotechnologie« unter der Leitung von Prof. Dr. Raimund Hasse, Universität Luzern.

Literatur

Aldrich, H. E. (1999): Organizations evolving. London (Sage).

Boulding, K. E. (1953): Towards a general theory of growth. Canadian Journal of Economics and Political Science 19 (3): 326–340.

Dawkins, R. (2007): The God delusion. London (Black Swan).

De Cleyn, S. a. J. Braet (2006): The evolution and performance of spin-off ventures: Integration and elaboration of existing models. Technical report, Universiteit Antwerpen – Faculty of Applied Economics.

Hanks, S. H., C. J. Watson, E. Jansen a. G. N. Chandler (1993): Tightening the life-cycle construct: A taxonomic study of growth stage configurations in high-technology organizations. Entrepreneurship Theory and Practice 2 (4): 5–29.

Hodgson, G. M. (2003): The mystery of the routine: The Darwinian destiny of an evolutionary theory of economic change. Revue économique 54 (2): 355–384.

Hommel, U. u. T. C. Knecht (2002): Wertorientiertes Start-UP-Management: Grundlagen, Konzepte, Strategien. München (Vahlen).

Ireland, D. C. a. D. Hine (2007): Harmonizing science and business agendas for growth in new biotechnology firms: Case comparisons from five countries. Technovation 27: 676–692.

Kazanjian, R. K. a. R. Drazin (1989): An empirical test of a stage of growth progression model. Management Science 35 (12): 1489–1503.

Kirsch, W. (1997): Kommunikatives Handeln, Autopoiese, Rationalität. Herrsching (Kirsch), 2. Aufl.

Kirsch, W., M. Weber u. M. Dörr (1999): Evolutionäre Organisationstheorie V: Perspektiven einer Prozessorientierung. Arbeitspapier, Seminar für Strategische Unternehmensführung.

Luhmann, N. (1984): Soziale Systeme: Grundriß einer allgemeinen Theorie. Frankfurt/Main (Suhrkamp).

Luhmann, N. (1991): Zweckbegriff und Systemrationalität. Frankfurt/Main (Suhrkamp), 5. Aufl.

Luhmann, N. (2000): Organisation und Entscheidung. Opladen (Westdeutscher Verlag).

Luhmann, N. (2008): Ideenevolution. Frankfurt/Main (Suhrkamp).

Mayr, E. (1994): … und Darwin hat doch recht: Charles Darwin, seine Lehre und die moderne Evolutionsbiologie. München (Piper).

Oliver, A. L. a. K. Montgomery (2000): Creating a hybrid organizational form from parental blueprints: the emergence and evolution of knowledge firms. Human Relations 53 (1): 33–56.

O'Rand, A. M. a. M. L. Krecker (1990): Concepts of the life cycle: their history, meanings, and uses in the social sciences. Annual Review of Sociology 16: 241–262.

Phelps, R., R. Adams a. J. Bessant (2007): Life cycles of growing organizations: a review with implications for knowledge and learning. International Journal of Management Reviews 9 (1): 1–30.

Shane, S. (2000): Prior knowledge and the discovery of entrepreneurial opportunities. Organization Science 11 (4): 448–469.

Weick, K. E. (1995): Der Prozeß des Organisierens. Frankfurt/Main (Suhrkamp).

Zahra, S. A. (1996): Technology strategy and new venture performance: A study of corporate-sponsored and independent biotechnology ventures. Journal of Business Venturing 11: 289–321.

André Reichel & Lukas Scheiber

What's next?
Die Organisation der nächsten Organisation

1. Einführung

Google und Mozilla lassen ihre Produkte zum Teil oder zur Gänze unbezahlt von Freiwilligen entwickeln; Mobilfunkunternehmen gehen mal mit diesen, mal mit jenen potenziellen Konkurrenten Allianzen über neue mobile Betriebssysteme ein; Offenheit, Koproduktion und unklare Organisationsgrenzen werden als neues Paradigma zumindest der Wirtschaftsorganisationen gewertet (Tapscott/Williams 2007; Brafman/Beckström 2007). Im folgenden Beitrag wird ein konzeptioneller Entwurf entwickelt, der auf den von Dirk Baecker in den letzten Jahren entwickelten Hypothesen über die nächste Gesellschaft aufbaut und sie auf die Organisation anwendet (Baecker 2007). Neben einer Darstellung ableitbarer Gründe, welche es erlauben, von einer Next Society zu sprechen und der Verortung darauf bezogener systemtheoretischer Grundlagen, erfolgt eine Fokussierung auf die sich abzeichnenden Problemlagen zukünftigen Organisierens in Wirtschaftsorganisationen. Die Autoren ordnen diese Problemlagen in einen gesellschaftlichen Wandel ein. Die Frage lautet dann, was es für Organisationen des Wirtschaftssystems zu bedeuten hat, wenn sich bisher maßgebliche Kommunikationsstrukturen wie Zweckrationalität, Hierarchie und Mitgliedschaft mit einer nächsten Gesellschaft zu koppeln haben und wie ein Management mit einem (zumindest punktuell) zunehmenden Verlust des Glaubens an Durchgriffskausalität im Kontext von steigender Unsicherheit umgeht – bzw. was dann überhaupt noch unter Management zu verstehen ist. Abschließend werden die möglichen Problemlagen zukünftiger Organisationen entlang von Plausibilisierungen dargestellt und die aufgezeigten Entwicklungen kritisch, d. h. in Alternativen, hinterfragt.

2. Gesellschaft und Organisation

Die moderne Gesellschaft lässt sich als eine funktional differenzierte Gesellschaft beschreiben, welche in ihrer polykontexturalen Ordnung unterscheidbare Funktionssysteme wie Wirtschaft, Politik, Recht und Erziehung so hervorgebracht hat, dass jedes System genau eine soziale Funktion erfüllt (Luhmann 1997, S. 609 ff.). Das heißt z. B., dass es für das System Wirtschaft um die Erzeugung und Regulierung von Knappheit geht (Luhmann 1988, S. 65). Die Systeme operieren hierbei entlang ihrer jeweils spezifischen Codes[137] ohne Rücksicht auf Verluste und ohne dass ein System die Funktion eines anderen ersetzen könnte. Die Konsequenz dieser Abhängigkeit und gleichzeitigen Unabhängigkeit (Luhmann 2000, S. 396) ist eine forcierte unruhige Eigendynamik der Gesellschaft. Ohne weitere Interdependenzunterbrechung als die der funktionalen Differenzierung, also ohne weitere selektive Einschränkung von Varietät und dadurch erzeugte Stabilisierung durch Organisationen, wäre diese Form der gesellschaftlichen Differenzierung nicht möglich. Im Vergleich zur funktionalen Differenzierung weisen segmentäre und stratifizierte Gesellschaften auf der ersten Ebene der Differenzierung noch keinen Bedarf für Organisationen auf, welche die Interdependenz zwischen Segmenten oder Strati unterbrechen müssten (Drepper 2005, S. 185). In der stratifizierten Gesellschaft reichen hierfür »raumbezogene Symbolisierungen, Grenzmarkierungen, Auszeichnung von Plätzen (zum Beispiel als heilig oder als Markt)« (Luhmann 2000, S. 396) völlig aus, um Interdependenz zwischen Adel, Klerus und Volk auszuhalten und auszunützen[138]. Mit dem Differenzierungsmodus der Hierarchie war es möglich, ausreichend Unsicherheit zu absorbieren.

---

[137] Mittels ihres Codes erzeugen Funktionssysteme Information oder pathetischer gesprochen: ihre Welt. Ohne Code kann nicht entschieden werden, wie Kommunikation Anschluss findet oder nicht, ohne Referenz auf einen Code kann nicht einmal entschieden werden, ob überhaupt kommuniziert wurde. Am Beispiel des Systems Wissenschaft: Ist die wissenschaftliche Aussage wahr oder nicht wahr? Die richtige Antwort kann nicht lauten: Sie kostet fünf Euro, sondern: wahr oder nicht wahr. Die erste Antwort würde Verwirrung stiften und Kommunikation unwahrscheinlicher machen. Die Funktion des Codes liegt somit darin, Kontingenz einzuschränken und Kommunikation zu ermöglichen.

[138] Die in der stratifizierten Gesellschaft vorhandenen organisierten Einheiten, wie z. B. die Kirche, Armeen, Bauernhöfe und Klöster, lassen sich aus heutiger Sicht verstärkt

Organisationen bearbeiten das Interdependenzproblem der funktionalen Differenzierung durch vielfältige Arten struktureller Kopplung[139]. So ermöglichen Börsen die (wenn auch häufig nur kurzfristige) Anschlussfähigkeit politischer Kommunikation im Wirtschaftssystem (z. B. im Anschluss an die Wahlen eines US-amerikanischen Präsidenten) und Gewerkschaften gelten als Intermediäre zwischen Wirtschaft und Politik. Entscheidend bleibt jedoch, dass die Bearbeitung von Konsequenzen der funktionalen Differenzierung nicht als eigentliche Funktion von Organisationen zu verstehen ist. Worin liegt diese nun begründet?

In der Moderne steht vor allem ein Problem im Vordergrund, welches zur Weiterführung von Kommunikation zwingend gelöst werden muss und nicht mehr durch ein Orakel oder einen König bearbeitet werden kann: Es muss entschieden werden. Im Folgenden soll die ›Lösung‹ des Entscheidungsproblems als die maßgebliche Funktion von Organisationen betrachtet werden. Sowohl die Funktionssysteme der funktional differenzierten Gesellschaft als auch Interaktionssysteme können dieses Problem nicht lösen und sind in diesem Sinne auf Organisationen angewiesen[140]. Für

---

mit dem Begriff der Institution als dem der Organisation beschreiben: »Als Institution behauptet die Organisation ihre spezifischen Programme als Beitrag zur Erhaltung der Ordnung des Ganzen« (Baecker 2007, S. 43). Mit dem Übergang zur Moderne rücken vor allem diejenigen Organisationen in den Vordergrund, die in ihrer Entscheidungsreichweite, Mitgliedschaft und Monetarisierung eigene Zwecke setzen können und über Mittel verfügten, diese (jetzt unter selbst eingegangenem Risiko) zu realisieren.

[139] Systeme sind strukturell miteinander gekoppelt, und zwar sowohl Systeme gleicher Art (z. B. Politik und Wirtschaft) wie auch verschiedener Art (z. B. Bewusstsein und Gesellschaft). Das folgt unmittelbar aus der Differenz: Systeme sind erstens verschieden von ihrer Umwelt und den anderen Systemen darin, und zweitens sind sie operational geschlossen; gleichzeitig sind sie völlig von ihrer Umwelt abhängig und müssen sich irgendwie mit ihr verbinden, eben durch strukturelle Kopplung. Ein Unternehmen kann z. B. keine Produktionsentscheidung für ein anderes treffen, nur für sich selbst. Diese Entscheidung hat aber sehr wohl *Auswirkungen* auf andere. Welcher *Art* die Auswirkungen sind, muss das andere Unternehmen für sich entscheiden. Gleichzeitig verändert sich dabei die Umwelt von Unternehmen, und zwar wechselseitig. Das eine Unternehmen ist mit dem anderen Unternehmen, dem Funktionssystem Wirtschaft und dem Rest der Gesellschaft strukturell gekoppelt und alle koevoluieren.

[140] Während auf der Ebene der Funktionssystemen keine entscheidungsfähigen sozialen Adressen auszumachen sind, können Interaktionssysteme nicht entlang zeitlich dauerhafter und verbindlicher Orientierungen von Zwecken und Mitteln operieren, da sie auf die Anwesenheit von Personen angewiesen sind.

Organisationen als soziale Systeme ergibt sich im entscheidungsbezogenen Vollzug von Gesellschaft auch ein besonderes Bild. Die Beziehung zwischen Organisation und Gesellschaft ist gedoppelt: »Einerseits vollziehen sie mit jeder ihrer Kommunikationen Gesellschaft; andererseits gibt es auch in ihrer Umwelt Kommunikation, also Gesellschaft. [...] Die Systemgrenze der Organisation kann deshalb [...] durch Kommunikation überschritten werden [...]« (Luhmann 2000, S. 383).

Auf Grund dieser Doppelung gilt es in Organisationen darüber zu entscheiden, wie nach innen und nach außen kommuniziert wird. Mit dem Begriff der Organisation von Organisation wird die System/Umwelt-Differenz von Organisationen in den Blick genommen und darauf hin untersucht, welche Differenzierungsformen in Organisationen vollzogen werden, mit welcher Gesellschaft Organisationen sich in Zukunft auseinandersetzen müssen und wie diese Unterscheidungen überschritten werden.

Wie lässt sich das Entscheidungsproblem genauer fassen? Entscheidungen können als Beobachtungen aufgefasst werden, welche Alternativen aufzeigen und die Präferenz für eine Alternative ausflaggen (Luhmann 2000, S. 134 f). Vom Medium der Alternativen aus gedacht sind Entscheidungen »genau dann nötig, wenn sie unmöglich sind [...]« (Ortmann 2004, S. 37). Gerade der mit Entscheidungen einhergehende Begründungsbedarf verweist auf einen Mangel an Begründetheit, denn ließe sich eine Entscheidung »beyond reasonable doubt« begründen, was wäre dann noch zu entscheiden?

Organisationen rekurrieren in diesem Zusammenhang auf Entscheidungsprogramme, die Anweisung geben, welche Entscheidung die ›richtige‹ ist (Luhmann 2000, S. 257). Sie haben im Laufe der Zeit eine Vielzahl von Programmen in unterschiedlichsten Versionen entwickeln, welche im Falle von Unternehmen intern als Strategie oder Geschäftsmodell und extern als Aufgabe, wie z. B. die Versorgung mit Gütern, Dienstleistungen oder Geld, repräsentiert werden[141]. Als zentrales Entscheidungsprogramm für Wirtschaftsunternehmen der Moderne gilt die Zweckrationalität. Alles was im Unternehmen entschieden wird, muss sich also der Frage unterziehen, ob Zwecke und Mittel als Differenzen sinnvoll, also wie auch immer bewertet, aufeinander bezogen werden (Luhmann 2000, S. 267). Der in

---

[141] Ein Programm regelt Zuordnungen von Systemoperationen zu den Wertseiten des Systemcodes (also beispielsweise ob eine Aussage wahr oder nicht wahr ist). Programme entscheiden also, ob eine Operation diesen oder den anderen Code-Wert annimmt. Im Gegensatz zu Codes sind Programme dabei flexibel und soziale Systeme evolvieren entlang ihrer Programme.

Organisationen vorausgesetzte Kausalzusammenhang von eingesetzten Mitteln und realisierten Zwecken, welcher sich als Entscheidungstechnik im Rahmen von betriebswirtschaftlichen Modellen (wie z. B. Business Process Engineering) widerspiegelt, lässt sich spätestens mit einer Umstellung auf Beobachtung zweiter Ordnung nicht mehr durchhalten. Wird beobachtet, wie und auf welcher Grundlage entschieden wird, rückt immer die grundsätzliche Kontingenz dieser Entscheidung in den Vordergrund.

Sowohl im Fall von weitergeführter Zweckrationalität als auch im Falle anders denkbarer Begründungskonstruktionen erfolgt dabei die Prüfung der ›Richtigkeit‹ von Entscheidungen entlang ihrer Zukunfts- als auch ihrer Vergangenheitsfähigkeit; also im Hinblick auf ihre Passung in das, was bereits und mit Bezug auf welche Grundlagen, also letztlich: Werte, entschieden wurde, sowie auf mögliche Anschlüsse an das, was als nächstes entschieden werden kann. Ausgangslage ist dabei die Ungewissheit von Zukunft, die nicht als »Gegenstand rationaler Planung und Kontrolle« (Luhmann 2000, S. 158) aufgefasst werden kann. Die Differenz zwischen dem, was sein soll und dem, was sein würde, lässt sich in der Gegenwart als aktualisiertes Problem und die Entscheidung als aktualisierte Problemlösung auffassen. Damit wird gleichzeitig die Zukunft so fixiert, als ob sie bereits eine stabile Identität hätte und als ob sie für heutige Entscheidungen ›zugänglich‹ wäre. Hinzu tritt das Problem der Vergangenheitsfähigkeit von Entscheidungen. Änderungen, als Abweichungen von der Vergangenheit, müssen z. B. in Zukunft die Form der wertvollen Innovation annehmen können, um dann auch im Nachhinein noch als Entscheidungen erkannt zu werden. Neben der künftigen Vergangenheit haben es Organisationen bei ihren Entscheidungen jedoch auch noch mit aktualisierter Vergangenheit zu tun. Diese wird in Form von Routinen, Geschichten, Akten usw. erinnert.

Organisationen haben diese impliziten zeitlichen Problemlagen des Prozessierens von Entscheidungen bisher vor allem durch die Kommunikationsstruktur der Hierarchie überbrückt. Wo hierarchisch entschieden wird, kann Kommunikation zumindest formal an einer Spitze gebündelt, auf Personen zugeordnet und durch das Management ›gesteuert‹ werden. Das aus einer stratifizierten Gesellschaft bekannte Strukturprinzip ermöglicht zweckrationale Entscheidungen als »eine äußerst prägnante Form der Kontingenzvernichtung« (Fuchs 2007, S. 4). Durch die Kopie einer organisational interpretierten geheiligten Ordnung gelingt es Organisationen, zukünftige Zwecke zu orientieren. Dies geschieht mit dem Ausgang des Mittelalters nicht mehr im Bezug auf eine allgemeine göttliche Ordnung, sondern als Punktbezug auf die Kontingenzformeln der Funktionssysteme als deren Götter und, wie oben im Rahmen der strukturellen Kopplung gezeigt, auch mit der Möglichkeit, mehrere Systemrationalitäten in organisationale Zwecke einfließen zu lassen.

Es mag eine Kernaufgabe des Managements von Organisationen sein, auf mehrere Systemrationalitäten zu rekurrieren und trotzdem eine Organisation zu behaupten. Dabei gilt es, mehrere Selbstbeobachtungsmöglichkeiten herzustellen und in Selbstbeschreibungen zu gießen, und zwar in einer Weise, die für organisationale Sinnerzeugung tauglich ist. Bei Weick (1995) wird daraus der organisationale Akt des »making sensible«, d. h. dass zwischen aktuellen Ereignissen und tradierten organisationalen Mustern, wie z. B. Routinen oder Problemlösungsverhalten, Bezüge hergestellt werden. Dabei wird durch die Angleichung des Neuen an das Bekannte versucht, in einem andauernden retrospektiven Prozess Stabilität und Handlungssicherheit zu erzeugen. Dies wirkt sowohl auf der Ebene der psychischen Systeme der Organisationsmitglieder wie auch auf die Organisation als soziales System. Organisationale Geschichten und Mythen, als vereinfachte Darstellung komplexer (vergangener) Entscheidungssituationen, sind hierfür starke Mittel, welche die organisationale Umwelt und ihre vermeintlichen Wandlungen sowie das entsprechende Verhalten der Organisation deuten helfen. Solche durch das Management von Organisationen, verstanden als Prozess des Organisierens, erzeugten Sinnangebote können dabei nur dann Wirkung entfalten, wenn sie eingebettet sind in ein System aus organisationaler Sinnhaftigkeit (Luhmann 2000, S. 41). Nur so, wenn überhaupt, können in einer funktional differenzierten Gesellschaft betriebswirtschaftliche Planung und ihre Managementsysteme denn auch nicht der Rationalitätsillusion verfallen – im Sinne von kausaler Kontrolle und Prognostizierbarkeit – sondern als selbstreferenzielles Management, welches die Organisation beobachtbar und beschreibbar macht, ihre steuernde Wirkung entfalten.

3. Das Nächste an der nächsten Gesellschaft

Eingedenk der erarbeiteten Grundlagen gilt es nun der Frage nachzugehen, mit welcher Gesellschaft es Organisationen zu tun haben bzw. zu tun bekommen. Dabei scheint es ratsam, einen Blick in die Genealogie der Gesellschaft zu werfen. Wird die Luhmannsche Systemtheorie als das verstanden, was sie (auch) ist, nämlich eine Evolutionstheorie gesellschaftlicher Verbreitungsmedien, dann zeigt sich eine Koevolution dieser Medien mit dem jeweils vorherrschenden gesellschaftlichen Strukturierungsprinzip

(Luhmann 1997, S. 202 ff. und 595 ff.). Die Entwicklung und Diffusion der Schrift und der Aufstieg von Schriftkulturen ging einher mit einem Umschalten von Segmentierung (Clangemeinschaften, lokal begrenzte Kleingruppen) auf Stratifizierung: Der neuen gesellschaftlichen Komplexität, die durch Verschriftung ›proliferierte‹, wird ein Strukturierungsprinzip entgegengehalten, das diese für Gesellschaft handhabbar macht.– Wäre dies nicht geschehen, hätten sich keine Schriftkulturen, keine ersten Staatswesen ausgebildet, die Komplexität wäre ›verpufft‹ und im ›Garbage Can‹ der Gesellschaftsgeschichte verschwunden. Ähnliches geschah im Zuge der Erfindung des Buchdrucks: Der Gesellschaft kam das Zentrum bzw. der Kopf abhanden, die Stratifizierung wich der der funktionalen Differenzierung in gesellschaftliche Funktionssysteme[142].

Dabei ist zunächst kritisch anzumerken, dass ein neues Verbreitungsmedium allein noch kein neues Strukturierungsprinzip nach sich zieht. Für die Umstellung der Gesellschaft auf ein neues Strukturierungsprinzip sind viele ›Gleichzeitigkeiten‹ notwendig, deren kausale Wechselwirkungen nicht zu klären sind. So war die Erfindung des Buchdrucks (das erste gedruckte Buch datiert im 14. Jahrhundert in China) zum einen begleitet von einer Mechanisierung dieser Technik durch Gutenberg (1450). Zum anderen konvergiert die Erfindung des Buchdrucks (in Europa) mit dem Aufkommen der Renaissance seit Mitte des 14. Jahrhunderts, deren Wiederentdeckung der antiken Literatur dem Buchdruck kommunikatives ›Rohmaterial‹ zur Verfügung stellte[143]. Gleichzeitig entstanden in der Kombination von Renaissance und Buchdruck Bibliotheken und Bildungszentren, in denen sich als vielleicht erstes Funktionssystem die Wissenschaft vom Rest der Gesellschaft differenzierte. Zudem differenzierten sich symbolisch generalisierte Kommunikationsmedien, wie z. B. Geld oder Wahrheit, weiter aus, welche die Annahmewahrscheinlichkeit von Kommunikation erhöhen, ohne dass weiterhin auf Stratifikation verwiesen werden müsste. Ohne all diese ›Gleichzeitigkeiten‹ hätte das neue Verbreitungsmedium keinen Erfolg gehabt, hätte sich nicht durchsetzen können und hätte auch die moderne Gesellschaft in ihrer heutigen polykontexturalen Form nicht

---

[142] Dies ist das Besondere an der funktionalen Differenzierung: Es geht nicht so sehr um die Tatsache, dass moderne Gesellschaften gewissermaßen »arbeitsteilig« aufgebaut sind, sondern dass kein Teil für sich in Anspruch nehmen kann, für das Ganze zu stehen.

[143] Eine ähnlich multiplikative und selbstverstärkende Wirkung mag die Reformation und das Aufkommen des Protestantismus, mit seiner individuellen Bibelexegese, gehabt haben.

entstehen können. Die Vermutung liegt nahe, dass es so auch bei der nächsten Gesellschaft sein wird.

Die Verbreitung von Computern markiert nach Dirk Baecker (2007) die Geburtsstunde, zumindest deren Möglichkeit, der nächsten Gesellschaft. Das Nächste an dieser Gesellschaft verweist auf ihre Unruhe, auf das, was noch kommt. Unruhe ist nun nichts Neues, die moderne Gesellschaft ist schon unruhig; allerdings nimmt, so Baecker, diese Unruhe dramatisch zu durch das, was er ›Computerkommunikation‹ nennt. Im Folgenden soll der Computer als Verbreitungsmedium von Kommunikation verstanden werden. Als technisches Artefakt begründet sich sein medialer Charakter in der Reduktion sinnhafter Komplexität im Medium von Kausalität (Halfmann 1996, S. 118 f.). Durch kausale Simplifikation entlang von Algorithmen können dabei Informationen in Form von Daten digital repräsentiert werden. Die Unterschiede zu Sprache, Schrift und Buchdruck sind dabei vielfältig. Einerseits lassen sich viel mehr Informationen in Form von Daten speichern, aufrufen und verbreiten als je zuvor[144]. Anderseits lassen sich Bits und Bytes nicht wie Bücher lesen, sondern müssen stets durch die Programme vermittelt und über sie reproduziert werden. Durch die Möglichkeit Informationen nun nicht mehr zeitlich und räumlich aufeinander abfolgend[145], sondern in ihrer Erscheinungsform vernetzt (z. B. Hypertext[146]; Internet) zu organisieren, potenziert sich die Möglichkeit von Computern, als Verbreitungsmedium von Kommunikation zu dienen.

---

[144] Im Unterschied zu einer qualitativen Veränderung von Kommunikation kommen allenfalls auch quantitative Veränderungen ins Spiel. Die zentrale Frage lautet dann, ob ein mehr des Gleichen einen Unterschied macht. Interessante Analogien finden sich bei Gärtner (2007, S. 19 f.). Beispielsweise müssen Naturwissenschaftler »mit qualitativen Veränderungen [...] bei chemischen Reaktionen rechnen, falls die zur Reaktion gebrachten Quantitäten bestimmte Grenzen überschreiten« (Gärtner 2007, S. 20). Ein ›Same Same but Different‹ scheint also im Bezug auf Kommunikation zumindest auch möglich.

[145] Ludwig (2005) entwickelt diese Einsicht durch einen Vergleich mit der bisher bekannten Dokumentenstruktur: »Die Kunst des Dokumentenschreibens ist es, [...] die Gedanken schön ordentlich auf eine Schnur zu reihen. Es gibt aber immer mehr Erscheinungen, die andere Formen des Wissensaustausches zeigen: Weblogs, Podcasts, Instant Messaging, SMS, E-Mail, Hypertext etc. bestehen oft nur aus kurzen Mitteilungen, Botschaften, Gedanken, Hinweisen, Anfragen etc. Sie formen kleinere Informationsbrocken, welche oft in sich Verweise enthalten oder an sich, etwa in einem *message thread* vernetzt werden.«

[146] Ein anschauliches Beispiel findet sich unter www.hyperkommunikation.ch/start.htm (abgerufen: 30.07.08).

Hinzu tritt, dass weniger als jemals zuvor direkte Adressaten bestimmt werden, bei grundsätzlich steigendem ›range of accessibility‹. Kommunikation mittels Computervernetzung verschleiert vollends, wer aus welchem Grund (und mit welchen Hintergedanken) kommuniziert. Kommunikative Anschlüsse können deswegen nicht mehr durch Beharren auf ›Wahrheit‹ oder ›Konsistenz‹ gewährt werden, sondern im Kontext von Vertrauen nur auf sofortige weitere Anschlussfähigkeit darauf, was mit dieser Kommunikation als nächstes gemacht werden kann: Kann ich jetzt etwas damit anfangen und weitermachen? Gesellschaft reagiert auf so einen Wandel für gewöhnlich mit der Ausbildung neuer Kulturformen[147], die den Sinnüberschuss des neuen Verbreitungsmediums wieder einfangen (Baecker 2007). Analog zum Buchdruck sind weitere technische Entwicklungen im Zusammenhang mit dem neuen Verbreitungsmedium zu beobachten, ebenso wie gesellschaftliche Entwicklungen, die die Nutzung des Medium fördern und dabei selbstverstärkende Rückkopplungen auslösen. Das Internet als eine solche technische Entwicklung wurde bereits erwähnt, die vielfältigen Erscheinungsformen sozialer Netzwerke (z. B. im Bereich der Zivilgesellschaft wie die Umweltbewegung oder die Globalisierungskritiker, aber auch im interorganisationalen Bereich zwischen Unternehmen oder die gesamte Open-Source-Bewegung) verweisen auf ähnliche ›Gleichzeitigkeiten‹ im gesellschaftlichen Bereich.

Was für ein neues Strukturierungsprinzip könnte die nächste Gesellschaft formen und die durch Computer und Internet proliferierende Komplexität bearbeiten? Mit anderen Worten: Was kommt nach der funktionalen Differenzierung? Eines ist klar, es wird eine neue Unterscheidung sein. Aber welche folgt nach ›wir/die‹ (Segmentierung), ›oben/unten‹ (Stratifizierung), ›innen/außen‹ (funktionale Differenzierung)? Baecker schlägt vor, das Indikationenkalkül von George Spencer Brown (1969) als Ordnungsfigur – und eben nicht nur: Metapher – der nächsten Gesellschaft zu nehmen. Durch die Verwendung des Indikationenkalküls als Ordnungsfigur der nächsten Gesellschaft, und mehr noch: der Figur des Wieder-Eintritts[148], wird das Augenmerk auf deren Temporalordnung gelenkt. Die

---

[147] Der Kulturbegriff in der Systemtheorie beschränkt sich auf die Praxis im Umgang mit Medien: Sprache, Verbreitungsmedien, generalisierte Kommunikationsmedien. Eine Kulturform bezeichnet denn auch eine Weise der Handhabung dieser Medien (Luhmann 1997, S. 409).

[148] Die Indikation als Operation von unterscheiden und anzeigen – hier sind zwei Seiten und ich betrachte diese – bindet das, was unterschieden wurde, aneinander, denn die Unterschiedenheit lässt sich nur aufrechterhalten, wenn klar ist, was wovon unter-

Oszillation zwischen ›vorher/nachher‹ löst dabei die Schwierigkeiten auf, die entstehen, wenn überlegt wird, ob beispielsweise eine Entscheidung in Organisationen nun Teil der Wirtschaft ist oder der Politik (Oszillation zwischen Funktionssystemen) bzw. ob die Entscheidung Teil der Organisation ist oder nicht (Oszillation zwischen diesseits der Organisationsgrenze oder jenseits davon). Manchmal ist man also Mitglied einer Organisation und ein anderes Mal nicht, manchmal trifft ein Unternehmen eine wirtschaftliche Unterscheidung, ein anderes Mal nicht, aber immer ist es die Organisation, von der gesprochen wird, auch wenn sie immer wieder verschieden daher kommen mag.

4. Next Organisation

Schon in der funktional differenzierten Gesellschaft geht eine eindeutige und singulär geltende Zweckrationalität als Entscheidungsprogramm der Unternehmen verloren. Überall dort wo sich die Einsicht der ›bounded rationality‹ (March 1990) durchgesetzt hat, wird nach weiteren Strukturen gesucht, welche Entscheidungen trotzdem ermöglichen. Mit der qualitativen Änderung des aktuellen Verbreitungsmediums der Gesellschaft treten jedoch Probleme auf, die scheinbar über ›bounded rationality‹ hinausreichen, die schließlich – wie gebunden sie auch sein mag – immer rational bleibt, also auf Ziel-Mittel-Überlegungen fokussiert. Systemrational wäre sie ohnehin nicht, denn das würde bedeuten, dass ein System (als Referenzpunkt der Rationalität) die Rückwirkungen der eigenverursachten Auswirkungen auf sich selbst in sein Entscheidungskalkül mit aufnimmt (Luhmann 2004, S. 24). Die Unsicherheit, die letztlich die letzten Rationalitätsillusionen beseitigt (und vielleicht durch neue ersetzt), rührt aus dem Komplexitätsüberschuss der vernetzten Computerkommunikation. Die

---

schieden wurde. In dieser Unterscheidung, oder besser: in dieser Form der Unterscheidung hängen beide Seiten zusammen. Gäbe es die Unterscheidung nicht, und zwar als Einheit, so gäbe es auch nichts Unterschiedenes; es ließe sich gar nichts über dieses oder jenes sagen und wovon sich nicht reden lässt ... Nun wird nicht nur durch die Form der Unterscheidung immer beides mitkommuniziert, sondern durch eine spezifische Operation der temporalen Anwendung des Kalküls wird die Form in sich selbst eingeführt: Es wird unterschieden was unterschieden wurde. Dies nennt Spencer Brown ›Wieder-Eintritt‹ (re-entry). Damit ist nichts anderes gemeint, als dass eine einmal getroffene Unterscheidung auf sich selbst immer wieder angewendet wird.

Vernetzung erzeugt Unsicherheit, das macht Vernetzung immer. Es gibt einfach mehr Optionen, mehr Anschlüsse, auch mehr Gefahren, den Anschluss zu verpassen, kurz: mehr Komplexität.

Wenn die nächste Gesellschaft all diese hier beschriebenen Eigenschaften aufweist, dann ist ihre Form die der Ökologie, d. h. sie wird erzeugt durch wechselseitig vernetzte und abhängige heterogene Einheiten (Bateson 1985). Die Herausforderung für das Management der nächsten Organisation in der nächsten Gesellschaft liegt dann darin, rekursive Selbstreferenz (z. B. durch Selbstbeobachtung und Selbstbeschreibung) mit einem Wissen um die Intransparenz der Verhältnisse zu kombinieren, also Abschied zu nehmen vom Rationalitätstheater für Mitarbeiter und externe Anspruchsgruppen. Dann wird die Frage entscheidend, entlang welcher Strukturen diese Form der Selbstreferenz vollzogen werden kann. Inhaltlich wurde diese Fragestellung mit weitgehender Erfolglosigkeit durch die Erfolgsfaktorenforschung beantwortet, welche für das Management mit »Produktorientierung, Wettbewerbsorientierung, Mitarbeiterorientierung, Finanzorientierung, Qualitätsorientierung sowie unverbundene Diversifikation, Internationalisierungsgrad, Fluktuationsrate, Eigentümerstruktur, F&E-Intensität, Exportanteil, Unternehmenskultur, Virtualisierungsgrad, Ausbildung des CEOs, Einsatz der Portfolio-Analyse oder interkulturelle Teams« (Kieser 2007, S. 9) kommunikative Kausalität zwischen Mitteln und Zwecken erzeugt hat. Die Versuche und Forschungsarbeiten[149] hierzu sind vielfältig, münden aber immer öfter in neue organisatorische Selbstbeschreibungen, wie sie durch Begriffe wie Netzwerk, Selbstorganisation, Lernen, Wissen, Intelligenz und deren Kombination zum Ausdruck gebracht werden. »Immer öfter wenden sich [...] hierarchische Unternehmen kooperativen, selbstorganisierenden Businessweb-Modellen [...] zu, wo eine Vielzahl von Kunden, Mitarbeitern, Lieferanten, Geschäftspartnern, sogar Konkurrenten gemeinsam Werte schaffen ohne direkte Managementkontrolle.« (Tapscott/Williams 2007, S. 55) Der Begriff des Netzwerks und in diesem Fall der Netzwerkorganisation liefert an dieser Stelle zunächst eine noch relativ neue Selbstbeschreibung von Unternehmen (Aderhold/Meyer/Wetzel 2005). Sie bringt zum Ausdruck, dass das Management bestimmte Entscheidungsprämissen, wie z. B. Hierarchie (Simon 2007, S. 70f), im Rahmen von Computerkommunikation nur durch Vertrauen und

---

[149] Vgl. Nicolai und Kieser (2002) sowie den sich aus diesem Leitartikel ergebenden Dialog zwischen Erfolgsfaktorenforschern und Nicht-Erfolgsfaktorenforschern unter http://dialog-erfolgsfaktorenforschung.de (abgerufen: 23.07.2008).

durch ein »Potenzial zukünftiger Zusammenarbeit« (Aderhold 2005, S. 136) ersetzen kann.

Was dabei in jedem Fall gesagt werden kann ist, dass das Konzept der Oszillation in den Fokus des Managements rücken wird, denn anders sind die beschriebenen Problemlagen der Computerkommunikation für Unternehmen wohl nicht zu bearbeiten. Denkbar ist dabei eine Temporalisierung der ›Innen/Außen‹-Unterscheidung, und zwar sowohl was die Mitgliedschaft von Personen in Organisationen angeht, als auch wechselnde Referenzsysteme der Organisationen selbst. Das bedeutet aber einen zumindest partiellen Abschied von der Wirtschaft als Einzig-und-allein-Rechner von Unternehmen: »Die innovativen Unternehmen der nächsten Gesellschaft werden sich von der unruhigen Selbstgewissheit verabschieden, dass ihr Schicksal ausschließlich in der Wirtschaft beschlossen ist, das heißt sich auf Märkten entscheidet, auf denen mit Wettbewerbern um die Nachfrage nach zahlungskräftigen Kunden konkurriert wird.« (Baecker 2007, S. 22)

Gleichwohl ist es nur schwer vorstellbar, dass Wirtschaft (Geld, Preise, zahlen/nicht zahlen) keine Bedeutung mehr für Wirtschaft (Unternehmen) haben soll. Die alte Logik gilt weiter, allerdings eben nicht mehr in der Ausschließlichkeit. Wirtschaft kann für die Beurteilung der Verwertbarkeit eines von der nächsten Organisation erzeugten Endprodukts genutzt werden, für dessen Erzeugung nur noch eingeschränkt. Der Wikinutzer, der Firefox-Add-On- und Facebook-Application-Entwickler haben kein ökonomisches Interesse, sie sind intrinsisch motiviert (was nur ein anderer Ausdruck dafür ist, dass wir nicht sagen können, was sie motiviert; dazu müssten wir sie fragen und vielleicht können sie nicht einmal selbst die Antwort kommunizieren). Der Erfolg von Wikipedia, von Firefox, von Facebook etc. ruht darauf, dass (1) das Management bewusst Kontrolle abgibt und (2) die Organisationsgestaltung an das Netz (aus Nutzern, Entwicklern usw.) überträgt. Eine ›machiavellistische‹ Einstellung, bei der das Kunststück darin liegen mag, dass am Ende dennoch irgendjemand Geld dafür bekommt und seinen Lebensunterhalt bestreiten kann.

Auch interessant ist, dass bei Wikipedia und Firefox keine erwerbswirtschaftlichen Organisationen im Hintergrund stehen, sondern Stiftungen. Das mag nichts bedeuten, allerdings verkörpern Stiftungen eine andere als die ökonomische Verwertungslogik und das mag helfen, vor allem wenn es um »credibility«, »trustworthiness« und Legitimation geht. Aus all dem folgt, dass die nächste Organisation in vielfältigen Strukturen mit der nächsten Gesellschaft (und anderen Organisationen) verknüpft ist. Das bedeutet (1) die Bildung von Netzwerken, in denen (2) (interdependent und reziprok) Neues entsteht – und nur dort – und in denen (3) die nächste

Organisation über sich und ihre Umwelt lernen kann. So entsteht beispielsweise die Organisation, die letztlich den Firefox-Browser hervorbringt durch das Zusammenwirken einer ›verfassten‹ Organisation (Mozilla Foundation) im und mit dem Netz aus Add-On-Entwicklern, Kunden, Werbepartnern vor dem (kulturellen) Hintergrund der Open-Source-Bewegung. Diese Organisation, die nicht einfach nur die Mozilla Foundation ist, ist die Leistungseinheit, die den Firefox-Browser als Endprodukt möglich macht. Seine Erstellung und Verbesserung ist deren Sachziel, welches, und das ist interessant, als Projekt aufgefasst wird (Reichel 2008).

Gerade in der Vernetzung mit ›temporären‹ Organisationsmitgliedern jenseits der traditionellen Organisationsgrenzen liegt eine Analogie zur Vernetzung in der nächsten Gesellschaft vor. Genau wie ein jedes neues Verbreitungsmedium auf die ›richtigen‹ gesellschaftlichen Umstände treffen muss (siehe die Ausführungen zum Buchdruck), so lässt sich hier dasselbe auch für die nächste Organisation folgern. Durch die Konvergenz von Möglichkeit zur Vernetzung (technologisch) und Gelegenheit oder Zwang dazu (wirtschaftlich, gesellschaftlich) kann ein selbstverstärkender Rückkopplungseffekt auftreten und die nächste Organisation, mit all ihren unklaren und ›oszillierenden‹ Mitgliedschaften, entstehen lassen. Die technisch-organisatorische Vernetzung mit eigentlich ›Organisationsexternen‹, seien das nun Software-Entwickler oder Umweltaktivisten, wird damit zur Brutstätte der nächsten Organisation. Daran anschließend kann weiter analog argumentiert werden: Diese Organisation hat den Übergang von der Stratifizierung zur funktionalen Differenzierung dadurch gemeistert, dass sie das alte Strukturierungsprinzip, die hierarchische Ordnung des oben/unten, in sich hinein kopiert hat. Die nächste Organisation würde demzufolge die funktionale Differenzierung in sich hinein kopieren, d. h. jener Organisation geht dabei das Zentrum, der Kopf verloren. In der zunehmenden Bedeutung von Projektmanagement und projektförmigen Organisationsstrukturen, die auf ein Ziel ausgerichtet und hoch spezialisiert sind, kann ein Gradmesser für dieses Hineinkopieren gesehen werden. Jetzt muss eine solche Organisation das innen/außen temporalisieren, es also zum Oszillieren bringen, dann ergeben sich die folgenden zusammenfassenden Punkte dieser neuen Organisation der Organisation:

- Die nächste Organisation wird unruhiger und unschärfer, sie ähnelt einem offenen Leistungsverbund und sucht sich ihre Ziele.
- Diese Ziele sind dabei gleichzeitig Motivationsangebote an ihre Mitglieder, die freiwillig entscheiden, ob sie Teil der Organisation sind, also an einem Projekt teilnehmen, oder nicht.

- Eine Entscheidung dagegen bedeutet dabei nicht, dass sie für alle Zeit nicht teilnehmen, genauso wenig wie anders herum.
- Für das Management bedeutet dies ein ›Spielen‹ mit der Selbstreferenz, ein Entwickeln und Anbieten von Sinn- und Motivationsangeboten, ohne im Voraus sagen zu können, wie erfolgreich diese sein werden und wer letzten Endes mitmacht (ob es überhaupt gelingt, einen bestimmten Zweck zu erfüllen).

Dieser neu bestimmte Zweck der nächsten Organisation muss sich dabei »selber an seinem Zweck messen lassen, nämlich daran, ob es ihm gelingt, einen unübersichtlichen Weg zu organisieren oder nicht« (Baecker 2007, S. 31).

5. Plausibilisierung der nächsten Organisation

»Do you have a mother-in-law?«, fragte Harrison C. White einen Blogger am Ende eines Videointerviews[150] über Blogging und Netzwerke, um das Gespräch auf einen »reality-point« zurückzuführen. »Lässt sich die nächste Organisation beobachten?« scheint eine empirisch motivierte Frage zu sein, deren Beantwortung die Problemlagen der nächsten Organisation plausibilisieren könnte.

Um sich der (vielleicht nächsten) Organisation zu nähern, ist ein Blick in die Entstehungsgeschichte des Firefox-Webbrowsers erhellend[151]. 1998 wurde die Mozilla Organization als Entwicklungs-Start-up der Netscape Communications Corporation gegründet. Der Name »Mozilla« stammt dabei vom netscapeinternen Codenamen ihres Navigator-Webbrowser. Dessen gesamter Quellcode wurde im selben Jahr unter einer freien Lizenz veröffentlicht. An Netscape erinnert in der Internetwelt nichts mehr, vergessen ist der sogenannte »Browserkrieg« der 1990er Jahre mit dem Internet Explorer von Microsoft. Dagegen wurde aus dem Start-up, das eigentlich mehr einem langjährig angelegten Entwicklungsprojekt ähnelte, im Jahr 2003 die Mozilla Foundation. Als gemeinnützige Stiftung gehören ihr alle Rechte an den Mozilla-Handelsmarken wie beispielsweise Firefox oder

---

[150] http://tv.rebell.tv/prof-harrison-white-columbia-university.html (abgerufen: 23.07.2008).
[151] www.mozilla.org/foundation/ – www.heise.de/newsticker/Mozillas-Manifest-fuer-ein-besseres-Internet--/meldung/85301
http://de.wikipedia.org/wiki/Mozilla (alle abgerufen: 23.07.2008).

Thunderbird (E-Mail-Client). Nachdem Stiftungen auch nach US-amerikanischem Recht nur begrenzt Gewinne machen dürfen, kam es zwei Jahre später zu einer erneuten Organisationsgründung, der Mozilla Corporation. Diese ist nun für die Entwicklung und Vermarktung der Mozilla-Produkte verantwortlich und tritt als Lizenznehmer gegenüber der Mozilla Foundation auf (v. a. was die Verwendung der Markennamen angeht). Der Quellcode der Mozilla-Produkte ist weiterhin frei lizensiert und darüber wacht die Stiftung. Die Gewinne des Unternehmens werden dabei zur Gänze für die Weiterentwicklung der Produkte verwendet.

Die Grundannahme bei der nächsten Organisation ist die Oszillation der Organisationsgrenzen, der Mitgliedschaften und der dominanten Rationalitäten. In der Tat ist bei Mozilla, das sowohl von der Stiftung als auch dem Unternehmen weiterhin als Projekt aufgefasst wird, eine fluide Grenze zu sehen. Die Entwicklung der Mozilla-Produkte erfolgt in der Mozilla Corporation, wobei der Quellcode offen verfügbar ist und von jedem genutzt werden kann, um sogenannte »Add-Ons« zu programmieren und so die Funktionalität der Produkte zu erhöhen. Diese »freien Entwickler« bilden ein erweitertes Ökosystem und stellen ihre Add-ons kostenfrei sowohl auf eigenen Internetseiten als auch der zentralen Mozilla-Seite zur Verfügung. Auch die Nutzer der Mozilla-Produkte werden in die Organisation einbezogen, als Wissenslieferanten in Internetforen und als Beitragende diverser Produkt-Wikis. Wie »groß« die »Organisation« ist, die letztlich die Mozilla-Produkte erzeugt, kann zu keinem Zeitpunkt exakt bestimmt werden. Als Erklärung für die Motivlage für Entwickler und Nutzer, hierbei unentgeltlich mitzuarbeiten, kann stellvertretend die Begründung des deutschen Übersetzers des Firefox-Webbrowsers gelten. Abdulkadir Topal, der es damit auch zu einem Eintrag bei Wikipedia geschafft hat, steht in keinem Entgeltverhältnis zu Mozilla, sondern arbeitet hauptberuflich zurzeit als Experience Designer im Zentrum für interkulturelle Kompetenz der Universität Duisburg-Essen. Auf seiner Internetseite erklärt er: »Ich bin der Übersetzer des Firefox-Browsers. Angefangen habe ich damit eher zufällig im Dezember 2002. Als ich damals das erste Mal auf den Firefox traf, war ich bereits seit langem auf der Suche nach einem besseren Browser und der Firefox schien mir trotz seiner frühen Version absolut perfekt geeignet. Das Einzige, was mich ärgerte, war das englische Menü. Deswegen begann ich bald Teile davon ins Deutsche zu übersetzen; anfangs allerdings nur für mich selbst. Als sich dann aber im Forum die Rufe nach einer deutschen Version mehrten, entschloss ich mich, das Projekt auch offiziell zu übernehmen und als Verantwortlicher zu agieren. Aus dieser Motivation heraus entwickelte sich dann die offizielle Übersetzung basierend auf der Mozilla-

Übersetzung von Robert Kaiser und die vorliegende Website, die hoffentlich dazu beiträgt, die ohnehin schon vorhandene Popularität von Firefox noch weiter zu steigern.«[152] Eine ähnliche Motivation findet sich bei InformAction, den Entwicklern von NoScript, eines der laut Mozilla-Downloadstatistik beliebtesten Add-ons für Firefox. InformAction betreibt in Italien Softwareentwicklung und beschäftigt sich primär mit Fragen der Sicherheit im Internet. Weiter heißt es zu ihrem Engagement für Mozilla, aber auch darüber hinaus: »We strongly believe in Open Source Software philosophy, and support several OSS projects, e.g. Open Office and the Mozilla Firefox browser, actively contributing with patches and original code.« Das Motivationsangebot von Mozilla scheint hier in der Tat Resonanz erzeugt zu haben und ist positiv selektiert worden. Das Management dieser Organisation spielt ganz offensichtlich mit Selbstbeschreibungsmustern, die gezielt auf die Eigenmotivation abseits rein ökonomischer Verwertungslogiken abstellen. So meinte die Vorstandsvorsitzende der Mozilla-Stiftung, Mitchell Baker, in einem Interview auf die Frage nach einem möglichen Börsengang: »Das war für Mozilla nie eine Option. Mozilla hat 150 bezahlte Mitarbeiter und einen Jahresumsatz von 70 Millionen Dollar. Das klingt nach einer Menge. Wenn man sich aber den Firefox-Marktanteil ansieht, ist das lächerlich wenig. Aber es genügt – weil wir eine große Gemeinschaft freiwilliger Helfer haben. Ihre Kraft könnten wir selbst mit dem Geld aus einem Börsengang nicht bezahlen. So eine Gemeinschaft kann man nicht kaufen.«[153] Das Verständnis als Projekt, an dem jeder mitarbeiten kann, als eine Gemeinschaft, die bestimmten Werten wie Offenheit verpflichtet ist, scheint bei der Koordination dieser Organisation eine entscheidende Rolle zu spielen.

All dies sind Muster, die nach der hierin skizzierten Argumentation bei der nächsten Organisation zu erwarten sind.[154] Bemerkenswert ist auch, dass ebenso nach ökonomischen Kriterien diese Organisation äußerst erfolgreich ist. So gelangte Mozilla mit einem »lächerlichen« Jahresumsatz von 70 Millionen US-Dollar im Jahr 2007 immerhin auf einen Marktanteil bei Webbrowsern von 28 Prozent in Europa, weltweit auf 15 Prozent. Eingedenk des Gegners, dem Internet Explorer von Microsoft (bei einem

---

[152] www.firefox-browser.de/ueber.php (abgerufen: 23.07.2008).
[153] www.spiegel.de/netzwelt/web/0,1518,534938,00.html
Interview auf SPIEGEL ONLINE vom 13.02.2008.
[154] Weitere zahlreiche und zur Plausibilisierung geeignete Beispiele finden sich bei Tapscott, u. Williams (2007).

Jahresumsatz 2007 von 51 Milliarden US-Dollar und mehr als 78.000 Mitarbeitern), ein mehr als beachtliches Ergebnis.

Ein Beispiel macht nun sicherlich keine nächste Organisation, schon gar nicht eine nächste Gesellschaft.[155] Bei Google zeigen sich z. B. ganz unterschiedliche Muster. Für die Entwicklung seines offenen Mobiltelefonbetriebssystems »Android« lobt Google Preise für die besten (externen) Softwareentwicklungen aus, während die Expansionslogik (z. B. mit YouTube) der bei Microsoft ähnelt. Das Mobiltelefon liefert auch das Stichwort für eine aufeinander zulaufende Bewegung verschiedener Branchen. Nokia, der weltgrößte Hersteller von Mobiltelefonen (also »richtiger« Hardware), kaufte Symbian, den britischen Hersteller von mobilen Betriebssystemen, vollständig auf, nur um seine Anteile dann vollständig an die neu gegründete Symbian Foundation abzugeben.[156] In dieser Stiftung finden sich die bisherigen Miteigentümer – Sony Ericsson, Motorola, NTT DoCoMo, LG usw. – wieder. Das ist insofern bemerkenswert, als Unternehmen wie NTT DoCoMo oder LG in beiden Betriebssystemallianzen, sowohl bei Google Android als auch bei Symbian zu finden sind. Obwohl hier klassische produzierende Unternehmen auftauchen, bleibt die berechtigte Frage bisweilen offen, inwiefern auch abseits der »semantisch« orientierten Industrien ein solches Oszillieren der nächsten Organisation beobachtbar ist.[157]

6. Die Zukunft des Nächsten

Alle Ausführungen ruhen darauf, dass die soziale Systemtheorie richtig liegt in dem, was sie als grundlegende Mechanismen für gesellschaftlichen Wandel ansieht, in erster Linie die Entwicklung von Verbreitungsmedien, deren überschießende Sinnproduktion und die gesellschaftliche Reaktion darauf durch neue Strukturierungsprinzipien und Kulturformen. Nun ›weiß‹ aber die Systemtheorie auch, dass es immer hätte anders kommen können. Ist das alles auch so? Woran könnte die nächste Gesellschaft und die nächs-

---

[155] Wobei ein »sprechendes Schwein« für ein aussagekräftiges Fallbeispiel bereits genügt, ein weiteres erhöht nicht dessen Erklärungsgehalt. Vgl. Siggelkow (2007).
[156] www.manager-magazin.de/it/artikel/0,2828,561596,00.html (abgerufen: 28.07.2008).
[157] Auch hier lassen sich jedoch erste Hinweise finden. Vgl. Doris Blutner und Rolf von Lüde zu OSI Open Source Innovation im hier vorliegenden Band.

te Organisation ›scheitern‹? Oder lässt sich etwas gänzlich anderes beobachten?

Zum einen wird auch in der nächsten Gesellschaft das Entscheidungsproblem weiter existieren und dieses wird auch weiterhin nicht ›irgendwo‹ in der Gesellschaft (Wo denn?) gelöst werden. Es sind die nächsten Organisationen, die dies lösen müssen, so wie es diese Organisationen jetzt tun. Das, was aus den Überlegungen zur nächsten Gesellschaft für die nächste Organisation abgeleitet wurde, erscheint dabei als äußerst voraussetzungsvoll. Verschiedenartigste Formen der Vernetzung, Abgabe von Kontrolle, Ausgleich von ökonomischer Verwertungslogik und außerökonomischer Motivationslogik und am besten noch in sich selbstbeobachtenden, selbstorganisierenden Einheiten, weisen auf eine dramatische Überforderungssituation für das Management hin. Eine auf einen Organisationszweck hin wirkende Selbstorganisation tritt nicht von selbst auf, sie ruht auf unwahrscheinlichen Vorbedingungen, wie gerade eben einem Zweck, der für alle sinnvoll scheint (Weisungen gibt es ja nicht mehr, jedenfalls nicht mehr in der bisherigen Form). Dieser Zweck ist aber kontingent und das wissen alle. Alle Mythen der Organisation und ihres Managements müssen letzten Endes am Wissen um die Kontingenz aller Zwecke zerbrechen. Das ist ja gerade der Witz der nächsten Organisation. Kann sich also wirklich ein Management der nächsten Organisation etablieren? Denn wenn nicht, welche Organisation soll dann die Unsicherheit und den Sinnüberschuss einer nächsten Gesellschaft absorbieren? Diese Organisation kann es nicht oder nur mehr mit ihren ›alten‹ Mitteln. Dann entsteht aber keine nächste Gesellschaft, dann proliferiert die Komplexität und bricht irgendwann zusammen und der Computer samt Internet wird keinerlei Neustrukturierung der Gesellschaft nach sich ziehen. Es ist sogar denkbar, dass die ›alten‹ Mittel von Organisationen ganz gut mit dem Überschusssinn fertig werden, ohne andere Kulturformen notwendig zu machen. Die Optimierung von Lieferkettennetzwerken unter Gesichtspunkten der Effizienz oder die optimale Konfiguration von Wertschöpfungspartnerschaften und Unternehmensallianzen weisen in diese Richtung: Der alte Rechner Wirtschaft kann weiterhin seiner Schuldigkeit nachkommen.

Ebenso ist es denkbar, dass die funktionale Differenzierung der Nachfolger der funktionalen Differenzierung ist: Gesellschaft differenziert sich weiter aus, bildet Funktionssysteme in Funktionssystemen, z. B. in Form sekundärer Primärsysteme (Fuchs/Schneider 1995) als interne Umwelten und verschwindet so immer mehr. Wirtschaft entfernt sich immer weiter von Gesellschaft, operiert immer ausschließlicher (wenn das überhaupt geht) entlang der Unterscheidung von zahlen/nicht zahlen. Der Finanzmarkt kann hier als Beispiel für eine mehr oder weniger organisierte interne Umwelt eines Funktionssystems dienen, die sich augenscheinlich völlig von anderen Teilen der Wirtschaft abgekoppelt hat. Wenn sich Funktionssysteme und ihre internen Umwelten weiter voneinander, ja letztlich von sich selbst entfernen (Wie weit sind Finanzmärkte denn in der Zwischenzeit von Produktmärkten entfernt, wie viel hat die Geldwirtschaft noch mit der Realwirtschaft zu tun?), dann werden neue Formen der strukturellen Kopplung notwendig. Hier wird dann die Frage nach kohäsiven Elementen, Intermediären zwischen und innerhalb von Funktionssystemen aufkommen müssen. Es ist sicherlich ermüdend, von Systemhybriden zu sprechen, sind doch damit letztlich wieder nur Netzwerke gemeint und eine größere Leerstelle, eine größere Nullaussage im Bezug auf Organisation lässt sich schwerlich treffen. Aber vielleicht muss auch daneben benannt werden, um überhaupt eine Theorie von Gesellschaft und Organisationen, dieser oder der nächsten, formulieren zu können.

Ein weiteres Problem der Zukunft des Nächsten dürfte in der Überlegung begründet sein, ob sich bei einer zu beobachtenden zeitlichen Verkürzung von Medienepochen überhaupt noch Kulturformen auf beobachtbare Art und Weise ausbilden. Schon mit der Umstellung auf funktionale Differenzierung gehen alle Selbstbeobachtungen und Einheitsversuchungen im Begriff der Kontingenz auf. Einerseits verweist dabei der Begriff des Nächsten genau auf dieses Phänomen, andererseits lässt er sich dadurch in die Tradition der funktionalen Differenzierung stellen.

Was hier hoffentlich deutlich gemacht wurde: Es gibt keine Zwangsläufigkeit in der gesellschaftlichen Entwicklung. Die nächste Gesellschaft kann entstehen, und vieles weist darauf hin; sie muss es aber nicht, und auch hierfür gibt es einige Anzeichen. Um diese Frage und die nach der Organisation der nächsten Organisation zu beantworten, ist eine Beobachtung der (nächsten) Organisation notwendig. Dies soll als Aufforderung für eine Operationalisierung der skizzierten Annahmen und Schlussfolgerungen verstanden werden. Für die Organisationen der Wirtschaft kann hier eine Aufteilung nach Branchen und Märkten sinnvoll sein (z. B. nach Finanz-, Produkt-, Dienstleistungs- und Informationsmärkten), um sowohl die Vernetzungsthese als auch die These zunehmender funktionaler Differenzierung und möglicher Hybridbildung zu testen. Eine solche Beobachtung würde sich zum einen konzentrieren müssen auf organisationalen Wandel in diesen Märkten (z. B. Restrukturierung, Outsourcing usw.), sowie zum anderen auf die Entwicklung neuer (auch außerökonomisch motivierter) Geschäftsmodelle, die einen signifikanten Einfluss auf die Wertschöpfung in diesen Märkten bzw. Teilmärkten haben. Im Informationsmarkt kann der Erfolg von Wikipedia ein Beispiel für Letzteres sein. Erst im Zuge der Beobachtung einer vermeintlich nächsten Organisation kann diese Organisation in der Tat erst entstehen. Es handelt sich bei der hier ausgesprochenen Forderung nach Operationalisierung denn auch nicht um ein positives Wissenschaftsprogramm für die Gesellschaftswissenschaften; vielmehr ist dies durchaus als normative Aufforderung zu verstehen, die nächste Organisation zu schaffen.

Literatur

Aderhold, J. (2005): Unternehmen zwischen Netzwerk und Kooperation. Theoretische und pragmatische Folgerungen einer übersehenen Unterscheidung. In: J. Aderhold, M. Meyer u. R. Wetzel (Hrsg.) (2005): Modernes Netzwerkmanagement. Anforderungen, Methoden, Anwendungsfelder. Wiesbaden (Gabler).

Aderhold, J., M. Meyer u. R. Wetzel (Hrsg.) (2005): Modernes Netzwerkmanagement. Anforderungen, Methoden, Anwendungsfelder. Wiesbaden (Gabler).

Baecker, D. (2007): Studien zur nächsten Gesellschaft. Frankfurt am Main (Suhrkamp).

Bateson, G. (1985): Ökologie des Geistes. Anthropologische, psychologische, biologische und epistemologische Perspektiven. Frankfurt am Main (Suhrkamp).

Brafman, O. u. Beckström, R. A. (2007): Der Seestern und die Spinne. Die beständige Stärke einer kopflosen Organisation. Weinheim (Wiley).

Drepper, T. (2005): Organization and Society. In: D. Seidl u. K. H. Becker (Hrsg.): Niklas Luhmann and Organization Studies. Malmö (Liber), S. 171–190.

Fuchs, P. u. D. Schneider (1995): Das Hauptmann-von-Köpenick-Syndrom. Überlegung zur Zukunft funktionaler Differenzierung. In: Soziale Systeme. 1 (2). Opladen (Leske & Budrich).

Fuchs, P. (2007): Ereignis, Welt und Weltereignis. Entwurf einer Heuristik. (Unveröffentl. Manuskript). Verfügbar unter: www.fen.ch/texte/gast_fuchs_weltereignis.pdf (abgerufen: 04.06.2008).

Gärtner, C. (2007): Innovationsmanagement als soziale Praxis. Grundlagentheoretische Vorarbeiten zu einer Organisationstheorie des Neuen. Diss. Augsburg.

Halfmann, J. (1996): Die gesellschaftliche »Natur« der Technik. Eine Einführung in die soziologische Theorie der Technik, Opladen (Leske & Budrich).

Halfmann, J. u. K.P Japp (1981): Grenzen sozialer Differenzierung. In: Zeitschrift für Soziologie, 10 (3), Stuttgart (Lucius & Lucius).

Kieser, A. (2007): Haltet die beiden Diebe, meine Messer stecken in ihren Rücken! (Unveröffentl. Briefe zur Erfolgsfaktorenforschung). Verfügbar unter: http://dialog-erfolgsfaktorenforschung.de (abgerufen: 04.06.2008)

Ludwig, L. (2005): Business Intelligence und das Semantic Web. Ein Traumpaar. www.artificialmemory.net/doc/2005.10.12_Business%20Intelligence%20und%20 das%20Semantic%20Web.pdf (abgerufen: 30.07.2008)

Luhmann, N. (1988): Die Wirtschaft der Gesellschaft. Frankfurt am Main (Suhrkamp).

Luhmann, N. (1997): Gesellschaft der Gesellschaft. Frankfurt am Main (Suhrkamp).

Luhmann, N. (2000): Organisation und Entscheidung. Opladen/Wiesbaden (Westdeutscher Verlag).

Luhmann, N. (2004): Ökologische Kommunikation. Kann die moderne Gesellschaft sich auf ökologische Gefährdungen einstellen? Wiesbaden (VS). 4. Aufl.

March, J.G. (1990): Decisions and Organizations. Oxford (Blackwell). Reprint.

Nicolai, A. u. A. Kieser (2002): Trotz eklatanter Erfolglosigkeit. Die Erfolgsfaktorenforschung weiter auf Erfolgskurs. Die Betriebswirtschaft 2002 (6), S. 579–596.

Ortmann, G. (2004): Als ob. Fiktionen und Organisationen. Wiesbaden (VS).

Reichel, A. (2008): Observing the Next Organisation. In: Systemist. 30. 3.

Siggelkow, N. (2007): Persuasion with Case Studies. In: Academy of Management Journal. 50. 1, S. 20–24.

Simon, F. B. (2007): Einführung in die systemische Organisationstheorie. Heidelberg (Carl Auer).

Spencer-Brown, G. (1969): Laws of Form. London (Allen and Unwin).

Tapscott, D. u. A. D. Williams (2007): Wikinomics. Die Revolution im Netz. München (Hanser).

Weick, K. E. (1995): Sensemaking in Organisations. Thousand Oaks (Sage).

Werner Vogd

Der Druck auf das Krankenhaus und die Flüchtigkeit von Behandlungsnetzwerken – Studien zur Wirkung einer eher erfolglosen Krankenhausmodernisierung

1. Einleitung

Die bundesdeutschen Krankenhäuser erfahren zurzeit einen tiefgreifenden Wandlungsprozess. Mit den im Januar 2003 eingeführten Diagnose Related Groups (DRGs) ändert sich die Form der Leistungsabrechnung für Krankenhäuser grundlegend: Nicht mehr die Liegezeit, sondern die Fallpauschale wird zum primären Finanzierungsmodus. Zum anderen finden – oftmals verbunden mit der Privatisierung der Häuser – Konzepte moderner Unternehmensführung Eingang in den Krankenhausalltag (EDV-gestütztes ›Controlling‹, ›Outsourcing‹ und Zentralisierung von wichtigen Betriebsfunktionen). Diese Prozesse verändern nicht nur die Kontexte ärztlichen Handelns, sondern beeinflussen auch die ärztlichen Handlungs- und Entscheidungsprozesse. Die Veränderung der Rahmenbedingungen der Krankenhausarbeit ist politisch gewollt. Man verspricht sich dabei vor allem eine höhere ökonomische Effizienz und damit eine Senkung der globalen Gesundheitsausgaben und möchte die Leistungsreserven im System nutzen, ohne dabei Einbußen in der Versorgungsqualität in Kauf zu nehmen. In den Krankenhäusern sollen verkrustete Strukturen sowie überkommene Hierarchien abgebaut werden und vor Ort möchte man einen Ansporn zu ökonomischem wie auch qualitätsbewusstem Handeln geben. Mit Blick auf den Befund, dass die Bundesrepublik, gemessen an ihrem Bruttosozialprodukt, nach den USA und der Schweiz im internationalen Maßstab die höchsten Gesundheitsausgaben leistet, in Bezug auf die Gesundheitsparameter ihrer Bevölkerung jedoch ›nur‹ im Mittelfeld der entwickelten Industrienationen liegt,[158] scheint der Veränderungsbedarf hinreichend plausibilisiert. Die

---

[158] Vgl. Observatory, European (2000).

benannten und anderen ins Auge gefassten Maßnahmen zur Reform des Krankenhauswesens erscheinen hiermit auch sozialpolitisch legitimiert.

Nun stellen die Institutionen des Wohlfahrtstaates recht komplexe Gebilde dar. Hier sind ›kulturelle‹ Eigenarten zu beachten, etwa dass sich die bundesdeutsche Geschichte der Versorgungssysteme anders darstellt als beispielsweise in Großbritannien. Zudem lassen sich Krankenhäuser nicht einfach als ein Unternehmen betrachten, dessen unprofitable Bereiche ausgelagert werden und deren gewinnträchtige Aufgaben intensiviert werden können. Die öffentlichen Krankenhäuser haben einen Sicherstellungsauftrag, müssen also die Versorgung in ihrem Gebiet prinzipiell garantieren und haben darüber hinaus hinsichtlich ihres medizinischen Personals Ausbildungsaufgaben. Medizin, Erziehung, wohlfahrtstaatliche Aufgaben und ökonomische Rationalitäten bilden ein vielschichtiges Konglomerat unterschiedlicher Kontexturen.

Mit Blick auf meine eigenen empirischen Untersuchungen zu den Wandlungsprozessen der Organisation Krankenhaus, die auf einer qualitativ rekonstruktiven Längsschnittstudie aus den Jahren 2000/2001 und 2004 basieren, möchte ich aufzeigen, wie die unterschiedlichen beteiligten praxisrelevanten Kontexturen in ein Verhältnis zueinander gesetzt werden. Dabei wird sich zeigen, dass Medizin auf der einen Seite autonom bleiben und sich dem politischen und in gewisser Weise auch dem ökonomischen Durchgriff auf ihre Praxis erwehren kann. Zum anderen ist diese Beständigkeit jedoch nur durch einen Wandel der organisationalen Prozesse hin zu einer mehr netzwerkförmigen Struktur zu erreichen.

2. Gesellschaftliche Kontexturen

Für die weitere Diskussion ist es sinnvoll, zunächst die gesellschaftlichen Kontexturen der Krankenbehandlung zu verdeutlichen. Diese stellen Reflexionsverhältnisse dar, welche implizit in die Organisation der Behandlungsprozesse mit einfließen.[159]

Medizin: Leicht wird übersehen, dass die Medizin ihre Referenz nicht in der Gesundheit oder Heilung, sondern in der Behandlung des kranken Körpers hat. Dass viele der historischen und auch heute noch angewende-

---

[159] Im Sinne Günthers (1991) werden unter Kontexturen unterschiedliche lokale und in diesem Sinne eindeutig rekonstruierbare Kausalitäten verstanden, die ihrerseits jedoch in heterarchischen Verhältnissen zueinander stehen.

ten Heilverfahren nicht nur unwirksam, sondern sogar schädlich sind, hat die Verbreitung dieser Behandlungsmethoden nicht behindert.[160] Darüber hinaus ist festzustellen, dass die Medizin tendenziell auf die Ausdehnung ihrer Funktionsbezüge, also auf unbegrenztes Wachstum hin ausgerichtet ist (Luhmann 1983). Der zentrale Stakeholder der Medizin ist die ärztliche Profession. Professionen agieren weitgehend autonom und erzeugen als Agenten hochgradig wissensbasierter Dienstleistungen Indifferenzzonen, die von außen nicht wirklich kontrolliert werden können.

Wirtschaft: Die Operationsbasis von Wirtschaft ist der Umgang mit Knappheit. Die Beziehung von Wirtschaft und Medizin muss in diesem Sinne eher als komplementär denn als kompetitiv verstanden werden, denn moderne Medizin war und ist immer auch eine ökonomische Tatsache, das heißt es geht und ging ihr immer schon um Bezahlung und um Ressourcen für die Ausdehnung ihrer Leistungsangebote.

Politik: Ebenso sind die medizinischen Versorgungsstrukturen eine politische Angelegenheit. Beispielsweise garantiert die Politik und das Recht die Monopolstellung der Anbieter in den jeweiligen Sektoren. An dieser Stelle sei nur so viel gesagt, dass die an Mehrheiten ausgerichtete Politik demokratischer Gesellschaften nicht an der Frage der Verteilungsgerechtigkeit vorbeikommt. Für die Gesundheitspolitik lautet entsprechend die Frage, wie unter Bedingungen knapper Mittel das Skandalon der Rationierung von Gesundheitsleistungen unsichtbar gemacht werden kann.

Recht: Jede medizinische Handlung lässt sich potentiell auch unter dem Code recht/unrecht reflektieren. Haftungsrechtliche Fragen können ihrerseits die Ausformung einer medizinischen Kultur stark beeinflussen, wie insbesondere der Blick auf die US-amerikanischen Verhältnisse zeigt.[161]

Der Patient als Adresse der Kommunikation: In der Geschichte der Medizin ist das Patientensubjekt eine Erfindung eher jüngeren Datums.[162] Informed consent, also der Anspruch, dass Patienten über die ärztliche Behandlung zu informieren seien und dieser zuzustimmen haben, wurde

---

[160] Vgl. diesbezüglich zur Problematik der evidence based medicine aus Perpektive unterschiedlicher gesellschaftlicher Kontexturen Vogd (2002).

[161] Siehe zu den amerikanischen Rechtsverhältnissen, die sich dann erheblich von den Bedingungen in Europa unterscheiden Roberto (2003), sowie zur Auswirkung auf die medizinische Praxis DeKay u. Asch (1998).

[162] Noch Talcott Parsons hat diesem in der Rekonstruktion der Patientenrolle eine passive Stellung zugewiesen. Im Vordergrund stand allein die Pflicht, wieder gesund zu werden, um der Gesellschaft nicht über Gebühr hinaus zur Last zu fallen (Parsons 1958).

erst nach dem Schrecken des Nationalsozialismus zum rechtsverbindlichen internationalen Standard.[163]

In jüngerer Zeit ändert sich dieses Bild. Der Patient wird zum Kunden, zum Klienten, zum Nutzer. Die unterschiedlichen Emanzipationsbewegungen einer zunehmend individualisierten Gesellschaft fordern auf verschiedenen Ebenen Partizipation wie auch Differenzbearbeitung ein. Auch wenn – wie eine Reihe empirischer Studien zeigten – der kranke Patient sich in der Regel weiterhin die passive Rolle wünscht, welche dem alten Modell der Arzt-Patient-Beziehung entspricht,[164] wird der Patient auf der Bühne der Krankenbehandlung nolens volens zu einem Knotenpunkt, dem in ökonomischer, rechtlicher und sogar medizinischer Hinsicht Gestaltungsmöglichkeiten zugerechnet werden.[165]

Organisationen: Organisationen stellen gewissermaßen einen »Treffraum für die unterschiedlichsten Funktionssysteme« dar (Luhmann 2000, S. 398) und bilden dabei eine eigene autopoietische Einheit, die entsprechend eigenen Gesetzlichkeiten operiert, nämlich auf der Basis von Entscheidungen. Gerade weil innerhalb der medizinischen Praxis die rechtlich wirksame Dokumentation dieser Praxis, die Abrechnungen der Leistungen sowie die einzelnen Ebenen der ärztlichen Hierarchie nur lose miteinander gekoppelt sind, kann die Entscheidungsfähigkeit der Organisation Krankenhaus unter wechselnden Konstellationen aufrechterhalten werden. So kann behandelt werden, ohne zu behandeln, Rechtmäßigkeit hergestellt werden, indem Unrechtmäßiges nicht dokumentiert wird, wirtschaftlich gearbeitet werden, indem Medizin vorgetäuscht wird, wo anderes stattfindet, um an anderer Stelle umso mehr (ansonsten nicht bezahlbare) Medizin stattfinden zu lassen. Üblicherweise funktionieren Organisationen gerade dann gut, wenn sie ein Arrangement entwickeln können, indem zugleich hingeschaut und nicht hingeschaut wird, also indem gegebenenfalls die Dinge im Diffusen gelassen werden. Eine ihrer wesentlichen Leistungen besteht also darin, sich äußeren Steuerungsversuchen widersetzen zu können, indem action und talk (Brunsson 1989) beziehungsweise Evaluation und Praxis (Power 1997) voneinander entkoppelt werden.

Wie geht nun das Krankenhaus mit den anfangs skizzierten Reformzumutungen seitens der Gesundheitspolitik um? Bleiben die Medizin und ihre Organisationen weiterhin in dem Sinne autonom, als dass sie sich den

---

[163] Vgl. Vollmann/Winau (1996).
[164] Vgl. Stollberg (2008).
[165] Um mit Fuchs (2007) zu sprechen: Der Patient wird zur polykontexturalen Adresse.

politischen und ökonomischen Durchgriffen auf ihre Praxis erwehren können oder findet eine Kolonisierung ihrer Praxis durch funktionsfremde Sphären statt?[166] Im Folgenden möchte ich begründen, dass beides der Fall ist. Der Grund hierfür liegt darin, dass die mit den Reformen verbundene Instrumentarien nicht mehr nur ›symbolisch‹ in die Organisation eingreifen – und entsprechend leicht entkoppelt werden können, sondern über die modernen Informationsverarbeitungstechnologien ins Herz der Praxis eingreifen. Es kann aufgezeigt werden, dass die Emanzipation von Medizin und Organisationen gegenüber den politischen und ökonomischen Systemumwelten nicht mehr unterhalb der von außen implementierten neuen Technologien erfolgen kann, sondern nur, indem die hiermit verbundenen Techniken des Controlling und der Evaluation entsprechend den eigenen Funktionen umgenutzt werden. Möglich wird dies vor allem dadurch, dass die hierdurch neu entstehenden Unschärfen von der Organisation ins Behandlungsnetzwerk verlagert und somit einer äußeren Kontrolle entzogen werden.[167]

---

[166] Vgl. zur Beziehung von *colonization* und *decoupling* in wohlfahrtsstaatlichen Institutionen Power (1997, S. 94 ff.).

[167] Im Sinne einer systemtheoretischen Integration schlage ich hier vor, an den Netzwerkbegriff von White (1992) anzuknüpfen. Vgl. auch Holzer (2006). Aus dieser Perspektive laufen wir auch nicht Gefahr, Begriffe wie Markt, Wirtschaft, Nutzer, Kunden und Akteure zu ontologisieren. Vielmehr können wir nun schauen, wie sich diese scheinbar festen Entitäten erst aus einem Netz wechselseitiger Kontrollversuche ergeben. Der Begriff ›Kontrolle‹ ist hier nicht im Sinne von Überwachung zu verstehen, sondern meint entsprechend dem englischen ›control‹ eher Regelung und Steuerung. Der Ausgangspunkt einer so verstandenen Sozialtheorie ist die Idee, dass die Identitäten der in den Netzwerkknoten fungierenden Personen oder Organisationen nur über die Beziehungen zu anderen Knotenpunkten des Netzwerkes definiert werden können. Identitäten erscheinen nun als emergente Einheiten, die jedoch, wenn einmal konstituiert, ihrerseits versuchen, ihre Netzwerkpartner zu kontrollieren als auch sich selbst der Kontrolle durch ihre Partner zu entziehen (vgl. Baecker 2005, S. 226). Die Bindungen zwischen den Knoten sind dabei jedoch nicht formal definiert – etwa als Zahl von Verknüpfungen – sondern können nur semantisch bestimmt werden. Erst die ausformulierten und ausgesponnenen Bedeutungsaufladungen und Zuschreibungen bestimmen den Charakter eines Akteurs, einer Institution oder einer Organisation (vgl. White 1992, S. 65f.).

3. Krankenhausmodernisierung und DRG-Technologie

Aus Gründen, die an dieser Stelle nicht weiter ausgeführt werden können, traut man bürokratischen Organisationen derzeit nicht mehr zu, eine Gesellschaft auf effiziente Weise mit qualitativ hochwertigen Dienstleistungen zu versorgen. Unter dem Stichwort ›New‹ Public Management hofft man, den öffentlichen Sektor modernisieren zu können, indem gezielt Marktelemente und moderne Managementmethoden bei gleichzeitiger (externer) Qualitätskontrolle eingeführt werden. Innerhalb der Krankenhausmodernisierung führte dies unter anderem zur Einführung der so genannten ›Diagnose Related Groups‹, zu (Teil-)Privatisierungen, einer erheblichen Personalreduktion, Outsourcing oder Zentralisierung von Betriebsfunktionen und nicht zuletzt zur Einführung eines computergestützten Controllings sowie zur Institutionalisierung externer Audits. Darüber hinaus wurde von den Krankenhäusern generell eine erhebliche Rationierung der ärztlichen Arbeit eingefordert. Im Einzelnen heißt das kürzere Liegezeiten und höhere Fallzahlen bei geringeren Personalressourcen.

Schauen wir diesbezüglich etwas ausführlicher auf das gesundheitsökonomische Steuerungsinstrument der DRGs.

Innerhalb der Betriebswirtschaftslehre bestand – im Prinzip schon seit den 1920er Jahren – ein Streit darüber, ob man Medizin überhaupt im Sinne von Waren fassen könne (Samuel et al. 2005). Auch die Ökonomen, welche grundsätzlich von einem Warencharakter der Medizin ausgingen, hatten kein praktikables Kriterium zur Hand, wie sich alltagspraktisch Gesundheitsdienstleistungen in einer sinnvollen Weise bilanzieren ließen. Weder bezahlte Liegezeiten noch spezifische Behandlungsprozeduren eigneten sich als Waren, da der entscheidende Moment einer erfolgreichen Krankenbehandlung weder in der Prozedur noch in der Zeitdauer besteht, sondern im Know-how, was bei einer gegebenen Erkrankung in angemessener Weise zu tun ist.

Fetter et al. (1991) entwickelten in den 1970er Jahren an der Yale University das System der Diagnose Related Groups nicht aus einer betriebswirtschaftlichen Perspektive, sondern als Instrument, um die Prozessqualität eines Krankenhauses zu beurteilen und verbessern zu können. Ihr Lösungsansatz bestand darin, ein statistisches Konstrukt zu bilden (beispielsweise alle durchgeführten Galleoperationen), um dann die Summe der Behandlungsfälle einer jeweiligen Gruppe durch bestimmte Ergebnisparameter zu teilen (etwa der Zahl der postoperativen Blutungen). Mit den auf diesem Wege errechneten Mittelwerten lag nun ein Instrument vor, verschiedene Krankenhäuser oder Abteilungen hinsichtlich entscheidender Unterschiede auf der Prozessebene zu vergleichen.

Die Gesundheitsökonomie, die bislang nur theoretisch darüber spekulieren konnte, ob Gesundheitsdienstleistungen eine Ware seien, fand in der DRG-Technologie nun ein Medium, um eine neue Klasse von Waren zu erfinden. Der Warencharakter der DRGs entstand erst durch die Politik, nämlich indem der Gesetzgeber den DRGs qua politischer Entscheidung Preise anheftete (Samuel et al. 2005).[168]

Das eigentlich Spannende am DRG-System ist nun, dass es eine ökonomische Bestimmung von Dienstleistungen erlaubt, wenngleich die organisationalen Prozesse, die mit einer DRG verbunden sind, flexibel und situativ ausgehandelt werden können. Um es netzwerktheoretisch zu formulieren: Das DRG-System fungiert, sobald als rechtlich verbindliches Abrechnungssystem implementiert, als Knotenpunkt eines Netzwerks, um das sich herum weitere Prozesse organisieren können. DRGs stellen sozusagen »leaky black boxes« dar (Lowe 2001), um die herum sich unterschiedliche Anbieter, Leistungsnehmer und Leistungsfinanzierer gruppieren.

4. Arbeitsorganisation

Schauen wir nun auf das Krankenhaus unter dem Blickwinkel der veränderten Arbeitsorganisation. Dies geschieht am Beispiel der von mir untersuchten chirurgischen und internistischen Abteilungen zweier städtischer Krankenhäuser der Maximalversorgung. Der Vergleich wird möglich, da Unersuchungen in den beiden Zeiträumen 2000/2001 und 2004 durchgeführt wurden (Vogd 2004b; Vogd 2006). Für beide untersuchten Abteilun-

---

[168] Hierzu Samuel et al. (2005) im Wortlaut: »By putting a price on the DRGs devised by engineers, the law created a commodity out of an industrial product. The engineers had transformed medical practice into a measurable product. The economists had theoretically elaborated reasons for thinking about professional services as if they were commodities. But it was the law that joined the product without a market to the market that had no product. The legalized market in DRGs ignited a simmering revolution in health care finance that swept ›through the health care system like fire through parched underbrush‹ […]. DRG-PPS increased and strengthened such other innovations as hospitalspecific contracts, deductibles and coinsurance, HMOs and PPOs that delivered medical services to the market« (Samuel et al. 2005, S. 269).

gen stellt sich unter den neuen ökonomischen Bedingungen das Problem, wie unter den Randbedingungen von 25–35 Prozent weniger ärztlichem Personal ein höheres Patientenaufkommen bei kürzeren Liegezeiten zu bewältigen ist.[169] Bei den Chirurgen wird diese Herausforderung durch eine Dynamisierung der Arbeitsfelder zum Preis einer deutlichen Erhöhung unbezahlter Mehrarbeit gelöst. Die Ärzte wechseln nun bei Bedarf dynamisch zwischen verschiedenen Arbeitssphären (Station, OP-Saal, Aufnahmezentrum, Erste Hilfe). Demgegenüber ist bei den Internisten die Organisation der ärztlichen Arbeit im Wesentlichen gleich geblieben. Stattdessen werden nun insbesondere bei den Routinefällen Versorgungs- und Betreuungslücken in Kauf genommen, um das Arbeitspensum bewältigen zu können.

Die unterschiedlichen Formen, wie in den beiden Abteilungen der Rationalisierungsdruck bewältigt wird, lassen sich zum Teil auch auf die jeweils unterschiedlichen Personalstrukturen zurückrechnen.[170] Doch sowohl hinsichtlich der grundlegenden Frage, wie eine rationellere Patientenversorgung geleistet werden kann, als auch mit Blick auf die unterschiedlichen Konsequenzen für das chirurgische und internistische professionelle Ethos, sind an dieser Stelle durchaus einige Verallgemeinerungen möglich, welche über die Besonderheiten der jeweiligen Abteilungen hinausreichen:

- Im Stationsalltag wird nun deutlich zwischen den komplizierten Fallproblematiken und den Routinefällen unterschieden. Letztere werden – anders als früher – nur noch oberflächlich untersucht. In ihrer Betreu-

---

[169] Um hier das Beispiel der von mir untersuchten internistischen Station eines städtischen Krankenhauses zu geben: Im Jahr 2001 waren dort noch 3,75 Stationsarztstellen für 36 Patienten vorgesehen. 3 Jahre später waren nur noch 2,25 Ärzte für dieselbe Station eingeteilt. In der gleichen Zeit reduzierte sich der durchschnittliche Klinikaufenthalt eines Patienten von 11 auf 7 Tage. Gleichzeitig kommt es aufgrund von Ruhetagen nach Nachtdiensten, Urlaub sowie Freizeitausgleich von Überstunden zu häufigen ›Schichtwechseln‹ und damit regelmäßig zu Schnitten in der Kontinuität der ärztlichen Arbeit.

[170] Die Stationsarbeit in der chirurgischen Abteilung wird überwiegend durch Weiterbildungsassistenten geleistet. Diese sind strukturell hochgradig ausbeutbar, da sie hinsichtlich ihrer Ausbildung auf die Gunst der übergeordneten Ärzte angewiesen sind. Demgegenüber stellt sich die Personalstruktur der Internisten anders dar. Auf der Station kommen überwiegend Fachärzte in Festanstellung zum Einsatz. Aufgrund ihrer Stellung sind die Ärzte nur begrenzt zu unbezahlter Mehrarbeit zu motivieren. Die hohe Fachkompetenz auf der Stationsarztebene wird hier sozusagen kompensiert durch eine gewisse Widerständigkeit gegenüber den Versuchen der Klinikleitung, noch mehr unbezahlte ärztliche Arbeit zu institutionalisieren.

ung sind nun seitens der Stationsärzte Lücken in Kauf zu nehmen. Sie haben personelle Diskontinuitäten zu überbrücken, haben weniger Zeit für Informationsübergaben und haben das hiermit verbundene Risiko- und Fehlermanagement zu betreiben, um die zwangsläufig entstehenden Brüche korrigieren zu können. Hierdurch bekommen gerade jene Ärzte eine stärkere Bedeutung, die aufgrund ihres Erfahrungswissens in der Lage sind, sich auf Basis fragmentarischer Informationslagen eine Entscheidung zuzutrauen.

- Unterschiedliche Untersuchungen werden nun gleichzeitig angefahren, ohne zuvor das Ergebnis der ersten zunächst einmal abzuwarten. Man greift eher auf aufwendigere bildgebende Verfahren zurück, um Entscheidungskontingenzen aufzulösen.
- Behandlungsprozesse werden im Sinne der DRG-Abrechnungslogik teilweise in mehrere Krankenhausaufenthalte zerteilt, wenngleich dies immer auch unter dem Blickwinkel einer medizinischen Risikoabwägung geschieht.

Am paradigmatischen Beispiel der ›komplexen Fallproblematiken‹ wurde die Frage gestellt, ob sich unter den neuen ökonomischen Rahmenbedingungen die ärztlichen Orientierungen grundlegend geändert haben. In allgemeiner Form lautet die Antwort, dass in beiden Abteilungen die knapperen personellen Ressourcen wie auch das ökonomische Controlling die Ärzte nicht daran hindern, den komplizierten Fällen höchste medizinische Aufmerksamkeit zu widmen.

Allerdings deuten sich in beiden Abteilungen deutliche Veränderungen in den ärztlichen Orientierungen an:

- Die diagnostischen Prozesse erscheinen mit Blick auf die Liegezeiten deutlich beschleunigt. Es werden nun schneller aufwendige und teure Verfahren angewendet und man neigt dazu, verschiedenen Differenzialdiagnosen eher parallel denn sequenziell nachzugehen. Ein Preis, der für die kurzen Liegezeiten zu zahlen ist, scheint darin zu bestehen, einen höheren technischen Aufwand zu treiben und im Zweifelsfall lieber eine sich im Nachhinein als überflüssig erweisende Untersuchung zu machen, als in Zeitnot zu kommen.
- In beiden Abteilungen entstehen aufgrund der Verknappung der ärztlichen Arbeitkraft vermehrt Diskontinuitäten in der stationsärztlichen Betreuung. Während für die Chirurgen die hiermit verbundene Zerteilung (›Taylorisierung‹) der Arbeitsprozesse weniger Probleme bereitet, da sie schon immer als ›Teamspieler‹ agierten, ›entgleitet‹ für den Internisten der Prozess. Bislang gewohnt, die gesamte Komplexität des diagnostischen, therapeutischen und sozialen Geschehens

zu überblicken, ist das Fallwissen nicht mehr fest an die Person des Stationsarztes gebunden, sondern ist nun tendenziell azentrisch im Behandlungsteam repräsentiert, das dann über die Patientenakte den roten Faden aufrechterhalten muss.

- Mit der Verknappung der Ressource ärztliche Arbeitszeit und den hiermit verbundenen häufigen Personalwechseln verringern sich in beiden Abteilungen die Möglichkeiten, eine persönliche Arzt-Patient-Beziehung herzustellen. Entsprechend können im Krankenhausalltag die Patientencharakteristika weniger ›verstehend‹ in den ärztlichen Entscheidungsprozess mit einbezogen werden.
- Während die Chirurgen in der Regel auch die komplizierten Fälle zu einem handlungspraktischen Abschluss bringen – im Zweifelsfall wird in den Körper geschaut – stellt sich unter den neuen Rahmenbedingungen die Situation für die Internisten anders dar. Auf kognitiver Ebene bleibt man zwar seiner alten Orientierung treu und versucht in generalistischer Manier alles mitzubedenken. Handlungspraktisch ist jedoch ein Teil der Prozesse abzugeben und hiermit geht auch das unmittelbare Feedback, die sinnliche Evidenz, ob der eingeschlagene Pfad etwas gebracht hat, verloren.

5. Umgang mit dem DRG-System

Entgegen dem gesundheitsökonomischen Common sense lässt sich die Gesundheitsökonomie durch das DRG-System nicht kontrollieren. Vielmehr stellen die DRGs ein Medium dar, an dem nun unterschiedliche Akteure und Organisationen netzwerkartig zusammenfinden. Ob man beispielsweise einer kooperierenden Einrichtung einen Problempatienten zumuten kann, hängt dann etwa auch davon ab, welches Verhältnis man zu diesem Patienten und zu Mitarbeitern eben dieser Einrichtung hat, sowie, was man sich von dieser und diesem selbst zumuten lässt. Gleiches gilt nun für Patienten und ihre Angehörigen, die sich unter den gegebenen Bedingungen nicht mehr auf Sicherheiten verlassen können (auch wenn diese nur in verlässlichen hierarchischen Beziehungen bestanden). Stattdessen haben sich diese nun selbst als aktiver Teil eines dynamischen Behandlungsnetzwerkes und der hiermit verbundenen Aushandlungsprozesse zu verstehen. Was ein Patient bei gegebener Fallpauschale an Behandlung zu erwarten hat, entscheidet sich jeweils im Einzelfall und wird nicht zuletzt über seine soziale Stellung im System bestimmt (etwa als Beschwerdemacht, die er oder seine Angehörigen einbringen können).

Innerhalb von Behandlungsnetzwerken fungieren die DRGs auf dreierlei Ebenen als Verhandlungsobjekte im Sinne wechselseitiger Kontrollversuche,[171] nämlich (1) zwischen Leistungsanbietern und Leistungsfinanzierern, (2) zwischen Leistungsanbietern und Leistungsempfängern und (3) zwischen unterschiedlichen Leistungsempfängern.

(1) In meinen empirischen Untersuchungen zu den Einflüssen der neuen ökonomischen Verhältnisse auf die ärztliche Arbeit im Krankenhaus zeigt sich deutlich, dass ›upcoding‹, die Abrechnung etwas besser bezahlter, aber nicht ganz der medizinischen Problematik entsprechender Diagnosen in der Praxis stattfindet. Ebenso lässt sich ›Fallsplitting‹, das heißt die Zerteilung der Behandlung in mehrere, getrennt anrechenbare Prozesse beobachten. Schauen wir uns zur Verdeutlichung ein Beispiel an, das auf einer chirurgischen Station beobachtet wurde:[172]

Am Montagabend wird ein 82 Jahre alter Mann auf der chirurgischen Station aufgenommen. Der Herr klagt über Schmerzen, die durch seinen Leistenbruch verursacht scheinen. Zudem zeigt sich Blut im Stuhl. Am folgenden Morgen informiert die diensthabende Ärztin den Stationsarzt über die Neuaufnahme.
In der Frühvisite stellt sich der Arzt dem Patienten vor und tastet den Bauch ab. Der Patient erklärt, dass das Blut im Stuhl auch von den Hämorriden kommen könne. Der Arzt erwidert, dass man jetzt vor der Operation vielleicht doch noch eine Darmspiegelung durchführen solle:

Dienstag, 14.12.2004, 7:20 Uhr

Dr. Stiehl: Guten Tag, ich wollte mich dann mal vorstellen [...]
Patient: [...] schön [...]
Dr. Stiehl: darf ich mal den Bauch anschauen [...] das ist dann die Leistenhernie [...]
Patient: [...] sagt dann meine Frau [...] Blut im Stuhl [...] kann jetzt auch von den Hämorriden [...]
Dr. Stiehl: [...] ich denke, wir sollten vielleicht doch noch mal in den Darm reinschauen, bevor wir operieren [...] machen wir das [...]

---

[171] Der Begriff ›Kontrolle‹ ist hier nicht im Sinne von Überwachung zu verstehen, sondern meint entsprechend dem englischen ›control‹ eher Regelung und Steuerung.
[172] Siehe ausführlich Vogd (2006, Kapitel III. 6).

Während der Röntgenbesprechung berichtet die Ärztin über die Neuaufnahme. Der Chefarzt fragt, unter welcher Diagnose sie den Patienten aufgenommen habe. Auf die Antwort der Ärztin erwidert der Chefarzt, dass man hierfür kein Geld bekommen würde und dass man lieber ›Tumorsuche‹ schreiben solle:

7:55 Uhr (Röntgenbesprechungsraum)

Chefarzt: [...] fangen wir schon mit dem Dienst an [...]
Dr. Greve: [...] jetzt Herr Weiss aufgenommen [...] Leistenhernie [...] jetzt auch mit Schleim und Blut im Stuhl [...] Markomar und Aortenklappenstenose [...]
Chefarzt: unter was hast Du ihn jetzt aufgenommen?
Dr. Greve: Leistenhernie [...]
Chefarzt: [...] da kriegen wir jetzt überhaupt kein Geld für, musst Du Tumorsuche [...]

Auf dem Weg zur Station besprechen die Assistenten mit der Oberärztin kurz den Fall. Diese schlägt vor, den blutigen Stuhl in den Vordergrund zu stellen. Zudem solle man jetzt noch nicht operieren, da die Diagnostik ja nicht durch die Fallpauschale abgedeckt würde:

Oberärztin: [...] jetzt den blutigen Stuhl in den Vordergrund stellen [...]
Dr. Greve: [...] und dann die Hernie mit operieren? [...]
Oberärztin: [...] ne, können wir dann nicht machen [...] kriegen wir ja nur die Fallpauschale für [...] auch wenn wir jetzt die ganze Diagnostik machen [...]

Mit Blick auf diese und andere Fälle der ökonomischen Zurichtung von Behandlungsfällen erscheint es wenig hilfreich, moralisch auf die sich hier offenbarenden Vergehen der Ärzte zu verweisen. Vielmehr ist zu verstehen, dass es für eine Abteilung essentiell ist, schwarze Zahlen zu schreiben.[173] Volumenmäßig spielen dabei vermutlich weniger die als offensichtlicher Betrug zu erkennenden Manipulationen eine Rolle. Vielmehr werden wohl die vielen kleinen, praktisch nur dem eingeweihten Auge erkennbaren Verschiebungen in der Indikationsstellung ein ›Spiel‹ wechselseitiger Kontrollversuche einleiten (›DRG-Ping-Pong‹). Seitens der Krankenhäuser wird dann eine nicht unerhebliche medizinische Expertise aufzuwenden

---

[173] Vgl. Vogd (2006, Kapitel III. 6).

sein, um über eine verbesserte Verschlüsselung der DRGs ein paar Prozente über den Durchschnitt zu kommen. Auf der Gegenseite werden die medizinischen Dienste der Krankenkassen entsprechende Kontrollen durchführen, was dann das Krankenhaus vermutlich veranlassen wird, die Fälle noch intelligenter zu codieren.

(2) So wie man früher manche Patienten etwas länger auf der Station gehalten hatte, um die Kosten decken zu können, verschiebt sich unter den neuen Verhältnissen die Rationalität ins Umgekehrte. Weiterhin wird eine bestimmte Klasse von Patienten als geeignet identifiziert, um die ökonomischen Parameter etwas auszubalancieren. Spannend ist hier jedoch, dass die Handlungsmöglichkeiten der Medizin nun gegenüber den Patienten abgetrotzt werden müssen. Um als Arzt unter den gegebenen Verhältnissen Spielräume für die Behandlung komplizierter oder medizinisch interessanter Fälle zu haben, müssen andere Patienten unbetreut bleiben. Innerhalb der konkreten Arzt-Patient-Beziehung wird der Betreuungsaufwand nun zur Verhandlungssache. Beispielsweise kann eine demente Frau aus schwachen sozialen Verhältnissen weniger soziales Kapital einbringen, um die Situation zu kontrollieren, als ein berufstätiger Mann aus gutbürgerlichen Verhältnissen, dem zudem die Angehörigen beistehen. Während die Finanzierung über Liegezeiten eher unabhängig von der zu behandelnden Person Behandlungsoptionen vermittelte, rückt mit der Ökonomisierung des Einzelfalls die konkrete Beziehung in den Vordergrund. Ob ein Patient persönlich geschätzt wird, seine Angehörigen Beschwerdemacht artikulieren können oder dieser bei den Krankenkassen eine schnelle Finanzierung weiterer Maßnahmen einfordern kann, sind Faktoren, die für den Behandlungsprozess nun an Bedeutung gewinnen.[174]

Hierzu wieder ein kleines Beispiel, diesmal auf der internistischen Station beobachtet:

Frau Liedel ist eine 80-jährige Frau, die zur Behandlung einer Bronchitis auf die internistische Station kam. Während der Visite fragt der Chefarzt, ob die Patientin im Heim lebe. Diese bejaht die Frage. Der Chefarzt schlägt daraufhin eine schnelle Entlassung vor. Zum Beobachter gewendet erklärt er, dass man jetzt versorgte Patienten schneller entlassen könne. Hierdurch würde man dann im Hinblick auf die Liegezeiten Spielräume bei den komplizierten Fällen gewinnen:
Dienstag 21.9.2004
(Chefvisite)

---

[174] Vgl. hierzu auch Vogd (2004b, 350 ff.).

Chefarzt: (zum Beobachter): [...] wir fragen jetzt nach dem Heim [...] wenn Sie versorgt sind, dann können wir Sie schneller entlassen [...] dafür haben wir dann mehr Zeit bei den komplizierten Fällen [...] nur so kommen wir auf eine Liegezeit von 7,6 [...] das ist jetzt auch nicht pietätlos [...] sondern die Patienten möchten dann auch gerne wieder nach Hause [...]

(3) Innerhalb der Netzwerke des DRG-Systems stellt sich immer auch die Frage, welchem Partner im komplementär kompetitiven Versorgungsgefüge Aufgaben zugeschustert werden können. Dies fängt beim Pflegepotential der Angehörigen an, geht über stationäre Pflegeeinrichtungen und schließt den ambulanten Bereich mit seinen vielfältigen diagnostischen und therapeutischen Angeboten ein. Hier ist unter den neuen Bedingungen mit komplexen wechselseitigen Kontrollversuchen zu rechnen. Es konnte beobachtet werden, dass beispielsweise ambulante Ärzte die organisatorischen Routinen eines Krankenhauses geschickt unterlaufen können, um Prozeduren zu starten, die unter den gegebenen Verhältnissen normalerweise nicht finanziert würden. Umgekehrt versuchen beispielsweise Krankenhäuser, den Hausärzten medizinische Teilprozesse zu übertragen, die eigentlich noch zum Kernprozess der Krankenhausbehandlung gehören und umgekehrt (siehe ausführlich auf Basis einer Fallstudie Vogd 2007).

Die Modalitäten der Krankenbehandlung werden nun weniger innerhalb intraorganisationaler Dynamik einer Organisation ausgehandelt, sondern vollziehen sich jetzt vermehrt in einem Behandlungsnetzwerk, das aus verschiedenen organisatorischen und personalen Einheiten geknüpft wird. Allein das Primat der kurzen Liegezeiten verlangt nach einer Kooperation mit ambulanten Diensten, niedergelassenen Ärzten, Krankenkassen, anderen Kliniken und stationären Pflegeeinrichtungen. Nicht zuletzt werden der Patient und seine Angehörigen selbst zu einem Teil dieses Netzwerkes und haben nun vermehrt am Behandlungsprozess mitzuarbeiten, sei es in der Bahnung von Kontakten und Initiativen, im Einfordern von Finanzmitteln oder in der Organisation von Beschwerdemacht, um Irregularitäten eigene Kontrollversuche entgegenzusetzen.[175]

Schauen wir auf ein Beispiel, um die Dynamiken solcher Prozesse zu verdeutlichen:[176]

---

[175] In diesem Sinne erscheint dann auch die Prozessfreudigkeit in den Vereinigten Staaten unter einem anderen Licht, nämlich als ein sich hoch schaukelnder Balanceakt wechselseitiger Kontrollversuche.

[176] Siehe zur ausführlichen Fallrekonstruktion Vogd (2007) und zum Vergleich mit dem ersten Behandlungszeitraum Vogd (2004a).

Herr Spondel, mittlerweile sechsundsiebzig Jahre alt, wird an einem Montagabend von Dr. Reinhardt, einem Nephrologen, der in der Nähe der Klinik eine Dialysepraxis betreibt, in das Krankenhaus eingewiesen. Der ambulante Arzt, mit den Abläufen des benachbarten Krankenhauses wohl gut vertraut, veranlasst für seinen Patienten eine nuklearmedizinische Untersuchung, ohne dass zuvor ein Stationsarzt eingeschaltet wird. Bevor Dr. Kardel, die diensthabende Ärztin, am nächsten Morgen zur Arbeit erscheint, ist der Patient schon zur Untersuchung abberufen worden. Gegenüber dem Beobachter benennt die Ärztin diesen Vorgang als »Super-GAU«, denn die anberaumte Prozedur sei sehr aufwendig und teuer. Zudem habe sie jetzt weder den Patienten noch seine Akte gesehen. Anders als vom Laien zunächst zu vermuten, ist hiermit jedoch nicht ein medizinisches Malheur, etwa ein irreversibler Kunstfehler gemeint, sondern eine teure nuklearmedizinische Untersuchung, die unter Umgehung der regulären Entscheidungslinien der Organisation von einem externen Arzt veranlasst wurde. Die Entscheidungsstrukturen der Organisation wurden hier sozusagen seitwärts umgangen. Der Ärztin bleibt letztlich nur noch übrig, die Untersuchung post hoc durch ihre Unterschrift formell zu legitimieren. Die eigentliche Katastrophe besteht zum einen darin, dass hier auf informellem Wege die Autonomie der Organisation, welche sich im Luhmannschen Sinne durch eigene, intern getroffene Entscheidungen reproduziert, durch informelle Kanäle unterlaufen wird. Zum anderen erscheint sie für die Stationsärztin auf personaler Ebene als Verantwortung für eine teure und unter Umständen nicht indizierte Untersuchung, für deren Veranlassung sie gegebenenfalls zur Rechenschaft gezogen werden könnte.

Frau Kardel steht hier vor einem Dilemma: Wenn sie die Untersuchung im Nachhinein durch ihre Unterschrift legitimiert, muss sie Verantwortung hierfür übernehmen. Wenn sie die Unterschrift verweigert, legt sie den Skandal offen, dass in diesem Fall Dinge geschehen sind, die nicht durch eine legitimierte Entscheidung zustande gekommen sind. Hierdurch würde sie allerdings den Leuten in den Rücken fallen, die den Vorgang durch ihre unbürokratische und informelle Hilfe möglich gemacht haben. Dies erscheint insofern problematisch, als dass sie ihrerseits von dem Wohlwollen der Röntgenabteilung, der Pfleger, der Diensthabenden abhängig ist, dass die Dinge gegebenenfalls auch einmal auf dem informellen Wege gelöst werden. Erst wenn man diese beiden Lesearten gleichzeitig einbezieht, wird deutlich, dass hier etwas geschehen ist, was man durchaus mit ›Unfall‹ charakterisieren kann. Das filigrane Arrangement zwischen formeller und informeller Kommunikation, von den offiziellen Entscheidungslinien der Organisation und der unbürokratischen Handlungspraxis auf der Vertrauensbasis persönlicher Interaktion, scheint hier auseinanderzubrechen. In diesem Sinne misst die Ärztin den Vorgang auch nicht mit moralischen Kategorien, sondern rahmt ihn als technische Panne.

Die Ärztin trägt auf dem ersten Blatt der Krankenakte die bereits bekannten Diagnosen sowie die diagnostischen Prozeduren ein. Als voraussichtliche Verweildauer wird vierzehn Tage angegeben:

(auf dem Leitzettel steht dann unter anderem):
Rö-Th im Liegen: großer Pleuralerguß
O-Sono -> Aerobilie, Splenomegalie
CT-LWS/Kreuzbein
Gelber Bogen:
Einweisungsdiagnose: R 63.4 Abnormale Gewichtsabnahme
Aufnahmediagnose: Einseitiger Pleuralerguss
Weitere Diagnosen:
Abnorme Gewichtsabnahme
Infektion v. u. U.
Terminale Niereninsuffizienz
Kongestive Herzinsuffizienz
Voraussichtliche Verweildauer: 14 Tage

Die benannten Krankheitsbilder lassen auch dem Laien deutlich werden, dass es sich hier um einen so genannten multimorbiden Patienten handelt. Anders als vor drei Jahren findet sich nun in der Dokumentation eine Aussage über die geplante Verweildauer, sowie die DRG-Kodierung der Aufnahmediagnose. An dieser Stelle fallen die Diskrepanzen zwischen der Einweisungsdiagnose »abnormale Gewichtsabnahme«, der Aufnahmediagnose »einseitiger Pleuralerguss« und der mit der nuklearmedizinischen Untersuchung anvisierten diagnostischen Abklärung des Entzündungsgeschehens im unteren Rückenbereich auf. Jeder der drei Vorgänge drückt eine andere Gewichtung aus, in der jeweils unterschiedliche intra- und außerorganisatorische Konturen bedient werden. Die Diagnose »abnormale Gewichtsabnahme« stellt sozusagen die Eintrittskarte ins Krankenhaus dar, da bei dieser Symptomatik als Differenzialdiagnose sofort eine Krebserkrankung anklingt, deren Abklärung eine stationäre Aufnahme gebietet. Dem Pleuralerguss entspricht das offensichtliche Symptom, unter dem der Patient leidet. Die Abklärung des Verdachts einer Spondylodiszitis erscheint demgegenüber als verdeckter Auftrag, als möglicher Kern einer harten Nuss, der jedoch nur mit erheblichem Aufwand durchführbar ist und deswegen mit Blick auf das Medizincontrolling besser nicht zu erwähnen ist. Denn aus Sicht der Organisation des Akutkrankenhauses, welches von seinem offiziellen Auftrag wie auch seinen abrechnungstechnischen Möglichkeiten her auf akute Erkrankungen spezialisiert ist, sind chronische Erkrankungsprozesse eigentlich nicht weiter abzuklären. Das Wechselspiel der unterschiedlichen Diagnosen erscheint in diesem Sinne keineswegs zufällig, sondern als intelligente kommunikative Anpassung an die jeweils unterschiedlichen, systemischen Kontexturen. Die Ärzte gewinnen gegenüber den administrativen Vorgaben dadurch Autonomie, indem sie die Rahmen, in denen ein Fall erscheint, modulieren können. Um hier mit Gotthard Günther zu sprechen: Unter den komplexen Reflexionsbedingungen des Krankenhauses besteht die Möglichkeit der Rejektion, das heißt die Freiheit, Medizin, Recht, Wirtschaft, sowie das Patientensubjekt situativ als Kontexturen zurückweisen beziehungsweise anlaufen zu können.[177]

6. Diskussion

Wenn wir nun abschließend erneut auf die Frage schauen, wie Medizin und ihre Organisationen mit den gegenwärtigen politischen und ökonomischen Zumutungen umgehen, so lässt sich einerseits feststellen, dass die DRG-Technologie tiefgehend in die Arbeitsorganisation der Krankenbehandlung eingreift. Von ärztlicher Seite mögen die hiermit verbundenen Zumutungen als ›ökonomische Zurichtung‹ des Krankenhauses beklagt werden. Andererseits gelingt es jedoch dem Medizinischen der Medizin, sich weiterhin zu plausibilisieren und hinsichtlich seiner eigenen Logik zu entfalten. De facto wird also nicht weniger, sondern nur anders Medizin betrieben.

Während im ersten Beobachtungszeitraum der Konflikt zwischen der medizinischen und der ökonomischen Rahmung innerhalb des ärztlichen Teams ausgetragen, nämlich in die ärztliche Hierarchie hineinkopiert wurde (Vogd 2004a), spiegelt sich der Widerstreit der Interessen im zweiten Beispiel in einem das Krankenhaus übergreifenden Netzwerk von ambulanter und stationärer Versorgung wider. Der Prozess der Krankenbehandlung erscheint nun weniger an eine Organisation gebunden und wird entsprechend auch weniger in der intraorganisationalen Dynamik ausgehandelt, sondern vollzieht sich in einem Behandlungsnetzwerk, das aus

---

[177] Unter Kontexturen werden hier jeweils unterschiedliche Reflexionsstandorte verstanden, die jeweils eine eigene Ontologie beherbergen (siehe zur Einführung in die Konzeption der Polykontexturalität Klagenfurt 2001).

verschiedenen organisatorischen und personalen Einheiten geknüpft wird. Allein das Primat der kurzen Liegezeiten verlangt nach einer Kooperation mit ambulanten Diensten, niedergelassenen Ärzten, Krankenkassen, anderen Kliniken und stationären Pflegeeinrichtungen. Nicht zuletzt werden der Patient und seine Angehörigen selbst zu einem Teil des Netzwerkes. Während das alte Krankenhaus – wenngleich als inoffizielle gesellschaftliche Funktion – nicht nur Diagnose, Isolation und Therapie, sondern auch die sozialen Indikationen Pflege, Sterbebegleitung zu leisten hatte, verteilen sich diese Aufgaben nun in Behandlungsnetzwerken, die aus unterschiedlichen Organisationen und Einzelakteuren gebildet werden.[178] Die Krankenhäuser werden zwar weiterhin allein schon aus technischen und adminstrativen Gründen ein Zentrum der Krankenbehandlung darstellen, bilden aber dann nicht mehr unbedingt eine organisatorische Einheit, die den Behandlungsprozess als Ganzes integriert. Letztere erscheint nun noch stärker institutionell zergliedert (etwa indem dann vorbereitende Diagnostik, Akutbehandlung, nachsorgende Pflege und palliativ gelindertes Sterben jeweils von verschiedenen institutionellen Trägern übernommen werden oder Belegärzte die Infrastruktur des Krankenhauses anmieten). Um mit Dirk Baecker zu sprechen, »zwischen diesen Zentren, deren Größe von ihrer Fähigkeit zur Entscheidungsfindung abhängt, wird es hochgradig flexible, auf dem Prinzip der losen Kopplung beruhende und sich fallweise neu organisierende Vernetzungen geben, die jeder klassischen Idee der Planung, Kontrolle und Rationalität spotten. Die Organisationstheorie kennt das sich hier einspielende Modell unter dem Stichwort der ›garbage can‹ [...], doch für Krankenhäuser, in denen es – wie verzögert auch immer – um Leben und Tod geht, ist dieses Modell sicherlich auf der Ebene des Alltagshandelns erprobt, doch auf der Ebene bewussten Organisationsdesigns weitgehend unbekannt«. Die nun heterarchische Organisation der Prozesse wird »Verknüpfungen zwischen verschiedenen Leistungsträgern ermöglichen, die laufend sowohl in kompetitiven als auch in komplementären Beziehungen zueinander stehen und daher, leichter gesagt als getan, sowohl zum Konflikt als auch zum Ausgleich miteinander befähigt sein müssen« (Baecker 2008, 57). Mit dem hier vorgestellten Geschehen um die Einweisung von Herrn Spondel bekommen wir eine Ahnung, wie sich diese Prozesse als widersprüchliche Einheiten ausgestalten können. Der von der Stationsärztin mit »GAU« bezeichnete Durchgriff des ambulanten Nephro-

---

[178] Siehe für die diesbezüglich weiter ausdifferenzierten Verhältnisse in den USA Scott et al. (2000).

logen auf die Krankenhausroutinen gestattet einen Behandlungsprozess, der aufgrund der wirtschaftlichen Individuallogik des Krankenhauses an sich nicht möglich gewesen wäre, sich dann aber doch über den erfolgreichen ›Kontrollversuch‹[179] eines Netzwerkpartners die medizinische Handlungslogik die Bahn bricht. Im Sinne der Luhmannschen Terminologie unterläuft hier sozusagen die Interaktion über das Behandlungsnetzwerk die Organisation zugunsten der Medizin. Mit Blick auf eine Klasse von Beobachtungen, die sich dadurch auszeichnet, dass Stationsärzte mit anderen Häusern, nachsorgenden Einrichtungen und ambulanten Ärzten für ihre Patienten die Weiterbetreuungschancen abtasten, deutet sich hier möglicherweise ein prägendes Merkmal künftiger Behandlungsprozesse an. In Versorgungsnetzwerken könnten sich die sozialen Kompetenzen der Ärzte dann nicht mehr darauf beschränken, damit umgehen zu können, was im Treffraum ihrer Organisation der Fall ist. Es würde nicht mehr ausreichen, einen praktischen Sinn für die Relevanzen, Machtspiele, Wissensstrukturen in ihrer Organisation zu gewinnen. Vielmehr ginge es auch darum, in Netzwerken zurechtzukommen, also mit Kontrollversuchen von außen umzugehen und umgekehrt auf die Partner des Netzwerkes Kontrolle auszuüben. Gleiches gilt nun für Patienten und ihre Angehörigen, die sich nun selbst als aktiver Teil eines Behandlungsnetzwerkes und der hiermit verbundenen Aushandlungsprozesse zu verstehen haben. Die Entkoppelung unterschiedlicher gesellschaftlicher Ansprüche und Funktionen findet nun nicht nur – wie von den Neoinstitutionalisten beschrieben – zwischen den einzelnen Sphären innerhalb einer Organisation statt, sondern geschieht in einem Netzwerk verteilter, jeweils autonom entscheidender Organisationen, wobei die DRG-Technologie wesentlich Anteil an der Vermittlung dieser Prozesse hat. Die Flüchtigkeit von Behandlungsnetzwerken lässt den Druck der Reform verpuffen.

---

[179] Hier in Referenz auf das Bezugsproblem Identität und Kontrolle im Sinne der Netzwerktheorie von White (1992).

Literatur

Baecker, D. (2005): Form und Formen der Kommunikation. Frankfurt/Main (Suhrkamp).

Baecker, D. (2008): Zur Krankenbehandlung ins Krankenhaus. In: I. Saake u. W. Vogd (Hrsg.): Moderne Mythen der Medizin. Studien zu Problemen der organisierten Medizin. Wiesbaden (VS), S. 32–62.

Brunsson, N. (1989): Organization of Hypocrisy: Talk, Decisions and Actions in Organizations. Chichester et al. (Wiley).

DeKay, M. L. a. D. A. Asch (1998): Is the defensive use of diagnostic tests good for patients or bad? Medical Decision Making 18, S. 19–28.

Fetter, R. B., D. A. Brand a. D. E. Gamache (1991): DRGs: their design and development. Ann Arbor, Mich. (Health Administration Press).

Fuchs, P. (2007): Das Maß aller Dinge. Eine Abhandlung zur Metaphysik des Menschen. Weilerswist (Velbrück).

Günther, G. (1991): Idee und Grundriß einer nicht-aristotelischen Logik: die Idee und ihre philosophischen Voraussetzungen. Hamburg (Meiner).

Holzer, B. (2006): Netzwerke. Bielefeld (Transcript).

Klagenfurt, K. (2001): Technologische Zivilisation und transklassische Logik. Eine Einführung in die Technikphilosophie Gotthard Günthers. Frankfurt/Main (Suhrkamp).

Lowe, A. (2001): Casemix accounting systems and medical coding – Organisational actors balanced on ›leaky black boxes‹. Journal of Organizational Change Management 14, S. 79–100.

Luhmann, N. (1983): Anspruchsinflation im Krankheitssystem. Eine Stellungnahme aus gesellschaftstheoretischer Sicht. In: P. Herder-Dorneich u. A. Schuller (Hrsg.): Die Anpruchsspirale. Schicksal oder Systemdefekt? Stuttgart, Berlin u. Köln (Kohlhammer), S. 28–49.

Luhmann, N. (2000): Die Politik der Gesellschaft. Frankfurt/Main (Suhrkamp).

Observatory, European (2000): European Observatory on Health Care Systems. Deutschland. Copenhagen (WHO, Regionalbüro Europa).

Parsons, T. (1958): Struktur und Funktion der modernen Medizin. Eine soziologische Analyse. Kölner Zeitschrift für Soziologie und Sozialpsychologie. Probleme der Medizinsoziologie, Sonderheft 3, S. 10–57.

Power, M. (1997): The Audit Society. Rituals of Verification. Oxford (Oxford University Press).

Roberto, V. (2003): Haftpflichtrisiken bei Geschäftsbeziehungen zu den USA. In: A. Koller (Hrsg.): Haftpflicht und Versicherungsrechttagung 2003: Tagungsbeiträge. St. Gallen (Institut für Haftpflicht- und Versicherungsrecht), S. 141–158.

Samuel, S., M. W. Dirsmith a. B. McElroy (2005): Monetized medicine: from physical to the fiscal. Accounting Organizations and Society 30, S. 249–278.

Scott, W. R., M. Ruef, P. J. Mendel a. C. R. Caronna (2000): Institutional Change and Healthcare Organizations. From Professional Dominance to Managed Care. Chicago (The University of Chicago Press).

Stollberg, G. (2008): Kunden der Medizin. Der Mythos vom mündigen Patienten. In: I. Saake u. W. Vogd (Hrsg.): Moderne Mythen der Medizin. Studien zur organisierten Krankenbehandlung. Wiesbaden (VS), S. 345–362.

Vogd, W. (2004a): Ärztliche Entscheidungsfindung im Krankenhaus bei komplexer Fallproblematik im Spannungsfeld von Patienteninteressen und administrativ-organisatorischen Bedingungen. Zeitschrift für Soziologie 33, S. 26–47.

Vogd, W. (2004b): Ärztliche Entscheidungsprozesse des Krankenhauses im Spannungsfeld von System- und Zweckrationalität: Eine qualitativ rekonstruktive Studie. Berlin (VWF).

Vogd, W. (2006): Die Organisation Krankenhaus im Wandel. Eine dokumentarische Evaluation aus Perspektive der ärztlichen Akteure. Huber (Bern).

Vogd, W. (2007): Von der Organisation Krankenhaus zum Behandlungsnetzwerk? Untersuchungen zum Einfluss von Medizincontrolling am Beispiel einer internistischen Abteilung. Berliner Journal für Soziologie 17, S. 97–119.

Vollmann, J. u. R. Winau (1996): History of informed medical consent. Lancet S. 347, S. 410.

White, H. C. (1992): Identity and control. A structural theory of social action. Princeton NJ (Princeton University Press).

Doris Blutner & Rolf von Lüde[*]

Akteurskompetenz und Entscheidungslogiken in Prozessen von Open Source Innovationen

1. Einleitung

Organisieren bedeutet ordnen und bewirken. Es betrifft Phänomene der Organisation wie des kollektiven Handelns. Beispiele dafür sind Unternehmen als Ort organisierter Arbeit und soziale Bewegungen als Ort, Aufmerksamkeit für politische Themen zu erzwingen. Beide Erscheinungsformen organisierten Handelns stehen stellvertretend für Grundlagen wichtiger Einflüsse auf gesellschaftliche Entwicklungen. Neuerdings wird dem Phänomen Open Source Innovation vermehrte Aufmerksamkeit in Wissenschaft wie Wirtschaft geschenkt. Unter einer Open Source Innovation verstehen wir eine in freiwilliger Kollaboration erstellte Innovation, bei welcher ein nicht-marktlich vermittelter Übergang zwischen den an der Invention beteiligten und den an einer Verwertung interessierten Akteuren stattfindet. Innovatives Handeln schließt somit in diesem Beitrag sowohl technische Innovationen, Produkt- oder Prozessinnovationen, als auch soziale Innovationen, zum Beispiel veränderte Deutungs- oder Handlungsmuster, ein. Weil technische Innovationen aufgrund ihrer materialen Natur und wegen ihres ökonomischen Nutzens im Gegensatz zu sozialen Innovationen eher sichtbar werden, ist der Begriff Innovation gemeinhin für sie reserviert. Soziale Innovationen im Sinne der Generierung von neuem Handlungswissen und neuen Handlungsmustern bleiben dagegen unsichtbar. Dass sie keineswegs von geringerer Bedeutung sind, zeigt die Karriere von Open Source Innovationen. Zwei Sachverhalte sind dabei hervorzuheben: Zum einen verweist die Entwicklung von Open Source Innovationen auf einen neuen Ort von Arbeit und Wissen, das heißt von technischen und organisierten Erfindungen, der gemeinhin Unternehmen als Erwerbsorganisationen vorbehalten war. Zum anderen verweist das Phänomen Open Source Innovation auf die Erstellung von Kollektivgütern, die bislang mit

---

[*] Wir danken Jana Rückert-John und Helmut Wiesenthal für die Durchsicht unseres Beitrags und für ihre wertvollen Hinweise.

dem Wirken von Interessenorganisationen (Wiesenthal 1990) – seien es Verbände oder soziale Bewegungen – verbunden wurde. Besondere Aufmerksamkeit erregt hier, dass Kollektivakteure Innovationsprozesse von softwarebezogenen wie industriellen Gütern anstoßen beziehungsweise mitgestalten.

Die Art und Weise der Organisierung, in denen eine Open Source Innovation entsteht und verwertet wird, erfassen wir nicht als prekäre Entwicklung von Organisationen. Unser Argument ist, dass bislang bewährte Organisationsweisen sich im Sinne der logic of appropriateness (March 1994) als nicht angemessen erweisen, um Open Source Innovationen hervorzubringen, da sie freiwillige Beitragsleistungen bei individueller Aufgabenselektion voraussetzen. Wir sehen – so unsere These – in der Kombination der Organisationsweisen von Erwerbs- und Interessenorganisationen ein neues Flexibilitätsmoment von Organisierung, das sich jenseits der Konzepte »zwischen Hierarchie und Markt« (North 1992) oder »Make or Buy« (Williamson 1985) bewegt. Aus diesem Grund interpretieren wir die mit Open Source Innovationen entstehenden Formen der Organisierung nicht als Funktionsverlust[180] von Organisation als soziale Systeme (Luhmann 1964), sondern erweitern den organisationssoziologischen Blick auf ein neues Phänomen: Open Source Innovation. Unser Beitrag gliedert sich in fünf Teile. Im zweiten Abschnitt wird gezeigt, dass das Phänomen Open Source (OS) die mit den Konzepten »zwischen Markt und Hierarchie« oder »Make or Buy« verbundenen Deutungen sprengt und das Tor zur Welt neuer Möglichkeiten öffnet. Im dritten Abschnitt fassen wir technische und rechtliche Bedingungen von OS zusammen, definieren darauf aufbauend das Phänomen Open Source Innovationen und entwickeln daran anschließend Hypothesen zu spezifischen Entscheidungslogiken und Mitgliedschaftsformen in »Open-Source-Innovations-Prozessen«. Gegenstand des vierten Abschnitts ist eine vergleichende Analyse der Konstituenten von Erwerbs- und Interessenorganisationen, die der Überprüfung unserer Hypothesen dient. Bei dieser Analyse spielt das Kriterium der Entscheidungsbe-

---

[180] Diese Aussage ist vor folgendem Hintergrund zu verstehen: Der Workshop »The pressure of change. Zum zunehmend problematischen Verhältnis von Veränderung und Organisation«, zu dem dieser Beitrag geleistet worden ist, stand unter dem Tenor: »Das evolutionär beispiellose Erfolgsunternehmen ›Organisation‹ kommt nicht nur gelegentlich ins Trudeln, es wird scheinbar an seinen Grundfesten berührt. Die Flucht der Mitglieder aus Kirchen, Gewerkschaften oder Parteien und das ›Outsourcing‹ von Einzel-Mitgliedern in die Umwelt von Unternehmen sind dafür nur erste Indizien.«

dingtheit von Mitgliedschaft (Luhmann 2000) als differentia specifica eine herausgehobene Rolle. Im fünften Abschnitt diskutieren wir, ob die für Interessenorganisationen charakteristische Problemparallelität der Mitgliederrekrutierung, der Interessenintegration und der Zieleffektivität in Open-Source-Projekten gleichermaßen auftritt. Zur Beantwortung dieser Frage greifen wir auf Befunde über Open-Source-Software-Entwicklungsprozesse sowie auf erste Ergebnisse einer Fallstudie über die Open Source Innovation »OScar« (OpenSourceCar) zurück. In deren Ergebnis kann gezeigt werden, dass es in Open-Source-Prozessen durch die Kombination von verschränkten zentralen und dezentralen Entscheidungslogiken einerseits und der Parallelität von bezahlter Mitgliedschaft und freiwilliger Beitragsleistung andererseits zu keiner Problemverdichtung kommt. Zum Schluss fassen wir jene Faktoren zusammen, die das Flexibilisierungsmoment von Open-Source-Projekten entscheidend auslösen. Der Bezugspunkt unseres Beitrags ist das BMBF-Projekt »Übertragbarkeit von Open Source/Open Innovation auf andere Branchen«.

2. Open Source: Das Tor zur Welt der Möglichkeiten

Mit dem Begriff Open Source wird eine Methode zur Entwicklung einer Innovation bezeichnet, die sich in ihrem Kern durch zwei Elemente auszeichnet: 1. die freiwillige Kollaboration mehrerer Akteure sowie 2. die Offenlegung der »Quelle« des Kollaborationsgegenstands zum Zweck ihrer Nutzung, Bearbeitung und Weiterverbreitung. Die Quelle beinhaltet alle notwendigen Informationen zur Produktion des Kollaborationsgegenstands. Diese Methode entstammt dem Bereich der Softwareentwicklung. Der Erfolg von Open Source Software (OSS) lässt sich nur unzureichend in Zahlen wiedergeben. Stellvertretend sei auf jene 1,8 Millionen Menschen verwiesen, die sich an 170.000 OSS-Projekten beteiligen (SourceForge.net-Datenbank, Sourceforge 2008)[181]. Steht die Frage der Verwendbarkeit und Entwicklungsfähigkeit von OSS somit nicht zur Diskussion (Baldwin/Clark 2003, S. 3), bleibt zu erkunden, ob und in welcher Weise Organisationen als soziale Systeme mit Formalcharakter auf diese neue Situation reagieren

---

[181] Linux zählt mehr als 29 Millionen Nutzer (Linux 2008). »The viability of the open source mode of software development is not in question. It exists and works« (Baldwin/Clark 2003, p. 3).

und wo sie ihre Flexibilisierungspotentiale sehen. Befunde dazu lassen sich aus der zahlreichen Literatur über OSS extrahieren. Sie verweisen auf organisationale Veränderungen, die wir entlang der Konzepte »Zwischen Markt und Hierarchie« und »make or buy« einordnen.

(1) Die *Koordinationsmechanismen* »Verträge« (Williamson 1985), »Gemeinschaft«[182], »Verhandlungen« (u. a. Scharpf 1992), »Professionalität« (North 1992) und »Netzwerke« (Sydow 1992) verweisen auf soziale Institutionen der Handlungsermöglichung und -kontrolle. Sie werden zwischen *Markt und Hierarchie* oder jenseits beider als eigenwertiger Koordinationsmechanismus positioniert. Unter dem Fokus der Innovationsgenese und -verwertung haben sich die Ansätze strategische Netzwerke (Sydow 1992), Transaktionskostentheorie (Williamson 1985), »industrielle Cluster« (Porter 1999), die verteilte künstliche Intelligenz (u. a. von Lüde, Moldt u. Valk 2003) nicht nur als besonders fruchtbar für die weitere Theorieentwicklung erwiesen; manche von ihnen vermögen auch Innovationsprozesse im Spannungsfeld zwischen Intentionalität und Emergenz aufzuklären. Jene Ansätze, die die Entstehung kollektiver Identitäten in den Blick nehmen, verweisen darüber hinaus auf die Schaffung gemeinsamer Praktiken und deren Entpersonifizierung (Ortmann 1995; Windeler 2001; Sydow u. van Well 1996). Der erzielte Nutzen wird dabei weniger dem Wirken einzelner Akteure, sondern den Interaktionsformen und ihren Effekten zugeschrieben. Dazu gehören reziproke Verpflichtung und Reputationsgewinne (Powell 1996, S. 219), das Prinzip der Gegenseitigkeit (ebd., S. 234), das Entstehen von gemeinsamen Werten, Erwartungen (Becattini 1990) und Vertrauen (Powell 1996; Sydow/van Well 1996, S. 210). Aus dieser Perspektive treten sie als funktionale Äquivalente des Vertrages zutage.

Die Open-Source-Methode zur Softwareentwicklung wird als neuer Koordinationsmechanismus neben den bekannten Koordinationsmechanismen Markt, Hierarchie und strategische Allianz (Osterloh u. Rota 2007; Shah 2005) diskutiert. In Anlehnung an den Transaktionskostenansatz (Williamson 1985) schlagen Demil und Lecocq (2006) den Begriff »bazaar governance« dafür vor. Dieser Koordinationsmechanismus fußt auf einem spezifischen legalen Vertrag, der »open license« (ebd.).[183] Die offene Lizenz

---

[182] U. a. Mintzberg 1989; Ouchi 1980; Scharpf 1992; Sorge 1993; Wiesenthal 2000; Blutner 2005

[183] »We characterize this structure in terms of its strengths and weakness and compare it to market, firm and network forms. Low levels of control and weak incentives inten-

stellt nicht nur eine Legitimationsressource des Koordinationsmechanismus Open Source dar. Als Methode zur Innovationsentstehung eröffnet sie darüber hinaus das Tor zur Welt von Möglichkeiten.

(2) Flexibilisierungsschritte, die durch Make-or-buy-Entscheidungen hervorgerufen werden, betreffen die strategische Auswahl von Wertschöpfungsalternativen zwischen eigener Leistungserbringung und Kauf der Leistung. Gemeinhin zielen Make-or-buy-Entscheidungen auf die Minimierung der Transaktionskosten (Williamson 1985), die Vermeidung oder Ausnutzung von Ressourcenabhängigkeiten (Pfeffer a. Salancik 1978) oder die Verbesserung von Produktqualität und Innovationsfähigkeit (Piore u. Sabel 1985). Davon zu unterscheiden ist jene Flexibilität, die durch die Bereitschaft der in Konkurrenz zueinander stehenden Akteure entsteht, auf nicht-marktliche Weise zusammenzuarbeiten, um ihre jeweilige Wettbewerbsstärke zu erhöhen (Sydow 1992; Porter 1999; Windeler 2001). Eine dritte Form der Flexibilisierung organisationaler Innovationsprozesse betrifft die strategische Einbindung von Nutzern in den Innovationsprozess, die längst durch internetbasierte Tools unterstützt wird, um den Nutzern ihre Rollenübernahme als Ideenfinder, Tester etc. zu erleichtern und effizienter zu gestalten. Die Lead-User-Methode (von Hippel 1986) steht exemplarisch dafür. Die Methode Open Innovation, die sich im kognitiven Fahrwasser von OS entwickelt hat (Piller u. Reichwald 2006), steht als einzige Methode für einen radikalen Abschied von bisherigen make-or-buy-Praxen, weil der Wertschöpfungsprozess selbst Innovationsgegenstand externer Aktivitäten werden kann. Open Innovation bedeutet die konsequente Öffnung des Unternehmens für interaktive Wertschöpfung beziehungsweise den aktiven Zugang zum (weltweit) heterogen verteilten Wissen. Die Gemeinsamkeit der Methode von Open Innovation und OS liegt im freiwilligen Interaktionsprozess zwischen Unternehmen und Kunde, wobei die Beitragsleistung freiwillig erbracht wird. Ein entscheidender Unterschied zwischen beiden Methoden markiert die finanzielle Honorierung von erbrachten Leistungen im Erfolgsfall bei Open-Innovation-Prozessen, während OS keine finanzielle Gratifikation bereitstellt. Die breite Öffnung des Unternehmens gegenüber externen Nutzern birgt allerdings auch ein Scheiternspotential in sich. Es entsteht durch das Wirken von Beratungsorganisationen als Vermittler zwischen beiden Akteuren. Gemeint ist damit keineswegs jene bekannte Ressourcenabhängigkeit

---

sity are distinctive features of bazaar, lending a high uncertainty to governed transactions.« (Demil a. Lecocq 2006, S. 1)

(Pfeffer a. Salancik 1978), sondern eine kognitive Abhängigkeit, die dadurch entsteht, dass auch bestmöglichste Dokumentation einer in der Fremde erzeugten Innovation das in ihr verborgene implizite Wissen zu deren erfolgreichen Implementation nicht offenbart[184]. Der Flexibilisierungsschritt zur interaktiven Wertschöpfung führt zwar zu kürzeren Innovationszeiten; die Unsicherheit bezüglich des impliziten Wissens bleibt jedoch bestehen. Durch die Offenlegung aller notwendigen Informationen stößt erst die Methode Open Source endgültig das Tor zur Welt der Möglichkeiten auf. Nur sie gibt den Weg von der qualitativen Unsicherheit, die maßgeblich durch kognitive Abhängigkeit entsteht, zu qualitativen Verbesserungen einer OS-Entwicklung durch kollektives Handeln frei. Darin besteht der entscheidende Unterschied zwischen den Methoden Open Innovation und Open Source.

3. Open Source: Gelegenheitsstruktur für Open Source Innovation

3.1 OPEN SOURCE: TECHNISCHE UND RECHTLICHE KONSTITUENTEN

Um Voraussetzungen für die Entwicklung von Innovationen jenseits von Software zu erkunden, resümieren wir die technischen und rechtlichen Konstituenten des OSS-Modells. Aus technischer Perspektive ist der Erfolg der Methode Open Source eng mit der Entwicklung des Internets verbunden (Anderson 2007, S. 46). Kollaborative Entwicklung setzt darüber hinaus eine modulare code Architektur voraus, um individuelle Beiträge integrieren und begutachten zu können (u. a. Narduzzo a. Rossi 2003). Zur Unterstützung des Entwicklungsprozesses sind ebenso »lost-cost communication tools and platforms unabdingbar« (Hertel, Niedner a. Herrman 2003, S. 1161). Die damit verbundenen Effekte wie große Reichweite, geringe Transaktionskosten, große Variabilität von »shareable information formats« (Tuomi 2002) ermöglichen auch Kooperationsprojekte, die durch communities getragen werden. Um eine Open Source Innovation zu entwickeln, ist darüber hinaus ein Produktdesign beziehungsweise eine Idee unerlässlich, damit sich Beitragsambitionen Einzelner andocken können. In Bezug auf die rechtlichen Voraussetzungen ist hervorzuheben: »Software can be termed open source independent of how or by whom it has been

---

[184] Für diesen Hinweis danken wir Uta-Alexandra Kral.

developed: The term denotes only the type of license under which it is made available« (von Hippel 2003, p. 1151).[185] So ist eine OSS durch unbeschränkten Zugang, Nutzung, Modifikation und erneute Verteilung des Quellcodes charakterisiert (Bonaccorsi a. Rossi 2003, p. 1249).

3.2 OPEN SOURCE INNOVATION: DEFINITION UND HYPOTHESEN

Die oben diskutierten Merkmale der Open-Source-Methode, freiwillige Kollaboration und Offenlegung der Quellen, sind auch konstitutive Eigenschaften von Open Source Innovation: Unter einer Open Source Innovation verstehen wir eine in freiwilliger Kollaboration erstellte Innovation, bei welcher ein nicht-marktlich vermittelter Übergang zwischen den an der Invention beteiligten und den an einer Verwertung interessierten Akteuren stattfindet. Die Ergebnisse der Invention sind für alle interessierten Akteure zugänglich und können genutzt, modifiziert und weiterverbreitet werden. Das Objekt der Kollaboration kann ein Produkt oder ein Prozess, ein materielles oder immaterielles Gut sein. Seine Verwertung kann sowohl individuell als auch im Rahmen eines kommerziellen Angebots erfolgen. Das Andocken freiwilliger Beitragsleistungen setzt die oben diskutierten technischen Faktoren voraus. Das Merkmal Freiwilligkeit bezieht sich auf die Entscheidung des Akteurs, sei er ein Individuum oder eine Organisation, sich an der Innovationsgenese zu beteiligen. Daher kann die Entwicklung einer Open Source Innovation in unterschiedlich organisierten Formen, Unternehmen, Interessenorganisationen, communities, Kollaborationen etc. verlaufen (Piller u. Reichwald 2006).

Es ist zu vermuten, dass bei Kooperationen, die sich durch erwerbs- und interessenbezogene Organisationen konstituieren, spezifische Verschränkungen zwischen top-down und buttom-up-bezogener Entscheidungsweisen herausbilden (Hypothese 1). Konkret entsteht dabei ein zweifacher Regelbedarf. Zum einen müssen Regeln festgelegt werden, wie top-down initiierte Kooperationsprojekte und selbstorganisierte bottom-up Projekte integriert werden. Zum anderen ist es unabdingbar, Regeln für Situationen festzusetzen, in denen bezahlte Mitarbeiter Aufgaben in OSI-Projekten übernehmen. Die zweite Hypothese gründet sich auf den Befund zur Entwicklung von OSS, dass bezahlte Mitarbeiter Tätigkeiten des »co-write

---

[185] OSS-Lizenzen« können variieren. Dabei liegen die Differenzen »in the extent to which public property may be combined with proprietary solutions«. (Kogut/Metiu 2001, S. 254; von Krogh a. von Hippel, 2003 S. 297; Osterloh/Rota 2007, S. 158).

code« bis zu einem Anteil von über 50 % aller »lines of code« (Lakhani a. Wolf 2005) übernehmen. Es ist zu vermuten, dass die Entwicklung von Open Source Innovationen mit differenten Formen der Mitgliedschaft einhergeht, die zu einer Parallelität von bezahlter Mitgliedschaft und der freiwilliger Beitragsleistung führt und unterschiedliche Formen der Mitgliederintegration voraussetzt (Hypothese 2). Um beide Hypothesen zu überprüfen, unterziehen wir Erwerbs- und Interessenorganisation einer vergleichenden Analyse.

4. Erwerbs- und Interessenorganisationen im Vergleich

4.1 DIFFERENTIA SPECIFICA: ENTSCHEIDUNGSBEDINGTHEIT DER MITGLIEDSCHAFT

4.1.1 Bezahlte Mitgliedschaft in formalen Organisationen

Formale Organisationen entstehen und reproduzieren sich, »wenn es zur Kommunikation von Entscheidungen kommt und das System auf dieser Operationsbasis operativ geschlossen wird« (Luhmann 2000, S. 63). Erst dadurch zieht eine Organisation ihre (sinnhaften) Grenzen zur Umwelt. In diesem Sinne stellt auch der Ein- und Austritt von Personen in Organisationen Entscheidungen dar. Entscheidungsbedingtheit der Mitgliedschaft bedeutet, dass sich der Einzelne für die Mitgliedschaft unter Abwägung von Vor- und Nachteilen zum Eintritt in eine Organisation entscheiden muss (Luhmann 2000). Der Eintritt in eine Organisation ist nur möglich, wenn sie über Regeln zum Ein- und Austritt sowie zur Mitgliedschaft verfügt (Luhmann 1964). Da die Entscheidung für die Mitgliedschaft in Kenntnis der Mitgliedschaftsbedingungen (zum Beispiel Lohn, Gehalt, Aufgaben usw.) und nach Prüfung seiner Motivationsquellen zum Eintritt in die Organisation erfolgt, kann die Organisation fortan von den vielfältigen individuellen Motiven des Organisationsmitglieds absehen (Blutner 2005, S. 86). Durch diese Entscheidung wird die Person zur Umwelt jeder Organisation, dessen bezahltes Mitglied sie ist. Das Bekenntnis zur Mitgliedschaft bedeutet die Anerkennung von Verhaltenserwartungen, die unter anderem durch die Definition von Mitgliedsrollen gerahmt werden, der horizontalen (Arbeitsteilung) und vertikalen Spezifizierung (Simon 1957) der Organisation. Es stellt damit einen wirkungsträchtigen Integrationsmechanismus zwischen Mitglied und Organisation her. Organisationen, die formal durch die Definition von Mitgliedschaftsbedingungen (Luhmann

1964, 2000) einzulösende Verhaltenserwartungen erzeugen, die die Kommunikation von Ideen, Wissen und Lösungen usw. strukturieren, ohne diese zu determinieren und ohne dabei entscheidungsbezogene Partizipationschancen oder informelle Kommunikationspfade zu schließen, sind von organisierten Akteuren zu unterscheiden, die im Sinne einer Interessenorganisation auf freiwilliger Mitgliedschaft und Beitragsleistung basieren. Diese Organisationen unterliegen anderen Bedingungen der Mitgliederrekrutierung, Willensbildung und -repräsentation (Offe u. Wiesenthal 1980). Freiwillige Betragsleistung setzt keine Mitgliedschaft voraus. In diesem Fall bringt sich die »ganze« Person ein.

4.1.2 Freiwillige Beitragsleistung, Selbstorganisation und Kollektivgüter

Die Beteiligung an kollektiven Aktionen oder Kooperationsprojekten durch freiwillige Beiträge folgt einer Handlungslogik, die selbstorganisatorische Züge trägt. Selbstorganisation zeigt sich in »spontaner Ordnung« (v. Hayek 1980, S. 36 ff.) mit stabilen Struktur- und Verhaltensmustern. Unser Verständnis von Selbstorganisation beinhaltet, dass einem »selbstorganisierten System nur eigene Operationen verfügbar sind, um Strukturen ausbilden können« (Luhmann 2002, S. 101). Selbstorganisation bedeutet in dem Sinne, dass kein Strukturimport erfolgt und eher evolutionäres Ergebnisse einer »unsichtbaren Hand« (v. Hayek 1980, S. 36 ff.) erzeugt. Die sich bildenden Strukturen stellen Momentaufnahmen dar, in denen Rückgriff auf Vergangenheit durch Gedächtnis und Vorgriff auf Zukunft durch Handlungszwecke in der Gegenwart im Sinne einer Konsistenzprüfung gekoppelt werden (Luhmann 2002, S. 102). Aus diesem Grund besitzen diese Strukturen die Qualität von Erwartungen. Sie sind Referenzfläche für die Anschlussfähigkeit von Operationen oder – akteursbezogen ausgedrückt – von Handlungen. Diese Handlungen können für bloßes Erleben, aber auch für zweckorientierte Aktionen stehen (ebd., S. 103). Wir verstehen Selbstorganisation »as rearranging social structures, which includes all processes and actions that social units generate, build up, stabilise, modify, and even disintegrate. Hence, self-organisation is used synonymously to structuration, a term invented by A. Giddens (1984). Both terms mean influencing structures by structures« (Köhler et al. 2007).

Die Beteilung an kollektiven Aktionen oder Kooperationsprojekten durch freiwillige Beiträge zielt unter anderem auf die Produktion von Kollektivgütern. Unter einem Kollektivgut wird ein Gut verstanden, an dem jeder einer in Frage kommenden Gruppe teilhaben kann, auch wenn er keinen Beitrag zu dessen Erstellung geleistet hat (Olson 1965, S. 13 f.).

Prominente Beispiele für Kollektivgüter sind Leuchttürme (Olson 1965) und Open Source Software. Für die Organisation eines Kollektivguts sind zwei Aspekte von besonderer Bedeutung (ebd.):
- Je mehr Personen zur Kollektivguterstellung benötigt werden, desto stärker wirkt der Trittbrettfahreranreiz.
- Je größer eine Gruppe ist, desto höher ist der Bedarf, die freiwillig geleisteten Beiträge zu koordinieren.

Um Voraussetzungen kollektiven Handelns zu bestimmen, unterscheidet Olson (1965) zwischen kleinen, mittleren und großen (latenten) Gruppen von Beitragsleistenden. Für kleine Gruppen, in denen die Koordination über wechselseitige Absprache (direkte Kommunikation) erfolgt, ist der Organisationsaufwand der zur Koordination geleisteten Beiträge gering. Weil in kleinen Gruppen der geleistete Beitrag sichtbar ist und einen signifikanten Einfluss auf das Ergebnis der kollektiven Aktion hat, gelten die Erfolgschancen der Kollektivguterstellung als aussichtsreich. In großen Gruppen finden solche personengebundenen Anreize keinen Widerhall, weil die Sichtbarkeit und Zurechenbarkeit geleisteter Beiträge und damit die Sanktionsfähigkeit von Kooperationsenthaltung nicht gegeben ist (Olson 1965). Darüber hinaus ist in kleinen Gruppen zu beobachten, dass wiederholte Interaktionen das Entstehen von persönlichem Vertrauen, Reputationsgewinnen und Handlungsmustern im Sinne von »tit for tat« fördern (Axelrod 1988), ohne jedoch free rider-Verhalten vollkommen zu unterdrücken. Bei mittleren Gruppen sind Voraussetzungen erfolgreicher Kooperation schwer bestimmbar. Zum einen kommt bei dieser Gruppe der Trittbrettfahreranreiz stärker zum Tragen; zum anderen steigt der Koordinations- und Organisationsbedarf, ohne die Gruppe vor schwer lösbare Aufgabe zu stellen. Grüppchenbildungen innerhalb der mittleren Gruppe stellen demgegenüber höhere Beteiligungshürden dar. Die Leichtigkeit des free riding in großen Gruppen erschwert deren Kollektivgutproduktion besonders. Daher verbinden Individuen, die einer Interessenorganisation (zum Beispiel einer Gewerkschaft) beitreten, die Erwartung, dass ihr freiwilliges Engagement durch selektive Anreize honoriert wird (Olson 1965; Wiesenthal 1990) und dass wenigstens ein Teil ihrer Interessen aktiv verfolgt wird. Zu den selektiv wirkenden Anreizen gehören materielle (zum Beispiel preiswerte Kredite) wie immaterielle (zum Beispiel Reputation) Anreize.

4.2 Eindimensionale versus mehrdimensionale Entscheidungslogiken

Erwerbs- und Interessenorganisationen folgen unterschiedlichen Entscheidungslogiken. Ihre jeweiligen Spezifika lassen sich am besten anhand einer an Idealtypen orientierten Diskussion herausstellen. Erwerbsorganisationen, die als Unternehmen am Markt agieren, orientieren sich grundsätzlich an monetären Erfolgskriterien. Zu den einschlägigen Kriterien gehören Gewinn, Verlust und Umsatz eines Unternehmens. Diese Kriterien finden unabhängig von der Einführung neuer Technologien, dem Eintritt neuer Mitglieder oder dem Wandel von Umweltbedingungen ihre stete Anwendung. Sie stehen für einen universalen Maßstab, den unternehmerischen Erfolg zu messen. Selbst der zweckbezogene Wandel eines Unternehmens vom Stahlhersteller zu einem Tourismuskonzern ändert daran nichts, weil der Maßstab der Erfolgsmessung der gleiche bleibt. Unterhalb dessen mag die neue organisationale Zweckorientierung der Profitmaximierung oder der organisationalen Bestandsbewahrung dienen. Durch den grundsätzlichen Bezug auf monetäre Größen kann darüber hinaus jedoch die Gesamtheit aller Aufgaben und Leistungen der (noch so) lose gekoppelten Unternehmensbereiche vergleichend erfasst und formal integriert werden. Diese Integrationsleistung gelingt nur durch das Vorhandensein einer zentralisierten Entscheidungsinstanz und Trägerschaft für Aufwendungen und Erträge, auf welche die Organisationsgrenze abgestimmt ist (Wiesenthal 1990, S. 86). Strategische Entscheidungen, die die Beteiligung an einem Open-Source-Projekt betreffen können, gehen in der letzten Instanz solche Abwägungen voraus (Lerner a. Tirole 2001). Aus der Sicht einer Erwerbsorganisation ist damit die Beteiligung an der Erstellung einer Open Source Innovation immer monetär darstellbar. Selbst Erfolgsunsicherheiten lassen sich in Wahrscheinlichkeiten und Risiko-Indizes abbilden.

Interessenorganisationen entbehren demgegenüber eines integrierenden monetären Maßstabs, welcher alle Alternativen auf einen gemeinsamen Nenner zu bringen vermag (Wiesenthal 1990). Ihre spezifische Konstitution als Organisation divergierender Beteiligungsinteressen bringt partizipative Entscheidungslogiken jenseits zentraler Entscheidungsträgerschaft hervor. Die damit verbundene Pluralität differenter Deutungen und subjektiver Nutzenerwartungen lässt sich in Interessenorganisationen nicht auf einen gemeinsamen Nenner bringen. Vor drei wesentlichen Aufgaben steht daher eine Interessenorganisation. Sie muss:
– Mitglieder rekrutieren, um Beitragsleistungen einzuwerben, wobei die geleisteten Beiträge einen Koordinationsbedarf erzeugen, der gestillt werden muss.

- die verschiedenen Mitgliederinteressen integrieren, um kollektive Handlungsfähigkeit (Werle u. Schimank 2000[186]) herzustellen, wozu es strukturierter und intern repräsentativer Willensbildungsprozesse bedarf.
- ihre Ziele effektiv durchsetzen, wobei eine längerfristige Zweckverfolgung die Fähigkeit zur Selbstverwaltung voraussetzt.

Empirische Analysen und Befunde, die die Konstitution und die Handlungsfähigkeit solcher Organisation betreffen (Wiesenthal 1990; Offe a. Wiesenthal 1980, Streeck 1987), verweisen auf drei grundlegende Dilemmata organisierten Interessenhandelns:

1. Das Rekrutierungsproblem betrifft das Trade-off zwischen der Produktion kollektiver Güter und der Zielverwirklichung (Olson 1965). Je mehr Beitragsleistende einerseits gewonnen werden müssen, desto größer ist das Risiko der allseitigen Beitragsenthaltung, weil der einzelne Beitrag an signifikantem Einfluss verliert. Andererseits müssen jedoch hinreichend viele Beitragswillige rekrutiert werden, weil nur auf diese Weise das Kollektivgut bereitgestellt und eine wirkungsträchtige, kollektive Handlungsfähigkeit erzeugt werden kann. In diesem Spannungsfeld kommt es für die Interessenorganisation darauf an, das Effizienzoptimum zu erreichen.

2. Das Effektivitätsproblem betrifft den Trade-off zwischen Zielfindung respektive Willensbildung und Zielverwirklichung (Weitbrecht 1969, Streeck 1987, Wiesenthal 1993). Es beinhaltet die Frage, an welchem Ort der Organisation Macht und Autorität ihren legitimen Ort haben. Ist dieser Ort die Administrative, drohen Informationseinbußen in Bezug auf die Mitgliederinteressen mit dem nicht beabsichtigten Effekt, dass Mobilisierungsprobleme bei der Durchsetzung der administrativen Ziele entstehen.

3. Das Integrationsproblem betrifft den Trade-off zwischen Heterogenität des Interesseninputs und der notwendigen, erneuten Einigung auf die wesentlichen Organisationsziele (Offe a. Wiesenthal 1980, Wiesenthal 1993). Es verweist auf Verfahren der demokratischen Partizi-

---

[186] Kollektive Handlungsfähigkeit zielt »auf die Möglichkeiten gesellschaftlicher Akteure, die steigende Problemlast in einer zunehmend komplexer werdenden Gesellschaft durch konzertierte Anstrengungen zur Änderung des Status quo zumindest in einem erträglichen Rahmen zu halten. Nicht kollektive Problemverdrängung, sondern kollektive Problembewältigung« (Werle u. Schimank 2000, S. 10) ist das Entscheidende. Kollektive Handlungsfähigkeit basiert auf funktionierenden Koordinationsmechanismen des handelnden Zusammenwirkens (ebd., S. 16).

pation, die die diskursive Bewertung und Reinterpretation der Interessen betreffen und sich auf Fragen der Identität des Kollektivswillens erstrecken können (Pizzorno 1986).

Lösungsstrategien zur Bearbeitung dieser drei Trade-offs offenbaren regelmäßig eine Unvereinbarkeit und Unvergleichbarkeit der Handlungsoptionen. Weder konkurrierende Deutungen noch die Orientierung an lokalen und globalen Maxima lassen sich an einer zentralen Stelle in diesen Organisationen schadlos auflösen (Wiesenthal 1990; Wilkesmann, Blutner u. Meister 2003). Aus diesem Grund vermögen sie nur zwei Trade-offs auf Kosten des dritten zu befrieden.

5. Formen der Produktion: OSS und Open Source Innovationen

Zur Analyse von OSS und Open Source Innovation Phänomenen werden im Folgenden die skizzierten Dilemmata als Heuristik herangezogen. Dabei stützen wir uns auf Texte über OSS sowie auf eine Fallstudie zur Entwicklung des Open-Source-Autos OScar (Honsig 2006). Das Projekt »OScar« steht für Open Source Car. Es bedeutet »freier Zugang, freie Arbeit, freie Verfügbarkeit, mit allen Konsequenzen. Am Ende soll dieses Auto jeder, der sich berufen fühlt, produzieren können, ohne Lizenzgebühren, mit freiem Zugriff auf Konzepte, Designs, Konstruktionsdaten – und der Freiheit, sie zu verfeinern, zu verbessern oder zu verschlechtern« (ebd.). Der Quell-Code von OScar umfasst einen »geometrischen Datensatz plus Informationen zum Material der Bauteile« (Honsig 2006, S. 1). Zum Verständnis des OScar Projekts sind folgende Aspekte wichtig: Das Projekt OScar (Version 0.2) befindet sich in seinem zweiten Anlauf, der im Jahr 2005 startete. Den ersten Versuch (Version 0.1) unternahm sein Initiator, Markus Merz, zur Jahrtausendwende; er endete bereits im Jahr 2001 aus zwei Gründen: Erstens wurde der administrative Aufwand zur Koordination der Beiträge unterschätzt. Zweitens waren die Entwicklungstools nicht ausgereift. Ihre Bedienung und Wartung unterlagen zu komplexen Anforderungen.

OScar wurde im Jahr 2000 mit dem Anspruch versehen, »Informationsträger für neue Technologien und unkonventionelle Lösungen (zu sein – die Autoren), mit dem Ziel, eine ökologisch nachhaltige Form der Mobilität zu generieren« (Honsig 2006, S. 1), an der »Menschen gemeinsam an Produkten, die sie brauchen, die nach ihren Bedürfnissen gestaltet sind« (ebd. 2006, S. 2), arbeiten. Das Minimalziel von OScar lautet heute: »Sensibilisierung der Toollandschaft, die sich für sibilisierung der Toollandschaft, die sich für weniger komplexe Kollaborationen einsetzten lässt« (ebd.). Die einleitenden Bemerkungen zum Projekt OScar sollen einzig über das Selbstverständnis von OScar als Open Source Innovation informieren. Sie dienen nicht dazu, Konstitutionsbedingungen von OSS und Open Source Innovation zu vergleichen, sondern der Erkundung von Transferbedingungen von OSS Phänomenen auf Open Source Innovationen.

Merkmale	Organisationsweisen	
	Erwerbsorganisation	**Interessenorganisation**
Mitgliedschaft	Übernahme von Aufgaben und Funktionen im Rahmen der Rollenkombination; Trennung von Mitglied und Person	freiwillige Beitragsleistung, Trittbrettfahrerverhalten; Einbringen der »ganzen Person«
Beitrag-Anreiz	bezahlte Mitgliedschaft	selektive Anreize zur Beteiligung
Entscheidung	top down bei Partizipation	bottom up & Selbstorganisation
Interessen	eindimensional, gemeinsamer (monetärer) Nenner	mehrdimensional, inkommensurabel
Orientierung	Organisationsinteressen	Individualinteressen
→ Differentia specifica: Entscheidungsberechtigung über die Mitgliedschaft[187]		

Tabelle 3: Organisationsweisen: Vergleichende und zusammenfassende Darstellung

5.1 DAS REKRUTIERUNGSPROBLEM

OSS und Open Source Innovationen werden durch »organisierte« Akteure initiiert. Ihre Entstehungsarenen können virtuelle wie reale Kooperationen, Netzwerke oder Communities sein. Wie oben gezeigt wurde, erweist sich zur Analyse der Rekrutierungsbedingungen das Kriterium Entscheidungsberechtigung über die Mitgliedschaft als erkenntnisversprechende differentia specifica. Die Beteiligung an einer OSS oder Open Source Innovation ist grundsätzlich freiwillig und unterliegt einer hohen Selbstmotivation (für

---

[187] Helmut Wiesenthal wies uns darauf hin, dass hier die entscheidende Differenz in der Entscheidungsberechtigung über die Mitgliedschaft liegt, weniger in deren Entscheidungsbedingtheit. Für diesen wertvollen Hinweis möchten wir ihm an dieser Stelle ausdrücklich danken.

OSS: Piller u. Reichwald 2006, Grassmuck 2004; für OScar: Honsig 2006). Freiwillige Mitgliedschaft steht fast jedem offen und unterliegt keinen Beschränkungen. Die Beitragswilligen wählen sich ihre Aufgabe selbst. Neben der Selbstselektion der Aufgabe sind wesentliche Motive der Betragsleistung Spaß, Reputationsgewinne und Feedback über den geleisteten Beitrag (Grassmuck 2004). Eine finanzielle Honorierung der Beitragsleistung ist nicht vorgesehen und wird auch nicht erwartet. Aus diesem Grund kann – im Gegensatz zu formalen Organisationen, die der Entscheidungsbedingtheit der Mitgliedschaft unterliegen – eine handlungspraktische Übereinstimmung zwischen individuellen und kollektiven Zielen unterstellt werden. Somit unterscheiden sich klassische Interessenorganisationen (zum Beispiel Gewerkschaften) von OS-Projekten durch die Anforderung, dass Interessenorganisationen Mitglieder aktiv und mittels selektiv wirkender Anreize gewinnen müssen, während sich die Beitragswilligen in OSS-Projekten selbst »rekrutieren«. In OSS- oder Open-Source-Innovation-Projekten wird etwaiges Trittbrettfahrerverhalten durch die sich selbstbelohnende Beitragsleistung sowie durch das Anwachsen der Gewinnbeteiligung gedämpft (von Hippel a. von Krogh 2006). Dieser Punkt ist zentral: Der selektive Anreiz zur Beitragsleistung fällt mit der Produktion des Kollektivgutes zusammen. Er wird in Gestalt eines persönlichen intrinsischen Motivationssets mitgebracht und besitzt das Potential zur Selbstverstärkung. Zu diesen selbstverstärkenden Kriterien gehören Bestätigung der eigenen Leistung, Gelegenheit zum Lernen, Erbringen einer Gegenleistung, Erleben des Gruppengefühls sowie Unterstützung des Open-Source-Gedankens (Rahemipour 2008, S. 44–45). Für das OScar-Projekt gilt das nicht minder. Oscar 0.1 zählte im Jahr 2001 500.000 Zugriffe auf seiner Homepage. Davon werden 12.000 Automobilherstellern zugerechnet. Ein entscheidendes Beteiligungsmotiv der Techniker und Ingenieure ist das Verfolgen von Ideen, die sie an ihrem Arbeitsplatz nicht umsetzen können (Honsig 2006, S. 4). In diesem Sinne stellt das Projekt OScar eine Gelegenheitsstruktur dar, das eigene Können und Wissen zu zeigen (Honsig 2006, S. 4). Die Entwicklung jedes OSS-Projekts erfordert die Erledigung von quantitativen und qualitativen Tätigkeiten (u.a. Dokumentation des Quellcodes beziehungsweise Einbringen und Umsetzen neuer Ideen). Beide Tätigkeitsformen bieten Reputationsgewinne, die sich in Gestalt eines – urheberpersönlichkeitsrechtlich verbrieften – Rechts auf Namensnennung bei besonders wertvoller Beitragsleistung ergeben können (Grassmuck 2004, S. 238). Belohungen für gute Arbeit können sich auch darin zeigen, als Kompetenzträger zur Entscheidungsvorbereitung zugezogen zu werden. Es ist zu vermuten, dass sich solche Formen der Anerkennung auch im

Projekt OScar zeigen, sobald signifikante Projektfortschritte erreicht wurden (Grassmuck 2004; Honsig 2006).

Gemeinsam ist allen drei Akteuren von Interessenorganisation, OSS-Projekten und OScar, dass eine grundlegende Freiwilligkeit zur Beitragsleistung besteht. Ein wesentlicher Unterschied zwischen Interessenorganisationen einerseits und OS-Projekten andererseits besteht im Rekrutierungsaufwand. Bei den zuletzt genannten Akteuren entfällt das Problem, Überwachungs- und Sanktionskapazitäten zu schaffen (Olson 1965), die der Kontrolle über geleistete Beiträge dient. Der Sachverhalt der Selbstselektion der Aufgabe markiert einen zweiten wesentlichen Unterschied. Unbenommen davon bleibt, dass es immer organisationaler Kapazitäten bedarf, um die geleisteten Beiträge zu identifizieren, zu bewerten und zu koordinieren.

5.2 DAS EFFEKTIVITÄTSPROBLEM

Keine der vielfältigen Organisationsaufgaben kann durch spontanes Mitwirken der Beitragenden dauerhaft bewältigt und erfolgreich koordiniert werden. Auch wenn es keiner Mitgliederwerbung bedarf: Administrative Effektivität ist unerlässlich, um die zweckgebundenen Plattformen zur Beitragsleistung beziehungsweise zur selbstorganisatorischen Beitragskoordination bereitzustellen, um Verfahren der Willensbildung einzurichten und deren Anwendung zu gewährleisten oder um die Einhaltung von Open-Source-Richtlinien zu überwachen beziehungsweise diese entsprechend dem selbst definierten Anspruch zu aktualisieren. Die Literatur über die Entstehung von OSS und Open Source Innovation verweist in diesem Zusammenhang auf horizontale und vertikale Spezialisierung (Simon 1957), wobei die arbeitsteiligen Prozesse durch Kernteams und Projektleiter koordiniert werden. Die Kernteams fungieren dabei (für OSS: Core-Team und Maintainer, Grassmuck 2004, S. 237; für OSI: OScar[188]) als Entscheidungsgremien, denen die Projektleiter untergeordnet sein können. Ein solches Kernteam rekrutiert sich häufig aus jenen Personen, die am längsten und aktivsten bei der Erstellung der OSS mitgewirkt haben (Grassmuck 2004, S. 237; für OScar: Honsig 2006, S. 4). Dieses Gremium trifft vornehmlich entwicklungsstrategische Entscheidungen (ebd.). Ähnlich wie in Erwerbsorganisationen und Interessenakteuren (zum Beispiel Parteien) übernehmen in OSS-Projekten Gremien die Beitragskoordination und -bewertung. Diese Aufgabenübernahme betrifft zunächst nur die

---

[188] siehe: www.theoscarproject.org

Vertretungsfunktion für einen Teilbereich der OS-Entwicklung sowie die Kommunikation an externe Umwelten. Keineswegs ist die Person automatisch dazu legitimiert, »anderen Anweisungen zu geben oder eigenmächtig einen dem Community-Sinn widersprechenden Weg einzuschlagen« (Rahemipour 2008, S. 36).

Auch im Projekt OScar trifft ein Kernteam die grundlegenden Entscheidungen. Es setzt sich aus Modulleitern zusammen (Honsig 2006, S. 4). Innerhalb der jeweiligen Modulsteams wird am Design des Produkts OScar gearbeitet. Die breite Masse der Beitragsleistenden sind registrierte Mitglieder, die zwar am Projekt, aber nicht an einer konkreten Mitarbeit interessiert sind. Dementsprechend sind die Beteiligungsformen strukturiert. Der Informationszugang zu Detailinformationen und die Erteilung von Schreibberechtigungen werden entsprechend der Zugehörigkeiten vergeben. Eine solche Vorgehensweise vermag die Balance zwischen Vision und Pragmatismus, zwischen offener Diskussion und konkreter Entwicklungsarbeit mit qualifiziertem Umgang miteinander zu erhalten (Honsig 2006, S. 4). Erst dadurch ist es möglich, den unterschiedlich motivierten Mitgliedern die Freude am Mittun zu bewahren (ebd.).

Für OSS-Projekte ist zudem zweierlei belegt: Erstens wandeln einzelne Mitglieder ihren Status von freiwilliger, unbezahlter Beitragsleistung in bezahlte Mitgliedschaft um (Grassmuck 2004); zweitens beteiligen sich Mitarbeiter, die in der IT-Branche beschäftigt sind, an der Entwicklung von OSS und werden dafür bezahlt (Rahemipour 2008, S. 39). Die Mitglieder beider Gruppen unterliegen damit konkreten Mitgliedschaftserwartungen, die durch relationale Verträge gerahmt sind. Sie verfügen über wesentlich mehr Zeit, den Entwicklungsprozess voranzubringen und sorgen dadurch für eine hohe Stabilität und Planbarkeit des Projekts (Rahemipour 2008, S. 39).

Die Koordinatoren der OSS- oder Open-Source-Innovation-Projekte stehen wie jene der Interessenorganisationen vor der Aufgabe, die Interessenheterogenität der Organisationsmitglieder zu managen sowie die Partizipation der aktiven Mitglieder aktiv und durch administrative Vorleistungen zu unterstützen. Die bezahlten Organisationsmitglieder treten als Rollenträger[189] mit einem durch Kommunikation vermittelten, zwischen Organisation und Mitglied abgestimmten Motivset in den Innovationspro-

---

[189] Als selbstverständlich vorausgesetzt ist, dass das Ausfüllen der Mitgliedsrolle und damit das Folgen/Nichtbefolgen von Rollenerwartungen der Konstruktion von Wirklichkeit unterliegen (Berger u. Luckmann 1970) und grundsätzlich kommunikativ vermittelt sind.

zess ein. Ihre Integration in das Projekt gestaltet sich vergleichsweise einfach, weil deren Funktionen und Aufgaben formal an den Organisationszielen ausgerichtet sind. Demgegenüber orientiert sich freiwillige Beitragsleistung an individuellen Interessen. Die freiwilligen Beitragleistenden bringen ihre »ganze Person« (siehe Abschnitt 4.1.1) mit all ihren vielfältigen Kompetenzen, Wünschen und Beteiligungsmotiven in den Entwicklungsprozess ein. Der Trade-off zwischen effektiver Zielverfolgung und heterogener Willensrepräsentation wird daher nicht schwinden, solange die Erstellung freiwilliger Beiträge das Gros der Beitragsleistungen ausmacht. Ein geschickter Umgang mit diesem Trade-off könnte sich darin zeigen, dass die administrative Führung Berechenbarkeit und Effektivität durch strategische Themendifferenzierung herstellt. Grundsätzlich gilt, dass organisationsinterne Interessen- und Orientierungsdifferenzen durch Verfahren der Willensbildung nur bearbeitbar, nicht beherrschbar beziehungsweise lösbar sind. Gerade weil sich freiwillige Beitragsleistungen auf intrinsische Motivationen stützen, bedarf es deren Pflege durch aktive Integration der Beitragsleistungen, der Organisation eines inhaltlichen Austausches sowie persönlich adressierter Rückmeldungen (Rahemipour 2008, S. 42).

Eine weitere Besonderheit von OS, die auch für Open-Source-Innovation-Projekte entscheidend sein kann, stellt die alltagspraktische lose Kopplung zwischen Beitragsleistungen, die sich durch Selbstmotivation der Beitragenden nährt, und zentral gestelltem Entscheidungsgremium dar, das den gesamten Prozess moderiert und grundlegende Entscheidungen fällt. Erst dadurch ist es möglich, Raum für selbstorganisatorische Prozesse zu schaffen und zu bewahren. Trotz mancher Unabwägbarkeiten selbstorganisatorisch ablaufender Prozesse konstatiert Rahemipour, dass sie »zu einem langfristigen Ergebnis im mehrheitlichen Sinne der community« (2008, S. 36) führen. Diese Beobachtung erinnert an Entscheidungsregeln, die sich durch die Kombinationen von zentralen und dezentralen Entscheidungsverfahren auszeichnen (Elster 1989). Zusammenfassend muss jedoch resümiert werden, dass das Effektivitätsproblem für alle drei betrachteten Akteure aus Gründen der Akteurskonstitution virulent bleibt.

5.3 DAS INTEGRATIONSPROBLEM

Für politische Interessenorganisationen gilt, dass ihre tatsächliche Stärke auf Glaubwürdigkeit beruht, die gegenüber der sozialen Umwelt verlässlich demonstriert werden muss und intern eine repräsentative Legitimität voraussetzt. Diese Stärke müssen Interessenorganisationen unter Bedingungen eines heterogenen Interesseninputs ihrer Mitglieder und den damit verbundenen, konkurrierenden Situationsdeutungen bewahren. Angesichts demokratischer Verfahren der Entscheidungsfindung gestaltet sich diese Aufgabe äußerst schwierig, weil es die Organisation wiederholt in Situation der Zielrevision bringen kann. Demokratische Verfahren der Willensbildung dienen daher auch dazu, Einverständnis dafür zu gewinnen, dass bestimmte Interessen und Sichtweisen nicht berücksichtigt werden. Auch für Projekte im Bereich OSS und Open Source Innovation darf unterstellt werden: Je stärker das bottom-up Entscheidungsverfahren ausgeprägt ist, desto wahrscheinlicher ist es, dass der »organisierte Akteur« seine Strategiefähigkeit und Kollektividentität durch stete Zielrevisionen verliert. Ein Effekt könnte darin bestehen, dass potentiell Beitragswillige entmutigt werden, ihren Beitrag zu leisten. Werden Ziele vermehrt top-down definiert und durchgesetzt, können Enttäuschungen und Rückzug aus dem freiwilligen Engagement Folgen sein (Hirschman 1970). Beide Reaktionsweisen stellen die Loyalität von Beitragswilligen auf die Probe, entweder weil ein Teil der Mitglieder eine sprunghafte Zielverfolgung ablehnt oder weil Partizipationsbereitschaften ignoriert werden. Die hohe Selbstmotivation und die Möglichkeit zur Selbstselektion der eigenen Aufgabe mögen dieses Dilemma individuell abschwächen, solange der Spaß und die subjektiv erfahrene Anerkennung schwerer wiegen als die Sorge um das Gelingen des gesamten Projekts. Hier entstehen der Bedarf und der Raum für Führung.

5.4 INTERESSENORGANISATIONEN UND OPEN-SOUCRE-PROJEKTE: GEMEINSAMKEITEN UND UNTERSCHIEDE

Open Source schafft als Methode Andockpotenziale für freiwillige Beitragleistungen. Die Beitragswilligen rekrutieren sich selbst und übernehmen Aufgaben, die zu ihren spezifischen Kompetenzen passen. Aus der Perspektive des gesamten Projekts betrachtet kommt es qua Selbstselektion der Aufgaben in einem selbstorganisatorischen Prozess zur Zusammenfügung des heterogen verteilten Wissens. Die technische Plattform ermöglicht den generalisierten Tausch und die Zusammenfügung von Informationen und Wissen. OSS-Projekte und Open Soucre Innovation Projekte bedürfen nicht nur der kontinuierlichen Beitragsleistung, sondern auch einer administrativen Effektivität, um die geleisteten Beiträge in ein verwertbares Ergebnis umzumünzen. Zwei Vorgehensweisen sind dabei zu beobachten: die Verschränkung von administrativen und entwicklungsbezogenen Tätigkeiten sowie die Parallelität von bezahlter Mitgliedschaft und freiwilliger Beitragsleistung. Beide Vorgehensweisen bearbeiten das Effektivitätsproblem zwischen Willensrepräsentation und Zieleffektivität, ohne es lösen zu können. Das Management von OSS- und Open-Source-Innovation-Projekten verweist auf die Gleichzeitigkeit selbstorganisatorischer Beitragsleistung und einem zentral arbeitenden Entscheidungsgremium, das den gesamten Prozess moderiert. Unterhalb dessen können sich selbstorganisatorische Prozesse entfalten, die die strategische Entwicklung von Teilbereichen betreffen.

Solche Kombinationen von zentralen und dezentralen Entscheidungslogiken sind damit nicht nur charakteristisch für die Organisation von collective action (Elster 1989), sondern zeigen sich auch bei der Verschränkung von erwerbs- und interessenbezogenen Organisationsweisen.

Gegenstand	Interessenorganisationen	OSS & Open Source Innovationen
Rekrutierungsproblem Rekrutierung & Zieleffektivität	Free rider und selektive Anreize zur Beitragsleistung → Trade-off	Übereinstimmung zwischen Kollektivgut und selektivem Anreiz durch Mitbringen der Selbstmotivation und berechtigte Erwartung auf Lern-, Reputationsgewinne → Abschwächung des Trade-offs
Effektivitätsproblem Willensrepräsentation & Zieleffektivität	Konflikt zwischen administrativer und repräsentativer Rationalität → Trade-off	gegebene Themenselektion und Parallelität von aufgabenbezogenen Mitgliedschaftsformen → Beibehaltung des Trade-offs
Integrationsproblem Mitgliederrekrutierung & -repräsentation	Heterogenität der Interessen und Willensbildung → Trade-off	gegebenes Projektdesign und Selbstselektion der Aufgabe → Abschwächung des Trade-offs

Tabelle 4: Interessenorganisationen und OS-Projekte im Vergleich

6. Schluss: Erkenntnisse zum Transfer von OSS auf Open Source Innovation

Die Entwicklung von OSS und Open Source Innovation stellt ein besonderes Flexibilitätsmoment von Organisierung dar. Es entsteht durch die Kombination zweier Organisationsweisen, die einerseits für Erwerbsorganisationen und andererseits für Interessenorganisationen typisch sind. Zum einen werden zentrale und dezentrale Entscheidungsverfahren, die Selbstorganisation zulassen, verschränkt, um Innovationen hervorzubringen. Zum anderen ist der Entwicklungsprozess durch eine Parallelität von bezahlter

Mitgliedschaft und freiwilliger Beitragsleistung gekennzeichnet. Beide Phänomene sind jedoch an institutionelle und handlungsbezogene Voraussetzungen gebunden:

(1) Aus *institutionell-technischer* Perspektive setzt eine Open Source Innovation die Verfügbarkeit des Internets, eine modulare Code Architektur, low cost communication, eine Entwicklungsplattform sowie ein basic product design voraus, um Möglichkeiten zu verteilter Information und deren zweckbezogenen Verknüpfung herzustellen. Bei Open Source Innovationen stellt das basic design ein Set von vorläufigen Konzepten dar, welches weitere Entwicklungen ermöglicht. Es fungiert als Andockstation für Beteiligungsinteressen, für die (Re-)Definition von Zielen sowie als Orientierungsrahmen für weitere Aktivitäten (Raymond 2001). Zudem bedarf es einer Kommunikationsplattform, um einen einfachen und steten Ideen-, Informations- und Wissensaustausch innerhalb von Teilprojekten und entlang der vertikalen und horizontalen Spezialisierung zu gewährleisten. Letztlich setzt der Erfolg einer Open Source Innovation auch einen leichten Zugang zu den Werkzeugen voraus, welche die Beitragswilligen für die Entwicklung oder Modifizierung des Produktdesigns benötigen. Aus *institutionell-rechtlicher* Hinsicht muss in Anlehnung an OSS-Entwicklungen die Offenlegung der Quellen und ihr Zugang sichergestellt werden, damit auch Dritte das Produkt oder den Prozess nutzen, modifizieren oder weiterentwickeln können (Osterloh a. Rota 2007).

(2) *Handlungsbezogene Voraussetzungen*: Open Source Innovation schafft Möglichkeiten zur freiwilligen Betragsleistung wie zur bezahlten Mitgliedschaft. Die Motive zur Beitragsleistung differieren entsprechend: Freiwillige Beitragsleistungen sind vor allem durch Faktoren wie selbstständiges Arbeiten, Selbstselektion der Aufgabe, Reziprozitäterwartungen im Sinne eines generalisierten Tauschs, Erleben einer Gemeinschaft oder dem Wunsch, bei einer »guten Sache« mitzuwirken, motiviert. Bezahlte Mitgliedschaft ist formal am Organisationsinteresse orientiert und beinhaltet die individuelle Anerkennung von Verhaltens- und Rollenerwartungen. In dieser Parallelität liegt die Chance, das Beste zweier Welten zu kombinieren: Ideenreichtum und Erfindergeist (von Hayek 1969) auf der einen Seite, Stabilität und Planbarkeit der Projektarbeit auf der anderen Seite. Je größer die Gruppe aller Beitragenden ist, desto höher ist der Koordinationsbedarf. Trotz Selbstselektion der Aufgaben darf dieser nicht unterschätzt werden. Er betrifft das Gesamtprojekt und seine Abhängigkeiten, die Konstruktion des Produkts, die besonderen Bedingungen zur Entwicklung einer Open-Source-Hardware, die Komplexität des Projekts in Bezug auf die eingesetzte Software, die Anforderungen an einen etwaigen Haf-

tungsbedarf, das Varianten- und Qualitätsmanagement (Honsig 2006), die Kooperation mit kommerziellen Partnern, die Rekrutierung und »Pflege« von Beitragsleitenden (Rahemipour 2008) sowie die Lösung von Konflikten (Kogut a. Metiu 2001). Die Besonderheit dieser Führungsaufgabe besteht darin, dass sie ohne Weisungsbefugnis auskommen muss. Open-Source-Innovation-Projekte werden daher auch spezifische Verschränkungen von zentralen und dezentralen Entscheidungsformen aufweisen. Führung, die sich auf strategische Weichenstellungen und operative Kontrolle ohne Weisungsbefugnis beschränkt, steht vor der Aufgabe, das Auftreten folgender Situationen zu vermeiden beziehungsweise zu bearbeiten:

– Free-Rider-Phänomene dürfen effiziente Zielverwirklichung nicht unterlaufen.
– Willenbildungsprozesse dürfen weder durch Führung erstickt werden noch zur ständigen Revision von Zielen führen.
– Die gewollte Heterogenität der individuellen Beitragsangebote muss gepflegt werden, ohne das Projekt als konturenlos erscheinen zu lassen (Piller u. Reichwald 2006).

Die Aufzählung dieser Aspekte zeigt, dass bisherige Organisationsweisen sich nicht mehr als hinreichend erweisen, um Open Source Innovationen hervorzubringen. Akteure wie communities vereinen Merkmale der Flexibilität, des Zugangs zu heterogen verteiltem Wissen, zu stabilen individuellen Selbstmotivationen sowie zu kostengünstigen Beitragsleistungen, die kein Unternehmen gleichzeitig hervorzubringen vermag. Gleichwohl verweisen sie auf einen ständigen Spagat, den die Initiatoren, die Führungskräfte und die Beteiligten aushalten müssen. Sie beinhalten ein hohes Scheiternsrisiko, versprechen aber im Erfolgsfalle Formen von Produkt- und Prozessinnovationen, die nur unter dem ermöglichenden Bedingungsset von Open Source Innovation denkbar sind.

Literatur

Anderson, P. (2007): What is Web 2.0? Ideas, technologies and implications for education. JISC Technology and Standards Watch. Verfügbar unter: www.scribd.com/doc/300024/What-is-web-20-Ideas-technologies-and-implications-Paul-Anderson (abgerufen: 31.05.2008).

Axelrod, R. (1988): Die Evolution der Kooperation. München (R. Oldenburg).

Baldwin, C. Y. a. K. B. Clark (2003): Managing in the age of modularity. In: G. Raghu, A. Kumaraswamy a. R. N. Langlois (eds.): Managing in the Modular Age, Malden (Blackwell Publishing).

Becattini G. (1990): The Marshallian industrial district as a socio-economic notion. In: F. Pyke, G. Becattini a. W. Sengenberger (eds.): Industrial districts and inter-firm cooperation in Italy, International Institute for Labour Studies. Geneva, S. 37–51.

Berger, P. L. u. Th. Luckmann, Th. (1970): Die gesellschaftliche Konstruktion der Wirklichkeit. Eine Theorie der Wissenssoziologie. Frankfurt/Main (Fischer).

Blutner, D. (2005): Kontrafakt Innovation. Eine kontrafaktische und sozialwissenschaftliche Analyse innovativen Handelns im Vertrieb. Berlin.

Bonaccorsi, A. a. C. Rossi (2003): Why Open Source Software can succeed. Research Policy 32 (7), S. 1243–1258.

Demil, B. a. X. Lecocq (2006): Neither Market nor Hierarchy nor Network: The Emergence of Bazaar Governance. In: Organization Studies OnlineFirst, published on December 11, 2006. Verfügbar unter: http://oss.sagepub.com/cgi/rapidpdf/0170840606067250v1.pdf (abgerufen: 31.05.2008).

Elster, J. (1989): Nuts and Bolts. Cambridge (University Press).

Giddens, A. (1984): The Constitution of Society, Cambridge (Polity Press).

Grassmuck, V. (2004): Freie Software zwischen Privat- und Gemeineigentum. Bonn (Bundeszentrale für politische Bildung), 2. aktualisierte Aufl.

von Hayek, F. A. (1980): Recht, Gesetz und Freiheit. Band 1: Regeln und Ordnung. München (Moderne Industrie).

von Hayek, F. A. (1969): Der Wettbewerb als Entdeckungsverfahren. Freiburger Studien. Gesammelte Aufsätze. Tübingen (Mohr), S. 249–265.

Hertel, G., S. Niedner a. S. Herrmann (2003): Motivation of software developers in Open Source projects: an internet-based survey of contributors of the Linux kernel. Research Policy 32 (7): S. 1159–1178.

von Hippel, E. (2003): Open Source Software and the »private-collective« innovation model: Issues for organization science. Organization Science. 14 (2): S. 208–223.

von Hippel E. (1986): Lead User: An Important Source of Novel Product Concepts. Management Science 32 (7): S. 32–7.

von Hippel, E. a. G. von Krogh (2006): Free revealing and the private-collective model for innovation incentives. R&D Management 36 (3): S. 295–306.

Hirschman, A. O. (1970): Exit, Voice, and Loyalty: Responses to Decline in Firms, Organizations, and States. Cambridge, MA (Harvard University Press).

Honsig, M. (2006): Das offenste aller Autos. Technology Review (2). Verfügbar unter: www.heise.de/tr/Das-offenste-aller-Autos--/artikel/68663/ (abgerufen: 31.5.2008).

Köhler, M., D. Moldt , R. Langer, R. v. Lüde, H. Rölke a. R. Valk (2007): Socionic Multi-Agent Systems Based on Reflexive Petri Nets and Theories of Social Self-Organisation. Journal of Artificial Societies and Social Simulation (10) 1. Verfügbar unter: http://jasss.soc.surrey.ac.uk/10/1/3/3.pdf (abgerufen: 31.05.2008).

Kogut, B. a. A. Metiu (2001): Open source software development and distributed innovation. Oxford Review of Economic Policy 17 (2): S. 248–264.

Lakhani, K. R. a. R. G. Wolf (2005): Why hackers do what they do: Understanding motivation and effort in Free/Open Source Software Projects. In Feller, J, B. Fitzgerald., S. Hissam, a. K. R. Lakhani (eds.): Perspectives on Free and Open Source Software. (MIT Press). Verfügbar unter: http://freesoftware.mit.edu/papers/lakhaniwolf.pdf, (abgerufen: 31.05.2008).

Lerner, J. a. J. Tirole (2001): The open source movement: Key research questions. European Economic Review (45): S. 819–826.

von Lüde, R., D. Moldt u. R. Valk (Hrsg.) (2003): Sozionik: Modellierung soziologischer Theorie. Unter Mitarbeit von Michael Köhler, Roman Langer, Heiko Rölke und Daniela Spresny. Volumen 2 der Reihe Wirtschaft – Arbeit – Technik. Münster/Hamburg/London (Lit).

Luhmann, N. (2002): Einführung in die Systemtheorie. Heidelberg (Carl-Auer).

Luhmann, N. (2000): Organisation und Entscheidung. Opladen/Wiesbaden (Westdeutscher Verlag).

Luhmann, N. (1964): Funktionen und Folgen formaler Organisation. Berlin (Duncker & Humblot).

March, J.G. (1994): A Primer on Decision Making - How Decisions Happen. New York/Toronto (Free Press).

Mintzberg, H. (1989): Mintzberg über Management. Führung und Organisation - Mythos und Realität. Wiesbaden (Gabler).

Narduzzo, A. a. A. Rossi (2003): Modularity in Action. GNU/Linux and Free/Open Source Software Development Model Unleashed. Working paper. Retrieved 2/29/08. http://opensource.mit.edu/papers/narduzzorossi.pdf (abgerufen: 08.01.2009).

North, D.C. (1992): Der Wandel von Institutionen. Tübingen (Mohr).

Offe, C. a. H. Wiesenthal (1980): Two Logics of Collective Action: Theoretical Notes on Social Class and Organizational Form. In: Zeitlin, M. (ed.): Political Power and Social Theory 1. Greenwich Conn (JAI Press), S. 67–115.

Olson, M. (1965): The Logic of Collective Action. Public Goods and the Theory of Groups. Cambridge (Harvard University Press).

Ortmann, G. (1995): Formen der Produktion. Opladen, Wiesbaden (Westdeutscher Verlag).

Osterloh, M. a. S. Rota (2007): Open Source Software development - Just another case of collective invention? Research Policy 36 (2), S. 157–171.

Ouchi, W. G. (1980): Markets, Bureaucracies and Clans. Administrative Science Quarterly 25 (1), S. 129–141.

Pfeffer, J. a. G. R. Salancik (1978): The External Control of Organizations. A Resource Dependence Perspective. New York (Harper & Row).

Piller, F. u. R. Reichwald (2006): Interaktive Wertschöpfung: Open Innovation, Individualisierung und neue Formen der Arbeitsteilung. Wiesbaden (Gabler).

Piore, M. J. u. C. F. Sabel (1985): Das Ende der Massenproduktion. Studie über die Requalifizierung der Arbeit und die Rückkehr der Ökonomie in die Gesellschaft. Berlin (Wagenbach).

Pizzorno, A. (1986): Some Other Kinds of Theory of Otherness: A Critique of `Rational Choice Theories`. In: A. Foxley, M. S. McPherson a. G. O´Donnel (eds): Development, Democracy, and the Art of Trespassing. Essays in Honor of Albert O. Hirschman. Notre Dame/Indiana (University of Notre Dame Press), S. 355–373.

Porter, M. E. (1999): Wettbewerb und Strategie. München (ECON).

Powell, W. W. (1996): Weder Markt noch Hierarchie: Netzwerkartige Organisationsformen. In: P. Kenis u. V. Schneider (Hrsg.): Organisation und Netzwerk: Institutionelle Steuerung in Wirtschaft und Politik. Frankfurt/M./New York (Campus), S. 213–271.

Rahemipour, J. (2008): OpenOffice.org – Aus dem Alltag eines nicht alltäglichen Open-Source-Projekts. In: Open Source Jahrbuch 2008, p. 33–46. Verfügbar unter: www.opensourcejahrbuch.de/download/jb2008/ (abgerufen: 31.05.2008).

Raymond, E. (2001): The cathedral and the bazaar: Musings on Linux and Open Source by an accidental revolutionary. O'Reilly & Associates.

Scharpf, F. W. (1992): Koordination durch Verhandlungssysteme. In: A. Benz, F.W. Scharpf u. R. Zintl: Horizontale Politikverflechtung. Frankfurt/M./New York (Campus), S. 51–96.

Shah, S. K. (2005): Open beyond software. In: D. Cooper, C. DiBona a. M. Stone (eds.): Open Sources 2.0. The Continuing Evolution. Sebastopol/CA (O'Reilly Media), S. 339–360.

Simon, H. A. (1957): Rationality and Administrative Decision Making. In: H. A. Simon 1957: Models of Man. New York (Wiley), S. 196–206.

Sorge, A. (1993): Arbeit, Organisation und Arbeitsbeziehungen in Ostdeutschland. Berliner Journal für Soziologie, 3 (4), S. 549–567.

SourceForge (2008). SourceForge.net-Datenbank. http://www.sourceforge.net (abgerufen: 29.02.2008).

Streeck, W. (1987): Vielfalt und Interdependenz. In: KZfSS 39 (3); S. 471–495.

Sydow, J. (1992): Strategische Netzwerke. Evolution und Organisation. Opladen/Wiesbaden (Westdeutscher Verlag).

Sydow, J. u. B. van Well (1996): Wissensintensiv durch Netzwerkorganisation. In: G. Schreyögg u. P. Conrad (Hrsg.): Wissensmanagement (Managementforschung 6). Berlin/New York (Walter de Grynter), S. 192–234.

Tuomi, I. (2002). Networks of innovation: Change and meaning in the age of the Internet. Oxford (Oxford University Press).

Weitbrecht, H. (1969): Effektivität und Legitimität der Tarifautonomie. Eine soziologische Untersuchung am Beispiel der deutschen Metallindustrie. Berlin (Duncker + Humblot).

Werle, R. und U. Schimank, 2000 (Hrsg.): Gesellschaftliche Komplexität und kollektive Handlungsfähigkeit. Campus.

Wiesenthal, H. (2000): Markt, Organisation und Gemeinschaft als ›zweitbeste‹ Verfahren sozialer Koordination. In: R. Werle u. U. Schimank (Hrsg.): Gesellschaftliche Komplexität und kollektive Handlungsfähigkeit. Frankfurt/M./New York (Campus), S. 44–73.

Wiesenthal, H. (1993): Akteurskompetenz im Organisationsdilemma. Grundprobleme strategisch ambitionierter Mitgliederverbände und zwei Techniken der Überwindung. Berliner Journal für Soziologie 3 (1), S. 3–18.

Wiesenthal, H. (1990): Unsicherheit und Multiple-Self-Identität. Eine Spekulation über die Voraussetzungen strategischen Handelns. Discussion Paper des Max-Planck-Instituts für Gesellschaftsforschung 90 (2). Köln (MPInstitut für Gesellschaftsforschung).

Wilkesmann, U., D. Blutner u. C. Meister (2003): Der Fußballverein zwischen e. V. und Kapitalgesellschaft - Wie Profifußballvereine das Dilemma zwischen Mitgliederrepräsentation und effizienter Zielverfolgung institutionell lösen. KZfSS 54 (4), S. 753–774.

Williamson, O. E. (1985): The Economic Institution of Capitalism. Firms, Markets, Relation Contracting. New York, London (Free Press).

Windeler, A. (2001): Unternehmungsnetzwerke. Konstitution und Strukturation. Opladen/Wiesbaden (Westdeutscher Verlag).

René John

Erfolg mit Weltbrause. Wandel und Stabilität im Familienunternehmen zwischen regionalem Stillstand und globaler Dynamik

1. Einleitung

Organisationen wie etwa Wirtschaftsunternehmen stehen seit Beginn der 1970er Jahre immer mehr unter dem Druck der Globalisierung.[190] Vor allem international agierende Großkonzerne profitierten von den sich zunehmend global ausrichtenden Märkten für Finanzen, Rohstoffe, Dienstleistungen oder Güter und schienen die beste Unternehmensform unter diesen Bedingungen zu sein. Jedoch lassen verschiedene Beispiele erfolgloser Konzerne und erfolgreicher Mittel- und Kleinunternehmen Zweifel an dieser Sichtweise aufkommen.

Auch der Lebensmittelmarkt bis hin zum Biosegment hat dank immer besserer Logistikbedingungen inzwischen ein globales Ausmaß erreicht, wobei der Handel mit Getränken schon länger global betrieben wird. Gleichzeitig aber präsentiert sich dieser spezielle Markt regional sehr unterschiedlich. So wird zum Beispiel die Produktion von Bier und Erfrischungsgetränken in Nord- und Südamerika schon länger von wenigen Konzernen betrieben. Auch Europa zeigt sich hier meistens übersichtlich. Eine Ausnahme dazu bildet der fragmentierte deutsche Getränkemarkt, der

---

[190] Der Beginn der Globalisierung wird unter anderem mit der Ölkrise und den folgenden ökonomischen Turbulenzen seit Ende der 1960er Jahre in Zusammenhang gebracht. So beziehen sich Harvey (1990) und implizit auch Giddens (1991) auf diesen Termin. Dieser fällt aber auch zum Beispiel mit dem Zweifel an technische Lösbarkeit sozialer und Umweltprobleme (zum Beispiel Habermas 1969) wie auch an der modernen Architektur und Kunst zusammen, wobei letzteres als Beginn der Postmoderne diskutiert wurde. Unter weltgesellschaftlicher Perspektive sind alle diese Debatten über den Beginn des Endes der Moderne vor allem als Konsequenz der weltweiten Modernisierung zu verstehen.

von wenigen großen Herstellern und vielen Kleinbrauereien bedient wird.[191]

Eine Konsolidierungswelle rollt durch die globale Brauereilandschaft, welche selbst große Brauereien wie Becks betrifft, die seit der Übernahme durch die damalige Interbrew 2001 nicht mehr eigenständig ist.[192] Viele der mittelständischen Brauereibetriebe, die vorwiegend vom so genannten Schornsteinverkauf ihrer Produkte, also von regionalen Nischen leben, können allerdings auf keine Übernahme hoffen, sondern sind stattdessen von der Schließung bedroht. Die Organisationen dieser Betriebe verlieren an Tempo und Umfang und kommen schließlich aufgrund von Insolvenz zum Erliegen. Eine operative Statik stellt sich ein, die zu struktureller Instabilität führt. Daran schließt die Frage an, wie solche Unternehmen mit knapperen Ressourcen gegenüber Großkonzernen bestehen können. Darüber hinaus lässt sich fragen, ob der Blick auf die Eigenstruktur allein ausreichend ist, um Markterfolg erklären zu können. Diese Fragen sollen im Folgenden am Beispiel eines Getränkeherstellers diskutiert werden.

An einer regionalen Bierbrauerei, der Privatbrauerei Peter KG in Ostheim (Rhön), ließ sich über längere Zeit ein Rückgang der Performanz des Unternehmens beobachten, der beinahe zu dessen Schließung führte. Jedoch hat diese Brauerei einen überraschenden, weil unwahrscheinlichen Wandel erlebt. Heute stellt sie eine Brause her, die weltweite Aufmerksamkeit und Nachfrage erlebt. Verfolgt man den Weg, wie es diesem Betrieb gelungen ist, diesen Wandel zu bewältigen, wird deutlich, dass bei

---

[191] So nimmt der Bierabsatz und auch der Pro-Kopf-Verbrauch seit 1993 kontinuierlich ab (Statistisches Bundesamt 2008, und so lautet auch die Pressemitteilung anlässlich der Jahrestagung des Deutschen Brauer-Bundes 2008. www.brauerbund.de/down/texte/080613_pk_brauertag.rtf (abgerufen: 13.06.2008). Als Ergebnis der Konsolidierung des deutschen Brauereimarktes wird eine Internationalisierung der Spitzengruppe erwartet, welcher gegenüber das Mittelfeld ausdünnt, während das untere Feld von vielen Kleinbrauereien gekennzeichnet ist (Giersberg 2007). Letztere bedienen vor allem Nischen, zunehmend aber auch den Bio-Markt.

[192] Ein Bericht über die gelungene Markenintegration von Becks bei Interbrew vermittelt genau diesen Eindruck: Die von Interbrew gewährte Selbständigkeit ist nicht selbstverständlich (»Grün war die Hoffnung«, McK Wissen 03, S 104–111. Verfügbar unter: www.brandeins-wissen.de/Downloads/McK/mck03_17.pdf abgerufen: 11.06.2008). Seitdem ist der global wenig bedeutende deutsche Braumarkt trotzdem von den weltweiten Konzentrationsbewegungen betroffen. Zunächst kam es durch die Fusion von Interbrew mit Ambev zu Inbev im Jahr 2004. Im Juli 2008 entstand dann durch Übernahme von Anheuser-Busch das größte Brauereiunternehmen der Welt. Seitdem ist der deutsche Markt marginal wie zuvor.

den durch die Globalisierung bewirkten Marktanforderungen auch kleinere Unternehmen Erfolg haben können. Und das selbst dann, wenn deren organisationale Strukturen mit anderen auf eine Art verkoppelt sind, die wie bei Familienunternehmen antiquiert erscheinen können, nämlich als Konzentration der Entscheidungsfindung auf Familienmitglieder. Diese scheinbare Schwäche kann sich unter Umständen als eine Stärke erweisen. Anscheinend können anstelle von generalisierten Kommunkationsmedien, wie nur noch unzureichend vorhandenen Finanzmitteln, weniger technisierte Kommunikationsmittel wie Wissen und Kompetenz, Vertrauen und Intimbeziehungen, gesetzt werden und so ein neuer Anschluss an die globale Ökonomie gelingen. Wie sich zeigen wird, hängt der Erfolg und Misserfolg des Unternehmens ebenso von den Umweltbedingungen ab, die es der Organisation des Unternehmens erlauben, aus einer instabilisierenden Statik zu einer stabilisierenden Dynamik überzugehen.

2. Vom regionalen Bier zur Weltbrause

Seit geraumer Zeit fällt ein Erfrischungsgetränk am Markt auf, die Bionade. Sie ist praktisch überall zu haben, im Szene-Café, im Bioladen und auch im konventionellen Supermarkt, wie vordem nur die süßen Brausen des einen großen amerikanischen Herstellers. Diese Brause aus Ostheim (Rhön) unterscheidet sich aber außer in ihrem schlicht-schicken Auftritt auch im Geschmack: weniger süß, mehr erfrischend, schmeckt Erwachsenen und Kindern gleichermaßen, und noch nach einer Zeit, da andere Brausen schon längst zur faden Zuckerlösung geworden sind, prickelt die Bionade noch. Bionade unterscheidet sich aber auch von den inzwischen zahlreichen Nachahmern, denn sie ist inzwischen mehr als bloß Brause, heute gilt die Bionade als Phänomen, als eine Art Weckruf des Getränkemarktes (Fründt 2008).

Befasst man sich mit der Geschichte der Bionade, dann war es höchst unwahrscheinlich, dass sich dieses Getränk am gesättigt scheinenden Markt durchsetzen konnte und sich sogar zu einem Markt-Treiber entwickelte. Inzwischen ist Bionade nicht nur ein Getränk für bestimmte Gruppen, sondern ein Massenprodukt. Schmeckt es auch nicht jedem, kennen es doch alle – und jeder will die Bionade verkaufen oder besser noch produzieren.

Dabei ist die Bionade das Ergebnis einer nicht ungewöhnlichen Geschichte aus der Provinz des deutschen Braugewerbes. Wie für viele andere Betriebe gab es Anfang der 1990er Jahre für die mittelständische Privatbrauerei Peter KG nach langer Zeit des Produktionsrückgangs keine Aussicht auf Übernahme, sondern nach circa 160 Jahren des Bierbrauens nur den Weg in die Insolvenz. Ab 1985 entwickelte der damalige Braumeister in seiner Freizeit (und teilweise mit Unterstützung des Bundesforschungsministeriums) ein neues Produkt, bei dem die Rohstoffe wie beim Bier vergoren beziehungsweise fermentiert werden, aber mittels eines Verfahrens aus Asien anstelle des üblichen Alkohols Gluconsäure entsteht. Letztere weist günstige ernährungsphysiologische Eigenschaften auf und wurde die Basis des neuen Getränks. Nach zehn Jahren des Experimentierens und der Entwicklung wurde dieses Getränk 1995 in Deutschland kaum bemerkt auf den Markt gebracht. Zwar meldete bald eine philippinische Brauerei Interesse an, aber diese Option verflüchtigte sich nach dem Wechsel der dortigen Leitung. Hinzu kam, dass das Lebensmittelrecht für ein alkoholfrei gegärtes Getränk keine Bezeichnung vorsah, woraufhin dann die lange gebräuchliche Deklaration erdacht wurde, nämlich: »Biologisches Erfrischungsgetränk. Mit Calcium und Magnesium. Nach Originalrezept hergestellt durch Fermentation natürlicher Rohstoffe«.[193] Weiterhin waren aber die Mittel des Unternehmens sehr beschränkt, so dass auch eine adäquate Werbung nicht möglich war. Stattdessen wurde auf Mundpropaganda in der Region gesetzt. Weil die Brauerei sich für ihr neues Produkt nicht auf einen Nischenmarkt einschränken wollte und konnte, nahmen Bioläden, trotz der biologischen Rohstoffe und des Herstellungsverfahrens, die Bionade nicht in ihr Sortiment. Nur einige Fitness- und Reha-Einrichtungen waren daran interessiert.

Der Absatz steigerte sich, als ein Hamburger Getränkehändler 1997 Szene-Kneipen als Abnehmer für die Bionade fand. Aus diesem Zusammenhang entwickelte sich 1999 auch das markante Design der Bionade. Mit der ab 2003 ins Rollen gekommenen Bio- und Ökowelle auf dem Nahrungs- und Genussmittelmarkt geriet endlich auch der Absatz der Bionade in Schwung. Denn die Bionade war als biologisches Erfrischungsgetränk schon da, konnte sich sogleich mit dem Bio-Siegel schmücken und hatte inzwischen auch einen Nischenstatus als Kultprodukt. Nachdem die rasante Entwicklung des Biomarktes zum Thema der Massenmedien wurde, geriet auch die fermentierte Bio(limo)nade in deren Aufmerksamkeit.

---

[193] Nach 13 Jahre wurde die Rechtmäßigkeit dieses Hinweises vom Konkurrenten Nordmann erfolgreich bestritten. Ob aber die Strategie aufgeht, Bionade mit Bios auf der Ökoseite zu überholen (www.bios-natur-pur.de), muss sich erst noch herausstellen, ebenso, ob es ausreicht, einfach nur den exotischen Geschmackstrend zu kopieren, wie es Coca Cola mit ihrem »Spirit of Georgia« versucht (Die Welt 05.07.2008, Nr. 156, S. 16).

Die jung wirkende und unkonventionell über Wirtschaftsthemen berichtende Publikumszeitschrift »Brand Eins« brachte 2003 erstmals einen Artikel über die Bionade-Geschichte, worauf weitere Berichte im In- und Ausland folgten.[194] Bionade wurde nun auch massenmedial zur Erfolgsgeschichte.

Der Produktionsausstoß wurde von einer Million Flaschen im Jahr 2003 auf 70 Millionen 2006 gesteigert, im folgenden Jahr wurde ein Absatz von 200 Millionen Flaschen erzielt.[195] Demgegenüber nimmt die Bierproduktion der Privatbrauerei Peter nur noch einen geringen Anteil ein, wobei inzwischen absatzsteigernde Synergien mit Bio-Biermischprodukten versucht werden. Für Produktion und Vertrieb wurden Subunternehmen gegründet, die BIONADE International GmbH, die BIONADE GmbH und die BIONADE Abfüll GmbH.

Die enorme Popularität der Bionade motivierte zum Nachahmen. Diese Replikationsversuche wurden vor allem durch die rechtlichen Auseinandersetzungen, die die BIONADE GmbH anstrebte und oft gewann, bekannt.[196] Wenn Bionade auch bedrängt erscheint, sind die Nachahmer eher als Zeichen des Erfolges zu verstehen.[197] Der enorme Erfolg der Bionade lässt sich auch an den Expansionsplänen auf dem amerikanischen Markt ermessen. Auf diese Weise zeigt sich ein ehemals existenzgefährdetes Unternehmen heute als erstaunlich erfolgreich.

An der Geschichte der Bionade sind zwei Umstände hinsichtlich der Bewältigung eines problematischen Organisationszustandes interessant. Einerseits ist die Erfolgsgeschichte der Privatbrauerei Peter auf das Engste mit der Geschichte der Eigentümerfamilie verknüpft und deutet auf das Potenzial von Familienunternehmen auch unter globalisierten Marktbedin-

---

[194] Brand Eins 07/2003, S. 20–21; TIME 22. January 2007, S. 39; F.A.Z. 11.09.2007, Nr. 211, S. 42; Perspektiven. Karriere im Handelsblatt 16.11.2007, Nr. 222, S. 10–13. Ein weit umfangreicherer Pressespiegel findet sich inzwischen auf der Internetseite von Bionade (siehe: www.bionade.de Stichwort: »Presse«).

[195] Siehe dazu »Bionade – Who is who/Daten und Zahlen« (Verfügbar unter www.bionade.com/service/BIONADE_DatenZahlen_01062008.pdf abgerufen: 19.06.2008).

[196] Solche Limonaden waren und sind unter anderem »Maltonade«, »BiO-Original«, »REWE-Bio Cranberry«, »Aloha« und in einem neuen Versuch »Sinconada«. Viele weitere Varianten lassen sich indes auch in den Bio-Supermärkten finden, als schärfster Konkurrent versucht sich hier das mit Bioland-Logo ausgestattete »BIOS« der Nordmann-Gruppe seit Anfang 2008.

[197] Das wird durchaus selbstbewusst auch für die Werbung seit Sommer 2008 mit der Behauptung genutzt, die größte Leistung der Konkurrenten bestände darin, dass diese Bionade noch vor den Chinesen kopiert hätten.

gungen hin. Anderseits ist die enge Kopplung der Familiengeschichte mit dem Erfolg der Bionade das bestimmende Motiv der Berichte in den Massenmedien, was der Marke im potenten Marktsegment bio-ethischer Genießer zuarbeitet. Wie sich im Folgenden zeigen wird, haben beide Aspekte die Organisation der Privatbrauerei Peter KG nicht nur wieder in Schwung gebracht, sondern sogar an den globalen Markt anzuschließen vermocht.

3. Unternehmensmotor Familie

Familie und Unternehmensorganisation sind zwei alte Formen der Sozialstruktur, für die sich eine gemeinsame Geschichte als oikos konstatieren lässt. Aber die historische Kontinuität von Familie und Unternehmensorganisation ist längst abgeschlossen. Die Form der Familie hat sich während der Evolution der sozialen Strukturen grundsätzlich geändert, weil sich ihre Funktion differenziert und spezifiziert hat. Hingegen ist das Unternehmen als besondere Organisation als Systemtyp zu verstehen, der sich selbst mittels gestaffelter Bezüge zu Funktionssystemen und zwar hier primär hinsichtlich der Wirtschaft (Kneer 2001) beschreibt. Mit der Durchsetzung funktionaler Differenzierung als primäres Strukturierungsprinzip kann von einem »ganzen Haus«, einem oikos, keine Rede mehr sein. Die hier gebündelten Funktionen als politische und wirtschaftliche Einheit sowie auch als eine Sphäre besonderer Intimität haben sich voneinander gelöst. So kann man hier keine Strukturäquivalenz mehr annehmen, auf die Familie und Organisation des Unternehmens gleichermaßen zurückgreifen könnten, etwa als Äquivalenz der Hierarchien von Leitung – Angestellten und der von Eltern – Kindern. Die moderne Familie ist kaum als bloßes Machtgefälle vorstellbar. Zwar werden die über Hierarchie vermittelten Machtverhältnisse in der Familie, ob nun zwischen Ehepartnern oder Eltern und Kindern, oft zu schnell bloß als Gewalt thematisiert[198]; Macht wirkt aber zumeist und wirkungsvoller auf subtilere Art (Sofsky u. Paris 1994), nämlich über Strategien der Zuschreibung, Anerkennung und Legitimation zum Beispiel von Autorität – und das nicht nur in Familien oder Organisationen. Solcherart in Gang gesetztes Machtgefälle kann sicherlich zur Leistungserbringung und zum Leistungsbezug zwischen Familie und Betriebsorgani-

---

[198] Siehe nur Nave-Herz (2004, S. 157ff.). Ohne Frage aber ist Familie *auch* ein Ort von Gewalt, die dann meistens Folgen weit über den Rahmen der Familie hinaus hat (Sutterlüty 2002).

sation als ein Netzwerk gegenseitiger Abhängigkeiten (Luhmann 1994, S. 31ff.) benutzt werden. Jedoch tritt diese illegitime Querverknüpfung parasitär gegenüber der Sozialordnung auf und befindet sich so immer in einem prekären Zustand. Diese Beschreibung reicht also nicht aus, um die enorme Stabilität des Verhältnisses von Familie und Betriebsorganisation im Familienunternehmen zu erklären.

Wegen der unterschiedlichen Funktionen von Familie und Unternehmen muss die Bindung von Engagement der Familienmitglieder durch die Betriebsorganisation und den vom Unternehmen erbrachten Leistungen für die Familie anders konzipiert werden. Denn unter den Bedingungen moderner Gesellschaft kann weder eine Äquivalenz noch ein Netzwerk machtbegründeter Verhältnisse als stabile Grundlage gegenseitigen Leistungsbezugs von Betriebsorganisation und Familie angenommen werden. Und vor allem fügt sich die Bionade-Geschichte nicht ins Bild.

Die relativ lange Entwicklungsgeschichte der Bionade ist auch eine Geschichte der Unternehmensfamilie. Beide gehören so sehr zusammen, dass die massenmedialen Berichte zur Bionade die Familie gleich mitbeschreiben. Da kann man lesen, wie der Vater Ludwig Peter, nachdem die ältere Schwester wegheiratete, den Lebensweg seiner zweitgeborenen Tochter Sigrid für das Unternehmen bestimmte. Deren Ehe mit dem stellvertretenden Braumeister Kowalsky gestaltete sich passend zur geplanten Übergabe der Brauerei. Nachdem diese Ehe scheiterte, heiratete Sigrid Peter wiederum im Unternehmensumfeld, nämlich den ebenfalls geschiedenen Braumeister Leipold. Während der so vergangenen zwanzig Jahre hatte sich die Lage des Unternehmens allerdings dramatisch verschlechtert, so dass der nunmehrige Ehemann und Braumeister Leipold das heimische Wohnzimmer zum Braulabor umgestaltete – nicht zum Gefallen des Vaters Ludwig Peter, wie man lesen kann. Aus diesem Heimlabor ging dann die Bionade hervor. Beide Söhne aus erster Ehe und selbst deren Frauen arbeiten schon geraume Zeit in ihrem Unternehmen. Ist der eine eher unauffällig als Braumeister tätig, steht der andere als Bionade-Betriebsleiter ungleich mehr im Rampenlicht der Medien. Die daraus erwachsenen Konflikte schlichtet deren Mutter, die eben auch lange Betriebsleiterin war.

Die Paraphrasierung dieser Familiengeschichte, wie sie in Massenmedien zu lesen ist, zeigt eine unkonventionelle Familie, die trotz vieler Zufälle und Wirren gemeinsam an einem Projekt festhält und dieses wegen ihres langfristigen Engagements zum Erfolg führte. Als Beleg für dieses wird der zwischenzeitliche Ruin des Familienvermögens angeführt, der sich gleichsam in der abgewohnten Wohnungsausstattung spiegelt.[199] Der ab 2004 einsetzende Erfolg der Bionade bestätigte aber, dass die Familie die richtigen Präferenzen gesetzt hatte, als die Unternehmensorganisation aus ökonomischer Sicht vor dem Aus stand. Das drängte zur Entscheidung: entweder Vermögen per Insolvenz zu retten oder den Braubetrieb trotzdem fortzuführen. Die Wahl für die Fortführung des Unternehmens erschien unter den gegebenen Umständen eher unwahrscheinlich. Im Nachhinein aber hat die Familie damit recht behalten, genau das zu wagen. Wie war diese erfolgreiche Resistenz gegenüber dem Druck aus einer unpassend gewordenen Umwelt möglich?

Die Familie erscheint in den Bionade-Geschichten als der Schlüssel für den Strukturwandel des Unternehmens unter prekären Umständen. Dieser Familienbezug wurde durch die beschriebene strategische Einplanung der Familienangehörigen als Organisationsmitglieder hervorgehoben. Das persönliche Engagement wurde so doppelt gesichert, weil die Grenzen zwischen Unternehmen und Familie verwischt erscheinen und commitment sowohl auf die Familie als auch auf das Unternehmen verweist. Damit scheint dieser Fall des Familienunternehmens aber doch deutlich der Prämisse funktionaler Differenzierung zu widersprechen. Ist hier nicht gar eine moderne Form des oikos zu entdecken? Ein erster Widerspruch zu dieser Vermutung findet sich ebenfalls in der Familiengeschichte: Mindestens die ältere Schwester, aber auch ehemalige Ehepartner tauchen in der Geschichte zur Familie als Bezugspersonen auf, wenn sie auch kaum oder nichts mit dem Unternehmen zu tun haben. Dann sind Familie und Unternehmen eben nicht deckungsgleich. Aber wie kommen diese beiden Sphären zusammen?

Familienunternehmen gelten als faszinierender, aber doch wenig erforschter Gegenstand sowohl der Betriebswirtschaft als auch der Soziologie. Dabei kann man diese Form des Wirtschaftens – zumindest nominell – als eine der ältesten und weltweit wohl auch häufigsten annehmen. In ihrer Bemühung um eine klare Abgrenzung des Familienunternehmens von anderen Betriebsformen definiert Klein (2000, S. 18) Familienunternehmen als solche, auf die Familien, im Sinne verwandtschaftlicher und durch Ehe legitimierter Gruppen, mittels Investition sowie Beteiligung an Management- und Kontrollaufgaben »Einfluss« ausüben. Dieser für Klein zentrale Begriff zur Kennzeichnung von Familienunternehmen verweist auf das

---

[199] In vielen Berichten sind Hinweise auf die Familienverhältnisse zu finden; die hier paraphrasierte und zusammengefasste Geschichte findet sich sehr anschaulich in der F.A.Z. 11.09.2007, Nr. 211, S. 42.

strategische Handeln einer in einem rechtlich legitimierten Rahmen agierenden Gemeinschaft hinsichtlich der Organisation eines Unternehmens. Jedoch ist diese Beziehung auch umgekehrt anzunehmen, nämlich dass die Organisation auf die Familie einwirkt. Allerdings wird die Familie allein als ein Akteur vorgestellt, der sich einer organisationalen Struktur zur Verwirklichung seiner Intentionen bedient. Unklar bleibt, wieso die Familie der adressierbare Akteur sein sollte. Die Adresse scheint bei den genannten Einflussgrößen entweder zu verschwommen oder zu überdeutlich, als dass damit eine Gemeinschaft wie die Familie fokussiert werden könnte. Entweder wird letztlich anonymes Kapital investiert oder aber im Management und bei Kontrollentscheidungen werden bestimmte Personen auf bestimmten Stellen als Verantwortliche adressiert. Wie kommt es hier in der Organisation zum weiterreichenden Verweis auf Familie? Klein bemüht zu deren Kennzeichnung eine Referenz auf den rechtlichen Status als Ehegemeinschaft. Mit dieser Einschränkung wird aber der Verweis gleichzeitig auch unscharf, weil immer noch mehr Informationen zur Adressierung der Familie notwendig werden. Aber mit dieser Referenz läuft man auch Gefahr, den Beobachtungsfokus zu scharf zu stellen, weil der Rechtsstatus eine zu starke Einschränkung des Adressenkreises impliziert.

Darum ist zunächst danach zu fragen, als was Familie vorzustellen ist. Jenseits der zahlreichen Deskriptionen um Arrangements des intimen Zusammenlebens und der damit verknüpften Sorge um Nachwuchs unterscheiden sich Familien hinsichtlich ihres spezifischen Funktionierens. In der modernen Gesellschaft bilden sich langfristig orientierte Partnerschaften durch das entlang von Alltagsroutinen anfallende hohe Emotionspotenzial zu Kernfamilien aus (Hill u. Kapp 2002). Hier findet die Primärsozialisation von Kindern statt, weshalb die Kernfamilie zugleich als Grundlage und Produkt der modernen Gesellschaft gilt. Die dabei zum Zuge kommenden intergenerativen Beziehungen sind von diesen Sozialisationserfahrungen geprägt, die auf die gegewärtigen und erwarteten familiären und außerfamiliären Rollen weisen. Gerade dass auch die außerfamiliären Belange der Familienmitglieder für die Familie intern von Bedeutung werden können, ist für Luhmann (2005) ein wesentliches Kennzeichen der Familie in der modernen Gesellschaft. Die Familie konstruiert ihre Mitglieder durch ihre thematisch allumfassende Kommunikation als für sie identifizierbare Personen. Familie ist damit gegenüber den Funktionssystemen der Gesellschaft ein Ort, bei dem das Interesse an einer Person nicht spezifisch eingeschränkt ist. Solcherart entworfene Personen markieren die Grenze der familiären Gemeinschaft und bieten gleichzeitig die Möglichkeit für Umweltbeobachtung. Dabei werden die kommunikativen Möglichkeiten der Thematisierung personenbezogener Belange nur nach Gelegenheiten realisiert. Das führt zu einer Politik kommunikativer Themenselektion, wodurch sich entsprechende Routine etabliert, im Verlauf der familiären Interaktion Geschichte anfällt und sich Habitus ausprägt, was durch die schon erwähnten auftretenden Emotionen[200] Anlass für die redundante oder variable Reproduktion von grenzmarkierenden Gruppenerwartungen ist (John 2008a, S. 51–69).

Das Familienunternehmen hingegen ist in erster Linie eine Betriebsorganisation mit programmatischen Zwecksetzungen, nach denen sich ihre Entscheidungen richten, die nicht von Personen, sondern von Stellen verantwortet werden, die von Personen besetzt sind. Die Stellen sind Kulminationspunkte in der hierarchischen Ordnung mit einem bestimmten sachlichen und hierarchisch begrenzten Verantwortungsbereich beim Fällen von Entscheidungen. Dafür zählt die Kompetenz der die Stelle besetzenden Person, mit der allein sich ihre organisationale Mitgliedschaft rechtfertigen lässt. Diese und weitere Organisationsmerkmale kontrastiert Klett (2005) mit Merkmalen der Familie, um zu prüfen, wie Betrieb und Familie zu einer strukturellen Kopplung als Familienunternehmen finden. Dabei ergeben sich je nach Perspektive der Familie und der Organisation unterschiedliche Beobachtungsmöglichkeiten, an denen sie sich orientieren können. Die Betriebsorganisation erfährt durch den Bezug auf Familie neben der Kompetenz einen weiteren Selektionsmechanismus, nämlich die Herkunft. Damit gewinnt die Organisation eine weitere Prämisse für Entscheidungen und deren Bewertung. Für die Familie ergibt sich aus der Beobachtung der Betriebsorganisation die Unterscheidung von familiärer Gleichheit gegenüber betrieblicher Personenselektion. Auch diese Unterscheidung bereichert als Prämisse den erwartbaren Möglichkeitsbereich familiärer Kommunikation. Die so vollzogene Verschränkung von Organisations- und Familienkommunikation limitiert und erweitert sich gegenseitig. Daraus erwächst nach Baecker (2003) dem Familienunternehmen ein entscheidendes Merkmal, das sich als Vorteil herausstellen kann. Da die Organisation des Familienunternehmens in ihrer Kommunikation immer die Familienmitglieder gesondert einbezieht, also sowohl Bezug auf Kompetenz als auch auf die Herkunft der Person nimmt, bilden sich Resistenz-

---

[200] Zur Rolle von Emotionen bei der Reproduktion von personenbezogenen Erwartungen siehe Vester (1991).

potenziale.[201] Die auf sachliche Hinsicht allein ausgerichtete organisationale Rationalität nimmt im Familienunternehmen auch Rücksicht auf die Person und lässt darum auch das Ungewöhnliche zu, was lediglich unter Rationalitätsgesichtspunkten unwahrscheinlich wäre. Dieser irrationale Aspekt bei den Entscheidungsprämissen ist nach Baecker möglich, weil die organisationale Kommunikation die Rücksicht auf Familie tabuisiert. Dabei kann niemand diese Rücksichten ansprechen, nach denen sich trotzdem und gerade alle richten. Deshalb erscheint für ihn die Entscheidungsfindung im Familienunternehmen weitgehend offener gestaltet, nämlich immer auf ein Drittes gerichtet, wo hingegen Klett (2005) eher eine fallweise Entscheidung für Herkunft oder Kompetenz annimmt. Aber gerade die durch das Kommunkationstabu eröffnete Möglichkeit für unwahrscheinliches Drittes eröffnet die Chance zur Einführung von irritierenden Varianzen und diese entgegen Widerständen durchzusetzen, was etwa der Definition des Schumpeterschen Unternehmers (Schumpeter 1987) entspricht.

Ergänzen ließe sich hier noch mit Fukuyama (1996), dass die Familienstruktur anders als die bloße Organisation sich nicht durch Verfahren legitimieren kann, sondern in Sozialisation Vertrautheit erzeugt und in Vertrauen oder – im Fall der Enttäuschung – in Misstrauen überführt. In jedem Fall aber sind damit wichtige Orientierungen für die Interaktion gewonnen (Luhmann 1973), die zukünftige Kommunikation erleichtert, weil sich Erwartungssicherheiten einstellen. Auf diese Weise, so Fukuyama (1996) weiter, bilden sich anhand von gemeinsamem Wertebezug moralische Gemeinschaften heraus, die wiederum als Verstärker von commitment wirken. An dieser Stelle aber kann man wiederum mit Klett (2005) die Limitierung des commitments anhand der Irritation der familiären Gleichheit durch die organisationale, an Kompetenz orientierte Personalselektion annehmen.

Im Fall der Privatbrauerei Peter und ihrer Bionade-Geschichte finden sich die Elemente vertrauensbasierter Zuversicht in der Familie sowie der durch das typische Kommunikationstabu des Familienunternehmens ermöglichten Toleranz einer absurd erscheinenden Idee. Die Privatbrauerei Peter kann also als typisch für Familienunternehmen gelten. Erwartungen und Rollen werden immer doppelt von der Unternehmensorganisation als auch von der Familie beobachtet, was sich sogar bis in die mediale Berichterstattung hinein erhält. Auch die Konstitution und Konfirmierung von

---

[201] Für Baecker (2003, S. 125) ist diese »ganz spezielle Resistenz und Renitenz« sogar der Grund für das theoretische Interesse an Familienunternehmen.

Vertrauen muss sich immer mit Referenz auf Familie und Organisation doppelt vollziehen. Konflikte erwachsen typisch hinsichtlich der Unvereinbarkeit familiärer Gleichheit und organisationaler Personalselektion. Diese müssen dann sachliche oder soziale Lösungen bezüglich der Leitreferenzen Familie und Unternehmen finden, wenn der Vater als Lebensdirigent seiner Tochter auftritt oder diese später als Mutter im Rahmen der Familie als Konfliktlöser ihrer Söhne agiert. Als Preis für diese Einbindung von Familie in die Organisation ist der Widerspruch von Individualität und organisationalen Rollenanforderungen zu erwarten, wenn dafür die Familienrollen in Anspruch genommen werden und die sich daran knüpfenden Erwartungen gegenseitig verstärken, das heißt Freiheitsgrade immer weiter einschränken. Ein Austritt aus der Organisation kann dann nicht folgenlos für die Familie bleiben, wie die veränderlichen Familienverhältnisse nicht folgenlos für die Privatbrauerei Peter blieben. Unternehmensorganisation und Familie sind hier hochrelevante und einschränkende Referenzen. Die Erfolgsgeschichte »Bionade« aber zeigt, dass sich auf diese Weise der Anschluss eines angeschlagenen Unternehmens an die globale Wirtschaft von der Organisation her sichern ließ, bis das ungewöhnliche Produkt Bionade sogar Innovation[202] genannt wurde und so als Marke weitere soziale Anschlüsse über die erneut entfachten Aufmerksamkeiten der Medien und des Marktes generieren konnte. Darum kann der Erfolg der Bionade nicht allein auf die besondere Organisationsform des Familienunternehmens zurückgeführt werden, dafür muss auch das Umweltverhältnis in Betracht gezogen werden.

4. Umwelt des Produkts

In ihrer Rolle als – nach Baecker (2003) – tabuisierte und darum maßgebliche Referenz des Unternehmens konnte die Familie den Betrieb in Gang halten und wieder beschleunigen und so die Organisation zunächst erhalten. Aber damit war der Bestand noch nicht wirklich gesichert. Denn nun kam es darauf an, dass die Organisation die Umwelt so beobachtete, dass sie sich darauf auszurichten vermochte, um sich als Adresse in der Wirtschaft wieder mehr ins Spiel zu bringen, also eine gegenseitige Konditio-

---

[202] Neben anderen Preisen wurde die Bionade Ingwer-Orange 2006 Gewinner »SIAL d'OR« und »Beste deutsche Innovation und bestes AfG International«.

nierung durch den Aufbau von gegenseitigen Erwartungssyndromen anzustrengen. Und auch hier übernahm die Familie eine führende Rolle.

Beinahe jedes Produkt hat einen Namen, der sich unter bestimmten Umständen zur Marke entwickelt und damit vom unmittelbaren, fixen Sachbezug entfernt. Als Marke wird der Sachbezug über ein flexibel gestaltbares Sachprogramm vermittelt, das durch ein Zeit- und Sozialprogramm flankiert ist (Hellmann 2003). Stellt das Zeitprogramm auf Kontinuität trotz Veränderung ab, sichert das Sozialprogramm dem Produkt die Interessenten. Schon der Name eines Produkts ist ein kommunikatives Angebot, denn damit lässt es sich von ähnlichen Produkten unterscheiden, identifizieren und adressieren und bietet Orientierungshilfe auf dem Markt. Die Marke aber wirkt darüber hinaus, sie bezeichnet nicht mehr nur einfach das Produkt, sondern auch den Käufer. Mit der Marke gewinnt der Käufer neben den kommunikativen Entlastungsfunktionen (Hellmann 2003, S. 126 ff.) auch deren Prestige und so persönliche und gemeinschaftliche Selbstbeschreibungsmöglichkeiten. Die symbolischen Verweise der Marke greifen dann gleichsam vermittels ihres Sozialprogramms auf den Käufer des von ihr bezeichneten Produkts über.

Inzwischen ist Bionade zu einer Leitmarke für den Markt von Biolimonaden geworden.[203] Sie ist heute mehr als bloß ein Szenegetränk und darum nicht mehr auf eine Nische angewiesen. Angefeuert durch den Bio-Boom hat sich die Bionade als Lifestyle-Produkt positionieren können. Dabei koppelt sie an die durchaus selbstbezügliche altruistische Weltsolidarität eines neu entworfenen Marktsegments, dem »LOHAS«, einem »lifestyle of health and sustainability«[204] an, was mit der im Frühsommer 2007 gestarteten Kampagne »Bionade. Das offizielle Getränk einer besseren Welt« und mit der Internetseite »www.stille-taten.de« deutlich hervorgehoben wurde. Mit dieser Kampagne wurde das Bionade-Image um die Komponente altruistischer Weltsolidarität erweitert. Damit aber bewegt sich Bionade in der Mitte des modernisierten Bio-Öko-Trends, als es hier nicht mehr allein um einen konsumverzichtenden Umweltschutz für den Konsumenten geht, sondern um die Verknüpfung altruistischer Haltungen mit selbstbezogenem Konsum. Umweltschutz wird als selbstvergewissern-

---

[203] Und das wird vom Unternehmen bewusst ausgespielt: Im Juli 2007 wurde der Flaschenpreis erhöht, der Vertrieb aber am Erlös kaum beteiligt (Mende 2008).

[204] Diese Marketingerfindung machte in Deutschland mit der Studie von Ernest & Young (2007) Furore, ist aber schon länger in den USA bekannt. Als deutsches Beispiel für die Popularisierung und Bündelung dieses Milieus können die Aktionen der »Utopia AG« gelten (siehe www.utopia.de).

der und solidarischer Luxus betrieben, als eine global verantwortliche Hilfe, die man sich unter der Bedingung moralischen und auch sachlichen Mehrwertes leistet. Nicht von ungefähr wurde dafür der Begriff »Bionadisierung« erfunden.[205] Die sozialen Promotoren dieses Trends, der mit dem so genannten »LOHAS« beschrieben wurde, treiben den derzeitigen Bio-Boom, der zu Bio-Supermärkten und Bio-Angeboten selbst von Discountern führte. In der Studie von Ernest & Young (2007) zum ableitbaren Entwicklungspotenzial vor allem des Lebensmittelmarktes wird auch eine Verstetigung dieses Trends als Mainstream oder gar als Treiber einer umfassenden Marktumstellung auf Bioprodukte unter Kontrolle und sogar der Produktion durch die Händler für realistisch erachtet. Dazu passt, dass der Geschäftsführer der Bionade GmbH sein Produkt als »Volksgetränk« verstanden wissen will.

Die Spitzenstellung im Bio-Trend der Marke Bionade erzeugt für das Produkt sozialen Anschluss, das heißt Aufmerksamkeit und Käufer, zu dem ohne Frage sachliche und zeitliche Verweise als besonderes Produkt und als zukunftsweisende Innovation (John 2008b) beitragen. Jedoch verdankt die Bionade seine Durchschlagkraft auch nicht unwesentlich der medialen Inszenierung, und zwar nicht nur des Produkts, sondern der das Unternehmen betreibenden Familie. Auffällig ist ja, warum gerade die seit 2003 einsetzenden Berichte anfänglich die Familie so stark thematisierten, wenn es doch eigentlich um den Erfolg eines Produkts ging. Die Familiengeschichte, die bei der Beschreibung der Produktentwicklung und dessen Markteinführung regelmäßig entfaltet wurde, zeigt das Bild einer unkonventionellen Familiegeschichte, zu der der Begriff des Patchworks passt. Mit Patchworkfamilie werden neue Entwicklungen der Familienform beschrieben, bei denen die Beziehungsgeschichten der Eltern und die Lösung der Betreuungs- und Fürsorgeprobleme der Kinder parallelisiert erscheinen. Trennungen und neue Partnerschaften müssen nicht zwingend rechtlich fixiert werden, Berufs- und Karriereorientierung sowie Kinderwunsch widersprechen sich nicht, sondern steuern auf Kompromisslösungen zu.[206] Diese Beschreibung der neuen Familienformen passt gut zu den Protagonisten des »lifestyle of health and sustainability«, die als gut ausgebildet, beruflich erfolgreich und gut verdienend eingeschätzt werden. Diese wenden sich spätestens bei der durch die erste Kindsgeburt markierte

---

[205] Nämlich in der F.A.S., 11.11.2007, Nr. 45, S. 35.

[206] Das lässt das Alter der Mutter bei der Geburt des ersten Kindes steigen (Schmitt 2007; Brose 2008).

Familiengründung dem Biomarkt zu, um Konsumrisiken hinsichtlich Gesundheit und Moral zu minimieren, aber nicht um zu verzichten.[207]

Die mit der Geschichte der Bionade verbundene Geschichte der Unternehmensfamilie wirkt vor diesem Hintergrund wie ein Modell dieses Marktsegments. Trotz verwirrender Familienverhältnisse und zwischenzeitlich angespannter ökonomischer Lage war die Familie in der Lage, durch Tatkraft und eine gewisse Ignoranz gegenüber der Umwelt ein erfolgreiches Produkt zu etablieren, ein desolates Unternehmen wieder in Bewegung zu bringen und verstärkt auch ökologisches und soziales Engagement zu zeigen. Diese Geschichte ist als Motivation zu verstehen: Bionade bedeutet die erfolgreiche Vereinigung von Moral und Kommerz als altruistischer Konsum.[208]

Die Familie beglaubigte eine Markenpolitik, die dauernd Anlässe für soziale Anschlüsse produziert und so eine Reduktion der Freiheitsgrade bei den Kundenbeziehungen schafft. Auf diese Weise wird eine Konditionierung von nichtentscheidbaren Entscheidungsprämissen des Unternehmens forciert. Das dabei angestrebte Ziel »Volksbrause« passt auch gut zum »Mainstream« und »Boom-Szenario« des LOHAS (Ernest & Young 2007, S. 33–42). Ein Coup wie die zum 1. Juli 2008 angekündigte Preiserhöhung um zwanzig Cent pro Flasche ist dann ein riskantes, aus Markensicht aber notwendiges Manöver: Man bleibt primus inter paribus. Denn nicht nur die Kunden werden mit Erwartungen versorgt, sondern diese nehmen die darin enthaltenen Versprechen auf ganz eigene Weise ernst. Allerdings kann das, was per Preissteigerung als Differenzierungsmerkmal des Originals beabsichtig war, auch schnell in moralisch begründete Ablehnung und in Misstrauen umschlagen. Und so muss immer weiter moralisch argumentiert werden.[209] Die Legitimationsstrategie versucht wiederum unter Verweis auf

---

[207] Die Portraits der Gründerin der Utopia AG, Claudia Langer, stoßen in die gleiche Richtung wie die Berichte über die Bionade. Die Lebensgeschichten stehen modellhaft für die Möglichkeit, moralisch integer Erfolg zu haben (Merk 2008; Obermeier 2008). Das schafft entgegen alltäglicher Berichte über den Werteverfall die beruhigende Gewissheit, dass es auch anders geht. Auch dafür steht die »Bionadisierung« der Welt (F.A.S., 11.11.2007, Nr. 45, S. 35).

[208] Solch moralischer Konsum ist allerdings schon lange eine Form des Sozialprogramms einer Marke, wenn Priddat (1994; 1998: S. 65–97) das auch nicht so nennt, und ebenso alt sind die mit Moral provozierten Probleme.

[209] Darauf stellt Nordmann mit der Kampagne, »BIOS« sei die erste wirkliche biologische Brause, auch prompt ab.

die Prioritäten, nämlich privater Verzicht zugunsten ökologisch-sozialen Engagements, die an Bionade anknüpfenden Erwartungen zu bedienen.[210]

Die Konditionierung der Umwelt über die gezielte Ansprache der Klientel, das Sozialprogramm der Marke, bindet auch das Unternehmen und die sich in Anspruch nehmen lassende Familie, weil es sich verschärfter Beobachtung aussetzt. Hier die Politik des Unternehmens über die Marke Bionade erfolgreich durchzusetzen – im Sinne einer Steigerung von Produktion und Absatz – wird sich vielleicht als ebenso langfristiges Unternehmen herausstellen wie die Entwicklung und Einführung der Bionade selbst. Doch mit langen Laufzeiten in schwierigem Gelände hat der Motor der Unternehmensorganisation, die Patchwork-Familie Peter – Leipold – Kowalsky, schon Erfahrung.

5. Instabilisierende Statik und stabilisierende Dynamik

Die Privatbrauerei Peter KG war seit Mitte der 1980er Jahre in einer desolaten Situation. Der Betrieb, die vielfältigen Operationen der Organisation, wurden in ihrem Umfang immer kleiner. Das wird vor allem an der Zahl der Mitarbeiter deutlich, wenn gleichzeitig davon auszugehen ist, dass keine technischen Produktionsmittel die menschliche Arbeitskraft ersetzen. Die Organisation befand sich in einem Zustand der Bestandssicherung, die keine unternehmerischen Handlungen mehr zuließen, so dass selbst die Produktentwicklung privat außerhalb der Organisation vonstatten gehen musste. Von daher lässt sich die Situation der Organisation als statisch beschreiben. Gleichzeitig aber sorgte der Stillstand der Organisation gegenüber ihrer Umwelt für eine zunehmende Instabilität. Denn während sich dort ständig Veränderungen abspielten und die Verhältnisse zum Beispiel als Weltmarkt für Getränke komplexer werden ließen, schienen die Möglichkeiten der Privatbrauerei Peter KG immer begrenzter und dann immer nachdrücklicher in eine Richtung – der Insolvenz – zu deuten.

Der heutige Erfolg mit der Bionade und die aktuellen Bemühungen um globalen Marktanschluss sind hingegen als stabilisierende Dynamik zu beschreiben. Allein die Differenzierung der Unternehmensorganisation in

---

[210] Dass nämlich nicht die unterstellte Steigerung der Rendite hinter der Preissteigerung steckt, sondern erhöhter Investitionsbedarf der regionalen, ökologischen Landwirtschaft, die die Rohstoffe für die Bionade liefert (Weiguny 2008).

drei neue Betriebsbereiche, BIONADE International GmbH, BIONADE GmbH und BIONADE Abfüll GmbH, ist ein Anzeichen dafür, dass die Operationen der Organisation wieder in Fahrt gekommen sind. Aber auch der Umfang der Stellen hat zugenommen und schließlich auch der Produktionsausstoß. Diese Dynamik verhilft der Privatbrauerei und ihren Bionade-Subunternehmen dazu, sich als ein wichtiger Wettbewerber zu etablieren. Damit begibt sich das Unternehmen auch wieder unter akute Beobachtung des Marktes. Aber nur so kann die Organisation auch etwas darüber erfahren, ob ihr Selbstbild in irgendeiner Weise Realitäten erzeugt, sei es durch positiven Anschluss, sei es durch Widerstand. Solange das geschieht, bewegt sich die Organisation in einem Zustand operationaler Stabilität.

Diese Stabilität beruht nicht zuletzt auf der spezifischen Resistenz der Familienleitung des Unternehmens gegenüber Umweltirritationen und das Einspannen der Familiengeschichte für das Sozialprogramm der Marke. Mittels dieser zwei Faktoren der Bionade-Erfolgsgeschichte konnte dank der Umweltresistenz die Struktur der Organisation aufgebaut und mit massenmedialen Berichten, die als implizite Werbung funktionieren, eine Konditionierung der Umwelt betrieben werden. Seit dem Erfolg der Bionade und der stabilisierenden Dynamik der Unternehmensorganisation tritt die Familie wieder in den Hintergrund. Das Tabu im Familienunternehmen besteht weiter, auch wenn manche Familienmitglieder massenmedial inszenierte öffentliche Personen bleiben werden. Aber tendenziell verschwindet die Familie als Thema aus der Kommunikation über die Bionade und deren Brauerei. Der Erfolg der Bionade war – soviel ist klar geworden – nicht allein von der Umstellung der Organisation abhängig. Das in bestimmter Hinsicht blinde Engagement Familie war auf die Anschlüsse in der Umwelt angewiesen, die sich gerade anfangs nur als Glück, als unintendierbare positive Fügungen des Zufalls darstellten. Wurden diese Anschlüsse unter Nutzung der Familiengeschichte über Massenmedien verstärkt, die Stichweh (2004, S. 61) als eine Art Inklusionsmaschine der Exkludierten beschreibt, trat das Produkt mehr und mehr in den Vordergrund und schließlich als Marke hervor.

Nicht nur, dass die Organisation wieder in Bewegung kam, sondern auch der Anschluss an den Weltmarkt verblüffen an der Bionade-Geschichte. Daher erklärt sich ja auch ihr lang anhaltender Reiz für die Massenmedien. Mehr noch aber scheint sich erst im Anschluss an den Weltmarkt die gewagte Option der Unternehmensfamilie auf Fortführung der Operationen des Familienunternehmens soweit eingelöst zu haben, dass daraus neue Versprechen erwachsen, sei es als globale Marke für Erfrischungsgetränke, sei es als attraktiver Posten für die Akquise durch die globale Spitzengruppe der Getränkehersteller.[211] Beides kann als Erfolg der Wiederbelebung einer Organisation gelten, einer unwahrscheinlichen, aber vermittels Familie schließlich bis auf weiteres geglückten Umstellung von instabilisierender Statik auf stabilisierende Dynamik. Dieses Glück konnte niemand anstreben, aber einige Weichen in diese Richtung ließen sich aufgrund der spezifischen Situation der Familienbrauerei Peter KG stellen.

Literatur

Baecker, D. (2003): Tabus in Familienunternehmen. In: Ders.: Organisation und Management. Frankfurt/Main (Suhrkamp), S. 123–133.

Brose, N. (2008): Entscheidung unter Unsicherheit – Familiengründung und -erweiterung im Erwerbsverlauf. Kölner Zeitschrift für Soziologie und Sozialpsychologie 60, S. 30–52.

Ernest & Young (2007): LOHAS. Lifestyle of health and sustainability. www.ey.com/Global/assets.nsf/Germany/Studie_RCP_LOHAS_2007/$file/Studie_RCP_LOHAS_2007.pdf (abgerufen: 17.06.2008).

Fründt, S. (2008): Bunter Bionade-Rausch, Die Welt, 05.07.2008, Nr. 156, S. 16.

Fukuyama, F. (1996): Trust. New York (Free Press).

Giddens, A. (1990): The Consequences of Modernity. Stanford (Stanford University Press).

Giersberg, G. (2007): Hopfen und Malz verloren, F.A.Z., 08.10.2007, Nr. 233, S. 25.

Habermas, J. (1969): Technik und Wissenschaft als Ideologie. Frankfurt/Main (Suhrkamp).

Harvey, D. (1990): The Condition of Postmodernity: An Enquiry into the Origins of Cultural Change. Malden, Oxford (Blackwell).

Hellmann, K.-U. (2003): Soziologie der Marke. Frankfurt/Main (Suhrkamp).

Hill, P. B. u. J. Kapp (2002): Familiensoziologie. Grundlagen und theoretische Perspektiven. Wiesbaden (Westdeutscher Verlag).

John, R. (2008a): Die Modernität der Gemeinschaft. Bielefeld (transcript).

---

[211] Dunkle Wolken deuten sich am Horizont zumindest schon an. Nicht nur weil die Konkurrenz immer drängender wird, auch weil das eigene Potenzial für Befriedigung der Ambitionen des Marktes wie auch des Unternehmens kaum mehr ausreicht. Erneute organisationale Umstellungen wie zum Beispiel weitreichende Allianzen scheinen unvermeidlich (Financial Times Deutschland, 19.08.2008, Nr. 161, S. 23).

John, R. (2008b): Duale Prozessualität von Innovation. Das kommunikative und wahrnehmungsbezogene Zusammenspiel von Erwartung und Erwartungsenttäuschung oder Innovations-Brause – vom Werden und vom Machen: Anschlussprobleme der Innovation und die Begründung von Tradition. TRANS. Internet-Zeitschrift für Kulturwissenschaften 17 (im Erscheinen).

Klein, S. B. (2000): Familienunternehmen. Theoretische und empirische Grundlagen. Wiesbaden (Gabler).

Klett, D. (2005): Zwischen Kompetenz und Herkunft – zwischen Gleichheit und Selektion. Paradoxe Anforderungen an Familienunternehmen und ihre Unternehmensfamilien. Heidelberg (Carl-Auer).

Kneer, G. (2001): Organisation und Gesellschaft. Zum ungeklärten Verhältnis von Organisations- und Funktionssystem in Luhmanns Theorie sozialer Systeme. Zeitschrift für Soziologie 6, S. 407–428.

Luhmann, N. (1973): Vertrauen. Ein Mechanismus zur Reduktion sozialer Komplexität. Stuttgart (Enke).

Luhmann, N. (1994): Inklusion und Exklusion. In: Berding, H. (Hrsg.): Nationales Bewußtsein und kollektive Identität. Studien zur Entwicklung des kollektiven Bewußtseins in der Neuzeit 2. Frankfurt/Main (Suhrkamp), S. 15–46.

Luhmann, N. (2005): Sozialsystem Familie. In: Ders.: Soziologische Aufklärung 5. Wiesbaden (VS Verlag für Sozialwissenschaften), S. 189–209.

Mende, J. (2008): Der Regelbrecher. Lebensmittelzeitung, 11.07.2008, Nr. 28, S. 27.

Merk, G. (2008): Die Frau für das Gute. F.A.S. 18.05.2008, Nr. 20, S. 48.

Nave-Herz, R. (2004): Familiensoziologie. Eine Einführung in Geschichte, theoretische Ansätze und empirische Befunde. Weinheim (Juventa).

Obermeier, B. (2008): Die ökokorrekte Strategin. FAZ.Net, 29.03.2008. Verfügbar unter www.faz.net/s/RubF43C315CBC87496AB9894372D014B9BD/Doc~E63D18 A1A750D4844AAA6A76F6963DBCC~ATpl~Ecommon~Scontent.html (abgerufen: 23.06.2008).

Priddat, B. P. (1994): Ökonomische Knappheit und moralischer Überschuß. Hamburg (S+W).

Priddat, B. P. (1998): Moralischer Konsum. 13 Lektionen über die Käuflichkeit. Stuttgart und Leipzig (Hirzel).

Schmitt, C. (2007): Familiengründung und Erwerbstätigkeit im Lebenslauf. Aus Politik und Zeitgeschichte 7/2007, S. 3–8.

Schumpeter, J. (1987): Theorie der wirtschaftlichen Entwicklung. Berlin (Dunker & Humblot) [1911/1934].

Sofsky, W. u. R. Paris (1994): Figurationen sozialer Macht. Autorität – Stellvertretung – Koalition. Frankfurt/Main (Suhrkamp).

Statistisches Bundesamt (2008): Finanzen und Steuern. Brauwirtschaft 2007, Wiesbaden (Artikelnummer: 2140922077004). Verfügbar unter: http://www.destatis.de/ publikationen (Suchwort: Brauwirtschaft; abgerufen: 08.06.2008).

Sichweh, R. (2004): Inklusion und Exklusion. Studien zur Gesellschaftstheorie. Bielefeld (transcript).

Sutterlüty, F. (2002): Gewaltkarrieren. Jugendliche im Kreislauf von Gewalt und Missachtung. Frankfurt/Main (Campus).

Vester, H.-G. (1991): Emotion, Gesellschaft und Kultur. Grundzüge einer soziologischen Theorie der Emotionen. Opladen (Westdeutscher Verlag).

Weiguny, B. (2008): Der Preis des Originals. FAZ.Net, 14.06.2008. http://www.faz.net/s/RubD16E1F55D21144C4AE3F9DDF52B6E1D9/Doc~EE2EB882713B549F4B80781BA3E9124FE~ATpl~Ecommon~Scontent.html (abgerufen: 14.06.2008).

Heiko Kleve

Die Organisation von Veränderung in der Sozialen Arbeit. Implementierung neuer Konzepte im Kontext nicht-trivialer Systeme[212]

1. Ausgangspunkte

Das Ausgangsproblem dieses Beitrags ist selbst für den Autor höchst erstaunlich. Denn angesichts des gewachsenen Interesses an Theorien, die sich mit Interventions- und Veränderungsmöglichkeiten in komplexen Systemen befassen (beispielhaft Willke 1994, 1995, 1998 oder auch Fuchs 1999), sollte man annehmen, dass etwa Politiker, Entscheidungsträger oder Planer in Organisationen wissen, wie gering die Wahrscheinlichkeit ist, dass neue Konzepte so implementiert werden können, wie sie erdacht wurden. Ansätze des systemischen Wissens- und Veränderungsmanagements sind doch im Bereich der Unternehmens- und Organisationsentwicklung oder auch in der Qualifizierung von Führungskräften so angesagt wie kaum andere Theorieangebote. Deshalb verwundert es mich immer wieder, wenn ich bei der Beobachtung von Implementierungsprozessen die enttäuschten Erwartungen der Entscheidungsträger und Planer vernehme angesichts von Implementierungen, die als »gescheitert« bewertet werden. Was hier gescheitert ist, so meine erste These, ist nicht die Implementierung selbst, sondern eine bestimmte Auffassung hinsichtlich der Möglichkeiten von Implementierungsprozessen.

Dieser These liegen Erfahrungen zugrunde, die ich angesichts der Implementierung von neuen Konzepten im Bereich der Sozialen Arbeit in den letzten Jahren gesammelt habe. Dabei handelt es sich insbesondere um Projekte zur Einführung von Sozialraumorientierung, von Case Management und von neuen Formen ambulanter erzieherischer Hilfen.

Sozialraumorientierung wird derzeit in Deutschland, Österreich und der Schweiz als ein innovatives Fachkonzept gefeiert (Haller/Hinte/Kummer

---

[212] Einzelne Teile dieses Beitrags (insbesondere der Abschnitte 3 bis 5) sind bereits publiziert (Kleve 2007a) und wurden für diese Veröffentlichung überarbeitet und erweitert.

2007), das zu einer völligen Neuorganisation der Sozialen Arbeit führen könnte. Diese Neuorganisation ist durchaus begrüßenswert und kann auch aus einer systemtheoretischen Perspektive, die sich nicht scheut, praxisbezogene Bewertungen zu entwickeln, gewürdigt werden (etwa Kleve 2007b, S. 98 ff; 2007c). Alle Ebenen sozialarbeiterischer Prozesse, ob gesellschaftlich, organisatorisch oder interaktionell, werden durch dieses Fachkonzept einer Neuformatierung unterworfen, die letztlich eine stärker adressaten- und ressourcensensible Arbeitsweise zeitigen könnte. Außerdem lassen sich angesichts einer sozialraumorientiert agierenden Sozialen Arbeit die klassischen Verdachtsmomente, denen Soziale Arbeit unterliegt (Baecker 1994) – dass sie eher der Selbsterhaltung der Organisationen dient als ihren Adressaten (Motivverdacht); dass sie mit ihrer Hilfe die Selbsthilfepotentiale eher verschüttet als hervorlockt (Effektivitätsverdacht); dass sie durch die Bezeichnung von Hilfsbedürftigkeit diese eher zementiert als behebt (Stigmatisierungsverdacht) – nachhaltig aufbrechen. Die Einführung der Sozialraumorientierung beobachte ich vor allem in Berlin. Ich stehe dort mit zahlreichen Sozialarbeiterinnen und Sozialarbeitern unterschiedlicher Hierarchieebenen in Kontakt und reflektiere mit ihnen die Implementierungsergebnisse.

Case Management wird nicht nur in der Sozialen Arbeit als Programm zur effektiven und effizienten Fall- und Systemarbeit angepriesen, sondern auch im Gesundheitswesen oder der Beschäftigungsförderung (z. B. Löcherbach et al. 2005; Ehlers/Müller 2008). Seit einigen Jahren agiert die Deutsche Gesellschaft für Care und Case Management (DGCC) mit genauen Vorstellungen darüber, wie dieses Konzept in die Praxis einzuführen ist und wie es sich am Ende in den Organisationen der jeweiligen Felder etablieren soll (Informationen dazu finden sich etwa auf der Webseite www.dgcc.de). Das Besondere an Case Management ist (und damit ist es ähnlich ausgerichtet wie die Sozialraumorientierung), dass es sich um ein Fachkonzept handelt, das nicht nur die methodische Ebene der Arbeit mit Einzelfällen verändert; vielmehr führt die ernsthafte Implementierung des Ansatzes zu weitreichenden Wandlungen innerhalb von Organisationen sowie bezüglich der Kommunikation zwischen diesen.

Die Verbreitung, Vermittlung und organisatorische Einführung von Case Management habe ich mir als wissenschaftlicher Leiter der entsprechenden Weiterbildung an der Fachhochschule Potsdam selbst auf die Fahnen geschrieben. So konzipierten wir an der Zentralen Einrichtung Weiterbildung der FH Potsdam einen von der erwähnten DGCC zertifizierten Ausbildungskurs für Fachkräfte aus unterschiedlichen Arbeitsfeldern der Sozialen Arbeit, aber auch der Beschäftigungsförderung und des Gesundheitswesens. Hier stehe ich im Austausch mit den Weiterbildungsteilnehmern und den anderen Dozenten/Trainern der Kurse und bekomme mit, wie sich in der Praxis abgemüht wird, Case Management einzuführen.

Schließlich war es mir im Rahmen eines Lehrforschungsprojektes möglich, die Implementierung neuer Formen ambulanter Erziehungshilfen zu begleiten und zu evaluieren. Diese Implementierung ging von einer zentralen Koordinierungsinstanz eines Jugendamtes aus und bezog sich ebenfalls auf zahlreiche Organisationen der so genannten freien Erziehungshilfe. Ergebnisse dieser Forschung, die für mich allgemeine Tendenzen und Wirkungen von in bestimmter Art und Weise durchgeführten Implementierungsprozessen zum Ausdruck bringen, werden weiter unten erläutert.

Eines soll bereits einleitend festgehalten werden: In allen genannten Erfahrungsbereichen zeigte sich immer wieder eine Auffassung hinsichtlich der Organisation von Veränderung, die offenbar in vielen Praxisbereichen typisch ist, nämlich die Idee, dass es möglich sei, Neues linear von oben nach unten und von der Theorie in Richtung Praxis zu implementieren. Dass diese Idee wenig brauchbar ist, habe ich anderer Stelle bereits eingehend beschrieben (Kleve 2007a). Diese Beschreibung wird im Folgenden noch einmal referiert. Dabei werde ich zwei idealtypische Formen des Implementierens unterscheiden, zum einen die autoritär-lineare Form (3.) und zum anderen die dialogisch-kooperative Form (4.), die eine Alternative bietet zum zuerst genannten klassischen Konzept. Schließlich unterbreite ich einige Vorschläge zur Frage, welche Blickrichtungen Beobachter einnehmen könnten, wenn sie danach trachten, Probleme in Implementierungsprozessen zu lösen (5.). Aber zunächst soll knapp der Kontext gesichtet werden, der die Organisationen Sozialer Arbeit überhaupt erst veranlasst, sich zu verändern (2.).

2. Ambivalenz von Ökonomisierung und Lebensweltorientierung als Kontext der Veränderung

Warum sollen sich sozialarbeiterische Organisationen überhaupt verändern? Welche Interessen gehen den Veränderungsbestrebungen voraus? Ich vertrete diesbezüglich die These, dass diese Veränderungen im Kontext einer Ambivalenz stehen: der Ambivalenz von Ökonomisierung und Lebensweltorientierung (ausführlich dazu Kleve 2007b, S. 36 ff.).

Zunächst zur Ökonomisierung: Wie alle Organisationen sind auch sozialarbeiterische Einrichtungen abhängig vom Geld, von ökonomischen Einflussgrößen. Dieses Geld gelangt über staatliche Transferleistungen in die Soziale Arbeit. Und spätestens seit Anfang der 1990er Jahre sind die Staatskassen, aus denen dieses Geld in der Regel kommt, stark belastet. Dies hat freilich mit unterschiedlichsten gesellschaftlichen Entwicklungen (etwa mit der gestiegenen Arbeitslosigkeit, dem demografischen Wandel, dem weltweit agierenden Wirtschaftssystem etc.) zu tun und soll hier nicht weiter thematisiert werden. Auffällig ist jedoch, dass sich seit dieser Zeit die Forderungen nach einer stärker ökonomischen Ausrichtung der Sozialen Arbeit nicht mehr überhören lassen. Peter Fuchs (2000, S. 30 f.) spricht angesichts dieser Entwicklung sogar davon, dass die klassischen »Kopplungsfavoriten« der Sozialen Arbeit, zunächst die Religion, dann die Politik, aber – wie ich Fuchs ergänzen würde – auch das Rechtssystem, immer stärker abgelöst werden von der Wirtschaft. »Gegenwärtig [...] stellt das System seine Favorisierungen um auf das Wirtschaftssystem« (ebd. S. 30).

Damit gelangen zunehmend wirtschaftliche Steuerungsgrößen hinein in die sozialarbeiterischen Beobachtungen, z. B. die Aspekte von Effektivität und Effizienz. Demnach sollen sozialarbeiterische Hilfen effektiv, d. h. zielwirksam sein. Die Organisationen sind aufgefordert, dass sie das, was sie tun, an konkreten Zielvereinbarungen ausrichten, mit denen dann die tatsächlich erreichten Ergebnisse verglichen werden können. Nur eine Hilfe, die keine bzw. eine geringe Differenz zwischen ihren Zielen und ihren Ergebnissen aufweist, ist somit effektiv. Effizient sollen die Hilfen dadurch sein, dass sie ein günstiges Verhältnis von Aufwand und Nutzen ermöglichen. Sozialarbeiterische Organisationen sollen bei so wenig Aufwand wie möglich einen maximalen Nutzen für alle Beteiligten erzielen. Der Aufwand wird finanziell durch die angefallenen Kosten für den Einsatz von Personal, Zeit und Sachmitteln gemessen, während der Nutzen durch die Adressaten, die Auftrag- und Geldgeber (insbesondere den Staat) und die hilfeleistenden Organisationen einzuschätzen ist. Die ökonomische Perspektive in der Sozialen Arbeit ist gekennzeichnet durch Strategien, die instrumentelles, ergebnisorientiertes Denken und finanzielle (quantitative) Interessen der Auftrag- und Geldgeber in den Blick bringen. Das Ziel wäre hier das kostengünstig, also effizient erbrachte Ergebnis.

Im Gegensatz dazu stellt sich die Lebensweltorientierung dar: Neben der beschriebenen ökonomischen Ausrichtung erleben wir spätestens seit Anfang/Mitte der 1980er Jahre einen starken Trend zu einer lebensweltorientierten Sozialen Arbeit (etwa Thiersch 1992). Im Gegensatz zur Ökonomisierung geht die Lebensweltorientierung von einer offenen, weniger an geplanten Zielen und Ergebnissen als an Prozessen orientierten Gestaltung der Hilfen aus. Der Weg ist hier eher das Ziel – nicht so sehr das effektiv und effizient abrechenbare Ergebnis. Die Hilfe ist nicht so sehr an den

Interessen der Auftrag- und Geldgeber, sondern vielmehr an den Bedürfnissen der Adressaten ausgerichtet. So beschreibt Hans Thiersch (ebd.) dieses Konzept als eines, das Sozialarbeiterinnen und Sozialarbeitern ermöglichen soll, sich auf die eigensinnigen Erfahrungen der Klienten einzulassen, dass sie in ihrer Arbeit von diesen Erfahrungen ausgehen und sich auf diese beziehen. Lebensweltorientierte Soziale Arbeit reagiert damit gewissermaßen auf die postmoderne Verwischung der Differenz von Norm und Abweichung. Jenseits klassischer Normalitätserwartungen, die sich im Zuge von Individualisierungs- und Pluralisierungstendenzen enorm vervielfältigen, wird die Aufgabe der Sozialen Arbeit als das kommunikative Aushandeln von Problemdefinitionen, von Hypothesen über Problemursachen sowie von Zielen bezüglich der und von Handlungen zur Problemlösung aufgefasst.

Die knapp beschriebene Ökonomisierung und die skizzierte Lebensweltorientierung werden für sozialarbeiterische Organisationen zu Polen einer Ambivalenz, die sie mehr und mehr gekonnt balancieren müssen. Es scheint nicht (mehr) möglich zu sein, jeweils eine Seite der Ambivalenz auszublenden, verlangt wird demgegenüber beides: sowohl ökonomisch kalkulierende als auch lebensweltorientiert agierende Organisationen. Die einleitend erwähnten Konzepte (Sozialraumorientierung, Case Management und die Entwicklung neuer Formen von ambulanten Erziehungshilfen) lassen sich als Versuche interpretieren, Ökonomisierung und Lebensweltorientierung zusammen zu bringen. Die Implementierungsstrategien, die ich im Folgenden beschreibe, stehen also genau in diesem Kontext der Ambivalenz von zwei gleichzeitig spürbaren, aber eher gegenläufig ausgerichteten Erwartungen.

3. Der autoritär-lineare Stil des Implementierens

Nach meinen Beobachtungen stellt sich das praktische Implementieren von neuen Konzepten in der Regel folgendermaßen dar: Zunächst überlegen sich Akteure auf höherer Leitungsebene – nicht selten unterstützt durch Wissenschaftler – neue Verfahren, die durchaus aus fachlicher Sicht (etwa hinsichtlich der passenden Kombination ökonomischer und lebensweltorientierter Prinzipien) begründet und äußerst sinnvoll erscheinen. In diesen Verfahren geht es nicht selten darum, die Autonomie der Adressaten zu stärken, Hilfen wirksamer und wirtschaftlicher zu gestalten oder beobachtete Defizite traditioneller Orientierungen zu beheben. Also bei einem sachlichen Blick auf die entwickelten Konzepte, wie etwa Sozialraumorientierung oder Case Management, kann durchaus über die konzeptionelle Innovation geschwärmt werden, haben sich die denkenden Akteure zumeist etwas sehr Plausibles und Richtungsweisendes überlegt, was mit neuesten Postulaten der Sozialen Arbeit und aktuellen Forschungsergebnissen übereinstimmt.

Der weitere Weg dieser neuen Konzepte bereitet dann jedoch oft großes Kopfzerbrechen. Die Entwickler gehen nun hinaus, um für die neuen Entwicklungen, nicht selten mit missionarischem Eifer, zu werben. Oder sie fällen Beschlüsse, nach denen das, was sie theoretisch konstruiert haben, in den Organisationen umgesetzt werden soll. Sie veranstalten Fachrunden und Tagungen, lassen Arbeitskreise und neue Gremien gründen, die dazu beitragen sollen, die neuen Konzepte einzuführen.

Bereits bei diesen Veranstaltungen ist die Skepsis der Praxisvertreter beobachtbar, kommen kritische Bemerkungen hinsichtlich der Realisierbarkeit der entwickelten Verfahren und ist eine Atmosphäre spürbar, die signalisiert, dass die Implementierung nicht gerade einfach werden wird. Möglicherweise zeigen sich auch Praktiker, die zwar schweigen, sich alles interessiert anhören, die jedoch nicht motiviert sind, etwas Neues zu erproben. Hier ist nicht selten ein Aussitzen zu beobachten, ein schweigsames Verharren, eine träge Passivität. Andere mögen betonen, dass sie das bereits praktizieren, was da von den Planern oder Wissenschaftlern als etwas Innovatives angepriesen wird.

Beispielhaft für solche und ähnliche Effekte dieser Form des Implementierens konnten wir im oben erwähnten Lehrforschungsprojekt etwa die folgenden drei Aspekte herausarbeiten (Schoft et al. 2007): Erstens beobachteten wir einen kreativen Eigensinn in Organisationen. Die Veränderungszumutungen, mit denen die Organisationen von außen oder von der Leitung konfrontiert werden und die von oben nach unten sowie von der planerischen Theorie zur Praxis eingeführt werden sollen, führen häufig tatsächlich zu Veränderungen – nur nicht zu denen, die in der Theorie erdacht wurden. In den Interviews, die wir im Rahmen des Forschungsprojektes führten, wurde dies offen benannt. So äußersten zahlreiche Interviewte, dass sie nicht das taten, was angesichts der »Vorgaben von oben« hätte getan werden müssen, sondern dass sie mit ihrem Kollegen andere »Lösungen« fanden, die ihnen hinsichtlich ihres Arbeitsfeldes angemessener erschienen. Dies vertraten sie in der Organisation aber nicht offen, sondern taten so, als ob sie das realisierten, was von ihnen erwartet wurde. Zweitens zeigte sich die Bildung von Vorder- und Hinterbühnen, auf denen recht Unterschiedliches kommuniziert wird. Während in den offiziellen Gremien, in den Rücksprachen zwischen den Hierarchieebnen der Erfolg des Implementierens gefeiert wird, offenbart sich in den informellen Gesprächen, im so genannten Flurfunk etwas völlig anderes: Hier wird sich über die Implementierung ausgelassen, sie wird nicht selten abgelehnt. »Dies wird jedoch nicht offen gezeigt, sondern es wird eine Vorderbühne errichtet, die den Schein wahrt [...], auf der Hinterbühne wird jedoch an den alten Arbeitsmustern festgehalten« (ebd., S. 11). Drittens konnten wir ein Trichtersystem entdecken, »welches bei der Informationsweitergabe existiert, d. h. Informationen zwischen den Beteiligten [...] werden gefiltert weitergegeben« (ebd., S. 12). Zwischen den Hierarchieebenen der Organisationen wird von unten nur das nach oben weitergereicht, was dazu beiträgt, dass der Schein des Implementierens gewahrt werden kann, obwohl sich nicht das verändert, was sich entsprechend den planerischen Vorgaben der Entscheidungsträger verändern sollte.

Wie können diese Reaktionen auf die Implementierungsversuche nun erklärt werden?

Keineswegs wird hier eine Erklärung gegeben, die das beobachtete Verhalten allein denen zurechnet, die es zeigen. Freilich ist bekannt, dass Neues zunächst auf Ablehnung stößt, weil bewährte Routinen, eingespielte Verfahren infrage gestellt werden. Die Furcht vor dem Neuen und Unbekannten ist offenbar menschlich. Bevor wir uns auf das Neue einlassen, verharren wir eher, halten uns an dem fest, was wir erlernt, früh erfahren haben, was sich für uns eingespielt hat – selbst dann, wenn es erfolglos bleibt oder gar leidvoll wirkt. Mit Sigmund Freuds Psychoanalyse können wir hier den Wiederholungszwang, die permanente Übertragung erworbener Muster erkennen. Dennoch müssen Veränderungen, muss die Innovation nicht scheitern, können erfolgreiche Implementierungen gelingen.

Die These ist, dass dies dann der Fall ist, wenn die Akteure in einer ganz bestimmten Art und Weise miteinander agieren. Und dieses Agieren, diese Interaktion zwischen beteiligten Akteuren muss von den konzeptionell Verantwortlichen eingeleitet werden. Daher schreibe ich die Verantwortung für das Misslingen vieler Implementierungsversuche diesen Verantwortlichen zu, den Planern, den Politikern, teilweise auch den Wissenschaftlern – und nicht den Praxisvertretern an der Basis. Ich gehe also klar von der Hierarchie innerhalb der Organisationen aus und vertrete die These, dass die Entscheidungen, die zu konstruktiven oder eher zu problematischen Implementierungsprozessen führen, eindeutig den Führungsebenen und ihren (etwa wissenschaftlichen) Beratern zuzurechnen sind. Aber was ist problematisch an dem Tun der Planer? Warum kann man ihnen die Verantwortung zurechnen für das, was hier an Reaktionen der Praxisvertreter beschrieben wurde? Wir kommen also zur Frage der Erklärung des beschriebenen Interaktionsverhältnisses zwischen Entwicklern, Planern und Praktikern.

Die Planer verkennen oft, dass wir es hinsichtlich der Praxis und ihrer Organisationen mit komplexen, eigendynamisch strukturierten, um nicht zu sagen: autopoietischen Systemen (Luhmann 1984) zu tun haben, die sich in der Regel nicht auf der Grundlage einfacher Subjekt-/Objekt-Modelle steuern lassen (speziell für die Sozialarbeit dazu Bardmann et al. 1991).

Die klassische Steuerungsidee unterscheidet das Subjekt des Steuerns, den Steuernden, und das Objekt des Steuerns, den zu steuernden Sachverhalt. Der Steuernde verfüge über Informationen und die Möglichkeit, diese Informationen so in das zu steuernde Objekt einzubringen, dass es sich in Zukunft, also nach der Steuerungsintervention, nach Maßgabe dieser Informationen verhalte. Diese Steuerungsidee geht von einer einseitigen Richtung der Beeinflussung aus: Der Steuernde determiniert den Zustand des zu steuernden Objektes.

Nach meiner Erfahrung verhalten sich die Kollegen, die neue innovative Konzepte in Organisationen einführen wollen, häufig genauso wie die beschriebenen klassischen Steuerleute: Sie glauben, dass sie nach ihren Maßgaben die Praxis zielgerichtet verändern können. Wenn wir die implizite Theorie explizieren, die diesen Steuerungs- bzw. Implementierungsbemühungen zugrunde liegt, dann können wir schnell erkennen, dass ein solches Steuern mit hoher Wahrscheinlichkeit erfolglos bleiben wird. Denn es wird die Autonomie, die Widerspenstigkeit, die Eigendynamik, die Intelligenz des vermeintlichen Steuerungsobjekts verkannt.

Die Organisationen, die gesteuert werden, die sich nach Maßgabe eines neuen Verfahrens gestalten sollen, sind durch nicht triviale Prozesse gekennzeichnet. Nicht triviale Prozesse sind solche, die von außen nicht einfach determiniert werden können (von Foerster 1999), die sich zwar anregen lassen, diese Anregungen aber nur auf der Grundlage der eigenen Bestimmungen weiter verarbeiten. Sobald wir versuchen, nicht triviale Prozesse zu steuern, müssen wir uns darauf einstellen, dass etwas geschehen wird, was wir nicht erwarten, was unseren Vorstellungen zuwider läuft. Denn gemäß der Theorie der Autopoiesis (grundlegend Maturana/Varela 1984; weiterführend Luhmann 1984) können nicht triviale Systeme keine Informationen aus der Umwelt entnehmen. Andersherum formuliert, die Steuernden können ihre Informationen, Konzepte und Programme nicht direkt in die Praxissysteme, in die Organisationen und ihre einzelnen Ebenen hinein kommunizieren. Diesen sozialen Praxissystemen ist es lediglich möglich, aus der Umwelt, also von den Steuernden Anregungen, Einladungen oder Angebote aufzunehmen, die sie dazu veranlassen, sich selbst Informationen, Konzepte, Programme zu konstruieren; bestenfalls entsprechen diese sodann in einem hohen Maße denen, die sich die Planer überlegt hatten – aber dies ist keineswegs sicher. Diese Gegebenheit ist womöglich ein Grundproblem moderner Organisationen, die ja in der Regel nach dem klassischen Rationalitätsmodell agieren bzw. sich so zu steuern versuchen und entsprechend ihre Entscheidungen zwischen den Hierarchieebenen linear strukturieren.

Zusammenfassend gesagt kann autoritäres Implementieren das nicht, was es versucht: vorgefertigte Konzepte instruktiv einführen. Denn die Organisationen, die verändert werden sollen, lassen sich als nicht triviale soziale Systeme verstehen – und nicht als Objekte, die von Steuerungssubjekten determinierbar sind. Ein nicht triviales soziales System kann jedoch durch Planung, durch Implementierungsprozesse so angeregt werden, dass es in die Lage versetzt wird, eigene Konstruktionsprozesse in Gang zu setzen, die die Umsetzung von Steuerungsangeboten – zwar nicht vollständig, aber bestenfalls teilweise – ermöglichen. Was dies konkret für Implementierungsversuche heißt, soll im Folgenden skizziert werden.

4. Der dialogisch-kooperative Stil und seine Wirkung

Wie bisher deutlich wurde, zeigt die Erfahrung, dass Implementierungsversuche aus der Sicht der Planer oder Entscheidungsträger sowie der Praktiker problematisch verlaufen, wenn sie von einem autoritär-linearen Stil gekennzeichnet sind, wenn sie also anstreben, die Praxis im Sinne der klassischen Steuerungsidee zu verändern. Diese Erfahrung wird durch die Theorie nicht trivialer, autopoietischer Systeme gestützt. Nach dieser Theorie können Systeme das nicht, was sie in diesem Kontext sollen: sich nach von außen vorgegebenen Prinzipien zu verändern. Aber sie können demgegenüber die Interventionen aus der Umwelt, z. B. die Implementierungs- und Steuerungsversuche als Angebote aufgreifen, um daraus Eigenes zu kreieren.

Wenn wir dies nun empirisch und theoretisch sagen können, dann sollte die Praxis des Implementierens auf einem entsprechenden Niveau gestaltet werden. Dann sollten die Planer und Entscheidungsträger in Organisationen Implementierungsprozesse initiieren, in denen es möglich wird, dass das Neue von denen, die es ausführen sollen, mit entwickelt, mit konstruiert werden kann. Die Autonomie, die Intelligenz und Erfahrung derjenigen, die

die Praxis realisieren, muss einfließen können in das, was diese sodann erfolgreich umsetzen sollen.

Diese Erkenntnis wird freilich auch von verantwortlichen Planern geteilt, von Entscheidungsträgern, denen es offenbar tatsächlich gelungen ist (trotz aller Hierarchieebenen), eine Implementierung so zu gestalten, dass am Ende alle Beteiligten von Erfolg sprechen können. So schreibt etwa Rosann Waldvogel (2007, S. 147) über den radikalen Veränderungsprozess angesichts der Einführung der Sozialraumorientierung bei den Sozialen Diensten der Stadt Zürich: »Es ist kaum je die innere Trägheit, die zum Widerspruch führt, sondern das Bedürfnis jedes engagierten Mitarbeiters, die eigenen Erfahrungen in eine Auseinandersetzung einzubringen, deren Tragweite die ganze Organisation und jeden Einzelnen darin betrifft. Unsere erste Unfreude über die vielen notwendigen Auseinandersetzungen wich bald der Erkenntnis, dass die kreative Unterstützung durch Mitarbeiter/innen den Weg vielleicht verlängert und das Tempo verlangsamt, jedoch breit mitgetragene Lösungen schafft, die im Grunde das Ziel erst in greifbare Nähe rücken lassen.«

Nach wie vor ist es bei einem solchen Implementieren möglich, dass Planer und Wissenschaftler an grünen Tischen neue Konzepte konstruieren. Auch müssen sie die entsprechenden Entscheidungen zur Implementierung treffen und durchsetzen. Verabschieden müssen sich die Konstrukteure allerdings von dem Glauben, dass es möglich ist, diese Konzepte so in die Organisationen einzuführen, wie sie sie überlegt haben. Implementieren gelingt nur, so die zentrale Schlussfolgerung, wenn die Planer es ermöglichen, dass sich die Pläne durch den Kontakt mit der Praxis, mit den Organisationen und ihren relevanten Ebenen verändern, wenn sie durch den Einbezug der Praktiker variiert, deren Möglichkeiten und Grenzen angepasst werden können. Um eine solche Anpassung zu erreichen, sind Implementierungsprozesse so zu gestalten, dass die Erfahrung und Intelligenz der Organisationen und ihrer Ebenen nachhaltig einbezogen werden und transformative Wirkungen auf die zu implementierenden Konzepte entfalten.

Zumeist kennen die praktischen Akteure die Rahmenbedingungen, unter denen sie arbeiten, und deren Wirkungen besser als die Planer. Daher ist es nach meiner Erfahrung oft so, dass die Praktiker nicht die neuen Konzepte an sich problematisieren, sondern die Rahmenbedingungen, unter denen sie starten sollen. Nehmen wir als Beispiel die Sozialraumorientierung: Nach dieser Vorgehensweise sollen kostenintensive Hilfen zur Erziehung zugunsten von informellen und sozialräumlichen Hilfen eher vermieden werden, und wenn sie nicht umgangen werden können, sollen sie radikal ressourcenorientiert ansetzen, so dass sie so schnell wie möglich wieder beendet werden können. Der Wille der Klienten, deren Autonomie und Ressourcen sollen im Mittelpunkt des Ansatzes stehen. Die Praktiker kritisieren nun zu Recht, dass ein solches Konzept nicht nachhaltig und erfolgreich implementierbar ist, wenn die freien Träger über Fachleistungsstundensätze finanziert werden, also über die Ableistung von einzelfallbezogenen Stunden an den Adressaten. Gemeinwesenorientierte sowie fallunspezifische und -übergreifende Arbeiten sind so kaum möglich; denn über diese kann sich kein freier Träger finanzieren – sie lohnen sich ökonomisch nicht, im Gegenteil: Sie sind aufwendig und verschlingen Ressourcen, aber führen nicht zu existenzsichernden Einnahmen (dazu etwa Weiher 2006, S. 101). Wie hier nicht näher erläutert werden kann, ist daher die Veränderung des Finanzierungskonzeptes, die Einführung von fallzahlunabhängigen Sozialraumbudgets eher passend (Hinte 2002).

Solche und ähnliche Einwände der Praxis gegen zu implementierende Verfahren sind äußerst wichtig, müssen aufgenommen werden und können schließlich für weitere Veränderungen sorgen, die den Erfolg der Implementierung sichern. Entscheidend ist, wie erwähnt, die Gestaltung eines Implementierungsprozesses, der dialogisch-kooperatives Zusammenwirken der beteiligten Akteure in Organisationen ermöglicht. Dazu sind nicht zuletzt allparteiliche Moderatoren notwendig, die einen solchen Implementierungsprozess begleiten, die die Zusammenkünfte der Planer und der Praktiker so gestalten, dass nicht nur über unterschiedliche Positionen gestritten wird, sondern dass die dahinter liegenden Interessen und Bedürfnisse deutlich werden und dass zu implementierende Konzepte so weiter entwickelt werden können, dass sich diese Interessen in ihnen wieder finden. Diese Moderatoren benötigen ähnliche Kompetenzen, wie sie von Organisationsentwicklern, Supervisoren und Mediatoren erwartet werden. Dazu gehört vor allem die Allparteilichkeit, also die Fähigkeit, gleichermaßen zu allen Beteiligten vertrauensvolle Beziehungen aufzubauen, jeweils deren Perspektiven zu verstehen und diese in den Verhandlungsprozess passend einzubringen.

Ganz zentral aber ist, dass die Planer bereit sind, eine offene Haltung einzunehmen: Sie dürfen natürlich versuchen, für ihr Konzept zu werben, sie sollten schon Überzeugungsarbeit leisten und freilich die notwendigen Entscheidungen treffen. Aber sie müssen bereit sein, konzeptionelle Veränderungen durch den Einfluss der Praktiker in Kauf zu nehmen. Nur wenn beide Seiten – Planer und ausführende Praktiker – sich für Neues öffnen, können Implementierungsversuche in Organisationen gelingen. Wir haben es hier also nicht mehr mit einem linearen Steuerungskonzept zu tun, sondern mit einem rekursiven, einem zirkulären, das alle Beteiligten mit Veränderungen konfrontiert. Eine solche Praxis entspricht auch am ehesten der Theorie nicht trivialer, autopoietischer Systeme.

Wenn zwei nicht triviale Systeme miteinander interagieren, wie z. B. in Form der Interaktion von Planern und Praktikern, dann entsteht bestenfalls ein drittes System, das System der dialogischen Kooperation (grundlagentheoretisch dazu Fuchs 1999). Von dem Gelingen dieses Systems hängt die weitere Implementierung entscheidend ab. Daher sollen abschließend systemische Metaprinzipien und Grundannahmen referiert und beispielhaft erläutert werden, die zum Gelingen dieses Kooperationssystems beitragen können oder spätestens dann berücksichtigt werden sollten, wenn es zu Implementierungsproblemen kommt.

5. Systemische Metaprinzipien und Grundannahmen

Die folgenden Metaprinzipien und Grundannahmen entstammen der systematischen Auswertung der systemischen Aufstellungsarbeit, sind also aus der Praxis für die Praxis gewonnen worden (Varga von Kibéd/Sparrer 2005; Sparrer 2007; instruktiv ebenfalls dazu Holitzka/Remmert 2006). Diese Prinzipien können als kurativ verstanden werden, d. h. dass sie besonders dann brauchbar sind, wenn es darum geht, problematische Systementwicklungen zu reflektieren und zu korrigieren. Die kurative Auffassung und bestenfalls Brauchbarkeit der Annahmen und Prinzipien distanziert sich von einem deskriptiven und präskriptiven Verständnis, wonach die systemischen Aspekte die Wirklichkeit beschreiben oder ihr etwas (normativ) vorschreiben. Dies betone ich auch deshalb, weil Bert Hellingers Arbeit mit Systemaufstellungen, die von den gleichen oder ähnlichen Prinzipien ausgeht (Weber 1997), eher auf einem deskriptiven und präskriptiven Verständnis aufbaut; davon wird sich hier mit Varga von Kibéd und Sparrer (ebd.) ausdrücklich abgegrenzt. Aber nun zu den Grundannahmen und Prinzipien und deren Anwendung für die Gestaltung von dialogisch-kooperativen Implementierungsprozessen (ausführlicher dazu bereits Kleve 2007b, S. 140 ff.; Kleve 2008):

Erstes Metaprinzip: Das Gegebene – das, was sich in der Praxis zeigt – gilt es anzuerkennen. Dieses systemische Postulat versucht Leugnungen und Verdrängungen beiseite zu schieben und die sichtbaren und versteckten Dynamiken zu beobachten. Gerade bei Implementierungsprozessen wird häufig viel Relevantes ausgeblendet. Die Planer blenden die Kompetenzen, die Erfahrungen, aber auch die Widerstände und begründeten Abwehrstrategien der Praktiker aus. Die Praktiker tun mitunter so, als ob sie das realisieren, was von ihnen erwartet wird. Bei genauerem Hinsehen zeigt sich jedoch, dass hier nicht mit offenen Karten gespielt wird, dass informelle Strategien das Alte verfestigen und das Neue abblocken. All dies und vieles mehr (z. B. auch die erwähnten problematischen ökonomischen Rahmenbedingungen) soll ehrlich, ohne Augenwischerei angeschaut werden. Erst dann lässt sich überlegen, wie passend weiter agiert werden kann.

Zweites Metaprinzip: Die folgenden Grundannahmen sind hierarchisch zu verstehen. Demnach sollten sie bei Problemen von oben nach unten abgearbeitet werden. Es kann sein, dass nicht alle Ebenen betrachtet werden müssen, sondern dass bereits auf einer oberen Ebene weitreichende Lösungen möglich sind, die den Implementierungsprozess wieder nachhaltig und erfolgreich in Gang setzen können.

Erste Grundannahme: Es gilt das Prinzip der Vollzähligkeit der Systemmitglieder; alle relevanten Systemmitglieder sollten in den Prozess einbezogen werden. Hier geht es darum, keine relevanten Akteure zu vergessen, die für das Gelingen des dialogisch-kooperativen Implementierungssystems notwendig und wichtig sind. In systemischen Aufstellungen zeigt sich regelmäßig, dass Systeme besonders dann Probleme entwickeln, wenn relevante Akteure, wichtige Systemmitglieder aus dem systemischen Prozess, aus der Kommunikation ausgeschlossen werden. Verdrängte, verleugnete, ausgeblendete Personen, die als relevante Mitglieder zum System dazu gehören, aber aus welchen Gründen immer nicht inkludiert werden, werden mitunter durch sich vehement zeigende Symptome indirekt in Erinnerung gerufen. Daher ist es vor und während eines Implementierungsprozesses wichtig zu überlegen, ob alle relevanten Akteure am Prozess beteiligt sind. Und bei Problemen kann zunächst überlegt und geprüft werden, ob wichtige Mitglieder fehlen; diese gilt es sodann einzubeziehen, sie sind zu beachten und zu beteiligen.

Zweite Grundannahme (Systemwachstum): Innerhalb der Systeme gilt das Prinzip der direkten Zeitfolge; so macht es Sinn, den Mitgliedern mit einer längeren Systemzugehörigkeit Vorrang zu gewähren vor denen, die später dazu gekommen sind. Hier geht es darum, die informellen und formellen Rechte ernst zu nehmen, die Systemmitglieder allein deshalb erwerben, weil sie seit einer bestimmten Zeit zum System gehören; je länger diese Zugehörigkeit dauert, desto größer sind die Rechte. Eine Implementierung hätte diesbezüglich vor allem auch diejenigen mit ihren Erfahrungen und Einwänden ernst zu nehmen, die in den beteiligten Systemen die längste Mitgliedschaft aufweisen. Mit anderen Worten, erst die wertschätzende Achtung der Systemältesten mit ihren Erfahrungen und Vorschlägen macht den Weg frei für die Einrichtung des Neuen. Ohne eine Integration des Bewährten, das die Alten eines Systems zumeist verkörpern, wird sich Neues nicht Bahn brechen können.

Dritte (Systemfortpflanzung): Zwischen den Systemen gilt das Prinzip der umgekehrten (inversen) Zeitfolge; soll sich ein neues System ausdifferenzieren können, so muss ihm Vorrang vor den alten (Herkunfts-) Systemen eingeräumt werden. Wenn sich ein neues System aus älteren Systemen bildet (z. B. ein Kooperationssystem aus Vertretern der Verwaltung/Planung und der Praxis), dann muss dieses neue System die Chance haben, sich als System auszudifferenzieren, sich zu stabilisieren und Grenzen zu den Herkunftssystemen zu etablieren. Die älteren Systeme müssen dann zulassen, dass das neue System an Autonomie gewinnt, eine Eigendynamik entwickelt und sich als etwas Eigenes etabliert. Nur wenn dem neuen System, in unserem Fall: dem Implementierungsprozess, Entfaltungs- und Entwicklungsraum gewährt, aber auch personelle, zeitliche und finanzielle Ressourcen zur Verfügung gestellt werden, kann es sich realisieren, kann es erfolgreich Neues entwickeln helfen. Hier zeigt sich dann auch, wie ernst es den beteiligten Systemen mit der Implementierung ist; je wichtiger sie diese nehmen, desto eher werden sie bereit sein, einem Implementierungsprozess, einem sich ausbreitenden Kooperationssystem Raum, (personelle, zeitliche, finanzielle) Energie und Autonomie zu gewähren.

Vierte Grundannahme (Systemimmunkraft und Möglichkeit der Individuation): Es gilt das Prinzip der Wertschätzung der Fähigkeiten und Leistungen innerhalb des Systems. Systeme entwickeln ihre Stabilität und Flexibilität durch den Einsatz von personellen Leistungen und Fähigkeiten. Wenn diese Fähigkeiten und Leistungen nicht geachtet und wertgeschätzt werden, verebben sie früher oder später. Demnach ist es wichtig, immer wieder inne zu halten, und diejenigen zu würdigen, die besondere Fähigkeiten und Leistungen entwickelt haben, um den Prozess der Implementierung voran zu treiben, die besonders wertvolle Korrekturen und Veränderungen eingebracht haben, die das Konzept, das es einzuführen gilt, perfektionieren konnten.

Drittes Metaprinzip: Die Bindung zwischen den Systemmitgliedern realisiert sich durch Prozesse des Ausgleichs von Geben und Nehmen. Innerhalb von Systemen stärken sich Bindungen durch gegenseitige Austauschprozesse. Alle Beteiligten des Systems sollten das Gefühl haben, dass sie das, was sie geben, auch in irgendeiner Form zurückbekommen. In diesem Sinne ist es in Implementierungsprozessen wichtig, dass beide Seiten, sowohl die Planer als auch die Praktiker, offen für Veränderungen sind, dass sie sich jeweils eine Veränderungsbereitschaft geben, und zwar hinsichtlich dessen, was ihnen wichtig ist. Mit anderen Worten, die Preise, die sie zahlen, müssten sich ungefähr die Waage halten. Planer erwarten in der Regel, dass ihre Pläne, ihre Konzepte umgesetzt werden, und dafür müssen sich die Praktiker im Kontext von Implementierungsprozessen verändern, sie müssen eingespielte Routinen verlassen, Bewährtes aufgeben und Neues erproben und etablieren. Auf eine solche Veränderung werden sie sich eher einlassen, wenn auch die Planer, die Entwickler des Neuen offen sind für Veränderungen, insbesondere für Transformationen des Konzeptes, das sie praktisch einführen möchten. Nur wenn die Planer damit rechnen, dass sich ihre Pläne im Kontakt mit den Organisationen verändern, dass sie sich also stören lassen von der Intelligenz der Praxis, erhöht sich die Wahrscheinlichkeit der erfolgreichen Implementierung nachhaltig. Zusammenfassend kann hier schließlich gesagt werden: Wer Veränderungsbereitschaft von der Praxis bekommen möchte (insbesondere die Planer und Entwickler neuer Konzepte), muss auch bereit sein, diese selbst zu geben.

6. Schlussbemerkung

Alles hier Gesagte ist freilich rekursiv: Es verweist zurück auf sich selbst. Meine Beschreibungen und Erklärungen der Praxis des Implementierens sind selbst Implementierungsversuche eines zirkulären Steuerungsdenkens in Organisationen, eines nicht trivialen System- und Prozessverständnisses. Daher soll dieser Versuch nicht autoritär oder als ein Besserwissen daher kommen, sondern als eine mögliche Sichtweise von Problemen, die in Organisationen regelmäßig beobachtet werden können, wenn diese sich nach Maßgabe von Planern oder Entscheidungsträgern verändern sollen. Ich bin bereit, meinen Blick zu transformieren, öffne mich für Argumente, die alternative Perspektiven in Sicht bringen. Für mich muss ebenfalls das gelten, was ich den Planern empfehle: Offenheit und Bereitschaft für Veränderung hinsichtlich der eigenen Perspektiven und Überzeugungen. Denn für jedwede Implementierung gilt, was Niklas Luhmann (1987, S. 29) über den veränderten Stellenwert autoritär daherkommenden Wissens in der funktional differenzierten Gesellschaft ausgeführt hat: »Zu wissen, wo es lang geht, zu wissen, was der Fall ist, und damit die Ansicht zu verbinden, man habe einen Zugang zur Realität und andere müßten dann folgen oder zuhören oder Autorität akzeptieren, das ist eine veraltete Mentalität, die in unserer Gesellschaft einfach nicht mehr adäquat ist.«

Literatur

Baecker, D. (1994): Soziale Hilfe als Funktionssystem der Gesellschaft. Zeitschrift für Soziologie 2, S. 93–110.

Bardmann, T. M. et al. (1991): Irritation als Plan. Konstruktivistische Einredungen. Aachen (Kersting).

Ehlers, C. u. M. Müller (Hrsg. (2008): Case Management als Brücke. Berlin/Milow (Schibri).

Foerster, H. von (1999): Sicht und Einsicht. Versuche einer operativen Erkenntnistheorie. Heidelberg (Carl-Auer-Systeme).

Fuchs, P. (1999): Intervention und Erfahrung. Frankfurt/M. (Suhrkamp).

Fuchs, P. (2000): Systemtheorie und Soziale Arbeit. In: R. Merten (Hrsg.): Systemtheorie Sozialer Arbeit. Neue Ansätze und veränderte Perspektiven. Opladen (Leske + Budrich), S. 157–175.

Haller, D., W. Hinte u. B. Kummer (2007): Jenseits von Tradition und Postmoderne. Sozialraumorientierung in der Schweiz, Österreich und Deutschland. Weinheim/München (Juventa).

Hinte, W. (2002): Fälle, Felder und Budgets. Zur Rezeption sozialraumorientierter Ansätze in der Jugendhilfe. In: R. Merten (Hrsg.): Sozialraumorientierung. Zwischen fachlicher Innovation und rechtlicher Machbarkeit. Weinheim/München (Juventa), S. 91–126.

Hinte, W. u. H. Treeß (2007): Sozialraumorientierung in der Jugendhilfe. Theoretische Grundlagen, Handlungsprinzipien und Praxisbeispiele einer kooperativ-integrativen Pädagogik. Weinheim/München (Juventa).

Holitzka, M. u. E. Remmert (2006): Systemische Organisationsaufstellungen. Für Konfliktlösungen in Unternehmen und Beruf. Darmstadt (Schirner).

Kleve, H. (2007a):»Auf gleicher Augenhöhe!« Vom autoritären zum dialogisch-kooperativen Implementieren. Sozialmagazin 32 (9), S 24–29.

Kleve, H. (2007b): Ambivalenz, System und Erfolg. Provokationen postmoderner Sozialarbeit. Heidelberg (Carl-Auer-Systeme).

Kleve, H. (2007c): Sozialraumorientierung als postmoderne Kritik an der modernen Sozialen Arbeit – ein systemtheoretischer Außenblick. In: Haller, D., W. Hinte u. B. Kummer (2007): Jenseits von Tradition und Postmoderne. Sozialraumorientierung in der Schweiz, Österreich und Deutschland. Weinheim/München (Juventa), S. 255–262.

Kleve, H. (2008): Vom Einschließen des Ausgeschlossenen. Systemische Aufstellungsarbeit und ihr Nutzen für die Theorieentwicklung Sozialer Arbeit. Sozialmagazin 33 (3), S. 43–53.

Kleve, H. et al. (2006): Systemisches Case Management Falleinschätzung und Hilfeplanung in der Sozialen Arbeit. Heidelberg (Carl-Auer-Systeme).

Krija, K. et al. (2007): Tandem- und Intervallleistungen. Zwei innovative Hilfen zur Erziehung. Soziale Arbeit 6, S. 216–225.

Löcherbach, P. et al. (Hrsg.) (2005): Case Management. Fall- und Systemsteuerung in Theorie und Praxis. Neuwied/Kriftel (Luchterhand).

Luhmann, N. (1984): Soziale Systeme. Grundriß einer allgemeinen Theorie. Frankfurt/M. (Suhrkamp).

Luhmann, N. (1987): Archimedes und wir. Berlin (Merve).

Maturana, H. R. u. F. J. Varela (1984): Der Baum der Erkenntnis: Die biologischen Wurzeln des menschlichen Erkennens. München (Goldmann) 1987.

Schoft M. et al. (2007): Forschungsbericht des Projektes »Den Übergang gemeinsam gestalten«, Kleingruppe: Kooperation. Unveröffentlichtes Manuskript. FH Potsdam.

Sparrer, I. (2007): Systemische Strukturaufstellungen. Theorie und Praxis. Heidelberg (Carl-Auer-Systeme), S. 291.

Thiersch, H. (1992): Lebensweltorientierte Soziale Arbeit. Aufgaben der Praxis im sozialen Wandel. Weinheim/München (Juventa).

Varga von Kibéd, M. u. I. Sparrer (2005): Ganz im Gegenteil. Tetralemmaarbeit und andere Grundformen Systemischer Strukturaufstellungen – für Querdenker und solche, die es werden wollen. Heidelberg (Carl-Auer-Systeme).

Waldvogel, R. (2007): Zürichs Soziale Dienste – ein umfassender Change. In: Haller, D., W.; Hinte u. B. Kummer: Jenseits von Tradition und Postmoderne. Sozialraumorientierung in der Schweiz, Österreich und Deutschland. Weinheim/München (Juventa), S. 140–150.

Weber, G. (1997): Zweierlei Glück. Die systemische Psychotherapie Bert Hellingers. Heidelberg (Carl-Auer-Systeme).

Weiher, P. (2006): Die Einführung der Sozialraumorientierung in der Berliner Jugendhilfe. In: NHW e.V. (Hrsg.): Leuchtfeuer Querab! Wohin steuert die Sozialraumorientierung. Beiträge aus Theorie und Praxis. Berlin/Bonn (Westkreuz), S. 96–102.

Willke, H. (1994): Systemtheorie II. Interventionstheorie. Stuttgart/Jena (Fischer).

Willke, H. (1998): Systemisches Wissensmanagement. Stuttgart (Lucius & Lucius).

Roger Häußling

Organisationaler Wandlungsdruck und Beharrungstendenzen gewachsener Interaktionskulturen in Unternehmen

1. Einleitung

Unternehmen stehen heutzutage vor zentralen Herausforderungen (Abschnitt 1), die sie zu organisationalem Wandel zwingen. Die angestrebten Veränderungen treffen allerdings auf gewachsene Interaktionsstrukturen und -kulturen, die sich als ausgesprochen veränderungsimmun erweisen können, was anhand einer Längsschnittstudie illustriert wird (Abschnitt 4). Ihr liegt ein Konzept zur Beschreibung von Interaktionen in Organisationen zugrunde (Abschnitt 3), das als theoretischen Bezugspunkt die phänomenologische Netzwerktheorie besitzt (Abschnitt 2).

2. Neue Anforderungen an Unternehmen

Unternehmen stehen heute vor gewaltigen Herausforderungen durch Veränderungen im Bereich der Wirtschaft und Gesellschaft, die sie zu einem guten Teil miterzeugt haben. Zu diesen gewandelten Umweltgegebenheiten sind auf jeden Fall zu rechnen (vgl. Häußling 2007, S. 82): die flächendeckende Einführung von Informations- und Kommunikationstechnologien in die Verwaltung und die damit einhergehende Vernetzung und Verdichtung der Informationsflüsse; verkürzte Produktlebenszyklen auf gesättigten, hart umkämpften und global gewordenen Märkten; eklatant günstigere Produktionsbedingungen in sog. Schwellenländern und Ländern der Dritten Welt; eine verstärkte Kundenorientierung mit anspruchsvollen Serviceleistungen; eine rasante Zunahme der Komplexität der Arbeitsvollzüge und Entscheidungsprozesse im Unternehmen; ein fluktuierender Mitarbeiterbestand durch Stellenabbau, Produktionsverlagerung etc., was zur Auflösung lange gewachsener informeller Strukturen führt; eine durch Globalisierung der Märkte (Absatz- und Arbeitsmärkte) und des Wettbewerbs notwendig gewordene Vernetzung der Unternehmen mit der Umwelt (Unternehmensnetzwerke (vgl. Sydow/Windeler 2000), Outsourcing, Verrechtlichung,

Europäisierung etc.). Auf diese ökonomisch-gesellschaftlichen Herausforderungen müssen Unternehmen in adäquater Weise reagieren, indem sie ihre Organisationsstrukturen und -prozesse den neuen Umweltgegebenheiten anpassen. Klaus Doppler und Christoph Lauterburg (2005, S. 55 f.) empfehlen in ihrem sehr einflussreichen Standardwerk »Change Management« folgendes »Design for Change«: »Nähe zum Markt und zum Kunden durch Verkürzung der Wege; rasche Reaktionsfähigkeit und hohe Flexibilität durch Verlagerung operativer Entscheidungskompetenzen an die Front beziehungsweise Basis; Steigerung der Produktivität und der Qualität durch Motivation, Kommunikation und Kooperation; Optimierung der Kosten durch Straffen der Produktpalette, Reduktion des administrativen Überbaus, Vereinfachung von Abläufen.« Des Weiteren realisieren Unternehmen Wissensmanagement-Maßnahmen (Willke 2001), um der Informationsexplosion Herr zu werden, das vorhandene Wissen trotz Mitarbeiterfluktuation zu halten und das für besonders wertvoll erachtete implizite Wissen (Polanyi 1958) zu erschließen. Die Zunahme an Informationen führt auch dazu, dass Arbeits- und Entscheidungsprozesse voraussetzungsreicher und damit komplexer geworden sind. Eine Feinsteuerung dieser Prozesse ist allein schon aus diesem Grund nicht mehr möglich. Insofern sind Organisationen zwangsläufig darauf verwiesen, Rahmenbedingungen zu schaffen, in denen Organisationseinheiten eine zunehmende Selbststeuerung ihrer Prozesse und Entscheidungen realisieren. Es entstehen relativ selbständige Aktivitätszentren, deren Koordination und Verknüpfung allerdings in neuer Form zu leisten ist (vgl. Abschnitt 4).

Doppler und Lauterburg (2005, S. 56 ff.) sehen die am besten geeignete Organisationsform, um all diesen gewandelten Anforderungen auf organisationaler Seite durch Aufbau adäquater Eigenkomplexität zu entsprechen, in der Netzwerkstruktur. Das Netzwerk steht für ein dynamisches dezentrales Gebilde, dem durch rasch realisierbare Neuverknüpfungen, durch Hinzunahme bzw. Absonderung von Verknüpfungselementen sowie durch einen Wechsel der Verknüpfungslogiken eine flexible Anpassung an die jeweiligen Umwelt- und Marktlagen gelingt. Durch diese Möglichkeiten des Gestaltwandels besitzen Netzwerke gegenüber hierarchisch ausgerichteten Strukturen eine hohe Flexibilität und Reaktionsfähigkeit. Gleichzeitig handelt es sich bei Netzwerken um intermediäre Strukturen, die eine Vielfalt lokal unterschiedlicher Ordnungsformen überbrücken können. D. h. sie sind in der Lage, heterogene Einheiten zu verknüpfen und in einen Zusammenhang zu bringen. Dies führt allerdings dazu, dass die Einheiten keine klar voneinander abhebbaren Grenzen und Konturen mehr besitzen. Vielmehr ordnen sich derartige Einheiten durch Aktivitätszentren, die wie

Attraktoren eigene Prozesse in Gang setzen, diese koordinieren und kontrollieren. Gleichzeitig führen sie an den Rändern Elemente mit, bei denen die Sogwirkung des Attraktors nur noch gering ausgeprägt ist (vgl. Fuchs 2001, S. 273 f. u. 281 ff.).

Dirk Baecker kommt zwar zu ähnlichen Schlüssen: »Organisationen [...] nehmen intern wie auch in ihren externen Verknüpfungen die Form eines Netzwerks an [...] « (Baecker 2007, S. 49). Allerdings bricht er mit der durchweg positiven Bewertung von Netzwerken als neuem Ordnungsmechanismus, wie sie etwa bei Doppler und Lauterburg vorliegt. Netzwerke stellen für Baecker vielmehr die zwangsläufige Antwort auf komplexer und unkalkulierbar gewordene Situationen dar, innerhalb derer Organisationen heutzutage agieren müssen. Über geglückte Versuche, die eigene Identität gegenüber den Einflussnahmeabsichten des Umfelds zu behaupten, arrangieren sich verschiedene Akteure innerhalb des Netzwerks. Jedoch müssen ›erfolgreiche‹ Identitätsarrangements nicht etwas Positives bedeuten, sondern können angestrebte Prozesse auch komplett blockieren – wie noch anhand des Fallbeispiels zu zeigen sein wird.

Die Organisationen der »next society« werden sich nach Baecker an der »Orientierungsfigur des Nächsten« ausrichten (ebd., S. 8 f.): Weder die soziale Ordnung von Status und Hierarchie noch die funktionale Differenzierung werden die adäquaten Antworten auf die gewandelten Umweltgegebenheiten liefern können. Vielmehr verschwimmen die Grenzen gesellschaftlicher Teilbereiche. An ihre Stelle tritt eine »Temporalordnung«, in der heterogene Bereiche wechselseitig Eingriffe und Kontrollversuche vornehmen.[213]

Jedes einzelne Ereignis ist dann als ein nächster Schritt in einem prinzipiell unsicheren Gelände definiert (ebd., S. 8). Baecker spricht von einer »ökologischen Ordnung«, in der Nachbarschaftsverhältnisse zwischen heterogenen Bereichen vorherrschen, die weniger in einer prästabilierten Harmonie koexistieren, denn als ein Arrangement von Kontrollprojekten aufzufassen sind, bei dem jederzeit benachbarte Bereiche auf Kollisionskurs zueinander geraten können (vgl. ebd., S. 9). Ökologische Ordnung heißt dann auch, dass jeder Bereich in grundlegender Weise von den anderen Bereichen seiner Nachbarschaft abhängig wird. Für die »next organization« prognostiziert Baecker in diesem Sinn eine gestiegene Abhängigkeit

---

[213] Sinnbild dafür ist das Internet, das vorab mehr oder weniger isolierte Bereiche mit einem Netzwerk überzieht, sodass Ereignisse eines Bereichs direkt in andere Bereiche diffundieren und dort Effekte auslösen können.

von der Informations- und Kommunikationstechnologie einerseits und vom Menschen[214] andererseits (ebd., S. 14). Die durch die flächendeckende Einführung des Computers und seine Vernetzung erzeugten überschüssigen Möglichkeiten der Kommunikation können durch die bisherigen Strukturen und Kulturen einer Organisation nicht hinreichend aufgefangen werden (ebd.). Entsprechend bildet diese Technologie für Baecker ein Attraktor für den organisationalen und – noch genereller – gesellschaftlichen Wandel. Um mit der damit einhergehenden Unübersichtlichkeit und Multioptionalität umzugehen, sind Organisationen auf den Menschen in seiner einzigartigen Konstitution und »Kombination mentaler und sozialer Aufmerksamkeit« (ebd., S. 50) angewiesen. In Anlehnung an Weick und Sutcliffe (2003) benötigen Organisationen für Baecker mehr denn je die »mindfullness« ihrer Mitglieder. Diese äußert sich in der Fähigkeit, das Faktische vor der Folie möglicher Alternativen zu betrachten, Sachverhalte in neue und unerwartete Zusammenhänge zu bringen (Kreativität), Gespür für erfolgversprechende Entscheidungen zu entwickeln und an den gestellten Aufgaben zu wachsen – allesamt Eigenschaften, die trotz KI-Forschung und VKI-Forschung Computersystemen nicht übertragen werden können.

Doch durch die Ausrichtung der »next organization« auf den Menschen geraten organisationale Prozesse in besondere Abhängigkeit von mentalen Prozessen und ihren Kontrollprojekten. »Die innovativen Unternehmen der nächsten Gesellschaft […] werden lernen, dass die gesellschaftliche Form sozialer Ordnung immer etwas mit Identität und Kontrolle zu tun hat, wie es Harrison C. White beschrieben hat. Sie werden lernen, dass sie es in Wirtschaft und Politik, Wissenschaft und Erziehung, Kunst und Religion und zwischen allen diesen Bereichen mit Netzwerken zu tun haben, in denen Leute, Ideen, Geschichten und Institutionen um ihre Identitäten kämpfen, indem sie mal sanft, mal rücksichtslos alle jene zu kontrollieren versuchen, von denen sie abhängig sind« (Baecker 2007, S. 22). Die Netzwerkstruktur greift um sich, erfasst die Organisationen, die sich auf dem Weg einer Adaption dieser Struktur den neuen Herausforderungen stellen. Im Folgenden soll der Zusammenhang zwischen Netzwerk, Identität und Kontrolle näher umrissen werden.

---

[214] »Das Design der ›nächsten‹ Organisation dreht sich um den Menschen« (ebd., S. 49).

3. Phänomenologische Netzwerktheorie als theoretischer Bezugspunkt

Ganz im Sinn der eingangs gegebenen Beschreibung der dynamischer, komplexer und uneindeutiger gewordenen Umfelder von Organisationen geht auch Harrison C. White (1992, S. 23 ff.) von Turbulenzen im Sozialen aus: Ordnungen müssen dem Chaos abgetrotzt werden. Insofern gibt es allenfalls partiale Ordnungen, von denen nicht einfach angenommen werden kann, dass sie sich so überlagern, dass daraus wiederum Ordnung emergiert. Es ergibt sich die Anschlussfrage, wie sich ›Identitäten‹[215] im turbulenten Sozialen überhaupt herausbilden können. Dazu sind gelingende Kontrollprojekte (ebd., S. 9 f.) seitens dieser Identitäten vonnöten. Nur wenn es ihnen gelingt, die Einflussnahmen ihres Umfelds zu kontrollieren, können sie eine relativ stabile Identität ausbilden. Identitäten sind in diesem Sinn Nebenprodukte der Kontrollbemühungen, die Akteure gegen die Zufälligkeiten und Unregelmäßigkeiten ihres Umfeldes unternehmen. Dabei sind nicht nur aktive Eingriffe in die ablaufenden Prozesse für White Kontrollprojekte, sondern auch die Erzeugung von Geschichten (ebd., S. 65 ff.).[216]

Die Einbettung wird in der Netzwerktheorie mit Positionen in einem topologischen sozialen Raum markiert (ebd., S. 32 ff.). Die Akteure bekommen die Position von den Netzwerkkonstellationen und den dort vorherrschenden Dynamiken zugewiesen. Ihr Ort bestimmt sich durch die Kontakte ihres Nah- bzw. Wirkbereichs. In der Arbeitswelt wird z. B. über Organigramme, hierarchische Positionsgefüge, Stellenbeschreibungen und Zielvereinbarungen zu regeln versucht, wer wie wo und wozu positioniert ist. Dabei hat jede Position, die man einnehmen kann, nur eine ausschnitthafte Perspektive und einen beschränkten Möglichkeitshorizont der

---

[215] Identität ist für White (1992, S. 6) irgendeine Quelle von Aktivität, der ein Beobachter eine Intention unterstellt. Identitäten können demzufolge menschliche Akteure, soziale Gruppen, soziale Organisationen, ein Staat etc. sein. Die Identität eines Akteurs ist in der Regel durch seine »Mitgliedschaft« in mehreren Netzwerken bestimmt (ebd., S. 313 f.).

[216] Wenn Ego zum Beispiel Alter als einen Freund bezeichnet, wird aus der Abhängigkeitsrelation eine soziale Beziehung im engeren Sinn. Indem Ego also der Abhängigkeitsrelation einen Namen gibt und Alter sich auf diese Semantik einlässt, verfestigt sich eine soziale Beziehung. Dies wirkt durch Vereindeutigung enorm entlastend; denn Ego braucht nicht mehr Alters Aktivitäten zu hinterfragen, da Ego sie per se als ihm wohl gesonnen deklariert.

Einflussnahme bezüglich der Konstellationen und ablaufenden Prozesse anzubieten (vgl. ebd., S. 230 ff.). Gleichzeitig ist jede Position einem bestimmten Set an Einflussnahmen von außen ausgesetzt, je nachdem, welche anderen Identitäten sich in deren Umgebung befinden.

4. Interaktionen in Organisationen

Ausgehend von diesen theoretischen Überlegungen wird nun ein Konzept vorgestellt, das Interaktionen in Organisationen zum Gegenstand hat. Es unterscheidet analytisch vier Betrachtungsebenen: die Ebene des (organisationalen) Kontextes, die Ebene der Interaktionen, die Ebene der Versuche, einen eigenen Beitrag zum laufenden Geschehen und zur herrschenden Situation zu liefern (Intervention), sowie – als besondere Interventionsform – die Ebene der Bekundungen. Wie die nachfolgende Abbildung 5 zeigt, sind diese Ebenen vielfältig miteinander verknüpft. Insbesondere wird mit diesen Verknüpfungen der Einfluss organisationaler Rahmungen auf die in ihr ablaufenden Prozesse wie umgekehrt beschreibbar. Und genau auf diesen Verknüpfungen liegt ja im Folgenden das Hauptaugenmerk, wenn es um den Aspekt geht, wie sich die Versuche organisationalen Wandels auf der Interaktionsebene auswirken können bzw. diese Ebene resistent sein kann gegenüber Veränderungsbestrebungen. Doch dazu später mehr (vgl. Abschnitt 4). Zunächst werden die Ebenen konzeptuell näher vorgestellt.

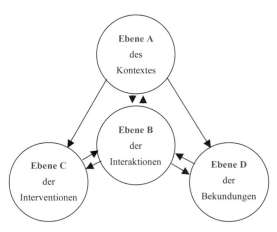

Abbildung 5: Das Vierebenenkonzept »Interaktionen in Organisationen«

Ebene A – Kontext: Auf der Ebene des Kontextes sind vor allem alle organisationalen Rahmenbedingungen anzusiedeln, also im Fall eines Unternehmens dessen Stellengefüge, die Geschäftsfelder, die Unternehmenskultur, die Verteilung der Zuständigkeiten, Befugnisse und Budgets etc. Der Kontext sorgt damit für eine grobe Positionierung der Akteure. Auf dieser Ebene setzen auch Bestrebungen organisationalen Wandels an, z. B. Change-Management-Maßnahmen. Diese Maßnahmen sind aber erst dann erfolgreich, wenn sie in antizipierter Weise die Prozesse und Verhältnisse innerhalb der Organisation (Ebene B) verändern. Diese sind jedoch nicht nur den Kontrollprojekten der Organisation ausgesetzt, sondern ebenso denjenigen der Akteure/Identitäten, die sich an den Interaktionen beteiligen (Ebenen C und D).

Die soziologisch relevanten Prägungen bilden soziale Struktur- und Prozessgrößen, die aufgrund ihrer zeitlichen, sachlichen und sozialen Vorgängigkeit vor der jeweiligen Interaktion als kollektiv gültige Sinngefüge von relativer Dauerhaftigkeit konzeptualisiert werden können. Diese Sinngefüge sollen hier in Anlehnung an Luhmann als »Semantiken«[217] bezeichnet werden. Luhmann hat diesen linguistischen Begriff für die Soziologie dahingehend verallgemeinert[218], dass nicht nur sprachbezogene Bedeutungen, sondern alle für eine Gesellschaft relevanten Bedeutungen von relativer Dauerhaftigkeit unter ihn fallen. Semantische Sinngefüge lassen sich weiterführend in drei Formen einteilen: in Form von Sachverhalten (wie etwa die wechselseitig gültige Norm, sich zu grüßen), in Form von physischen Gegenständen (die dann den betreffenden Sinngehalt durch Formgebung und Verwendung spezifischer Materialien symbolisieren, z. B. ein Großraumbüro mit gruppierten Arbeitsplätzen), und in Form von Personen als Rolleninhabern (denen der betreffende Sinngehalt sozial zugewiesen

---

[217] Luhmann unterscheidet wie folgt zwischen »semantischem Apparat« und »gepflegter Semantik«: »Die Gesamtheit der [...] benutzbaren Formen einer Gesellschaft [...] wollen wir die Semantik einer Gesellschaft nennen, ihren semantischen Apparat, ihren Vorrat an bereitgehaltenen Sinnverarbeitungsregeln. Unter Semantik verstehen wir demnach einen höherstufig generalisierten, relativ situationsunabhängig verfügbaren Sinn. Damit ist zunächst noch an einen Alltagsgebrauch [...] von Sinn gedacht. [...] Zusätzlich entwickelt sich aber schon sehr früh für ernste, bewahrenswerte Kommunikation eine besondere Variante der Vertextung. [...] Man könnte in diesem Bereich von ›gepflegter‹ Semantik sprechen, die ihrerseits dann den take off einer besonderen Ideenevolution ermöglicht.« (Luhmann 1980, S 19 f.) Im Folgenden wird an den Begriff des »semantischen Apparates« angeknüpft.

[218] Auch bei Schulze (1997, S. 94 ff. und 245 ff.) findet sich ein in diesem Sinn erweiterter Semantikbegriff.

wird, z. B. ein Abteilungsleiter).[219] Durch die bewusst gewählte Anspielung an Sprache soll der Semantikbegriff die fundamentale Prägung konkret ablaufender Prozesse durch übergeordnete Kontexte hervorheben, und zwar einerlei, ob dies die Identitäten im konkreten Fall wollen oder nicht. Denn sie können nicht die Bedeutung von Semantiken eigenmächtig umkehren, sondern müssen damit rechnen, dass eine Semantik in einer im konkreten Kontext etablierten Weise von den anderen Beteiligten aufgefasst wird.

Ebene B – Interaktionsnetzwerk: Inter-Aktionen werden hier als relationale Produkte aufgefasst. Eine Interaktion ist demnach nichts anderes als eine folgenreiche Verflechtung von Interventionen mit Semantiken auf der zwischenmenschlichen Ebene. Die einschränkende Wirkung semantischer Vorgaben (wie z. B. eine hierarchische Struktur, klare Rollenverteilungen und starre Verhaltensrituale) auf den Spielraum von Interaktionen wurde bereits bei den Ausführungen zur Ebene A diskutiert. Und umgekehrt lassen sich erst von der Ebene der Interaktionen aus die Interventionen der Akteure in Bezug auf das fokale Geschehen als bestimmte Beiträge bewerten, und zwar retrospektiv unter Rückgriff auf etablierte Semantiken für Interaktionen – beispielsweise auf die verbalen und nonverbalen Ausdruckskonventionen, um Höflichkeit, Freude oder anderes mitteilbar zu machen. Erst auf dieser Ebene werden also solche Zusammenhänge beschreibbar. Die Interaktionsebene nimmt dabei im Gesamtkonzept eine Sonderstellung ein, da sie einerseits das Zusammenspiel von organisationalen Rahmenbedingungen und Interventionen nachvollziehbar macht und andererseits bei diesem Zusammenspiel Emergenzphänomene auftreten, die sich nicht auf Interventionen oder Semantiken zurückführen lassen. Die Besonderheiten dieser Ebene lassen sich einerseits prozesssoziologisch und andererseits strukturbezogen erfassen. Bei Ersterem geht es um Eigendynamiken wie etwa Pfadabhängigkeiten, Interaktionsketten und Arbeitsrou-

---

[219] Eine vergleichbare Einteilung hat Blumer wie folgt vorgenommen: (a) Physikalische Objekte wie Tische, Bäume etc., (b) soziale Objekte wie Nachbar, Freundin, Vater, Vorgesetzter etc. sowie (c) abstrakte Objekte wie normative Prinzipien, Leitbilder (wie etwa Gerechtigkeit) und Lehrsätze (z. B. »Die Erde ist eine Kugel.«). Für Blumer sind aber diese Objekte ausschließlich durch symbolische Interaktion erzeugte Produkte; denn die Bedeutung, die diesen Objekten zukomme, liege nicht in den Objekten selbst, sondern in der Definition, welche die Akteure sich gegenseitig anzeigten (vgl. Blumer 1973, S. 90 ff.). Demgegenüber wird in dem vorliegenden Ansatz davon ausgegangen, dass es höherstufig generalisierte – z. B. durch Massenmedien präsent gehaltene – Sinngehalte gibt.

tinen. Bei Letzterem um relationale Interaktionsstrukturen wie etwa Clusterbildungen, strukturelle Löcher, gate keeper-Funktionen.

Ebene C – Interventionen: Interventionen bilden die Kontrollprojekte menschlicher Akteure. In Anlehnung an White wird hier zwischen zwei Formen menschlichen Intervenierens in das interaktive Geschehen unterschieden: Einerseits das körperlich-motorische In-Aktion-Treten als ein »aktiv«-beitragskonstruktives Intervenieren, zum Beispiel in Form einer Verlautbarung, eines Tätigwerdens sowie nonverbaler Bekundungen, in denen sich Befindlichkeiten ausdrücken, andererseits das Interpretieren von Ereignissen und das Ziehen von Schlüssen. Man könnte von »rezeptiv«[220]-beitragskonstruktivem Intervenieren sprechen; nicht zuletzt deshalb handelt es sich dabei um einen konstruktiven Eingriff, weil dieses Deuten für den beteffenden Akteur wiederum handlungs- bzw. kommunikationsleitend wird. Beide Formen des Intervenierens können als genauso konstitutiv für das Zustandekommen einer Interaktion angesehen werden.[221] Die beiden Interventionsformen sind allerdings auf unterschiedliche Akteure verteilt: Ego wird beispielsweise tätig, Alter interpretiert dies als intentionale Handlung und diese Narration veranlasst ihn, seinerseits in einer bestimmten Form in Aktion zu treten und so weiter.[222]

---

[220] Hierbei darf das Rezipieren nicht als eine passive Tätigkeit missverstanden werden, sondern das Interpretieren stellt eine kreative Aktivität der Schemabildung und -anwendung dar (vgl. Lenk 1993, S. 213 ff.).

[221] Interaktionsbeiträge haben also unauflöslich eine kognitive und eine – wenn man so will – materiell-körperliche Seite (vgl. auch: Alexander 1988, S. 312 f.; Kreckel 1992, S. 76), sodass eine soziologische Interventionstheorie ›zwischen‹ beiden zu vermitteln hat.

[222] Eine geglückte Relationierung beider Interventionstypen führt dann zu einem Beitrag auf der Interaktionsebene. Es handelt sich demzufolge um komplementäre Hälften, die als konstruktive Leistungen von verschiedenen Parteien sich verkoppeln, sodass ein Beitrag als Handlung oder Kommunikation erscheint. Handlungen und Kommunikationen sind demnach nicht unabhängig von Interpretationen zu haben. Da Letztere aber in einer konkreten Interaktion nicht von den ›aktiv‹ Intervenierenden angefertigt werden, sondern gerade von den anderen Interaktionsbeteiligten, ergibt es sich interaktiv, ob die betreffende Intervention als Handlung oder als Kommunikation erscheint. Denn Sprechakte besitzen stets flankierende Begleitaspekte, die man als Handlungen auslegen kann. Und umgekehrt können physische Interventionen von Akteuren immer auch als (kommunikative) Symbole und damit in Bezug auf ihren Informations- und Mitteilungsgehalt gedeutet werden (vgl. auch: Geser 1996, Kapitel 2.2, S. 14–16).

Ebene D – Bekundungen/Gesinnungen: Als eine besondere Form menschlichen Intervenierens werden emotionale Bekundungen und Gesinnungen aufgefasst. Sie werden deshalb eigens behandelt, da ihnen im Rahmen eines netzwerktheoretischen Ansatzes eine besondere Bedeutung zukommt: Es dürfte nicht übertrieben sein, zu postulieren, dass Beziehungen tot wären, wenn sie nicht emotional unterfüttert wären. Emotionen bilden den Kitt, der aus Abhängigkeiten soziale Beziehungen im engeren Sinn, oder aus Zufallsbegegnungen folgenreiche Bindungen und soziale Netzwerke macht. Dieser Kitt schlägt sich seinerseits in Geschichten über diese Beziehungen, Bindungen und Netzwerke nieder, sodass dann beispielsweise nuancenreich zwischen engen und lockeren Freundschaften unterschieden werden kann. Emotionen können aber nur beziehungsrelevant werden, wenn ihre Spezifik mitkommuniziert und damit eine emotionale Unterfütterung für die Beteiligten erlebbar wird. Über derartige Bekundungen wird auf die dahinter liegenden Einstellungen, Gesinnungen, Sympathien bzw. Antipathien und Gefühle geschlossen.

Dieses knapp vorgestellte Konzept kam bei einer Längsschnittuntersuchung zum Einsatz, um den Umgang mit Wandlungsvorhaben auf der Interaktionsebene von Organisationen nachzuzeichnen. Die Ergebnisse dieser Untersuchung werden nun vorgestellt.

5. Ergebnisse der Längsschnittstudie

5.1 Untersuchungsgegenstand und Untersuchungsdesign

Bei dem Fallbeispiel handelt es sich um eine Begleitstudie zur Implementierung von Change-Management-Maßnahmen in einer Vertriebsabteilung eines Automobilkonzerns. Die Abteilung besteht aus über 50 Mitarbeitern, die in verschiedenen Teams Informationen für die Märkte in jeweils unterschiedlicher Art und Weise aufbereiten und weitergeben. Jedes Team hat einen Teamleiter und die gesamte Abteilung wird von einem Abteilungsleiter geführt. Eine spezielle Herausforderung bestand darin, dass zwei (auch räumlich) getrennt arbeitende Abteilungen zu dieser neuen Abteilung zusammengelegt wurden. Für diese Fusionierung sprach, dass die Aufgabenstellungen der Teams eine Fülle von Schnittstellen besaß, sodass man sich durch die Zusammenlegung Synergien erhoffte. Als neu gebildete Abteilung gab sie sich die Mission, ein »Sales Support Center« zu sein. In einem Protokoll eines Teamleiter-Workshops heißt es zu dieser Mission: »Wir wollen als Sales Support Center durch überzeugende Dienstleistungen, ›best practice‹ Prozesse und Innovationen führend sein. Als Competence Center für bedarfsorientiertes Informations- und Wissensmanagement wollen wir [konzernweit] Benchmark sein für marktrelevante Produktinformation und Wissensmanagement und unsere Kunden begeistern. Wir wollen durch innovative Prozesse, hohe Produktqualität, neue Dienstleistungen mit fähigen und motivierten Mitarbeitern Mehrwert […] schaffen« (internes Papier). Damit wird nicht nur der eingangs erwähnten Kunden- und Serviceorientierung als spezifischer heutiger Herausforderung unternehmerischer Aktivität entsprochen, sondern auch den dargelegten Anforderungen nach Verdichtung der Informationsflüsse, Erhöhung der Flexibilität und Eigenverantwortlichkeit sowie Aufbau von selbstlernenden »best practice«-Zirkeln. Zu diesem Zweck wurde eine Reihe von Change-Management-Maßnahmen durchgeführt. Nicht zuletzt musste ein gemeinsames Büro geschaffen werden.

Aufgrund der Größe der Abteilung und der Komplexität ihrer Aufgabenbereiche ist es erforderlich, die Begleitstudie stellvertretend anhand von zwei Teams vorzustellen. Sie gehörten den ehemals getrennten Abteilungen an und sollten nach der Zusammenlegung intensiv miteinander kooperieren. An ihnen können besonders anschaulich die generellen Entwicklungen der Abteilung und die Etablierung von Netzwerkstrukturen und deren Wirkungen demonstriert werden. Das eine Team – es wird im Folgenden Team Müller genannt – stellt im Grunde ein technisches Callcenter dar. Es besteht aus Experten in technischen Fragestellungen, welche die eintreffenden Anrufe der sog. Außenorganisation (Händler) und Endkunden entgegennehmen und bearbeiten.[223] Es ist dann die Aufgabe der Sachbearbeiter dieses Teams, nach Antworten bzw. Lösungen zu fahnden, was oftmals eine akribische Recherche nach sich zieht. Es handelt sich dabei um ein reines Liniengeschäft, d. h. die eingehenden Anrufe werden chronologisch abgearbeitet. Weil bei diesem Team alle auftretenden Probleme und Wünsche gemeldet werden, besitzt es fast konzernweit eine Alleinstellung, was die Kenntnisse über die gerade auf dem Markt befindlichen Fahrzeuge anlangt. Genau dieses Wissen wäre ausgesprochen hilfreich für das zweite Team, das im Folgenden Team Heinen genannt wird. Es erstellt Hochglanzbroschüren und andere verkaufsunterstützende Informationsmaterialien für die Außenorganisation. Zu diesem Zweck arbeiten die Mitarbeiter des Teams in kreativen Projekten mit Werbeagenturen zusammen, was sich

---

[223] So werden zum Beispiel Baubarkeitsanfragen gestellt oder aufgetretene Probleme dargelegt.

an ihrem Selbstverständnis als Projektmanager und Marketingexperten bemerkbar macht.

Es handelt sich also um zwei völlig unterschiedliche Arbeitsprofile bei den beiden Teams. Der eingangs erwähnte Gedanke der »Organisation als Netzwerk«, nämlich dass heutige Unternehmen zunehmend eine Vernetzung von Heterogenem anstreben, spiegelt sich in dem Versuch wider, diese beiden Teams in eine Kooperationsbeziehung zu bringen.

Im Rahmen der Begleitstudie wurden bislang drei Erhebungswellen innerhalb von fünf Jahren durchgeführt. Die erste Befragungswelle wurde ein dreiviertel Jahr nach der organisationalen Zusammenlegung der beiden Abteilungen im Jahr 2003 durchgeführt.[224] Bei der ersten Welle lag der Fokus auf der Erfassung des Ist-Zustands, was die Arbeitsprozesse, die Kommunikationsstruktur, die Teamkulturen und das Arbeitsklima anlangt. Auch wurde der jeweilige Kenntnisstand über die vormals andere Abteilung abgefragt. Schließlich wurden Ideen und Verbesserungsvorschläge bezüglich des Kommunikationsaustauschs in der Abteilung und der Leistungserbringung erfragt. Der inhaltliche Fokus der beiden folgenden Erhebungswellen (2. Welle im Jahr 2005 und 3. Welle im Jahr 2007) lag zum einen auf der Evaluation der zwischenzeitlich durchgeführten Change-Management-Maßnahmen. Zum anderen wurden durch die Befragung die Mitarbeiter der Abteilung immer umfassender in den Change-Prozess mit einbezogen. In diesem Sinn wurden sie nach »best practice«, nach Visionen für ihr Team und für die Abteilung, nach gravierenden Problemen sowie nach Lösungsideen befragt. Des Weiteren wurden die Kommunikationsstruktur und das Stimmungsbild erhoben.

Als Erhebungsinstrumente wurden bei den Erhebungswellen eine schriftliche Befragung, die u. a. auch netzwerkanalytische Fragen beinhaltete, Dokumentenanalysen (von Organigrammen, Protokollen des Führungsteams, Strategiepapieren, Tätigkeitsbeschreibungen der Teams und der Abteilung etc.), Beobachtungen in der Abteilung und in den Teams, Experteninterviews der Abteilungsleitung zu den Rahmenbedingungen der Abteilung und zu den Veränderungsabsichten sowie leitfadengestützte Einzelinterviews mit allen Mitarbeitern und Führungskräften mittels sog.

---

[224] Zu diesem Zeitpunkt stand allerdings die räumliche Zusammenlegung in ein gemeinsames Büro noch aus. Es bestanden jedoch erste Pläne für ein Bürokonzept.

Netzwerkkarten[225] eingesetzt. Tabelle 5 gibt einen Überblick, für welche Analyseebene welche Methoden zum Einsatz kamen.

Im Folgenden werden nun chronologisch einige Ergebnisse der einzelnen Erhebungswellen und die zwischen den jeweiligen Erhebungswellen stattgefundenen Change-Management-Maßnahmen vorgestellt.[226]

Inhalte	Betrachtungebene	Methodik
Stellengefüge, Geschäftsfelder, Unternehmenskultur, Machtverteilungen	**Ebene A: Kontext** Organisationale Rahmenbedingungen, Strukturen & Semantiken	Dokumentenanalyse, schriftliche Befragung, Experteninterview
Arbeitsroutinen, Kommunikationsstrukturen & -kulturen	**Ebene B: Interaktionen** Eigendynamiken (Pfade etc.) Strukturen (cluster, gate keeper, strukturelle Löcher etc.)	Beobachtung, quantitative Netzwerkanalyse, schriftliche Befragung
Handlungen & Kommunikationen, Stories über Situationen	**Ebene C: Interventionen (=Kontrollprojekte)** aktive Beiträge Deutungen der Geschehnisse	Beobachtung, leitenfadengestütztes Einzelinterview (mit allen MA)
Einstellungen, Gesinnungen, Sympathie vs. Antipathie	**Ebene D: (emotionale) Bekundungen** Flankierende »Botschaften«	qualitative Netzwerkanalyse, Beobachtung

Tabelle 5: Untersuchungsinhalte und Methoden der vier Erhebungsebenen

---

[225] Hierbei wurde eine modifizierte Fassung des so genannten »emotionalen Netzwerks« von Kahn und Antonucci (1980) eingesetzt, das die Erfassung von Einstellungen und Gesinnungen der Befragten zu anderen Personen, Teams und Sachverhalten gestattet. Zu drei Themenfeldern (zur Abteilung, zum Team des Befragten und schließlich zu ihm als Mitarbeiter) wurden relevante Aspekte je nach Bedeutung in konzentrische Relevanzkreise angeordnet (vgl. Häußling 2006).

[226] Da es sich um sehr umfangreiche Erhebungen handelt, kann nur sehr ausschnitthaft auf die Befragungsergebnisse eingegangen werden.

5.2 Ergebnisse der ersten Befragungswelle

Das Wissen über die Kollegen der vormals anderen Abteilung war nach einem dreiviertel Jahr nach der Zusammenlegung und mehreren Integrations- und Kennlernaktionen noch ausgesprochen gering. Dies wurde bei den Mitarbeiterinterviews daran deutlich, dass eingeräumt wurde, eigentlich gar nicht zu wissen, was die Aufgabenstellungen der anderen Teams seien.[227] Abbildung 6 zeigt die angegebenen formellen und informellen Kontakte innerhalb der Abteilung. Dabei bestanden zwar Kontakte zwischen Team Müller und Team Heinen, aber diese entsprachen nicht der aus der Abteilungsleitung notwendig erachteten Intensität und Dichte des Austauschs, um die gewünschte Zusammenarbeit sicherzustellen.[228]

Eine Erklärung für diese schleppende Kontaktaufnahme kann aus den Mitarbeiterinterviews abgeleitet werden. Denn dort zeigte sich ganz deutlich, dass die bereits beschriebenen unterschiedlichen Arbeitsroutinen und Problemlösungsstrategien zu einer Reihe von Folgedifferenzen – ganz im Sinn der Aussage von Gregory Bateson (2000, S. 459) »a difference which makes a difference« – führte: Zunächst einmal ergaben sich daraus unterschiedliche Arbeitsstile,[229] die unterschiedliche Rollenmuster – Sachbearbeiter versus Projektmanager – und unterschiedliche Quellen der Wertschätzung – Fachkompetenz versus überzeugender Auftritt – nach sich zogen. Letztlich waren differierende Zukunftsvorstellungen – das Setzen auf Bewährtes versus das Begrüßen von Veränderungen und Deregulierungen – sowie nicht kompatible Sprachen – eine von technischer Semantik geprägte Sprache versus eine Marketingsprache – zu konstatieren.

---

[227] Selbst bei der Frage nach dem namentlichen Kennen der Abteilungsmitglieder gab fast die Hälfte der Befragten an, noch nicht einmal die Hälfte der Abteilungsmitglieder zu kennen.

[228] Drei der sieben angegebenen Kontakte zwischen den Teams sind dem Umstand geschuldet, dass ein Mitglied des Teams Müller einen Teamwechsel kurz vor der Befragung realisiert hatte und insofern noch intensive Kontakte zu seinem Herkunftsteam Heinen pflegte.

[229] Bei Team Müller herrscht – wie gesagt – eine detailorientierte Aufgabenabwicklung im Rahmen eines Liniengeschäfts vor, während Team Müller wirkungsvolle kreative Projektarbeit realisiert.

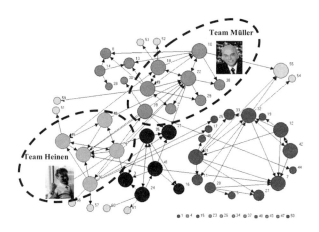

Abbildung 6: Die Kommunikationsstruktur der Abteilung, 1. Befragungswelle

Generell wurde offensichtlich, dass der angestrebte Austausch über die vormals existierenden Abteilungsgrenzen hinweg schleppend verlief, jedenfalls als unzureichend für die angestrebte Kooperation gewertet werden musste. Ferner existierte noch so gut wie gar kein ›Abteilungsgeist‹, was sich in sehr eigenständigen Teamkulturen und insbesondere in der Rede von »denen da drüben« bemerkbar machte. Schließlich bestand mehrheitlich bei den Abteilungsmitarbeitern eine abwartende Haltung bezüglich der anvisierten Change-Management-Maßnahmen.[230] Entsprechend erstreckten sich die konstruktiven Verbesserungsvorschläge für die Team- und Abteilungsprozesse eher auf praktische Aspekte des Arbeitsalltags, wie z. B. eine bessere Struktur der Datenvorhaltung im Intranet, Verhaltensregeln in Bezug auf E-Mail-Versand sowie der Wunsch nach Kurzinformationen über laufende Projekte der Abteilung. Demgegenüber waren eigentlich ganz andere Empfehlungen aus der Befragung ableitbar: An erster Stelle wäre an einen Ausbau einer abteilungsweiten Vertrauensbasis zu denken, sowie die Herstellung von Transparenz in den Arbeitsprozessen, um überhaupt ein Verständnis von den Arbeitsinhalten und Ar-

---

[230] Selbst bei den veränderungsoffenen dynamischen Teams – wie z. B. dem Team Heinen – konnte die Tendenz beobachtet werden, sich nicht zu rasch auf die Seite der Abteilungsleitung zu schlagen, sondern vielmehr den Erfolg bzw. Misserfolg ihrer Bestrebungen aus sicherer Distanz zu beobachten.

beitsvollzügen der anderen Teams zu erhalten.[231] Erst dann könnten relevante Schnittstellen der Kooperation und Unterstützung identifiziert werden.[232] Auch Arbeitsplatz-Hospitation und »Job-Rotation« innerhalb der Abteilung wären geeignete Maßnahmen, um ein derartiges Grundverständnis aufzubauen. Schließlich hat die durch die netzwerkanalytischen Fragen offengelegte Kommunikationsstruktur innerhalb der Abteilung zur Konsequenz gehabt, das Bürokonzept zu optimieren, um Abkapslungstendenzen einzelner Teams entgegenzuwirken.

5.3 CHANGE-MANAGEMENT-MAßNAHMEN IN DER FOLGEZEIT I

Unter Berücksichtigung des Kommunikationsnetzwerkes wurde dann tatsächlich das Bürokonzept realisiert. Es handelt sich um ein Großraumbüro, das weitgehend – mit Ausnahme von Team Müller – flexible Arbeitsplätze[233] bereitstellt. Neben dieser physisch-räumlichen Kontextänderung gab es noch eine Reihe weiterer Change-Management-Maßnahmen, die sich weitgehend an den soeben skizzierten Schlussfolgerungen der ersten Befragungswelle orientierten. Entsprechend wurde ein Informationsmanagement aufgesetzt, das die Datenhaltung und den E-Mail-Austausch in der gewünschten Weise modifizierte. Um das »Wissen voneinander« zu verbessern, wurde eine Wer-macht-Was-Liste (»yellow pages«), ein quartalsweise erscheinender Newsletter, der über alle aktuellen Projekte der Abteilung berichtet, sowie regelmäßig Kurzprotokolle der Führungskräfte-Meetings an alle Abteilungsmitglieder verteilt. Des Weiteren haben Arbeitsplatz-Hospitationen und Job-Rotationen stattgefunden. Um die Transparenz bei den Arbeitsprozessen innerhalb der Teams herzustellen, wurde eine Balanced Scorecard eingeführt. Neben diesen Change-Management-Maßnahmen war seitens der Abteilungsleitung eine starke Orientierung auf avancierte Projekte beobachtbar, um die Aufmerksamkeit des Konzerns auf

---

[231] Ein solches Verständnis fehlt bislang weitgehend – sogar bei der Abteilungsleitung im Bezug auf ein Team, das vormals in der gleichen Abteilung wie Team Müller angesiedelt war.

[232] Demgegenüber existierte bislang aus Unkenntnis des Arbeitsprofils der anderen Teams noch vielfach Mehrfachbearbeitung identischer Aufgaben.

[233] Die Mitarbeiter besitzen also keinen angestammten Arbeitsplatz, vielmehr befinden sich ihre persönlichen Utensilien in einem Rollcontainer, den sie an einen gerade freien Platz mitnehmen können. Gleichzeitig erhielten alle Mitarbeiter, die sich für einen flexiblen Arbeitsplatz entschieden haben, einen Laptop und, nach vorheriger Absprache, die Möglichkeit zu »home office«.

die Abteilung zu lenken. In diesem Rahmen erhielt die Abteilung zwei neue kleine Teams.

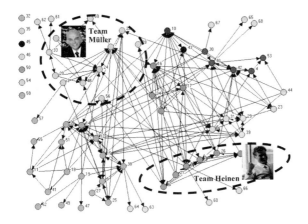

Abbildung 7: Die Kommunikationsstruktur der Abteilung, 2. Befragungswelle

5.4 Ergebnisse der zweiten Befragungswelle

Die soeben geschilderten Change-Management-Maßnahmen (Ebene A), die nach der ersten Befragungswelle erfolgten, wurden in der zweiten Befragungswelle mehrheitlich positiv bewertet.[234] Im Bereich der Kommunikationsstrukturen innerhalb der Abteilung (Ebene B) hat sich für die beiden Teams eigentlich keine nennenswerte Veränderung im Vergleich zur Befragung zwei Jahre zuvor ergeben, wie der Abbildung 7 zu entnehmen ist.[235] Bereits hier ist also erkennbar, dass sich die Zusammenarbeit trotz der verstrichenen zwei Jahre und der massiven Eingriffe der Abteilungsleitung nicht merklich verbessert hat.[236] Auch bei der zweiten Befragungswel-

---

[234] 26 Personen sahen eine Verbesserung in der Umstrukturierung der Abteilung, nur 3 Befragte eine Verschlechterung und 6 Befragte weder eine Verbesserung noch eine Verschlechterung. Acht Personen gaben an, dies nicht beurteilen zu können und zwei enthielten sich der Stimme.

[235] Das Bild ist insofern nicht direkt mit Abbildung 6 vergleichbar, da in der 2. Welle die Befragten offenherziger als bei der 1. Welle über ihre Kontakte Auskunft erteilt haben. Dies ist auch der Grund, warum hier nur die formellen Kontakte dargestellt sind, da sonst das sich ergebende Netzwerk noch unübersichtlicher geworden wäre.

[236] Die unzureichende Zusammenarbeit zwischen den beiden Teams wird noch deutlicher am Antwortverhalten der gesamten Abteilung in Bezug auf die Frage, welche

le liefern die Einzelinterviews einen Erklärungsansatz für die vorherrschenden Defizite in der Kooperation. Denn für diese Renitenz scheinen insbesondere die Gesinnungen und Einstellungen (Ebene D) der beteiligten Akteure verantwortlich zu sein. Besonders frappant ist, wie sich die beiden Teams wechselseitig sehen und einschätzen.[237] So erschien das Team Müller aus der Sicht des Teams Heinen als eine Gruppe von »Datenklopfern« (Originalzitat), die akribisch in Archiven und Datenbanken stöbern. Auch glaubte Team Heinen, dass Team Müller die Zusammenlegung immer noch – also fast drei Jahre danach – als eine feindliche Übernahme auffasse. Gleichzeitig erkenne Team Müller – so die Befragten von Team Heinen – nicht die gewandelten Anforderungen, die der Markt mit sich bringe. Das Bild, das Team Müller von Team Heinen zeichnete, war nicht minder argwöhnisch: Die Mitglieder des Team Heinen seien »Märchenerzähler«, die sich mit ihren Hochglanzbroschüren völlig unberechtigt in

---

Teams besser zusammenarbeiten sollten: Hier wurde 11-mal der Wunsch geäußert, dass Team Heinen und Team Müller besser kooperieren sollten.

[237] Korrespondierend dazu konnte aus den Einzelinterviews mit den Mitarbeitern auch ein jeweiliges Selbstbild der beiden Teams eruiert werden. Team Müller begreift sich als eine große Gemeinschaft, die durch Hilfsbereitschaft geprägt ist. Selbst der Teamleiter begreift sich als der »Erste unter Gleichen«, der im Grunde also die gleichen Aufgaben durchführt. Die Reputation eines Mitarbeiters resultiert aus der erworbenen Fachkompetenz. Insofern sind diejenigen Mitglieder des Teams zentral, die bereits mehrere Jahrzehnte dieses Geschäft betreiben. In diesem Sinn weisen die Teammitglieder in den Interviews auch immer wieder darauf hin, dass man mehrere Jahre benötige, bis man die Komplexität der Aufgaben beherrsche. Die Beratungstätigkeit gründet sich in den Augen der Teammitglieder auf den persönlichen Kontakt zu den Verkäufern bzw. Kunden. Entsprechend würden Anrufende immer bestimmte Berater verlangen. Sie glauben, dass das telefonische Beratungsgeschäft nicht verbessert werden kann, obwohl sie gleichzeitig mitbekommen haben, dass Konkurrenzkonzerne die Funktion, die sie ausführen, ›outgesourct‹ haben. Sie hegen große Skepsis gegenüber den Change-Management-Maßnahmen der Abteilungsleitung. Ja, sie fühlen sich von dieser alleingelassen und ihre Arbeit nicht gebührend wertgeschätzt. Demgegenüber begreift sich das Team Heinen als ein kleines Team, bestehend aus Individualisten, die produkt- und marktorientiert agieren. Sie sehen sich als »Veredler«, die wenig handhabbares technisches Wissen in Form bringen, sodass es in adäquater Weise bei der Außenorganisation und beim Kunden erscheint. Sie definieren sich über ihre Projektarbeit und sind stolz, eine abwechslungsreiche und kreative Arbeit realisieren zu können. Die Majorität hält »soft skills« für wichtiger als Fachkompetenz. Die Change-Management-Maßnahmen sehen sie nun als Chance, sich noch freier und eigenverantwortlicher entfalten zu können.

Szene setzten.[238] Dem Team Heinen fehle die Bodenhaftung und obendrein würde es noch von der Abteilungsleitung begünstigt – so Team Müller.

Dass sich derartige Stereotypen verselbständigen und nicht mehr viel mit der Realität zu tun haben, wird an dem zuletzt Dargelegten deutlich; denn Team Heinen wurde zu diesem Zeitpunkt von dem Abteilungsleiter sehr kritisch gesehen. Da aber die Mitglieder des Teams Müllers auch keinen besonders guten Kontakt zur Abteilungsleitung hatten, schlussfolgerten sie wegen eines ähnlichen Habitus bei Team Heinen und beim Abteilungsleiter auf die vermeintliche Sympathie und Protektion. Derartige Einstellungen und Sichtweisen (Ebene D) haben allerdings maßgeblichen Einfluss auf die Interaktionen zwischen den Teams (Ebene B). Die konkret vorliegenden Stereotype verunmöglichten regelrecht eine vorbehaltlose Kooperation. Verblüffenderweise sahen die Job-Rotierer relativ rasch die Dinge aus dem Blickwinkel des neuen Teams, selbst was das Herkunftsteam anlangte – wie die Interviews ergaben. Gerade daran wird deutlich, dass Narrationen im Wesentlichen davon abhängig sind, wo man in den herrschenden Konstellationen platziert ist.

Auf Basis der Erhebungsergebnisse dieser zweiten Befragungswelle wurde die Empfehlung ausgesprochen, anstelle auf eine mühselige Homogenisierung der Teams abzuzielen, für ein besseres Verständnis der jeweiligen anderen Teamkultur zu sorgen, sodass weniger Vorurteile, Kommunikationsschwierigkeiten und uneinlösbare Erwartungen die Kooperation bedrohen. Gleichzeitig sollte auf der Abteilungsebene eine »corporate identity«, ein gemeinsames Werteverständnis und eine Vertrauensbasis geschaffen werden. Auch schien eine Vereinfachung der Prozesssteuerung dringend geboten, da die eingeführte Balanced Scorecard zu einer Übersteuerung der Prozesse tendierte.[239] Ferner wurde kritisiert, dass der Abteilungsleiter zu wenig in der Abteilung präsent ist, da er zu sehr außenorientiert sei.

---

[238] Es wurde von Team Müller mehrfach darauf hingewiesen, dass die Broschüren technische Fehler beinhalten und insofern keine wirkliche Hilfe beim Verkaufsprozess darstellen.

[239] Zudem stellte die Pflege und Aktualisierung der Balanced Scorecard einen erheblichen Zeitaufwand dar, bot aber dem Abteilungsleiter weitgehende Einblicke in die Arbeitsprozesse seiner Abteilung – mit Ausnahme ausgerechnet des Teams, bei dem ihm die Einblicke früher schon gefehlt hatten. Dieses Team hat sich erfolgreich geweigert, dieses Instrument einzusetzen.

5.5 Change-Management-Maßnahmen in der Folgezeit II

In der Folgezeit wurden folgende Organisationsentwicklungsmaßnahmen durchgeführt: Es kam zu zwei Teamleiterwechseln in der Abteilung, wobei der eine das Team Müller betraf.[240] Die Abteilung erhielt eine geänderte Teamstruktur.[241] Diese tangiert auch die beiden hier im Fokus stehenden Teams: So realisierte fast die Hälfte der Mitarbeiter des Teams Müller »Job-Rotation« – die meisten von ihnen wechselten zu Team Heinen. Die vakanten Stellen wurden durch neue junge Mitarbeiter wiederbesetzt. Team Heinen ist aufgrund dieses Zulaufs nicht nur größer geworden, sondern hat damit gleichsam einen Sprung in der technischen Expertise erfahren. Des Weiteren wurden teamübergreifende Projekte ins Leben gerufen.[242] Neben diesen Organisationsentwicklungsmaßnahmen gab es allerdings auch ein Ereignis, das nicht minder weit reichende Auswirkungen auf die Abteilung hatte; denn es kam zu einem Abteilungsleiterwechsel. Der neue Abteilungsleiter legte gleich zu Beginn eine deutlich andere Ausrichtung an den Tag: Einerseits war und ist er weitaus präsenter in der Abteilung, andererseits liegt sein Fokus stärker auf technischen Aspekten.

5.6 Ergebnisse der dritten Befragungswelle

Wie die Befragungsergebnisse der dritten Welle zeigen, ist die Intensität und Qualität des Austauschs zwischen den beiden Teams im Vergleich zu 2005 deutlich gestiegen.[243] Diese Veränderungen in der Kommunikationsstruktur und -kultur korrespondieren mit gewandelten Gesinnungen und Bekundungen. So sieht Team Müller die Einbindung der technischen Seite bei Team Heinen positiv. Gerade die neuen Kollegen in beiden Teams

---

[240] Hier schienen neben persönlichen Animositäten zwischen dem Abteilungsleiter und dem Teamleiter von Team Müller vor allem die inkommensurablen Vorstellungen beider über die Führung des Teams ausschlaggebend dafür zu sein, dass der Teamleiter entmachtet wurde. Als neuer Teamleiter von Team Müller wurde jemand eingesetzt, der als Gefolgsmann des Abteilungsleiters galt.

[241] Es kamen zwei kleine Teams dazu, während ein großes Team die Abteilung verließ.

[242] Für Team Müller bildete dies ja ein Novum in doppelter Weise: Es gab von nun an nicht nur klare Aufgaben, die in Kooperation mit Team Heinen zu bewältigen waren, sondern man sammelte neben dem Liniengeschäft erstmals Erfahrung in der Projektarbeit.

[243] Gaben 2005 33% der Befragten des Teams Müller an, oft mit Team Heinen in Kontakt zu stehen, sind es 2007 über 85%. Die Hälfte dieser Befragten hat 2005 den Austausch als gut gewertet. 2007 sind es 93%.

sorgten für eine Offenheit im Kommunikationsaustausch. Eine Profilierung finde – so Team Müller über Team Heinen – nicht mehr statt. Vereinzelt herrscht aber noch ein prinzipieller Vorbehalt vor, ob die Hochglanzbroschüren des Teams Heinen überhaupt ein geeignetes Instrument beim Verkaufsprozess seien. Gleichwohl hat die gemeinsame Projektarbeit für mehr Verständnis des jeweils anderen Teams gesorgt.

Die Wandlungsprozesse haben aber auch Nachteile mit sich gebracht: So ist ein regelrechter Wissensexodus bei Team Müller zu konstatieren. Und gleichzeitig sind die Diskrepanzen, die früher zwischen den beiden Teams bestanden, nun in das Team Müller zwischen den jungen und ›alten‹ Mitarbeitern ›hineinkopiert‹. Des Weiteren besteht zwischen den beiden Teamleitern ein angespanntes Verhältnis, was sich teilweise auf die Zusammenarbeit auswirkt.

6. Schlussfolgerungen

Das Fallbeispiel sollte verdeutlichen, dass antizipierter Wandel immer auf Realitäten trifft, innerhalb derer unterschiedliche Gruppierungen um die zukünftige Hackordnung kämpfen und in entsprechend mikropolitischer Weise mit den Vorhaben der Abteilungsleitung umgehen. Dies kann bis zur kompletten Umdeutung oder Blockade der betreffenden Maßnahmen führen – einerlei, wie eindeutig und massiv der Veränderungsdruck von oben ausgeübt werden mag. Dies lenkt die Aufmerksamkeit auf die Bedeutung gewachsener Interaktionsroutinen, Teamkulturen und Arrangements von Gruppierungen für Veränderungsvorhaben. In Anlehnung an Küppers und Ortmanns (1992) Votum, dass in Organisationen »das Leben tobt«, darf nicht unterschätzt werden, welchen Einfluss Mikropolitiken und gelebte (sowie nicht gelebte) Interaktionsprozesse auf Organisationen ausüben – und zwar hinter dem Rücken formaler Reglements, Strukturvorgaben, hierarchischer Gegebenheiten und Entscheidungen. Dies wird durch die organisationale Umstellung auf Netzwerke als Ordnungsmechanismus in besonderer Weise verstärkt, da in ihnen dem eigendynamischen Kräftespiel der Kontrolle sich behauptender Identitäten eine zentrale Stellung zukommt. Auf der Ebene der Interaktionen wird dieses Kräftespiel ausgetragen. Change-Management-Maßnahmen wirken dort semantisch und strukturell ein, während die Gesinnungen und Einstellungen der Akteure in Form von Interventionen und Storys interaktionsprägend wirken. Dabei können sowohl Interventionen als auch Storys »blocking action« betreiben. Im Grunde werden andere Sichtweisen als Bedrohung der eigenen Identität wahrgenommen und mit Storys über die »Anderen« beantwortet, die eine Perspektivenübernahme zumindest erschweren. Und diese unvereinbaren Sichtweisen verhindern schlussendlich eine Zusammenarbeit, da sie in Verhaltens- und Handlungsweisen münden, die spätestens im Nachgang die Differenzen und Inkompatibilitäten erzeugen (vgl. Abbott 1995). Auf einer tieferen Ebene geht es um die Positionsabhängigkeit des Denkens und Handelns von Akteuren in Netzwerken; denn je nach Positionierung existieren unterschiedliche Sichtweisen und Möglichkeiten des Eingreifens sowie Einflussnahmen von außen, sodass selbst Positionswechsler rasch die Sichtweisen und Handlungsmuster der neu eingenommenen Position übernehmen. Gerade in einem hart umkämpften Feld der Arbeit und Karrieren sind diese interaktiven Verriegelungen zu beobachten. Hier wäre bei Wandlungsvorhaben mehr Sensibilität vonnöten. Sich diesen elementaren Barrieren organisationalen Wandels zu stellen, wäre m. E. eine zentrale Aufgabe bei der Neukalibrierung des Verhältnisses von Organisationen und ihren Veränderungen.

Rückt man diese Einsichten schließlich in eine weiter gefasste Perspektive, wird deutlich, dass Organisationen stärker als bislang mit den Spezifika von Menschen, mit ihren Einstellungen und Gesinnungen rechnen müssen. Letztere können durchaus organisationale Abläufe kontrollieren, ja sogar angestrebte organisationale Veränderungen über lange Zeiträume blockieren – wie in dem dargelegten Fallbeispiel über mehr als vier Jahre hinweg. Die »next organization« wird es also mit Kollisionen und Kollusionen formal-organisationaler, interaktiver und psychischer Kontrollprojekte zu tun bekommen, die darüber befinden, was in ihnen geschieht. Und dies ist als eine Folge der zunehmenden Umstellung organisationaler Ordnungsmechanismen auf Netzwerke zu werten.

Literatur

Abbott, A. (1995): Things of boundaries – Defining the Boundaries of Social Inquiry. In: Social Research. Jg. 62, S. 857–882.

Alexander, J. C. (1988): Action and Its Environments. Toward a New Synthesis, New York (Columbia University Press).

Baecker, D. (2007): Studien zur nächsten Gesellschaft. Frankfurt/M. (Suhrkamp).

Bateson, G. (2000): Steps to an Ecology of Mind, Chicago (University of Chicago Press).

Blumer, H. (1973): Der methodologische Standort des symbolischen Interaktionismus. In: Arbeitsgruppe Bielefelder Soziologen (Hg.): Alltagswissen, Interaktionismus und gesellschaftliche Wirklichkeit. Band 1: Symbolischer Interaktionismus und Ethnomethodologie. Reinbek (Rowohlt).

Doppler, K. u. Ch. Lauterburg (2005): Change Management. Den Unternehmenswandel gestalten. Frankfurt a.M./New York (Campus), (11. Aufl.).

Fuchs, S. (2001): Against Essentialism: A Theory of Culture and Society. Cambridge (Mass.). (Harvard University Press).

Gesellschaft für Organisationsentwicklung e.V.: Leitbild und Grundsätze. Gründungsveranstaltung v. 4.6.1980.

Geser, H. (1996): Elementare soziale Wahrnehmungen und Interaktionen. Ein theoretischer Integrationsversuch. http://geser.net/elin/inhalt.htm
Angaben beziehen sich auf DIN-A4-Ausdruck (abgerufen: 16.6.2008).

Häußling, R. (2006): Ein netzwerkanalytisches Vierebenenkonzept zur strutur- und akteursbezogenen Deutung sozialer Interaktionen. In: Hollstein, B. u. F. Straus (Hg.): Qualitative Netzwerkanalyse. Konzepte, Methoden, Anwendungen. Wiesbaden (VS Verlag), S. 125–151.

Häußling, R. (2007): Zur kommunitaristischen Ethik aus dem Geiste des Neoliberalismus. Entindividualisierungstendenzen im Wissensmanagement am Fallbeispiel einer Vertriebsabteilung eines Industriekonzerns. In: Gemperle, M. u. P. Streckeisen (Hg.): Ein neues Zeitalter des Wissens? Kritische Beiträge zur Diskussion über die Wissensgesellschaft. Zürich (Seismo Verlag), S. 82–113.

Kahn, R. L. a. T. C. Antonucci (1980): Convoys over the life course. Attachment, roles and social support. In: Baltes, P. B. a. O. G. Brim (ed.): Life-span development and behaviour. Vol.III. New York (Academic Press), p. 383–405.

Kreckel, R. (1992): Politische Soziologie der sozialen Ungleichheit, Frankfurt/New York (Campus).

Küpper W. u. G. Ortmann (1992): Mikropolitik: Rationalität, Macht und Spiele in Organisationen. Opladen (Westdeutscher Verlag). 2. Aufl.

Lenk, H. (1993): Philosophie und Interpretation. Vorlesungen zur Entwicklung konstruktionistischer Interpretationsansätze. Frankfurt/M. (Suhrkamp).

Luhmann, N. (1980): Gesellschaftsstruktur und Semantik. Studien zur Wissenssoziologie der modernen Gesellschaft. Band 1. Frankfurt/M. (Suhrkamp).

Polanyi, M. (1958): Personal Knowledge. Chicago (University of Chicago Press).

Schulze, G. (1997): Die Erlebnisgesellschaft. Kultursoziologie der Gegenwart. Frankfurt/New York (Campus). 7. Aufl.

Sydow, J. u. A. Windeler (Hg.) (2000): Steuerung von Netzwerken. Konzepte und Praktiken. Opladen/Wiesbaden (Westdeutscher Verlag).

Weick, K. E. u. K. M. Sutkliffe (2003): Das Unerwartete managen. Wie Unternehmen aus Extremsituationen lernen. Aus dem Amerikanischen von Maren Klostermann. Stuttgart (Klett-Cotta).

White, H. C. (1992): Identity and Control. A structural theory of social action. Princeton/New Jersey (Princeton University Press).

Willke, H. (2001): Systemisches Wissensmanagement. Mit Fallstudien von C. Krück, S. Mingers, K. Piel, T. Strulik u. O. Vopel. 2. Aufl. Stuttgart (Lucius & Lucius).

Erik Nagel & Werner R. Müller

Organisationsberatung:
»Ohne Macht ist nichts zu machen.«[244]

1. Beratung ist überall

Die stark ausdifferenzierte Arbeitswelt ist heute kaum noch vorstellbar ohne die Leistungen von Beratungsunternehmen. Die Beratungsbranche verzeichnet seit Anfang der 90er Jahre ein außerordentliches Wachstum. Von Ertragssteigerungen um 10 Prozent jährlich seit Beginn der 90er Jahre wird gesprochen (Nippa/Petzold 2002). Der Bundesverband Deutscher Unternehmensberater (BDU) publiziert etwas zurückhaltender jährliche Wachstumsraten von durchschnittlich 5,8 Prozent in den Jahren 1994 bis 2004 (facts and figures 2004). Auch der Verband Schweizer Managementberater (ASCO) spricht in seiner Marktstudie 2005 von einer ›positiveren‹ Stimmung im Beratungsmarkt. Im Jahr 2004 wurde die Wertschöpfung der Beratungswirtschaft in der EU auf 48,5 Milliarden Euro geschätzt (FEACO 2004).

Die Angebote an diesen kundenspezifischen, wissensintensiven Dienstleistungen sind nicht nur stark gewachsen, auch hat eine starke Spezialisierung in dieser Branche stattgefunden: Managementberater entwickeln mit der Geschäftsführung neue Strategien, Finanzberater unterstützen den CFO bei der Umsetzung internationaler Richtlinien, IT-Berater installieren für die gesamte Unternehmung Datenbanksysteme oder Organisationsentwickler begleiten Teams bei der Führungsentwicklung.

Neben der Expansion der Branche ist in den letzten Jahren aber ebenso Kritik an ihr laut geworden. Die Professionalität der Leistung wurde in Frage gestellt, eine Rollenvermischung mit dem Management bemängelt oder gar der Vorwurf erhoben, sie wirkten manchmal als Komplizen für unethisches und korruptes Verhalten. Die Beratungsbranche verlor zunehmend an Glanz: vitale, flexible, gut aussehende, aufstrebende und meist jüngere Männer und Frauen, die sich hinter einer glatten Fassade nur an

---

[244] Ein Zitat von Edmund Stoiber aus dem Jahre 1993 (gefunden am 25. Mai 2008 unter: www.satiricum.de).

ihren eigenen Interessen orientieren und skrupellos zusehen, wie selbst namhafte Traditionsunternehmen in den Ruin getrieben werden. Eine Folge davon ist, dass sich einzelne Beraterinnen und Berater von ihrer Berufsbezeichnung lösen wollen: »Ich nenne mich heute nicht mehr Berater – ich verstehe mich eher als Begleiter ...«

Es besteht ein umfassender Literaturbestand über Beratung. Allerdings wurden diese Publikationen überwiegend aus der Sicht von Personen verfasst, die selbst wirtschaftliche Interessen an der Beratung haben bzw. selbst aus Beratungsunternehmen kommen. Es handelt sich zumeist um Ratgeberliteratur, die Leitlinien und Handlungsanleitungen für die ›gute‹ und ›richtige‹ Beratung präsentiert oder aufzeigt, wie der Klient den ›richtigen‹ Berater findet, einsetzt und steuert. Noch wenig erforscht sind die tatsächliche Praxis der Beratung und die mit Beratung verbundenen sozialen Prozesse.

In diesem Artikel wird ›Beratung‹ als soziale Konstruktion respektive als Co-Produktion verstanden, an der Berater wie Klienten gleichermaßen beteiligt sind (Kapitel 2). Auf dieser theoretischen Perspektive werden auf der Basis einer umfangreichen empirischen Untersuchung die drei, sich in der Beratungsrealität ereignenden, idealtypischen Beratungsspiele skizziert (Kapitel 3); bei allen drei Beratungsspielen wird das spezifische Machtverständnis herausgearbeitet. Im letzten, vierten Kapitel werden wesentliche Merkmale der sich aktuell verändernden Gestalt von Organisationen näher betrachtet, um anschließend Rückschlüsse für die Organisationsberatung zu ziehen.

2. Beratung – ein Produkt von Beratern und Kunden

Beratungsleistungen werden routinemäßig eingekauft. Dabei wird aber nichts Materielles (wie z. B. Zulieferteile oder Büromaterial) beschafft, das vor dem Kauf begutachtet und sorgfältig geprüft werden könnte. Beratung lässt sich auch nicht in Standardqualität kaufen. Qualität wie auch Realisierungschancen der Dienstleistung sind zum Zeitpunkt der Bestellung nur zu vermuten; sie zeigen sich erst im Verlauf des Beratungsprozesses, an dessen Ende oder sogar noch sehr viel später (Meffert/Bruhn 2003, S. 27 ff.). Doch nicht nur der Zeitpunkt der Wirkung von Beratung erweist sich als schwierig bestimmbar, sondern auch die Zuschreibung von Ursächlichkeit; so ist schwer zu bestimmen, ob sich beispielsweise eine ›positive‹

Veränderung wegen spezifischer Beratungsinterventionen einstellte oder ob sie sich auch ohne (oder trotz) diese eingestellt hätten.

Dabei ist Beratung nicht als einseitige Lieferung von Leistung des Beraters an den Klienten zu verstehen; vielmehr ist die »interactive nature of the process« (Sturdy 1997, S. 393) anzuerkennen. In einer qualitativen Studie zeigt Sturdy (1997, S. 408) »how management's apparently persistent appetite for ›solutions‹ can be partly accounted for by the way in which consulting practices and the ideas they promote provide clients with the prospect of a reassuring sense of control over organization and identity and yet simultaneously reinforce such insecurities«. Unsicherheit wird produziert, indem Berater in Projekten nicht nur Problemlösungen generieren, sondern gezielt auf neue, ungelöste Problemstellungen aufmerksam machen, um dann wieder über Angebote neuer Beratungsleistungen die Reduktion dieser Unsicherheiten in Aussicht zu stellen. Fincham (1999, S. 349) folgt der Argumentation von Sturdy und kommt zum Schluss, dass die Beziehung zwischen Beratern und Klienten als offen und strukturell symmetrisch betrachtet werden sollte: »The balance of power may remain fairly equal, or it may be tipped one way or another by contingent factors.« Aus dieser relationalen Perspektive ist Beratung keine einseitige, klar abgrenzbare Handlung(sabfolge) der Berater, der eindeutige Wirkungen zugeschrieben werden könnten. Beratung ist vielmehr als sozialer Konstruktionsprozess (z. B. Berger/Luckmann 2004; Burr 1995; Dachler/Hosking 1995; Gergen 1999) oder als Co-Produktion ›aller‹ Beteiligten (also Berater und Klienten) einer spezifischen sozialen Praxis zu verstehen. Damit hängt auch der Erfolg von Beratung, wie dieser dann auch konkret durch die Akteure definiert wird, entscheidend davon ab, wie die Beziehung zwischen Beratern und Klienten und der Beratungsprozess durch die Beteiligten gestaltet werden.

Die Dynamik in Beratungsprozessen folgt den Regieanweisungen der weitgehend impliziten, handlungsrelevanten Sichtweisen, Annahmen und Alltagstheorien der Akteure (Argyris/Schoen 1975) – in diesem Fall den Beratungsverständnissen der Berater und Klienten. Darunter ist ein Skript zu verstehen, das nirgends aufgeschrieben, sondern ganz selbstverständlich in den Köpfen der beteiligten Berater und Klienten verankert ist. Die unausgesprochenen Antworten auf die folgenden (nicht explizit gestellten) Fragen dienen als Leitlinien für das eigene Verhalten in Beratungssituationen: Wie oder was sind Organisationen? Was bedeutet Beratung und worum geht es dabei? Wer und wie ist der Kunde oder der Berater? Wie muss man mit Kunden oder mit Beratern umgehen? Wie legitimiere ich meine Handlungen? Wem gegenüber fühle ich mich verantwortlich? Was ist unter ›guter‹ Beratung zu verstehen?

Innerhalb und zwischen Beratungs- und Klientenunternehmen existiert eine gemeinsame Vorstellung davon, was unter Beratung zu verstehen ist; dennoch bestehen – wie in allen sozialen Situationen – große Interpretations- und Gestaltungsmöglichkeiten, so dass Beratung gleichzeitig unterschiedlich verstanden und realisiert wird (vgl. Müller/Nagel/Zirkler 2004, S. 187 f.). Die Beratungsverständnisse spiegeln sich situationsspezifisch in den Interpretations-, Beziehungs- und Handlungsmustern des konkreten Beratungsprozesses und unterliegen – wie alle sozialen Systeme – einer Tendenz zur Reproduktion (vgl. z. B. Giddens 1984; Nagel 2001).

3. Spiele der Organisationsberatung

Die hier verwendete Spielmetapher erlaubt es, die kollektive Ebene, also die Beziehungsmuster zwischen Beratern und Klienten, und die individuelle Ebene der Handlungen von Beratern und Klienten miteinander zu verknüpfen. ›Spiel‹ bedeutet nicht, dass Beratung als verspielte Angelegenheit und unterhaltsame Freizeitgestaltung zu begreifen ist. Vielmehr wird dank des Spielbegriffs deutlich, dass kein nicht-vorgeregeltes, »nichtstrukturiertes Handlungsfeld« (Crozier/Friedberg 1993, S. 10, 18) existiert. Die Metapher des Spiels betont die Regelmäßigkeit und Vorstrukturiertheit, denen die Interaktionen der Spieler unterliegen. Spielregeln, verstanden als Ergebnisse früherer Verhandlungen und Machtverhältnisse, zeigen auf, über welche Handlungsoptionen Akteure in bestimmten Situationen verfügen. Sie determinieren das Handeln nicht, sondern legen »bestimmte Handlungszüge nahe« und limitieren sie gleichzeitig, indem »bestimmte Handlungsoptionen derart außerhalb des Sinnhorizonts stehen, dass der Akteur ›gar nicht auf den Gedanken kommen‹ kann, sie zu wollen« (Reckwitz 1997, S. 130 oder vgl. Crozier/Friedberg 1993, S. 249). Zudem sind die entsprechenden Regeln mehrdeutig und müssen interpretiert werden. Der ›kompetente‹ Akteur weiß, wann er welche (formelle oder informelle) Regel wie anzuwenden, dieser zu entsprechen hat oder ob er sie ignorieren kann, um sein Ziel zu erreichen. Die Besonderheit des Spiels ist, dass sich der Akteur so verhalten muss, dass im Grundsatz der Beschaffenheit des Spiels entsprochen wird. Das Spiel vereint somit Freiheit und Zwang. Der Spieler »bleibt frei«, muss aber »die ihm auferlegten Zwänge zumindest teilweise akzeptieren«. (Crozier/Friedberg 1993, S. 68)

Das Spiel definiert ›nur‹ einen bestimmten Pfad. Im Moment des Handelns liegt das Ergebnis oder der Erfolg der Handlung nur sehr begrenzt fest. Denn zum einen sind individuelle Handlungen immer auf Handlungen anderer bezogen und zum anderen sind Handlungen und die Struktur des Spiels unauflöslich aufeinander bezogen, setzen sich gegenseitig voraus, bedingen sich gegenseitig und bringen sich gegenseitig hervor. Daraus folgt, dass Handeln keine »reine Exekution vorgefasster Intentionen, oder internalisierter Werte, oder eindeutig umrissener Motive« (Joas 1995, S. 13) ist; es ist auch nicht von strukturellen Zwängen und Repressionen einseitig determiniert (vgl. Walgenbach 1995, S. 762). Vielmehr verfügt der Handelnde über Wissen über strukturelle Zusammenhänge und vermag es, sein Handeln selbstständig zu steuern. Dennoch: Auch wenn die Akteure als intentional Handelnde zu verstehen sind, ist nicht anzunehmen, »alles Handeln liefe ›in der Helle des Bewusstseins‹ ab« (Neuberger 1995, S. 298). Aufeinander bezogene Handlungen lassen über Episoden hinweg bestimmte, sich wiederholende oder reproduzierende Muster erkennen. Das strukturell angelegte Spiel wird also weitergespielt. Die Reproduktion des angelegten Spiels verweist darauf, dass in sozialen Interaktionen überdauernde Strukturen hervorgebracht werden, die typisch für einen spezifischen sozialen Kontext (wie z. B. Beratung) sind. Damit wirkt das ›Spiel‹ als »indirekter sozialer Integrationsmechanismus divergierender und/oder widersprüchlicher Verhaltensweisen von relativ autonomen Akteuren« (Crozier/Friedberg 1993, S. 4).

Doch welche Spiele prägen nun ›die Beratung‹? In einer qualitativen Untersuchung (vgl. Müller/Nagel/Zirkler 2004), bei der 32 narrative Interviews mit Beratern und Klienten durchgeführt und inhaltsanalytisch ausgewertet wurden, zeigten sich bei Klienten und Beratern auf den ersten Blick sehr unterschiedliche Sichtweisen von Organisationsberatung: Der eine Klient kauft genau definierte Problemlösungen ein. Dem andern geht es darum, in heiklen Situationen seine Entscheidung zu objektivieren. Für einen dritten ist es wichtig, sich durch die Beratung politisch abzusichern. Einem Berater ist es ein Anliegen, der ökonomischen Vernunft in der Organisation zum Durchbruch zu verhelfen. Ein anderer erlebt Beratung vor allem als persönliches Abenteuer und als Karriereplattform, und ein weiterer möchte wie ein Architekt effiziente Strukturen entwerfen und auch selbst die Bauführung übernehmen. Dabei fällt die ausdifferenzierte und anglo-amerikanische Rhetorik der Professionalität auf. Hier werden Milestones gesetzt, Quick-Wins und Triple-Win-Situationen garantiert, Feedback-Loops vorgeschlagen, Bottom-Up-Ansätze verfolgt oder die Organisationen zur Meta-Reflexion gebracht.

Eine genauere Betrachtung förderte drei dominante Spiele zu Tage, denen die Akteure in Beratungsprozessen effektiv folgen: Beim eher vordergründigen Transaktionsspiel geht es dem Kunden darum, den Prozess der offenen Dienstleistung unter Kontrolle zu bringen, um sich dem Risiko der Ausbeutung durch den Berater zu entziehen. Im Legitimationsspiel versucht eine Seite, sich der anderen Seite zu bedienen, um ihr Handeln zu beglaubigen. Im Emanzipationsspiel schließlich soll über einen Prozess der Verselbständigung die Handlungsfähigkeit der Organisation gestärkt werden.

Alle drei im Folgenden aufgezeigten Spiele variieren das Thema »Macht« auf eigentümliche Art. Gemein ist ihnen, dass Macht nicht als Besitz einer Person, sondern als grundlegendes Merkmal und als Regulierungsform sozialer Beziehungen verstanden wird. Sie unterscheiden sich im Hinblick auf die im Beratungsprozess strukturell angelegten Steuerungs-, Kontroll- und Entscheidungsspielräume sowie hinsichtlich der Möglichkeiten, diese Spielräume zu beeinflussen.

3.1 BERATUNG ALS TRANSAKTIONSSPIEL

Der Kunde sucht auf dem Markt der Beratungsleistungen Methoden, Verfahren und Instrumente, die ein spezifisches, vom Unternehmen definiertes Problem zu lösen versprechen und ein günstiges Kosten-Nutzen-Verhältnis aufweisen. Die effektive Leistung der Berater besteht in der Wahrnehmung der Klienten zumeist im Strukturieren des Problems und des Lösungsprozesses und damit in der Herstellung von Ordnung und Transparenz. Berater versuchen in einem »Beauty Contest«[245] durch die Demonstration der eigenen Professionalität und Problemlösungsfähigkeit (»Impression Management«) das Beratungsmandat »an Land zu ziehen«. Im Beratungsprozess legt es der Berater darauf an, das Mandat auszudehnen und Anschlussaufträge nach Hause zu bringen gemäß dem Leitsatz: »Ein Projekt ist nie abgeschlossen, bevor ein neues Projekt im Haus ist.« Das Unternehmen tritt deshalb dem Berater, der ja »nur Dollarzeichen in den Augen« habe, vorsichtig und grundsätzlich misstrauisch gegenüber.

Unter diesem allgemeinen Opportunismusverdacht sieht es der Kunde deshalb als vorrangige Aufgabe, die Berater im Griff zu behalten, ihren Aktionsradius einzugrenzen und den Beratungsprozess zu kontrollieren. Dazu schließt er zu Beginn einen Vertrag ab, in dem die erwartete Bera-

---

[245] Alle Aussagen in Anführungszeichen sind Zitate von Beratern und Klienten aus der empirischen Untersuchung.

tungsleistung mit Terminen und einem klaren Kostendach abschließend und möglichst präzis definiert wird. Er installiert Steuerungs- und Kontrollsysteme, mit deren Hilfe die Erreichung der in Etappen definierten Ergebnisse überprüft wird. Das Ende des Beratungsprozesses ist von Beginn weg in materieller und zeitlicher Hinsicht eindeutig definiert. Ein Kunde sagt hier lachend: »Bei uns endet auch mal ein Beratungsprozess« und spielt damit auf die Tendenz der Berater an, sich in der Organisation einzunisten.

Im Transaktionsspiel fällt dem Kunden die durchaus zweckmäßige Rolle zu, sich über das Problem klar zu werden, damit er es zu Beginn möglichst genau lokalisieren und definieren kann. Damit ist aber auch die Problemlösung weitgehend vorgegeben, für deren Ausarbeitung und Implementierung er die Fachkompetenz des Beraters beizieht. Das Misstrauen gegenüber dem Berater führt dazu, dass der Kunde den Einfluss des auf erweiterte Problemstellungen bedachten Beraters zu reduzieren versucht und die unvoreingenommene und »naive« Außensicht des Beraters bei der Problemerkennung ungenutzt lässt. Der Berater wird zum Vollzugsgehilfen reduziert. Gleich der Macht-Abhängigkeits-Theorie von Emerson (1962) stehen der Auftraggeber (Klient) und der Auftragnehmer (Berater) in einer asymmetrischen Austauschbeziehung, in der der Berater vom kontrollierenden Klienten abhängig ist. Wie die empirische Untersuchung aber auch zeigt, kann dieses strukturell angelegte und auf Stabilität ausgerichtete Machtverhältnis immer auch zugunsten des Beraters ›kippen‹, da trotz der in der Hierarchie angelegten Asymmetrie kein Akteur dem anderen völlig machtlos und ausgeliefert gegenübersteht. Der Gefahr des Kippens von Machtverhältnissen wird in diesem Spiel über aufwändige Steuerungs- und Kotrollmechanismen weitgehend zu minimieren versucht.

3.2 Beratung als Legitimationsspiel

Beratungsunternehmen werden üblicherweise engagiert, wenn eine Organisation Veränderungen plant, also Pläne, Strukturen, Management-Programme oder -Instrumente anpasst, entwickelt oder umsetzt. Der Veränderungsprozess mit den Interventionen der Beratung setzt das Geflecht an Interessen und Einfluss in der Unternehmung unweigerlich in Schwingung. Der Berater wird nicht als harmlos erfahren. Er greift in das Organisationsgefüge ein, stellt Besitzstände jeder Art in Frage und löst Ängste aus. Mit Widerstand ist zu rechnen. Um trotzdem die angestrebten Wirkungen erzielen zu können, sucht er die Nähe zur Macht. Er führt eine »Stakeholder-Analyse« durch, die darüber Auskunft gibt, wo mögliche »Alliierte« zu finden sind. Er sieht seine Bedeutung durch die Nähe zu den Mächtigen aufgewertet. Es ist »aufregend« und hat einen »speziellen Reiz«, für die

Konzernleitung oder den CFO tätig zu sein. Diese nehmen für sich in Anspruch, das Ganze zu repräsentieren und auch für das Ganze verantwortlich zu sein; sie verleihen dem Berater »die Weihe« und legitimieren sein Handeln.

Das Management sieht sich aber zumeist gleichzeitig damit konfrontiert, dass ihm in solchen Veränderungsprozessen Inkompetenz, Rücksichtslosigkeit, Eigeninteressen oder die Vertretung von Partikularinteressen zugeschrieben werden. Der Beratungsprozess wird so zu einer politischen Arena, in der sich das Management der Reputation, Expertise und Neutralität des Beraters bedient, um seine Vorhaben zu legitimieren und ihnen zum Durchbruch zu verhelfen. Denn Veränderungen werden »eher akzeptiert, wenn sie mit dem Berater-Stempel versehen sind«. Die Berater können dabei wissentlich oder unwissentlich für bestimmte Zwecke und für die dahinter stehenden Interessen instrumentalisiert werden: »Es kann passieren, dass man mich einspannen will für unlautere Dinge, und ich durchschaue es nicht.« Durch die Instrumentalisierung seiner Reputation und Unabhängigkeit droht der Berater gerade jene Eigenschaft zu verlieren, die ihn für die Legitimationszwecke des Kunden so wertvoll macht.

Mit dem Einsatz von Beratern signalisiert der Auftraggeber aber auch, »seine Rolle als Chef« und damit seine Verantwortung ernst zu nehmen. Er geht die Probleme aktiv an und bedient sich des aktuellen Managementwissens und der »Best Practices«, die der Berater aufgrund seiner Tätigkeit in verschiedenen Organisationen transportiert. Damit sichert er seine eigene Position ab, besonders wenn damit schmerzhafte Veränderungen und Interessenkollisionen verbunden sind.

Das Legitimationsspiel lässt sich mit den theoretischen Überlegungen von Foucault (1999) verknüpften; dieser wendet sich »ausdrücklich gegen eine [...] Machtanalyse, die fragt: Wer hat Macht über wen? [Foucault] sieht Macht vielmehr als eine Art Netz, das sich über unser Handeln und über unser aller Denken legt, ohne dass wir (abgesehen von Foucault und seinen Anhängern) es selbst merken.« Statt einer Fixierung auf den ›mächtigen Akteur‹, den oder die Herrschenden, fragt er: »Wie wird Macht ausgeübt? Macht soll quasi von unten, von den kleinsten Praktiken her, analysiert werden« (Nienhüser 2005, S. 161). Diese kleinsten Praktiken finden sich ebenso im Begriff Mikropolitik wieder. Neuberger (1996, S. 66) fasst Mikropolitik als wesentliches Ordnungselement in Organisationen. Sie bezeichnet das »unmerklich Kleine, Unscheinbare und Unterschwellige der politischen Aktionen im Organisationsalltag [...], das der unmittelbaren Aufmerksamkeit entgeht und sich erst in den »mikroskopischen« Feinanalysen erschließt.« Mikropolitik, so hintergründig und verdeckt sie auch immer passiert, wirkt ordnungsstiftend: »Mikropolitik ist der alltägliche Gebrauch von Macht, um organisationale Ordnungen im eigenen Interesse zu gestalten«. In der empirischen Untersuchung wird jedoch deutlich, dass Beratung zuvorderst im Dienste der Interessensdurchsetzung spezifischer organisationaler Akteure steht und selten zum Interessensausgleich genutzt wird. Berater schmieden im Dienste des (verdeckten) Auftraggebers machtvolle Koalitionen, grenzen Abweichler aus oder werden selbst als mehr oder weniger zweckmäßiges und zeitlich befristetes Werkzeug benutzt oder auch wieder entsorgt.

3.3 BERATUNG ALS EMANZIPATIONSSPIEL

In dieser Spielart von Beratung sind sich Berater und Klienten ihrer gegenseitigen Abhängigkeit zur erfolgreichen Projektbewältigung bewusst. Denn es braucht sowohl das Fach- und Prozesswissen der Berater wie auch die aktive Bereitschaft des Kunden, sich auf den Prozess einzulassen und das Organisationswissen einzubringen. Gleichzeitig achten beide jedoch sowohl auf die eigene Autonomie wie auch auf die Selbständigkeit des jeweils anderen. Das Spiel handelt weniger von Kontrolle oder Instrumentalisierung als von Ermächtigung und Erweiterung der Handlungsspielräume. Der Beratungsprozess zielt darauf ab, die Organisation von einengenden Sichtweisen, Tabuisierungen und Abhängigkeiten zu befreien, um sie zu befähigen, ihren Umgang mit anstehenden Herausforderungen effektiver zu gestalten.

Die Unternehmung ist sensibel dafür, dass der Berater »nicht alles für sie macht«, sondern dass es eigene Vorhaben »selber auf die Schienen bringen« muss. Beratung bedeutet somit nicht die Umsetzung »pfannenfertiger Konzepte«, vielmehr werden das Vorgehen und die Inhalte gemeinsam erarbeitet. Der Berater sieht sich dabei als Aufklärer und stellt dem Kunden seine Beobachtungen zur Verfügung, die dieser zum Perspektivenwechsel nutzen kann. Er wünscht sich einen »starken« Kunden, der »weiß, was er will« und der sich qualifiziert und frei entscheidet. Der Kunde wiederum erwartet, dass der Berater einen eigenständigen Standpunkt vertritt und damit neue, ungewöhnliche und manchmal auch unbequeme Sichtweisen einbringt, um für das Unternehmen den Kreis der Handlungsoptionen zu erweitern. Der Berater wahrt dadurch seine Glaubwürdigkeit, sieht dabei aber auch das Risiko, dass seine Interventionen nicht anschlussfähig sein können oder im Gegenteil allzu stark irritieren. Dann »kriegst du entweder mal eins drauf, oder du fliegst halt raus.«

Macht wird hier völlig anders verstanden. In den vorherigen beiden ›Spielen‹ geht es um die Ausweitung des eigenen Einflusses auf Kosten des

Einflusses anderer oder um die Wahrung des eigenen Einflussbereichs. Das Emanzipationsspiel lässt sich mit handlungstheoretischen Überlegungen verknüpfen, indem Macht als die »Fähigkeit zu handeln« (Neuberger 1996, S. 68) verstanden wird. Autonomie und Freiheit stellen keinen Gegensatz zu Macht dar, sondern sie bedingen sich vielmehr gegenseitig. Macht ist handlungsvoraussetzend: »Power is not, as such, an obstacle to freedom or emancipation but is their very medium – although it would be foulish, of course, to ignore its constraining properties« (Giddens 1984, S. 257). Macht ist somit nicht synonym mit Herrschaft, einer auf Dauer gestellten, fortlaufend abgesicherten und strukturell verankerten Dominanzstruktur. Sie kann sich ebenso im gegenseitigen Zugestehen von Einflussmöglichkeiten, in der abwechselnden Durchsetzung von Interessen, der Vermittlung zwischen unterschiedlichen Interessen oder der kreativen Erfindung neuer, komplementärer Interessen zeigen (vgl. z. B. Nagel/Kessler 2005). In diesem Sinne nutzen Klienten und Berater die Stärke und die Autonomie des jeweils andern, um in einem (tendenziell) hierarchiefreien Raum Sichtweisen, Maßnahmen und Lösungen zu entwickeln, welche die Handlungsfähigkeit der Organisation verbessern und sie in diesem Sinne »mächtiger« werden lassen.

3.4 Das Beratungsdreieck als Orientierungsrahmen

Die drei empirisch gewonnenen idealtypischen Beratungsverständnisse leiten die Beratungspraxis mit je nach Berater, Klient und Kontext unterschiedlichen Anteilen an. Was in Beratungsprozessen »wirklich« passiert, bewegt sich also thematisch zwischen diesen drei Polen, sodass sich das Bild eines ›Beratungsdreiecks‹ aufdrängt (vgl. Abbildung 8). Einige der individuellen Beratungswelten befinden sich fast ausschließlich, aber nie ganz nur auf einem dieser Pole. Die meisten positionieren sich irgendwo dazwischen. Das Beratungsdreieck kann als Heuristik zur Entwicklung der Beratungsverständnisse und -praxis genutzt werden; dies wird an anderer Stelle näher ausgeführt (Müller/Nagel/Zirkler 2004, S. 195–230).

Die ›Realitäten‹ der Beratung bezeichnen einen ›Realitätsausschnitt‹ der Organisation und zwar denjenigen des (organisationsübergreifenden) Interaktionsspiels zwischen (organisationsexternen) Beratern und (organisationsinternen) Klienten. Im nächsten Kapitel wird der Blick auf die sich ändernde Gestalt und Dynamik von und in Organisationen gerichtet. Der Herausgeberband stellt ja die Frage, ob und wenn ja wie Organisationen ihre Gestalt in Zeiten ständigen Wandels verändern.

Die im Folgenden ausgeführte These ist, dass eine Politisierung organisationaler Prozesse zu beobachten ist, die eine Politisierung von Beratungsprozessen zur Folge hat.

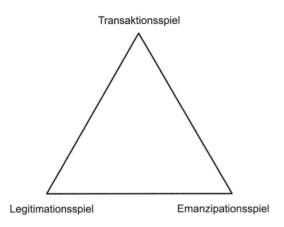

Abbildung 8: Beratungsdreieck

4. Politische Aufladung der Organisationsberatung

Unternehmen versuchen heutzutage noch konsequenter, ihre Produkte und Dienstleistungen auf eine Nische im internationalen Markt auszurichten. Dabei sehen sie sich gefordert, nicht nur über ihre angestammten Kernkompetenzen (z. B. hochqualitative Produkte) ihren Markt zu behaupten, sondern auch aufwändige, anspruchsvolle und durchaus fehleranfällige produktbegleitende Dienstleistungen anzubieten. Die Leistungserbringung ist wiederum zumeist mit logistischen und komplexen informationstechnologischen Prozessen verbunden, bei denen Unternehmen mit anderen unternehmerischen Subeinheiten oder selbständigen Unternehmen in einem dichten Netzwerk kooperieren. Auch der Lebenszyklus der von den Unternehmen angebotenen Produkte und Dienstleistungen hat sich deutlich verkürzt, so dass Unternehmen mehr denn je gefordert sich, sich durch neuartige, überraschende Angebote von anderen Leistungsanbietern zu unterscheiden.
Wir sehen drei zentrale Treiber der Veränderungsdynamik von und in Unternehmen:

- **Erhöhung der Innovationsfähigkeit:** Unternehmen sehen sich gefordert, veränderungsfähig zu sein, zu bleiben oder zu werden, um sich in ihrer Marktnische agil bewegen zu können, d. h. schneller, besser und kostengünstiger zu sein als Mitkonkurrenten und den immer heterogener werdenden Ansprüchen der Kunden besser zu entsprechen. Innovationen implizieren aber immer auch, bestehende Pfade, Leistungsangebote und Vorgehensweisen in Frage zu stellen. So wird das Bewährte vor dem Hintergrund des zukünftig möglicherweise Erreichbaren beurteilt und hinter sich gelassen (Nagel/Kessler 2005). Die Entdeckung des Neuen (Schöpferisches) beinhaltet zumeist die Infragestellung oder Auflösung des Bestehenden (Zerstörung) (Schumpeter 1993).
- **Sichern der Marktposition durch Größe:** Vorbei sind die Zeiten, in denen Organisationen organisch und über viele Jahrzehnte gewachsene, sich langsam etablierende Einheiten sind. Unternehmen – und das gilt längst auch für KMU – verfolgen Wachstumsstrategien über Aufkäufe anderer Unternehmen. Auch wenn sich aufgrund der Finanzkrise die Anzahl von Firmenzusammenschlüssen reduzierte, lässt sich in den vergangnen Jahren eine weltweite Welle an (inter-)nationalen Fusionen und Übernahmen beobachten. So stieg das globale Volumen angekündigter ›M&A-Deals‹ im ersten Halbjahr 2007 gegenüber derselben Periode im Vorjahr um 62 Prozent auf 2,7 Billionen Dollar (NZZ vom 03.07.2007, Nr. 151, S. 29). Über die massive Zunahme von Fusionen und Zusammenschlüssen und die damit einhergehende finanzielle und strukturelle Verschmelzung vormals eigenständiger Einheiten, verschwindet – so unsere These – das Gefühl, sich zu einer gewachsenen Struktur zugehörig zu fühlen. Unternehmen stellen heute zunehmend seltener Gebilde dar, mit denen sich der Einzelne identifizieren kann. Vielmehr nehmen sie den Charakter von strategischen Koalitionen an, die solange bestehen, als die kritischen (mächtigen) Stakeholder sich in der Lage sehen, ihre Partikularinteressen durch sie zu befriedigen. (vgl. auch Resource Dependency Theory von Pfeffer und Salancik 1978).
- **Personal als disponibles Gut:** Um im globalisierten Markt zu bestehen, wird die strategische Ressource Personal fortlaufend der strategischen Ausrichtung untergeordnet. Eine Untersuchung in der Chemischen Industrie (Müller/Kiefer 2001) fördert beispielsweise zu Tage, dass 80 Prozent der Befragten in den 6 Monaten vor der Befragung Reorganisationen in Abteilung oder Firma und 60 Prozent der Befragten Personalabbau-Programme sowie eine Veränderung der HR-Strategie erlebt haben. 25 Prozent der Befragten wechselten ihren ›Job‹ in den sechs Monaten vor der Befragung.

Im Hintergrund der beschriebenen Vorgänge ereignet sich im Prinzip nichts anderes, als dass Symbole, Strukturen, Verfahren, Strategien und Personal fortlaufenden Anpassungen und Auflösungstendenzen unterworfen sind und wohl kaum noch nachhaltige Beziehungsnetze, geteilte Handlungsgrundlagen und bemerkenswerte Identifikationspunkte aufgebaut werden können. In und zwischen Organisationen muss fortlaufend neu definiert (oder besser: verhandelt) werden, was noch, wieder oder neu gilt, was die neuen Leitvorstellungen sind, wem die Organisation nun ›gehört‹ und wie sie heißt usw.

Veränderungen der Strukturen und Prozesse, personelle Wechsel im Management, Anpassungen der Personalressourcen, Strategiewechsel etc. sind nicht mehr beschränkt auf besonders dramatische Wandelphasen im Leben einer Unternehmung, sondern wachsen zu einem kontinuierlichen Prozess zusammen. Entsprechend wird auch die Organisationsberatung zu einem ständigen Begleiter dieser Organisationen, und die Machtfragen in Organisationen werden sichtbarer. Die in und zwischen Unternehmungen stattfindenden Aktivitäten erfahren eine »politische Aufladung«: Einzelne Akteure schmieden Koalitionen, um ihre Positionen abzusichern, andere setzen ihre Ansprüche durch, um die Kontrolle über das Geschehen zu behalten und wieder andere kümmern sich um die Initiierung von Verhandlungsprozessen zwischen allen relevanten Anspruchsgruppen.

Diese politische Aufladung wirkt sich ebenso auf die Gestaltung von Beratungsprozessen aus; allerdings hängt – wie in Kapitel 3 dargestellt wurde – die Ausgestaltung des politischen Spiele stark davon ab, welches ›Spiel‹ im Beratungsprozess ›gespielt‹ wird. Aus diesem Wissen heraus besteht die Möglichkeit, die Machtspiele bewusst ›so‹ oder ›anders‹ zu gestalten: im Sinne einer Machtsicherung und -kontrolle, die auf den Machtzuwachs Einzelner und auf das Besetzen von Ungewissheitszonen ausgerichtet ist sowie Ohnmacht an anderen Orten der Organisation hervorruft, oder im Sinne einer Ermächtigung im Sinne des Emanzipationsspieles, in welchem die Beratungsprozesse dazu genutzt werden, die ›relevanten‹ Wissensquellen innerhalb der Organisation zu entfesseln und die Organisation angesichts der ständig neuen Herausforderungen handlungsfähiger zu machen.

Literatur

Argyris, C. u. Schoen D. (1975): Theory in practice: increasing professional effectiveness. San Francisco (Jossey-Bass).

Berger, P. L. u. Luckmann, T. (2004): Die gesellschaftliche Konstruktion der Wirklichkeit. 20. Auflage. Frankfurt am Main (Fischer).

Burr, V. (1995): Introduction to social constructionism. London (Routledge).

Crozier, M. u. Friedberg, E. (1993): Die Zwänge kollektiven Handelns. Über Macht und Organisation. Frankfurt/Main, Hain. Neue Wissenschaftliche Bibliothek.

Dachler, H. P. u. Hosking, D.-M. (1995): The primacy of relations in socially constructing organizational realities. In: D.-M. Hosking, H. P. Dachler u. K. J. Gergen (Hrsg.): Management and Organization: Relational Alternatives to Invidiualism. Aldershot, Brookfield, Hongkong, Singapur, Sydney (Avebury), S. 1–28.

Emerson, R. M. (1962): Power-Dependence Relations. In: American Sociological Review. 27, S. 32–41.

FEACO (European Federation of Management Consultancies Associations) (2004): FEACO Survey 2004 – Survey of the European Management Consultancy Market.

Fincham, R. (1999): The Consultant-Client Relationship: Critical Perspectives on the Management of Organizational Change. In: Journal of Management of Organizational Change. 36. 3, S. 335–351.

Foucault, M. (1999): In Verteidigung der Gesellschaft. Frankfurt/M. (Suhrkamp).

Gergen, K. J. (1999): An invitation to social construction. London (Sage).

Giddens, A. (1984): The constitution of society. Outline of the theory of structuration. Cambridge (Polity Press).

Joas, H. (1995): Einführung. Eine soziologische Transformation der Praxisphilosophie – Giddens' Theorie der Strukturierung. In: A. Giddens (Hrsg.): Die Konstitution der Gesellschaft. Grundzüge einer Theorie der Strukturierung. Frankfurt/New York (Campus), S. 9–23.

Müller, W. R. u. Kiefer, T. (2004): Befindlichkeit in der Chemischen Industrie. WWZ-Studie. Nr. 59. Basel.

Müller, W. R., Nagel, E. u. Zirkler, M. (2006): Organisationsberatung. Heimliche Bilder und ihre praktischen Konsequenzen. Wiesbaden (Gabler).

Meffert, H. u. Bruhn, M. (2003): Dienstleistungsmarketing. Grundlagen, Konzepte, Methoden. 4. Aufl. Wiesbaden (Gabler).

Nagel, E. (2001): Verwaltung anders denken. Baden-Baden (Nomos).

Nagel, Erik u. Kessler, Oliver (Hrsg.) (2005): Innovation zwischen Eigensinn und Gemeinsinn. Innovation im Bildungsbereich am Beispiel von Projekten des Lehrstellenbeschlusses 2. Bern (hep).

Neuberger, O. (1995): Mikropolitik. Der alltägliche Aufbau und Einsatz von Macht in Organisationen. Stuttgart (Enke).

Neuberger, O. (1996): Politikvergessenheit und Politikversessenheit. Zur Allgegenwart und Unvermeidbarkeit von Mikropolitik in Organisationen. In: Organisationsentwicklung. Jg. 15. H. 3, S. 66–71.

Nienhüser, W. (2005): Macht. In: Martin, A. (Hrsg.): Organizational Behavior – Verhalten in Organisationen. Stuttgart (Kohlhammer).

Nippa, M. u. Petzold, K. (2002): Ökonomische Funktionen von Unternehmensberatungen. In: Nippa, M. u. Schneiderbauer, D. (Hrsg.) (2002): Erfolgsmechanismen der Top-Management-Beratung. Physica-Verlag. Heidelberg, S. 3–25.

Pfeffer, J. u. Salancik, G. R. (1978): The external control of organizations. A resource dependence perspective, New York (Harper and Row).

Reckwitz, A. (1997): Struktur. Zur sozialwissenschaftlichen Analyse von Regeln und Regelmäßigkeiten. Opladen (Westdeutscher Verlag).

Schumpeter, J. A. (1993): Kapitalismus, Sozialismus, Demokratie. Tübingen (Francke).

Sturdy, A. (1997): The consultancy process – an insecure business? In: Journal of Management Studies. 34. 3, S. 389–413.

Walgenbach, P. (1995): Die Theorie der Strukturierung. In: Die Betriebswirtschaft. H. 6, S. 761–782.

Autorenverzeichnis

Jens Aderhold, Dr. phil., ist Teilprojektleiter des Projektes »Professionalisierung lokaler politischer Eliten« im SFB 580 am Institut für Soziologie an der Martin-Luther-Universität Halle-Wittenberg und im Vorstand von ISInova e.V. (Berlin). Seine Arbeitsgebiete sind: Elitetheorie, Innovationsforschung, Organisationsentwicklung, Netzwerktheorie und Kultur- und Konfliktsoziologie. E-Mail: jens.aderhold@soziologie.uni-halle.de

Birgit Blättel-Mink, Dr., Dipl.-Soz., ist Professorin für Industrie- und Organisationssoziologie an der Johann Wolfgang Goethe-Universität Frankfurt am Main. Ihre Arbeitsgebiete sind: Innovationsforschung, Nachhaltige Entwicklung, Hochschulforschung, Genderforschung, Soziologie als Beruf. E-Mail: b.blaettel-mink@soz.uni-frankfurt.de

Doris Blutner, Dr. soz., ist Soziologin und arbeitet im Department Sozialwissenschaften der Universität Hamburg. Ihre spezifischen Forschungsinteressen betreffen Prozesse der organisationalen Unsicherheitsbewältigung und Innovationsgenese, der Implementation neuer Technologien bei gleichzeitiger Gestaltung von Mensch-Technik-Schnittstellen sowie der Willensbildung und Entscheidungsdurchsetzung kollektiver Akteure. E-Mail: doris@blutner.org, www.blutner.org.

Sebastian Bukow, Diplom-Soziologe, ist wissenschaftlicher Mitarbeiter am Institut für Sozialwissenschaften der Humboldt-Universität zu Berlin. Seine Forschungsschwerpunkte sind: Politische Parteien, Politisches System sowie Innen- und Sicherheitspolitik der BRD.
E-Mail: sebastian.bukow@hu-berlin.de, www.bukow.de

Sigrid Duschek, Diplom-Kauffrau, ist Forschungsmitarbeiterin im Rahmen des vom Schweizerischen Nationalfonds geförderten Projekts »Organisationsgründung« am Institut für Kommunikation und Kultur, Universität Luzern. E-Mail: sigrid.duschek@unilu.ch

Peter Fuchs, Prof. Dr. rer. soc., Jg. 1949; war von 1972-1984 Heilerziehungspfleger. Von 1985-1989 studierte er Sozialwissenschaften und Soziologie in Bielefeld, Dortmund und Hagen. 1991 promovierte er in Gießen. Seit 1992 ist er Professor für allgemeine Soziologie und Soziologie der Behinderung an der FH-Neubrandenburg. Er emeritierte am 1.8.2007. E-Mail: vulpex1@aol.com

Michael G. Haufs, Dr. med. Dr. rer. nat. Dipl.-Chem., ist Facharzt für Arbeitsmedizin und Facharzt für Dermatologie, Allergologie und Umweltmedizin an der Praxisklinik Dr. Eichelberg und Partner in Dortmund. Zuvor war er als Funktionsoberarzt an der Medizinischen Fakultät der Ruhr-Universität Bochum in Klinik, Forschung, Lehre und Begutachtung schwerpunktmäßig mit berufs- und umweltbedingten Erkrankungen sowie mit zentralen Aspekten der Prävention und des Gesundheitsmanagements befasst. E-Mail: michaelhaufs@gmx.de

Roger Häußling, PD Dr. phil., Dipl. Wi.-Ing., M.A., ist zurzeit Vertretungsprofessor für Soziologie mit dem Schwerpunkt Techniksoziologie an der RWTH Aachen. Zwischen 2005 und 2006 war er Vertretungsprofessor für Soziologie an der Universität Koblenz-Landau. Seine Arbeitsgebiete sind: Netzwerkforschung, Organisationsforschung, Interaktionsanalyse, Techniksoziologie. E-Mail: roger.haeussling@soziologie.uka.de

René John, Dr. rer soc., studierte Sozialwissenschaften an der Humboldt-Universität Berlin, Universität Bremen und Columbia University, New York und arbeitet heute am Institut für Sozialwissenschaften des Agrarbereichs (430C) der Universität Hohenheim. Er ist Mitgründer des Instituts für Sozialinnovation, Berlin sowie des Arbeitskreises Funktionale Analyse. Seine Forschungsinteressen gelten den Themen der Gemeinschaft, Identität, Sozial-Kulturelle Evolution, Soziale Veränderungen und Innovationen, sowie Gender Differenzierung. E-Mail: rene.john@insinova.org

Heiko Kleve, Prof. Dr. phil., ist ausgebildeter Facharbeiter für Datenverarbeitung in der DDR. Er absolvierte nach der Wiedervereinigung das Studium der Sozialen Arbeit und der Sozialwissenschaften und promovierte in Soziologie in Berlin. Er hat Zusatzqualifikationen in den Bereichen Systemische Beratung, Mediation, Case Management und Supervision. Von 2002 bis 2005 war er als Professor für Theorie und Geschichte der Sozialen Arbeit an der Alice-Salomon-Hochschule Berlin tätig. Seit 2005 ist er Professor für soziologische und sozialpsychologische Grundlagen sowie Fachwissenschaft der Sozialen Arbeit an der Fachhochschule Potsdam. E-Mail: kleve@fh-potsdam.de

Olaf Kranz, Dr. phil., ist zur Zeit in einem vom BMBF geförderten Forschungs- und Transferprojekt zum Zusammenhang von Innovativität und Mitbestimmung an der wirtschaftswissenschaftlichen Fakultät der TU-Chemnitz beschäftigt, in dem er seine Forschungsschwerpunkte Interaktion, Organisation und Beratung zu vertiefen sucht.
E-Mail: olaf.kranz@wirtschaft.tu-chemnitz.de

Antonia Langhof studierte Soziologie sowie Wirtschafts- und Politikwissenschaften an der Universität Bielefeld und der Universiteit Maastricht. Sie arbeitete von 2001 bis 2002 als wissenschaftliche Assistentin am Institut für Betriebs- und Regionalökonomie der Hochschule für Wirtschaft in Luzern. Seit 2002 ist sie wissenschaftliche Mitarbeiterin an der Fakultät für Soziologie der Universität Bielefeld. Ihre Arbeitsschwerpunkte sind: Organisationssoziologie, Wissenssoziologie.
E-Mail: antonia.langhof@uni-bielefeld.de

Rolf von Lüde, Prof. Dr. rer. pol., ist Professor für Soziologie im Department Sozialwissenschaften der Universität Hamburg. Seine Schwerpunkte in Lehre und Forschung liegen im Bereich der Arbeits-, Industrie- und Organisationssoziologie, insbesondere der Organisation öffentlich-rechtlicher Institutionen. Für das Frühjahrssemester 2009 wurde er auf den »Chaire Alfred Grosser« am Sciences Po, Paris/Nancy, berufen.
E-Mail: Rolf.Luede@wiso.uni-hamburg.de
www.sozialwiss.uni-hamburg.de/Isoz/Luede/

Werner R. Müller, em. Prof. Dr., lehrte von 1976 bis 2007 Betriebswirtschaftslehre mit Schwerpunkt Organisation, Führung und Personalmanagement an der Universität Basel. Sein Forschungsinteresse richtet sich schwergewichtig auf führungskulturelle und personalpolitische Fragestellungen wie auch auf Wandelprozesse in Organisationen.
E-Mail: werner-r.mueller@unibas.ch

Erik Nagel, Prof. Dr., ist Institutsleiter des Instituts für Betriebs- und Regionalökonomie IBR der Hochschule Luzern, Fachbereich Wirtschaft. Seine Schwerpunkte in der Lehre, Forschung und Beratung sind Führung, Wandelprozesse in Organisationen und Innovation. Er leitet den Executive MBA Luzern. E-Mail: erik.nagel@hslu.ch

André Reichel, Dr. rer. pol., ist seit November 2007 Forschungskoordinator an der DFG-geförderten Graduiertenschule für Advanced Manufacturing Engineering an der Universität Stuttgart. Seine Forschungsschwerpunkte liegen in den Bereichen Nachhaltigkeitsmanagement, organisationaler Wandel und Systemtheorie. E-Mail: andre.reichel@gsame.uni-stuttgart.de

Jana Rückert-John, Dr. rer. soc., ist wissenschaftliche Mitarbeiterin am Fachgebiet »Land- und Agrarsoziologie mit Genderforschung« an der Universität Stuttgart-Hohenheim. Ihre Arbeitsgebiete sind: Nachhaltigkeit und sozialwissenschaftliche Ernährungsforschung, Organisationaler Wandel. E-Mail: rueckert@uni-hohenheim.de

Lukas Scheiber arbeitete nach seinem Studium der Soziologie, Betriebswirtschaftslehre und Volkswirtschaftslehre an der Universität Stuttgart und der Universität für Ökonomie und Finanzen in St. Petersburg als wissenschaftlicher Mitarbeiter an der Hochschule für Wirtschaft in Luzern im Bereich Innovationsforschung. Seit 2008 promoviert er an der Graduate School for Advanced Manufacturing Engineering der Universität Stuttgart. E-Mail: lukas.scheiber@gsame.uni-stuttgart.de

Werner Vogd, 1963, Dr. hum. biol., hält einen Lehrstuhl für Soziologie an der Fakultät für das Studium Fundamentale der priv. Universität Witten/Herdecke inne. Seine Forschungsgebiete sind: Organisations-, Religions- und Medizinsoziologie und das Verhältnis von Hirnforschung und Gesellschaft. E-Mail: Werner.Vogd@uni-wh.de

Pamela Wehling, Dr. rer. soc., ist wissenschaftliche Mitarbeiterin am Lehrstuhl Arbeitsorganisation und Arbeitsgestaltung des Instituts für Arbeitswissenschaft der Ruhr-Universität Bochum.
E-Mail: pamela.wehling@rub.de

Ralf Wetzel, Prof. Dr. rer. pol., arbeitete nach der Ausbildung zum Elektromaschinenbauer und nach dem Studium der BWL in Chemnitz und Kingston upon Hull (UK) am Institut für Innovationsmanagement und Personalentwicklung (ifip) der TU Chemnitz. Er promovierte im Kolleg der Hans-Böckler-Stiftung »Nachhaltige Regionalentwicklung«. Seit Dezember 2007 ist er Leiter des Kompetenzzentrums für Unternehmensführung und Professor für Organisation an der Berner Fachhochschule (CH).
E-Mail: ralf.wetzel@bfh.ch